U0785219

临海市地方志编纂委员会

主　　任：蔡建军

副 主 任：宋江涌

成员单位：市委办、人大办、市府办、政协办、组织部、宣传部、政法委、发改局、教育局、财政局、人力社保局、文广旅体局、统计局、档案馆、地方志编纂室、社科联、古城街道、大洋街道、江南街道、大田街道、邵家渡街道、杜桥镇、白水洋镇、东塍镇、桃渚镇、尤溪镇、汛桥镇、沿江镇、汇溪镇、小芝镇、上盘镇、涌泉镇、永丰镇、括苍镇、河头镇

《临海年鉴（2022）》编辑部

主　　编：金志平

副 主 编：江　咏

编　　辑：江　咏　上官莹莹

编辑说明

一、《临海年鉴》是由中共临海市委、临海市人民政府主办的地方综合性年鉴，首版于1985年，每年编纂一部，内部印行；2020年起，由市地方志编纂室承担编纂工作，正式出版发行。

二、《临海年鉴（2022）》以马克思列宁主义、毛泽东思想、邓小平理论、“三个代表”重要思想、科学发展观、习近平新时代中国特色社会主义思想为指导，坚持辩证唯物主义和历史唯物主义的立场、观点和方法，如实反映全市经济社会发展的基本情况和建设成就，为社会各界了解、研究临海提供翔实的地情资料。

三、《临海年鉴（2022）》记事时限为2021年1月1日至12月31日，凡文中直书月、日的，均指2021年内的日期，“上年”指2020年。党代会、“两会”工作报告为2021年工作回顾和2022年工作安排。

四、《临海年鉴（2022）》采取分类编辑法，结合临海实际，设类目、分目、次分目、条目四个层次，以条目为主要的信息载体。

五、《临海年鉴（2022）》由卷首、正文、卷末三部分组成。卷首设彩插、数字临海、特载、专辑、大事记、临海概览等；正文分政治建设、经济建设、文化建设、社会建设、生态文明建设、镇·街道等类目，各类目按事务属性设置分目；卷末设附录、索引，附录收录2021年临海市统计资料、规范性文件、人物荣誉等。

六、《临海年鉴（2022）》所用数据以统计部门提供的为准，未列入统计范围的，以业务主管部门提供的为准。农田土地面积沿用“亩”为计量单位。

七、《临海年鉴（2022》文字资料由各承编单位专人撰写或提供，并经单位领导审核，署作者名；照片由承编单位提供，不署名；少数由个人提供，署拍摄者名。

央视 跨年晚会

2021年12月，中央广播电视总台（央视）跨年晚会“启航2022”首次走出央视演播大厅，全程在临海录制。节目组别出心裁地将主舞台设立在台州府城文化旅游区，充分运用AR（增强现实）、XR（扩展现实）等多种视频技术手段将舞台与台州府城墙、巾山塔群相融，虚拟科技结合山水实景，徐徐展开一幅有着山水、科技、城市、人文等众多元素的大美画卷，展示千年古城的文化底蕴，为观众带来丰富的视觉体验。

31日晚8时，节目在中央广播电视总台1套黄金时段正式播出。

①　②　晚会主舞台　（市委宣传部　供图）

启航
2022
中央广播电视总台
跨年晚会
①

拼多多

① ② 晚会主舞台
③ ④ 晚会演出现场
（市委宣传部 市文旅集团 供图）

拼多多
启航
2022
拼多多
拼多多

③

①“央视之选　临海启航”2022点亮古城启动仪式
②晚会录制期间，临海实行专班运作、部门联动，保障3000多名演职人员的录制工作顺利进行
③市供电公司开展晚会保电作业
（市委宣传部　市供电公司　供图）

重大活动

① 12月29日至31日，中国共产党临海市第十五届代表大会第一次会议召开，选举产生中共临海市第十五届委员会委员、中共临海市第十五届纪律检查委员会委员（王　翔　摄）

2021年，全市开展党史学习教育，举办“我在‘三个地’学党史”“追寻‘真理的味道’”“忆党史·守初心·建窗口”等系列专题活动。图②为7月1日，全市财税系统职工合唱《我们走在大路上》（市财政局　供图）。图③为6月29日，中共临海市委党校新校园揭牌、中国共产党临海历史馆开放暨《中国共产党浙江临海历史》第二卷（1949—1978）首发仪式现场（张微煦　摄）

学党史 悟思想 办实事 开新局
永远跟党走
红心向党 礼赞百年
6、财税系统合唱团《我们走在大路上》
②

①

中共临海市委党校新校园揭牌 中国共产党临海历史馆开放
暨《中国共产党浙江临海历史》第二卷（1949-1978）首发仪式
③

台州市重大项目集中开工活动
暨联东U谷·临海智能制造产业园项目开工仪式
2021年1月
①

深圳证券交易所
SHENZHEN STOCK EXCHANGE
本立科技
BENLI TECHNOLOGY
③

①　1月5日，台州市重大项目集中开工活动在临海举行　　（张微煦　摄）

②　6月25日，台州市重大项目集中开工活动暨台州新材料产业园海正聚乳酸首期项目开工仪式在临海举行　　（张微煦　摄）

③　9月14日，浙江本立科技股份有限公司在深交所创业板挂牌上市，成为临海第8家上市企业　　（张微煦　摄）

④　12月18日，临海市举办“古城崛起　突破跨越”项目谋划擂台赛决赛，台州新材料产业园项目、佩弦湖科技城项目、临海国际医药城项目获得一等奖　　（陈　耿　摄）

②

④

6月25日，金台铁路建成通车

（市委宣传部　供图）

热烈庆祝台州市郊铁路（临海南站至头门港站）顺
①

浙里好家政
场景应用上
浙江省商务厅 浙江省发展和改革委
中共临海市委 临海市人民政府
②

① 8月10日，台州市郊铁路（临海南站至头门港）通车试乘体验活动举行

（张徽煦 摄）

② 10月12日，全省数字化改革“场景应用”——“浙里好家政”上线发布

（市委改革办 供图）

③ 12月29日，浙江省台州医院东院区启用

（王 翔 摄）

大爱临海

烈日救鲸

7月6日，12头瓜头鲸搁浅在北洋坝外滩涂上，多部门工作人员与当地村民联合进行救援，利用绳索将搁浅的瓜头鲸缓缓推至坝边，徒手挖出一个个大水坑，拿出家里的棉被、毯子等用海水泡湿后，给瓜头鲸降温，为后续专业救援治疗创造了条件。最终，在专业人员的细心治疗调养下，有4头瓜头鲸得救并被放归大海。“救鲸”的感人故事成为全国关注的暖心流量事件，并得到省委书记、省人大常委会主任袁家军的批示肯定。

①

① ② ③ 救援现场

④ 7月19日，市青年宣讲团“救鲸”主题宣讲

（市委宣传部 市港航口岸和渔业局 市创建办 上盘镇 供图）

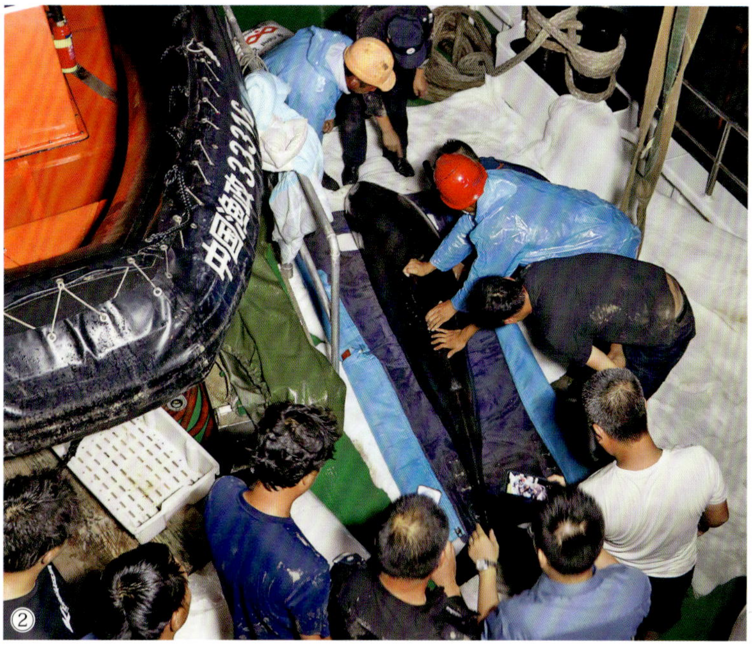

大爱临海

小桔子　大心意

11月11日，涌泉镇果农陈凯捐赠蜜桔助力浙江大学博士生病虫害防治研究，感动了浙大学子和全国人民，网友们纷纷点赞、下单，480多万人在线观看陈凯网店直播，带动全村桔子热销1200吨。央视、《人民日报》、《浙江日报》等权威媒体纷纷予以报道，成为临海影响全国的又一正能量暖心事件。

① ② 果农陈凯直播现场
③ 11月27日，央视《24小时》栏目报道

（市委宣传部　供图）

②

③

大美临海

① 省级美丽河湖——大田港（梁敏慧　摄）
② 省级高品质步行街、夜间文化和旅游消费集聚区——紫阳街（市委宣传部　供图）
③ 全国村级议事协商创新实验试点——殿前村（河头镇　供图）

①

②

③

① 新时代美丽城镇建设省级样板——尤溪镇
② 省级森林城镇——永丰镇

临海市城区图

注：内部用图

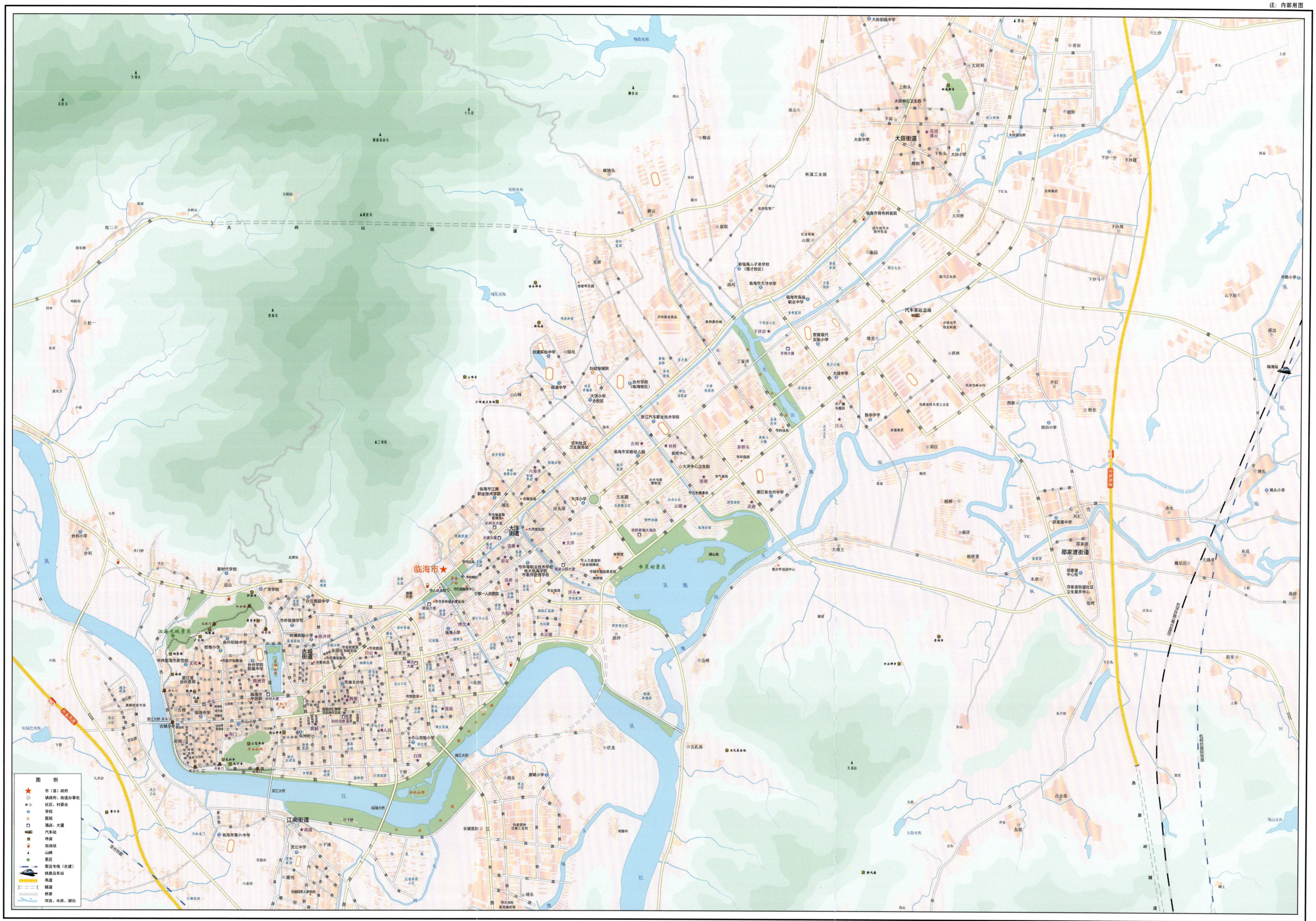

临海市民政局 浙江煤炭测绘院有限公司 联合编制 地图审核号：浙台S[2019]8号 二〇一九年

临海政区图

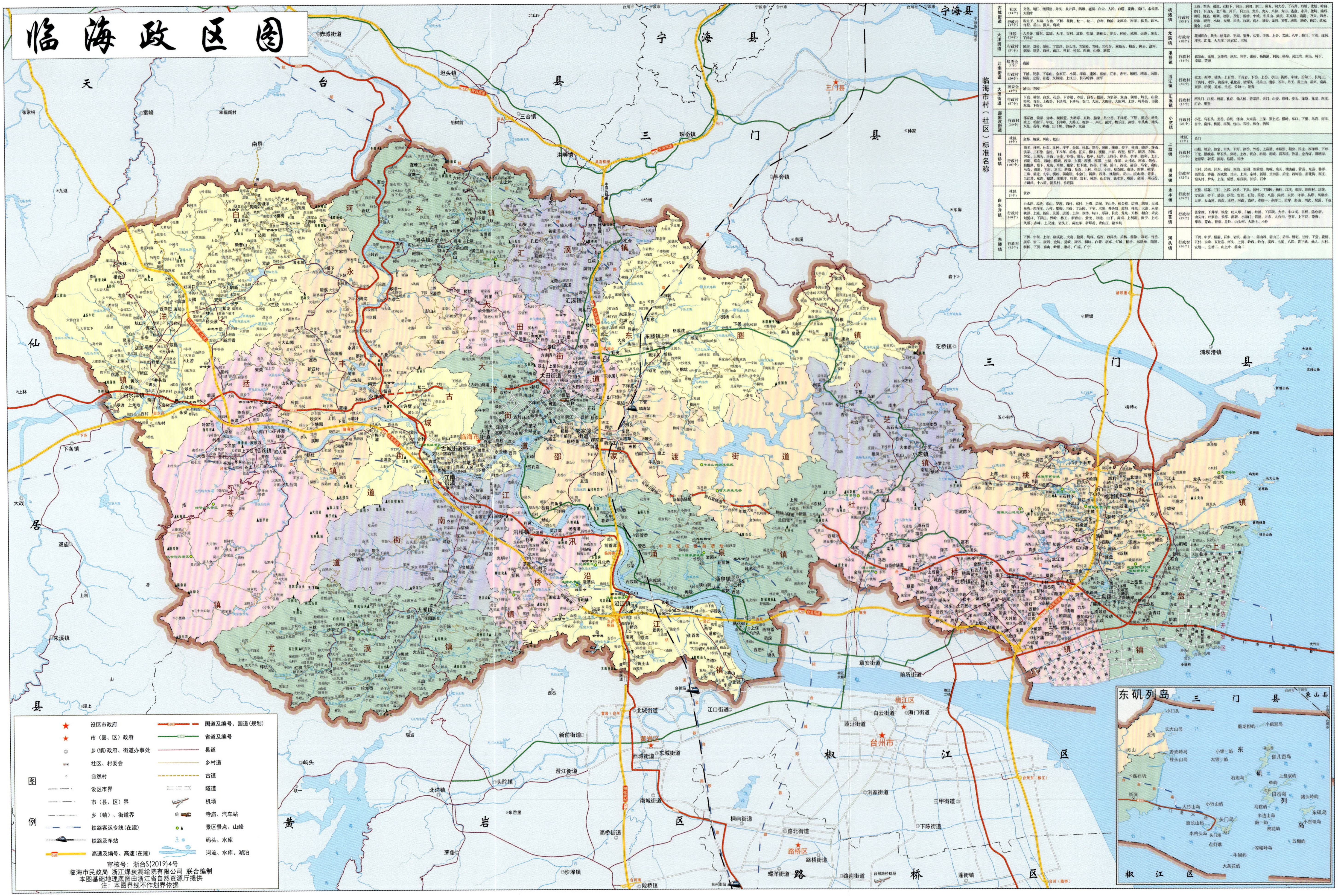

临海政区图
临海市村（社区）标准名称
东矶列岛
图例
设区市政府
市（县、区）政府
乡（镇）政府、街道办事处
社区、村委会
自然村
设区市界
市（县、区）界
乡（镇）、街道界
铁路客运专线（在建）
铁路及车站
高速及编号、高速（在建）
国道及编号、国道（规划）
省道及编号
县道
乡村道
古道
隧道
机场
寺庙、汽车站
景区景点、山峰
码头、水库
河流、水库、湖泊
审核号：浙台S(2019)4号
临海市民政局 浙江煤炭测绘院有限公司 联合编制
本图基础地理底图由浙江省自然资源厅提供
注：本图界线不作划界依据
天台县
宁海县
三门县
仙居县
黄岩区
椒江区
路桥区
台州市
临海市
三门县
宁海县

目录

政治建设

中共临海市委员会

临海市人民代表大会

临海市人民政府

政协临海市委员会

中共临海市纪律检查委员会、市监察委员会

民主党派·工商联

群众团体

军事·法治

经济建设

经济开发区

农　业

林　业

港航口岸和渔业

工　业

建筑业

房地产业

科　技

旅 游

商 业

市属国有企业

金　融

邮电·信息化

财政·税务

经济管理

文化建设

教 育

文 化

体 育

新闻传媒

图书发行

史志工作

社科工作

档案工作

社会建设

城乡建设

基础设施

医疗卫生

消防救援

社会事务管理

人力资源与社会保障

慈善事业

生态文明建设

自然资源管理与规划

气　象

环境保护

牛头山水库管理

五水共治

镇·街道

街　道

镇

附　录

Contents

Political Progress

Economic Development

Cultural Development

Social Development

Ecological Civilization Construction

Towns and Subdistricts

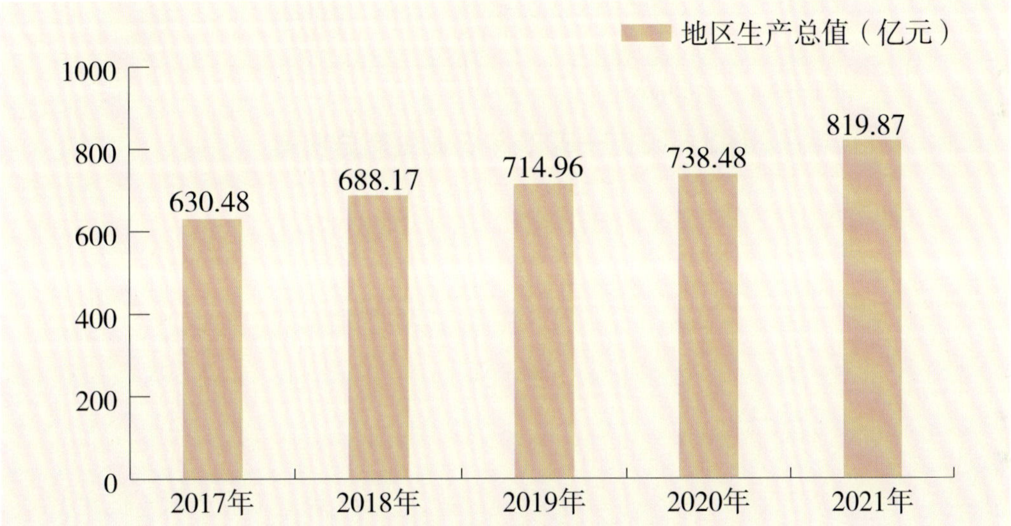

图1　2017—2021年地区生产总值图

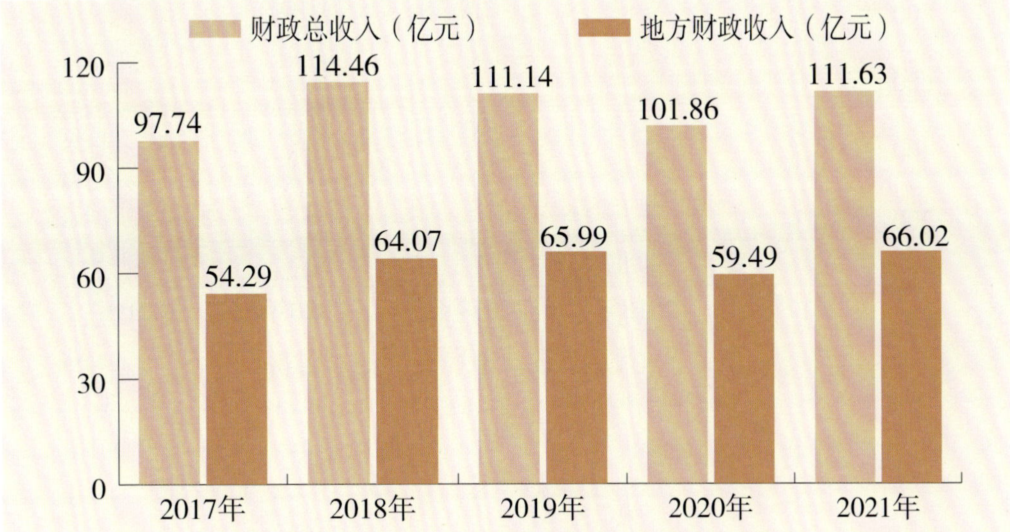

图2　2017—2021年财政收入图

图3　2017—2021年农业生产总值图

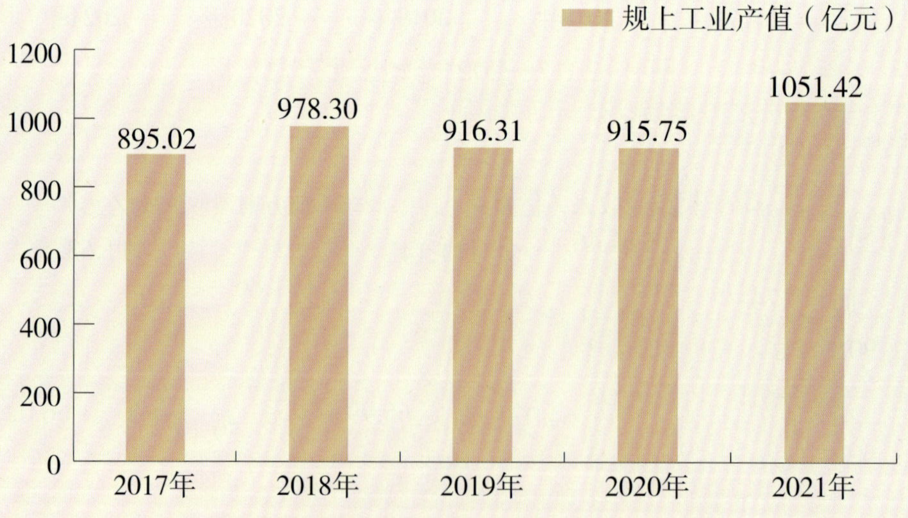

图4　2017—2021年规上工业产值图

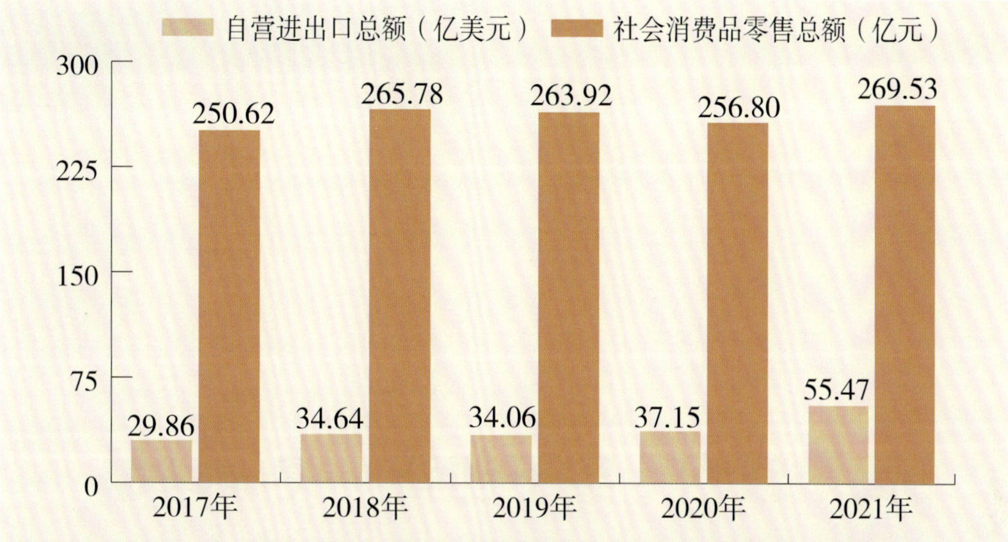

图5　2017—2021年自营进出口总额、社会消费品零售总额图

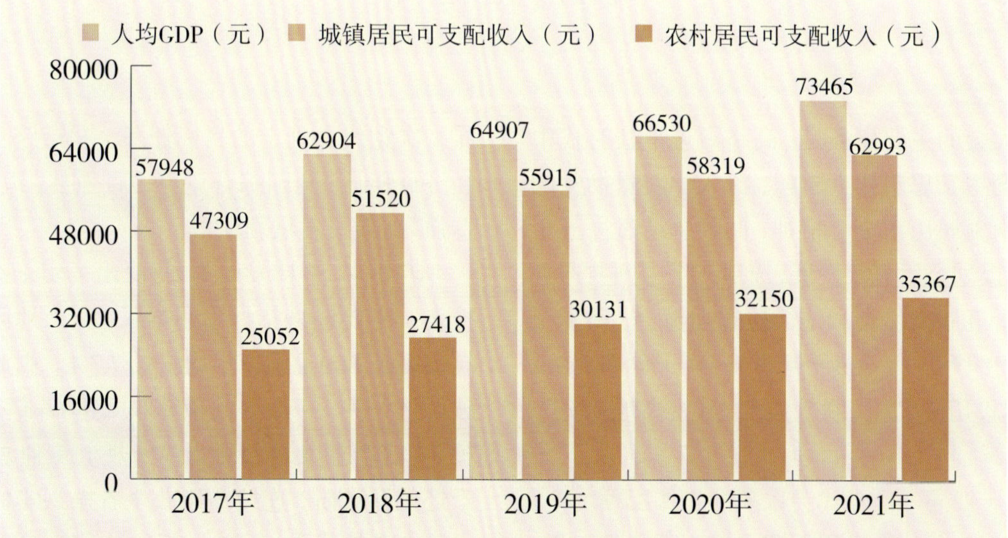

图6　2017—2021年人均GDP产能城镇居民可支配收入、农村居民可支配收入

高举旗帜　实干创新　突破跨越
为建设历史名城、制造强市、共富高地而努力奋斗

——在中国共产党临海市第十五届代表大会第一次会议上的报告

中共临海市委书记　吴华丁

（2021年12月29日）

这次大会的主要任务是：高举习近平新时代中国特色社会主义思想伟大旗帜，深入学习贯彻党的十九大和十九届历次全会精神，回顾总结过去五年工作，科学谋划今后五年发展，选举产生中国共产党临海市第十五届委员会和纪律检查委员会，动员全市各级党组织和广大党员干部群众，实干创新、突破跨越，为建设历史名城、制造强市、共富高地而努力奋斗！

一、市十四届一次党代会以来的工作回顾

过去五年，是临海发展历程中极不平凡的五年，是砥砺奋进、铿锵前行的五年。五年来，在中央、省委和台州市委的坚强领导下，市委团结带领全市广大党员干部群众，紧紧围绕“建设活力品质幸福临海”的奋斗目标，以科学之策推动高质量发展，以务实之举高水平全面建成小康社会，顺利完成市十四届一次党代会确定的目标任务。我市跻身全国县域经济百强县、全国综合竞争力百强县，迈入了“百亿百强”高质量发展新阶段。

五年来，坚持发展为要，交出了实干奋进的高分报表。主要经济指标稳步增长，全市地区生产总值有望突破800亿元，年均增长7.7%。财政总收入突破百亿大关，一般公共预算收入达66亿元，年均增长8%。产业集群日益壮大，规上工业总产值迈上千亿元新台阶，连续3年获全省振兴实体经济试点示范市考核优秀，新增上市企业2家，实体经济的根基更加稳固。数字化改革深入推进，营商环境便利度居全省前列。加快科技新长征步伐，入选首批省级可持续发展创新示范区。“百大项目、百团攻坚”行动持续深化，吉利汽车产能扩建项目建成投产，华海制药科技产业园、联化科技产业园等重大产业项

目加快建设，一批各具特色的小微企业园建成投用，发展后劲越来越足。现代服务业提档升级，“熊出没”文旅产业园、新区城市综合体等项目有序推进。现代农业提质增效，“三位一体”农合联改革成为全国典型，农村综合改革标准化列入全国试点。

五年来，坚持湾区引领，绘就了向海而兴的开放图景。港口建设步伐加快，建成2个5万吨兼靠7万吨级码头，港口货物吞吐量年均增长36%。“四区一开放”全面推进，创成台州唯一的国家级经济技术开发区、综合保税区，口岸开放成功获批，自贸区联动创新区、跨境电商综合试验区创建有序推进。临港产业加速集聚，公共设施日趋完善，现代港城展露新姿。

五年来，坚持城乡统筹，打造了宜居宜业的美丽家园。一体推进美丽城市、美丽城镇、美丽乡村建设，城区品质持续提升，城镇面貌焕然一新，乡村振兴步伐加快。城市建成区面积拓展至50.2平方千米，市博物馆、城市规划展览馆建成投用，大洋路、柏叶路东段等“断头路”全线贯通，伏龙大桥开工建设，一批城中村集中连片改造稳步实施，城市框架有序拉开。高分创成全国文明城市，连续4轮获评国家卫生城市，创成省级生态文明建设示范市。基础设施更为完善，沿海高速、杭绍台高速、金台铁路、杭台高铁等交通项目建成通车，洪池区块排洪应急工程、大田平原排涝一期等水利项目投用见效，方溪水库、“污水零直排区”建设等重点项目加速推进。“五水共治”深入推进，成功夺取“大禹鼎”。河头镇、尤溪镇成为新时代美丽城镇建设省级样板。

五年来，坚持共建共享，奏响了惠民安民的和美乐章。始终把人民对美好生活的向往作为奋斗目标，集聚资源、集成政策推出了一批富民利民举措，办好了一批惠民便民实事。城镇和农村居民人均可支配收入达6.3万元、3.5万元，较2016年分别增长46%、53.5%。社会事业全面进步，创成省教育基本现代化市，获评省健康促进市、省公立医院综合改革评价优秀市，成为国家公共文化服务体系建设示范区和省全域旅游示范市。台州医院东院区建成投用。社会保障更加有力，就业、居家养老等服务功能有效提升，“浙里好家政”获评全省数字化改革“最佳应用”。疫情防控科学精准，全民免疫屏障更加坚固。社会保持和谐稳定，连续16年获评省“平安县市”，成功夺得省首批星级“平安金鼎”，人民群众的获得感幸福感安全感明显增强。

五年来，坚持从严治党，凝聚了干事创业的强大力量。始终把学习贯彻习近平新时代中国特色社会主义思想作为首要政治任务，深入学习领会习近平总书记系列重要讲话和重要指示批示精神，做到学深悟透、笃信笃行。巩固深化“不忘初心、牢记使命”主题教育成果，认真开展党史学习教育，广大党员干部理想信念更加坚定、践行“两个维护”更加有力。意识形态领域向上向好，主流舆论阵地持续巩固，我市入选全国新时代文明实践试点。突出关心关爱，树牢“两个担当”鲜明导向，完善鼓励激励、容错纠错等机制，全面激发广大党员干部的创造性张力、排头兵意识。基层党组织建设成效显著，行政村规模调整有序完成，各领域党建齐头并进、亮点纷呈。党政机构和事业单位改革全面完成。持续深化清廉临海建设，驰而不息正风肃纪，高质量完成省委巡视反馈意见整改，实现十四届市委巡察全覆盖，政治生态风清气正。市委坚持总揽全局、协调各方，全力支持人大、政府、政协、监委、法院、检察院依法依章程履行职能。构建大统战工作格局，各民主党派、工商联、无党派人士的积极作用得到进一步发挥。党管武装、群团、老干部、老龄、关心下一代、东西部扶贫和对口协作等工作都取得了新成效。

惟其艰难，方显勇毅；惟其磨砺，始得玉成。这五年的成绩，是中央、省委和台州市委正确领导的结果，是历届市委接续奋斗的结果，凝聚着全市各级党组织、广大党员干部群众、离退休老同志的心血汗水，蕴含着各民主党派、工商联、无党派人士和群团组织的智慧力量，汇集着驻临部队、武警官兵、省和台州市驻临单位的大力支持。在此，我代表中共临海市委，向所有推动临海发展的同志们，向所有关心支持临海建设的朋友们，表示衷心的感谢和崇高的敬意！

奋斗蕴含艰辛，经验弥足珍贵。我们深刻体会到：推动临海改革发展，必须把加强党的领导作为根本遵循，必须把推动高质量发展作为根本任务，必须把造福广大群众作为根本追求，必须把发扬优良作风作为根本保障，全面提高党员干部的创造力、凝聚力、战斗力，为奋进新征程、建功新时代提供坚强保证。这是重要经验，更是宝贵财富，我们要坚持好、继承好、发扬好。

在充分肯定成绩的同时，我们要清醒认识到：我市经济总量不够大，城市能级不够高，城乡发展不均衡，公共服务供给不足，干部队伍作风建设仍需进一步加强。对于这些问题，要有不破不立、破旧立新的决心和举措，切实加以改进和解决。

二、今后五年工作的指导思想和奋斗目标

今年是建党百年！奋斗百年路，启航新征程。我们要勇担新使命，奋进新时代，实现新跨越。今后五年，全市工作的指导思想是：**高举习近平新时代中国特色社会主义思想伟大旗帜，深入贯彻党的十九大和十九届历次全会精神，在省委和台州市委的坚强领导下，忠实践行“八八战略”、奋力打造“重要窗口”，聚焦聚力高质量发展、竞争力提升、现代化先行，实干创新、突破跨越，努力把临海建设成为历史名城、制造强市、共富高地，奋力跻身全省县域综合实力第一方阵。**

（略）

三、今后五年经济社会发展的主要任务

今后五年，全市经济社会发展的具体目标是：到2026年，地区生产总值突破1500亿元，财政总收入突破200亿元，固定资产投资突破2500亿元，规上工业总产值突破2500亿元，奋力跻身全省县域综合实力第一方阵。（略）

我们要实干创新、突破跨越，全面实施“七大战略”，在新时代新征程上勇毅前行。

（一）实施科创首位战略，厚植跨越发展新动能

强化科技创新驱动力。科技引领发展，创新赋能未来。以走深走实科技新长征为主线，加快建设“创新临海”。壮大高层次创新主体，引导鼓励企业加强科技投入和攻关，培育一批具有核心竞争力的专精特新“小巨人”、单项冠军企业和“独角兽”“瞪羚”企业。实施“双倍增”计划，实现国家高新技术企业、省级科技型中小企业数量翻番。深度对接省“三大科创高地”和台州湾科创走廊，深化与“双一流”高校、“国字号”科研院所合作。用好“两园一飞地”，高水平运营臻城创新园，加快建设佩弦湖科技城，创建省级高新园区和制造业创新中心，实现主导产业创新公共服务平台全覆盖。

增强实体经济支撑力。实体经济是兴市之基、强市之要。深度推动产创研融合，使科技创新“关键变量”成为振兴实体“最大增量”，创成省制造业高质量发展示范市。铸强产业集群筋骨。实施“补链强链延链”工程，开展“腾笼换鸟、凤凰涅槃”攻坚行动，打造汽车机械、医药健康、时尚休闲三大千亿级产业集群，做优做精彩灯、眼镜等特色产业，大力发展智能制造、高端装备、节能环保等新兴产业，让临海“产业之树”根深叶茂。提档升级现代园区。浙江临海经济开发区要科学利用好20平方千米工业发展空间，重点推进临海国际医药产业园、大田铜盘山智能制造产业园、钓鱼亭国际时尚休闲产业园等建设，跻身全省开发区十强。拥抱数字经济“新蓝海”，抢占数字经济“智高点”，建设浙东数字经济产业园，提升小微企业园运管水平，力争数字经济增加值突破百亿元。坚持数字产业化、产业数字化双向发力，打造一批以“未来工厂”为引领、数字化车间为主体的新智造群体，实现规上企业数字化改造全覆盖。培大育强企业梯队。实施“百亿领航、十亿带动、小微成长”计划，培育100亿元以上企业6家、10亿元以上企业50家。实施上市企业翻番计划，推动变道超车，确保上市企业总量达到20家。

提升双招双引竞争力。项目是第一引擎，人才是第一资源。突出招大引强，紧密对接世界500强、行业100强，招引一批产业层次高、创新能力强、带动潜力足的“大好高”项目，推动落地一个、辐射一片、集聚一群。坚持高起点策划、高水平包装、高规格推介，设立招大引强产业基金，探索“基地+基金”模式，建立多层次多领域项目库，做到储备一批、引进一批、见效一批。坚持以商引商，树牢“留住本地优质企业就是最好的招商引资”理念，引导做好“二次创业”。突出招才引智，围绕产业链布局创新链、打造人才链，精准招引“高精尖缺”关键人才和领军人才。深化校地合作，推动产教融合，动态升级人才新政，建设人才强市，让临海成为人才的梦想之城、圆梦之地。

（二）实施向海图强战略，建设湾区经济新高地

做强港口龙头。港口是沿海开发的最大优势。建设现代港口，完善码头泊位结构，建成码头三期、成品油码头、集装箱码头等各类泊位，确保年吞吐量突破2000万吨、10万标箱。完善集疏运体系，加快推进金台铁路头门港支线二期、疏港公路复线、进港航道疏浚工程等建设，构建“大进大出、优进优出”

多式联运枢纽体系。发展临港物流，建成头门港国际物流中心、大宗商品物流园等区域物流中心，打造长三角南翼重要港航物流基地。深化与省海港集团合作，构建综合效益高、管理智慧化的现代港口运营体系。

壮大临港产业。产业是拥湾而兴的坚实基础。以构筑中高端产业链、创新型产业集群为目标，打造沿海先进制造业高地。发挥吉利汽车龙头作用，做优做强汽车产业链，建设台州湾新能源汽车产业园，打造世界一流汽车及零部件制造基地。创新发展生物制剂、高端原料药，实现延伸链条、绿色循环发展，打造世界一流原料药基地。加快推进头门港能源基地（LNG）项目，进一步建强补强新能源产业链。围绕“双千亿”目标，加快建设台州万亩千亿新材料产业园，打造世界一流新材料基地，再造一个临海工业。

建设现代港城。临港新城是加快要素集聚、实现以产兴城的重要支撑。围绕强基建、聚人气、兴产业，加快建设总部商务区、国际贸易公共服务平台，实现从单一产业型园区向城市综合型新区转型。建成汽车文化综合体、头门港商业中心、洲际酒店、企业公寓等配套设施，营造高品质、有温度的生活环境。高质量完成白沙湾滨海湿地生态修复，建设美丽海湾，建成省级东矶列岛海岛公园，打造现代化宜居宜业滨海新城。

（三）实施能级跃升战略，构建市域统筹新格局

塑造品质城区。城区品质是城市吸引力、辐射力和影响力的集中体现。聚焦“二次城市化”，加快东拓南进、拥江揽湖步伐，优化“一城六区”空间格局和功能布局。台州府城片区要强化文脉传承，融入现代元素，实施“古城复兴”计划，建成国家级旅游休闲街区，打造具有历史记忆、时代特征的千年府城。佩弦湖片区要彰显水城共融，突出湖的元素、水的灵韵，塑造“绿、敞、净、美、活”的湖滨空间形态，高品位建设城市生态绿廊，高标准打造灵湖—佩弦湖城市绿心、佩弦湖—洛河商务区，成为城市新名片。中心轴线片区要加速有机更新，坚持一街一品、一路一韵，统筹推进开发大道两侧风貌提升、城中村改造、老旧小区整治，展现现代化宜居城市新气象。伏龙片区要加快推动北岸更新，精心打造南岸地标建筑群，高颜值构建沿岸江景，推动江风水韵有机嵌入城市肌理，建设现代都市与大江美景交相辉映的城市阳台。江南片区要依托交通枢纽，完善功能配套，打造集创新研发、交通集散、业态丰富于一体的品质新区。东城片区要加快建设浙东健康城、未来商贸城，打造医养结合示范区、台州北部商贸核心区。加快海绵城市、智慧城市和未来社区建设，以“绣花功夫”推进城市管理规范化、精细化。繁荣城市经济，构建“5+5”现代服务业体系，增量扩容总部经济等生产性服务业，优化提升商贸服务等生活性服务业，创成省级县域商业体系试点城市。围绕创建国家全域旅游示范区目标，深化“全境景区、全域旅游”，建设白沙湾国家级旅游度假区、桃渚国家级旅游度假区，提升江南大峡谷、羊岩山景区，台州府城文化旅游区努力创成国家AAAAA级景区，打造浙东南文化旅游中心城市，让广大群众品味古城下的慢生活、尽享都市里的慢时光。

建设特色城镇。城镇是对接城市、辐射农村、加速城乡一体融合的重要节点。坚持以经营城市的理念推动镇区发展，全面推进城乡风貌整治提升，因地制宜打造一批业态鲜明、环境优美的特色城镇。杜桥镇要立足小城市培育，协同临港新城做好融合发展和差异发展两篇“文章”，提升产城发展层次，引领东部城镇发展，综合实力跻身全省小城市前列。白水洋镇、东塍镇、桃渚镇要科学有序拓展发展空间，强化核心区开发建设，增强辐射带动和服务周边能力，打造现代新型中心镇。汛桥镇、沿江镇、上盘镇、涌泉镇要突出精品化理念，提升集镇发展水平，打造精致城镇。尤溪镇、汇溪镇、小芝镇、永丰镇、括苍镇、河头镇要放大生态优势，打造各具特色的风情小镇。继续加大西部和山区镇支持力度，促进区域协调发展。

优化基础配套。基础设施是区域发展的重要基石。加快补齐水利基础设施短板，全力推进灵江治理、尤汛分洪、海塘安澜等项目建设，建成方溪水库及引配水、大田平原排涝二期外排、东部平原排涝一期等工程，全面提升全域防洪排涝挡潮能力。实施综合交通“1212”计划，提速建设城市快速路南区段、北区段，加快推进临海至台州市区快速路、通用机场、西门大桥等项目建设，确保104国道江南至尤溪段改建、204省道余温公路临海段改建、351国道邵家渡至永丰段改建等工程建成通车，着力构建对外

连接交通“大动脉”、对内畅通城乡“微循环”的现代化交通体系。统筹做好市政道路、支路巷道、地下综合管廊等建设，推动市政公用设施提标扩面。

（四）实施乡村振兴战略，打造强村富民新样板

推动农业高质高效。产业兴旺是乡村振兴的基础。高度重视粮食安全，坚决制止耕地“非农化”，防止耕地“非粮化”，提升粮食综合生产能力。优化产业结构，做大做强柑橘、杨梅、茶叶、西兰花等优势产业，做优做精草莓、葡萄、蓝莓、对虾等特色产业，大力开发现代休闲渔业。实施“双强行动”，发展数字农业，争创省级农业“机器换人”高质量发展先行市。

推动农村宜居宜业。美丽宜居是乡村振兴的内在要求。立足山水、田园、村落等空间要素，设立乡村振兴发展基金，每年打造一批美丽乡村精品村，争创省新时代美丽乡村建设标杆市。持续深化“千万工程”，实施农村人居环境高水平提升五年行动，推进“厕所革命”“污水革命”“垃圾革命”，启动未来乡村计划，建设“四好农村路”，打造人与自然和谐共生的美丽乡村。注重历史文化名村和传统村落保护发展，讲好乡村故事，留住乡愁记忆。

推动农民富裕富足。乡村振兴是实现共同富裕的必由之路。深入实施富民帮促行动，加大返乡人才创业支持力度，引导带动农民就业创业，让更多新型职业农民和乡土实用人才竞相涌现。拓展现代农业多种功能，打造一批特色民宿、农耕体验等乡村农旅“新地标”，形成若干条美丽乡村共富示范带。注重将创意、休闲等元素融入产业链条，大力发展农村电商等新业态，促进农民多元化增收，兜住稳稳的幸福。进一步巩固壮大村级集体经济，健全收入增长机制，实现集体经济年经营性收入50万元以上行政村占比达50%以上。

（五）实施生态提优战略，描绘美丽临海新画卷

筑牢生态保护屏障。绿水青山是无价之宝，要像保护眼睛一样保护生态环境。树牢“山水林田湖草生命共同体、人与自然生命共同体”理念，强化“三线一单”约束和保护作用，科学安排生态空间、生产空间、生活空间，为美丽临海厚植绿美底色。高标准建设三江国家湿地公园、括苍山国家森林公园，让“春夏繁花似锦、秋冬层林尽染”成为常态。

加强环境综合治理。改善生态环境，综合治理、系统治理是关键。建立完善环境污染问题发现、风险预警和应急处置机制，扎实做好环保督察反馈问题整改，巩固提升医化园区整治成果，依法打击各类环境违法违规行为。呵护“一城清水”，深化“五水共治”，长效落实河（湖）长制，绘就河畅、水清、岸绿、景美的“水秀临海”。守护“一方净土”，坚决防范土地污染，建成“无废城市”。保护“一片蓝天”，巩固“清新空气”成果，让广大群众的蓝天幸福感更为充实。

推进绿色低碳发展。绿色循环低碳是生态文明理念的基本内涵。正确认识和把握碳达峰碳中和，大力开展节能减排降耗，以最小碳排放实现更高质量发展。科学实施能耗“双控”，积极发展清洁能源、循环经济，加快推进台州海上风电场、河头抽水蓄能等项目建设。构建绿色低碳生活体系，开展节能减排全民行动和绿色生活创建行动，形成人人、事事、时时崇尚生态文明的社会新风尚。

（六）实施改革突破战略，增创区域发展新优势

打造集成改革升级版。改革是赢得区域竞争的活力源泉。以数字化改革撬动各领域改革，全力推动“152”体系与“141”体系衔接贯通，全面推进“县乡一体、条抓块统”改革，打造更多具有临海辨识度的改革品牌。深化要素市场化配置改革，纵深推进“亩均论英雄”改革，推动资源要素向优质企业集聚。深化新时代乡村集成改革，持续打响“三位一体”农合联品牌。深化国资国企改革，实施“国资唤醒”行动，提升政府基金效能，优化平台布局、结构调整，推动国企做大做强、国资保值增值。

擦亮营商环境金名片。营商环境是重要软实力，也是核心竞争力。高标准推进政务服务体系建设，持续优化市场化法治化国际化营商环境，争创全省营商环境最优市。大力支持民营经济高质量发展，深化“三服务”2.0版，全面落实各类惠企政策，让市场主体“轻装上阵”。积极构建“亲”“清”政商关系，光明磊落同企业交往，坦荡真诚与企业共成长，着力营造亲商重商安商的发展环境。

拓展对外开放新空间。积极融入“双循环”新发展格局，实现更广范围、更宽领域的对外开放。深度参与“一带一路”、长三角一体化、长江经济带建设，全方位接轨大上海，深层次融入甬台一体化合作先行区建设。引导企业主动参与国内大循环，以高水平供给抢占内需大市场。加快优势企业和优势产能“走出去”，推进资本和创新资源跨境合作。继续

办好一批专业性、国际性展会。高标准建设台州综合保税区、自贸区联动创新区，启动运营跨境电商综合试验区，创建台州湾 RCEP 高水平开放合作示范区，打造层次更高、辐射作用更强的对外开放“新窗口”。

（七）实施民生优享战略，书写幸福共富新答卷

构建更优质量的公共服务体系。公共服务供给水平是衡量民生福祉的重要标准。突出教育优先发展，围绕创建“省教育现代化市”目标，优化教育资源布局，加快推进哲商小学扩建、临海中学迁建，建成临海小学东校区、大洋三小等一批教育重点工程，扩大公办优质幼儿园教育资源，创成全国学前教育普及普惠县、全国义务教育优质均衡发展市，重振临海教育雄风。严格执行“双减”政策，加强师德师风建设，实施名师、名校、名校长工程，办好人民满意教育。做好国家职业教育创新高地试点，建设浙东职教城。全力支持台州学院在临海发展，携手共建国际护理学院。深化“三医联动、六医统筹”改革，大力实施健康临海“26+1”专项行动，加强公共卫生体系建设，持续推进医共体建设，加快市公共卫生医学中心和市一医院迁建、市二医院扩建等工程，打造县级“医学高峰”。全力支持台州医院在临海发展。积极践行社会主义核心价值观，大力弘扬“崇文、厚德、务实、创新”的城市精神，建立完善全国文明城市创建长效机制。坚持文化惠民，传承发展优秀传统文化，构建 15 分钟品质文化生活圈，建成市民文化中心，打造高品质文创基地。

构建更加均衡的社会保障体系。社会保障直接关系群众的切身利益。实施更加积极的就业创业政策，加大职业技能培训和创业扶持力度，实现更加充分、更高质量就业。深化收入分配制度改革，推进“扩中”“提低”改革，逐步缩小收入分配差距。继续推进全民参保，力争基本养老保险参保率达 97%以上。积极应对人口老龄化，构建多层次养老服务体系，打响“颐养临海”品牌。坚持“房住不炒”定位，完善新型住房保障体系。健全社会保险、社会救助等保障体系，织牢困难群体保障网。

构建更为高效的社会治理体系。善治高效是高质量发展的有效保障。坚持人民民主地位，发展全过程人民民主，以临海的生动实践不断丰富全过程民主的时代内涵。把力气花在前、把工作做在先，完善“一中心四平台一网格”治理体系，实现矛盾纠纷源头防控和办理质效“双提升”。强化整体智治，推进“城市大脑”与“镇街小脑”“村社微脑”实时交互、基层事务“一体联动”，打通智治“最后一公里”。加强“十四五”普法宣传，全面推进法治社会建设。深化综合行政执法改革，构建权责清晰、运转高效的综合执法体系。建设更高水平的“平安临海”，持续开展安全隐患大排查大整治，严防较大以上事故发生。加强食品药品安全监管，守护好人民群众“舌尖上的安全”。慎终如始做好常态化疫情防控，保障人民群众生命健康安全。加强应急组织、预警、处置体系建设，全面提升防灾减灾抗灾救灾能力。

四、全面加强党的建设

（一）讲政治、顾大局，在对标对表中永葆绝对忠诚

讲政治是我们党作为马克思主义政党的根本要求。要始终把党的政治建设摆在首位，巩固拓展党史学习教育成果，大力弘扬伟大建党精神，引导广大党员干部从百年党史中汲取智慧力量。不断提高政治判断力、政治领悟力、政治执行力，增强“四个意识”、坚定“四个自信”，始终同以习近平同志为核心的党中央保持高度一致，坚定不移做“两个确立”忠诚拥护者、“两个维护”示范引领者。坚持以党章为根本遵循，严格执行新形势下党内政治生活若干准则。牢牢把握意识形态工作领导权、主动权，巩固壮大主流舆论阵地，凝聚临海正能量，唱响临海好声音。

（二）提素质、强担当，在有力有为中锤炼过硬队伍

干部是成就事业的关键。要坚持党管干部原则，严格规范干部选拔任用，切实把好选人用人关。树牢“以实绩论英雄”导向，亮出刚性标准，制定评价清单，系统推进“争先指数、担当指数、辛苦指数”考核，科学评选“狮子型、老黄牛型”干部，让实干担当成为奋进新征程的最强音。深化年轻干部“超车道”培养，让优秀年轻干部在“五个一线”脱颖而出。坚持严管与厚爱结合、激励与约束并重，健全完善考核评价和容错免责机制，用好职务职级两条晋升通道，促进“两个担当”良性互动。坚持党管人才原则，深化全员盯引人才项目机制，持续优化人才发展生态。

（三）抓基层、夯基础，在提质提效中筑强战斗堡垒

党的力量来自组织。要深入实施“红色根脉强基工程”，加快变革型组织建设，高水平打造新时代基层党建升级版。推动农村基层党建点线建精、整片建强，着力培育一批高质量示范点、示范带、示范镇街。推动城市基层党建深化提质，构建共建共治共享治理新格局。推动“两新”组织党建整体跃升，加强新兴领域党建工作，不断提升“两个覆盖”质量。统筹抓好机关、国企、学校、医院等各领域党建，实现全领域建强、全区域提升。全面实施“领雁计划”，深化“头雁领航・村村提升”活动，加强以“一肩挑”为主的村社干部培养监督管理。深化“党建引领、网格治理”，打造全域党建联盟，引领乡村共同富裕。从严抓好党员发展教育管理，更好发挥党员在大战大考中的先锋模范作用。

（四）严纪律、净生态，在从严从实中建设清廉临海

人民群众最痛恨的是腐败现象。要始终保持战略定力和“严”的主基调，持之以恒推进党风廉政建设和反腐败斗争，涵养风清气正、海晏河清的政治生态。纵深推进清廉临海建设，力争每个清廉领域建成一批可学可看可复制的清廉标杆。高标准落实中央八项规定及其实施细则精神，推动各行业、各单位构建作风建设长效机制。深化巡审联动、驻巡联动，强化巡察成果运用，不断提升市委巡察工作质效。坚持严惩腐败无禁区、全覆盖、零容忍，持续加大群众身边腐败和作风问题整治力度，打通全面从严治党“神经末梢”。一体推进不敢腐、不能腐、不想腐，加大腐败惩治力度，深化标本兼治，做深做实以案促改、以案促治，确保监督成效经得起历史和人民的检验。

（五）聚人心、汇合力，在同心同向中共创美好未来

推动全市发展需要凝聚各方力量。要坚持和加强党对一切工作的领导，确保党始终总揽全局、协调各方。支持人大及其常委会依法履行职权，支持政府高效行政，支持政协依章程履行政治协商、民主监督、参政议政职能，支持监委、法院和检察院依法独立行使职权。进一步坚持和完善好大统战工作格局，积极发挥民主党派、工商联、无党派人士的重要作用，扎实做好民族宗教、外事侨务、对台和新乡贤工作，找到最大公约数、画好最大同心圆。坚持党管武装工作，全力抓好国防教育动员、“双拥”、退役军人等工作。带着深厚感情做好老干部工作。支持工会、共青团、妇联、科协、侨联、社科联、文联、残联、红十字会等群团组织有效发挥作用。切实做好党史、档案、老龄、关心下一代、慈善、东西部扶贫和对口协作等工作。

（略）

临海市人民代表大会常务委员会工作报告

——在临海市第十七届人民代表大会第一次会议上

临海市人大常委会主任　朱坚国

2022年2月18日

过去五年工作回顾

五年来，市人大常委会在中共临海市委的坚强领导下，高举习近平新时代中国特色社会主义思想伟大旗帜，深入学习践行习近平法治思想、习近平总书记关于坚持和完善人民代表大会制度的重要思想，认真学习贯彻落实中央和省委、市委的决策部署，忠实履行法定职责，依法召开常委会会议 51 次、主任会议 86 次，听取和审议专项工作报告 83 个，组织视察 19 次，开展 8 部法律法规执法检查，作出决议决定 66 项，提出审议意见 44 份，依法任免国家机关工作人员 428 人次，圆满完成了市十六届人大历次会议确定的各项任务，为保障活力品质幸福临海建设作出了积极贡献。

一、始终坚持政治统领，在践行初心使命上走深走实

以理论武装提高政治站位。五年来，市人大常委会以高度的政治自觉，突出红船味、人大味、临海味，着力构建全方位、多层次、广覆盖的学习大格局。按照中央和省委、市委的统一部署，巩固深化“不忘初心、牢记使命”主题教育成果，扎实开展党史学习教育，不断增强“四个意识”、坚定“四个自信”、做到“两个维护”。坚持把学习党的十九大、十九届历次全会精神和习近平法治思想、习近平总书记关于坚持和完善人民代表大会制度的重要思想作为常委会党组会议的第一议题，列入人大代表和干部培训第一课程，坚定不移做“两个确立”忠诚拥护者、“两个维护”示范引领者。中央人大工作会议后，第一时间召开党组专题学习会，积极开展人大制度主题宣讲，做到领悟到位、宣传到位、贯彻到位。

以党的领导统领人大工作。五年来，市人大常委会始终坚持党的全面领导这一最高政治原则，自觉将党的领导贯穿于人大工作的全方位、全过程。坚决维护市委总揽全局、协调各方的领导地位，严格执行请示报告制度，重大事项提前向市委请示、重点工作主动向市委汇报、重要活动及时报市委支持。坚持把市委决策部署作为人大工作的行动方向，认真贯彻市委人大工作会议精神，全面落实市委出台的《关于高水平推进新时代人大工作和建设的意见》。常委会党组认真履行“把方向、管大局、保落实”的职责，严格执行党组工作条例，修订完善党组议事规则，设立常委会机关党组。坚持党管干部与人大依法任命有机结合，确保党组织推荐人选成为国家政权机关的领导人员，为我市改革发展提供强有力的组织保障。

以创新实践强化制度自信。五年来，市人大常委会坚持目标导向、效果导向，积极探索，深入谋划，着力推进人大工作创新发展。认真落实“更专更精”要求，调整设立法制和监察司法委员会、工作委员会，组建社会建设委员会、工作委员会。探索发展街道人大工作，制定《关于全面加强和规范街道人大工作的实施意见》，实施街道选民代表会议制度，促进我市街道人大工作全面加强、规范提升。依托人大工作研究会平台，组织开展重点课题研究，形成 39 个高质量的理论研究和调研成果，选送的 5 篇论文获省、台州市人大系统优秀论文奖，2 项工作荣获台州市人大工作与时俱进奖。

二、始终坚持服务大局，在助推经济高质量发展上主动作为

立足于稳定经济增长加强监督。常委会始终把稳增长、促改革、调结构、惠民生、防风险工作摆在监

督首位，认真审查和监督“十三五”规划实施，专题听取和审议规划实施中期评估报告。坚持每年年中听取国民经济和社会发展计划执行情况报告，把对中长期规划审查监督贯穿于年度计划监督之中。按照高水平争创社会主义现代化先行市的要求，市十六届人大五次会议审查批准了市“十四五”规划和二〇三五年远景目标纲要。特别是面对突如其来的新冠肺炎疫情，常委会坚持“三服务”开路，围绕打好疫情防控总体战和经济发展翻身仗，专门成立工作组，开展实地调研，进行专题审议，就优化发展环境、搭建信息平台、落实减税降费政策、筑牢公共卫生安全屏障等提出意见建议，督促市政府突出抓好《省民营企业发展促进条例》贯彻落实，提升公共卫生治理效能，力促全市经济社会发展稳中有进、稳中提质、稳中向好。

立足于优化经济结构加强监督。常委会密切关注经济运行的质量和效果，综合运用听取报告、专项审议、专题视察等多种方式，对我市医化产业发展、“2513”企业培育、科创平台建设、数字经济发展、推进全域旅游等方面开展重点监督，就产业发展中的问题和困难提出意见建议，力促我市产业结构加速调整、发展动力加速转换、主导产业加速壮大。高度重视头门港经济开发区建设，坚持每年一重点开展专题视察，并就港产城湾联动发展、园区重大项目建设、“四区一开放”等方面工作提出切实可行的意见，打出了推动沿海开发的人大履职“组合拳”。持续关注全市招商选资工作，在届初听取和审议专题报告基础上，届末聚焦审议意见的落实开展“回头看”，并就完善招商机制、破解要素制约、实施“回归工程”等诸多方面，向市政府建言献策，展开有效监督。重视“百大项目、百团攻坚”活动推进情况，组织开展交通重点工程、“十项百亿”水利项目推进情况专题视察，持续跟进方溪水库、临海（国际）医药产业园、台州医院东院区等重点项目建设，对发现的问题提出整改意见和建议，及时交办，跟踪督办，有力地促进了全市重点工程（项目）的推进与落实。

立足于强化财政保障加强监督。深入学习贯彻新修订的预算法，出台《临海市预算审查监督办法》，明确全口径预决算审查监督的目标、重点和方法，进一步强化了人大预算监督的刚性约束。每年定期听取和审议财政决算、预算执行、审计工作、审计查出问题整改等报告，推动政府及相关部门精准发力供给侧结构性改革，扎实做好“六稳”工作，全面落实“六保”任务。改进和强化预决算审查监督，完善预算会前审查机制，进一步强化部门预算全覆盖审查，促进公共财政健康运行。首次听取和审议国有资产管理情况的报告，要求市政府进一步提高国有资产监管水平，积极防范和化解国有企业债务风险，实现国有资产保值增值。

三、始终坚持民生优先，在高水平全面建成小康社会上精准发力

持续关注乡村振兴战略。常委会每年抓住乡村振兴的重点工作，对事关“三农”工作全局和急需推进的现代农业园区、现代畜牧业及富民产业等开展重点监督，提出要坚持规划引领，强化政策扶持；合理布局空间，做强特色产业；强化防控监管，推进产业化进程等审议意见。加大对土地整理工作的监督，要求政府科学编制规划、加快项目整治、保障补地质量，实现耕地占补动态平衡。专题听取和审议美丽乡村建设情况的报告，督促政府破解村庄规划不合理、环境整治不彻底、机制保障不健全等问题，助推农民增收、农业增效，推进农村人居环境的有效改善。

持续发力生态环境保护。常委会牢固树立“绿水青山就是金山银山”的发展理念，连续抓、反复抓生态文明建设，批准《临海市生态文明建设规划》，重点对农村生活污水治理、生活垃圾分类处理、医化园区环境整治提升、城市市容和环境卫生管理等工作情况进行多方位监督；组织常委会委员对美丽临海建设情况进行了专项视察，建议市政府充分利用我市历史文化、生态环境禀赋等优势，加快全国文明城市创建，切实推进台州府城创5A工作；组织开展了城乡规划法、海洋环境保护法、固废污染防治“一法一条例”等执法检查；连续五年听取生态环境质量情况报告，持续跟进农村饮用水达标提标审议意见落实情况；专题听取和审议生态环境保护依法行政工作推进情况的报告，要求市政府严格落实生态环境保护行政执法制度，增强执法威慑力，打赢污染防治攻坚战。

持续助推社会事业发展。常委会着眼加快教育事业发展，听取和审议普通高中工作情况的报告，精心组织学前教育、职业教育视察，持续关注“双减”政策落地、义务教育标准化学校创建、校网布局调

整、招生制度改革，助推省教育现代化市创建工作。着眼推进健康临海建设，听取和审议医疗卫生计生保障、医共体建设、加强公共卫生服务、中医药事业发展等工作情况报告，专题视察全民健身运动工作开展情况，提出健全重大疫情防控机制、加强公共卫生应急管理、合理布局全民健身运动设施等意见建议，不断提升我市健康医疗普惠水平。着眼文化大市建设，批准桃渚镇、尤溪镇历史文化名镇保护规划和张家渡村、岭根村历史文化名村保护规划，组织开展公共文化设施建设情况的视察，要求政府创新机制，精准施策，加大投入，加快公共文化设施建设，丰富群众文化精神生活，提升公共文化服务效能。

持续推进平安临海建设。常委会坚持统筹发展和安全，将防范化解重大风险隐患列为监督重点，听取和审议全市安全生产工作开展情况的报告，要求市政府强化主体责任，加大监管力度，提升监管实效，实现安全生产形势持续稳定向好。围绕实施国家粮食安全战略，听取和审议粮食收储工作情况的报告，开展省粮食安全保障条例专项执行情况检查，督促政府切实加强粮食生产、流通、存储等工作，确保全市粮食安全稳定。针对机构改革出现的新情况、新问题，专门安排应急管理工作情况视察，推动政府完善管理体制机制，切实解决工作中的薄弱环节，构建大应急格局。

四、始终坚持良法善治，在法治临海建设上担当尽责

着力督促公正司法。常委会每年书面审查市法院、市检察院半年度工作报告，督促深化司法体制改革，全面落实司法责任制，不断提升司法效能。持续对员额法官和员额检察官开展履职评议，五年来共评议员额法官、员额检察官26名。紧扣司法领域重点难点问题，听取和审议扫黑除恶专项斗争工作报告，督促加大对涉黑涉恶犯罪案件的“打伞破网”“打财断血”力度，强化综合治理。高度关注检察建议的落实，加强对改判和发回重审案件办理情况的监督，有效促进司法公正，提高司法公信力，增强人民群众的信任感、安全感和获得感。

切实推进规范执法。常委会发挥司法权对行政权的监督作用，结合行政审判及公益诉讼工作报告，首次听取和审议法治政府建设情况，有效提升政府依法行政能力和水平。充分发挥“法律巡视”利剑作用，突出问题导向，聚焦职责落实，开展退役军人保障法、宗教事务条例等8项法律法规的执法检查。听取和审议公安局派出所工作开展情况的报告，切实提高公安机关依法履职能力。每年票决3个部门开展工作评议，强化评议结果的运用，赋值1%列入年度目标责任制考核。按照“有件必备、有备必审、有错必纠”工作要求，审查“一府两院”报备的规范性文件245件，有效维护法治统一。

深入推动全民守法。常委会围绕普法责任制的落实，对“七五”法治宣传教育开展中期督查，期末听取完成规划情况的报告，作出第八个五年法治宣传教育的决议。积极推动《民法典》等法律法规的宣传教育，提高公民法治意识和法律素养。依法任免国家机关工作人员，全面落实任前法律知识考试、任职表态发言、颁发任命书、宪法宣誓等制度，增强选举任命干部的宪法意识和法律意识。听取和审议社会矛盾纠纷调处化解“最多跑一地”改革工作，就提升法治化、智能化、专业化水平等提出意见和建议，促进矛盾纠纷化解在基层、解决在萌芽状态。五年来，接待来访群众302人次，依法受理群众信访414件，有力地维护了社会和谐。

五、始终坚持履职为民，在发挥代表作用上求实求新

拓展代表履职平台。常委会按照代表全参与、活动全方位、保障全过程的要求，出台《关于完善人大代表联络站建设的意见》，持之以恒做好代表联络站“建管用”文章，创成台州市五星级代表联络站17家，代表联络站与乡村检务工作站的“两站融合”场景成为全省典型。深化常委会组成人员与代表、代表与群众“双联系”制度，制定《关于市人大常委会组成人员联系镇（街道）人大和代表工作的意见》，市人大代表的市领导每年都进站开展主题活动，倾听民声、采纳民意、集中民智。依照信息化、标准化、规范化的要求，上线运行临海市人大代表履职服务平台，组织各级代表安装治水监督App，实现市级人大代表进网全覆盖、履职全过程、监督全方位。

提升代表履职水平。常委会坚持把代表培训作为一项基础性工作来抓，在初任培训和日常集中培训的基础上，每年分层次有侧重地组织市人大代表开展专题培训，共举办10期培训代表500多人次。制定《关于开展人大代表履职考评工作的办法（试

行）》，明确代表履职责任，提出履职要求，作出考评规定。常委会还注重拓展代表参与常委会工作的广度和深度，五年来共邀请近300人次代表列席人大常委会会议和参加视察、专题调研、执法检查等活动，帮助代表找准履职着力点，提高履职能力和水平。

丰富代表履职活动。常委会聚焦市委中心工作，坚持每年以“人大在行动”为主题，组织各级人大代表相继参与剿灭劣V类水、美丽临海建设、推进污水零直排等系列活动，全市各级人大代表在防汛防台、抢险减灾、疫情防控、化解社会矛盾等工作中作表率、走在先、冲在前，涌现出了一大批先进典型。进一步深化“代表活动月”活动，组建了人大代表志愿者队伍，进社区、进农村、进企业开展政策法规宣讲、健康义诊、农技下乡等活动2000多人次，弘扬社会正能量。每年对人代会票决产生的十大民生实事项目，组织现场视察，跟踪督办进度，听取专题汇报，开展满意度测评，确保实事办好、好事办实，发挥应有效益。

重视代表建议办理。常委会高度重视议案建议的办理和督办工作，建成启用人大议案建议网上办理系统，开展重点督办、跟踪督办、满意度测评，每年开展优秀代表建议和办理工作先进单位评比表彰。五年来，代表提出的798件建议，全部按期办理并答复代表，已解决或列入解决计划的达751件，代表反馈满意或基本满意达100%。

抓好换届选举工作。在市委的坚强领导下，常委会认真贯彻宪法和地方组织法、选举法、代表法，全面落实中央和省委、市委有关文件精神，精心组织、周密安排、强化培训、悉心指导，保证换届选举工作依法平稳有序进行。在换届选举工作中，始终把纪律和规矩挺在前面，严格落实“十严禁”的纪律要求，确保换届选举风清气正。全市依法选举产生新一届市人大代表385名、镇人大代表1204名，全市参选率达97.42%、市人大代表平均得票率达92.47%。14个镇成功召开了新一届人民代表大会第一次会议。

六、始终坚持唯实惟先，在强化自身建设上树好形象

（略）

今后人大工作建议

我们建议，未来五年，市人大及其常委会工作的指导思想是：**坚持以习近平新时代中国特色社会主义思想为指导，全面贯彻党的十九大、十九届历次全会和中央人大工作会议精神，围绕市十五届一次党代会提出的奋斗目标，坚持稳中求进工作总基调，聚焦中心工作、聚情民生关切、聚力依法履职、聚合代表力量，加强“四个机关”建设，放大制度优势，发挥职能作用，发展和完善全过程人民民主，为忠实践行“八八战略”、奋力打造“重要窗口”，建设历史名城、制造强市、共富高地提供有力法治保障。**

为此，建议新一届市人大及其常委会做好以下六方面工作：

一、忠诚拥护“两个确立”，在坚持党的领导上展现新担当。（略）

二、紧扣改革发展大局，在推进精准监督上实现新进展。（略）

三、加强执法司法监督，在法治临海建设上谱写新篇章。（略）

四、聚情民生重大关切，在共同富裕建设上取得新成效。（略）

五、发扬全过程人民民主，在发挥代表作用上谋求新提升。（略）

六、着眼“四个机关”建设，在履职服务创新上彰显新作为。（略）

政府工作报告

——在临海市第十七届人民代表大会第一次会议上

临海市人民政府代市长　蔡建军

2022年2月17日

一、过去五年工作回顾

市十六届人大一次会议以来，面对严峻形势和繁重任务，市政府全面落实党的十九大和十九届历次全会精神，紧紧围绕“建设活力品质幸福临海”的奋斗目标，主动适应新常态，积极展现新作为，高水平全面建成小康社会。2021年，全市实现地区生产总值819.9亿元，年均增长6.1%；财政总收入111.6亿元、一般公共预算收入66亿元，年均分别增长7.9%和8.0%；外贸自营出口总额332.9亿元，年均增长13.2%；社会消费品零售总额269.5亿元，年均增长3.8%；城镇、农村常住居民人均可支配收入分别为62993元和35367元，年均分别增长7.8%和9.1%。我市跻身全国县域经济百强市、全国综合竞争力百强市等系列百强榜单，迈入了“百亿百强”高质量发展新阶段。

五年来，我们坚持稳中求进，交出了量质齐升的“临海答卷”。工业取得新突破。规上工业总产值首次突破千亿大关，达1051亿元，跻身中国工业百强市，连续三年获省振兴实体经济试点示范市考核优秀。“2513”龙头企业培育工程深入实施，新增百亿元以上企业2家、50亿元以上企业2家、10亿元以上企业8家、上市企业2家，包揽台州制造业企业纳税前三强。“亩均论英雄”改革持续深化，建成小微企业园11家，新增入驻企业450家。产业数字化稳步推进，“化学原料药产业大脑”纳入全省首批行业产业大脑建设试点。农业呈现新亮点。实现农林牧渔业增加值54.4亿元，年均增长3.1%。完成粮食生产功能区提标改造2.4万亩，建成高标准农田13.9万亩。成功创建全国“平安农机”示范市、全国主要农作物生产全程机械化示范市，获评“中国白对虾之乡”“中国水库胖头鱼之乡”。“临海蓝莓”获批国家地理标志证明商标，涌泉入选第一批全国种植业“三品一标”基地，白水洋创成省级杨梅特色农业强镇，西兰花、柑橘被评为省示范性农业全产业链。服务业实现新提升。成功创建省全域旅游示范市。紫阳街获批省级高品质步行街、省级文化创意街区、省级夜间文化和旅游消费集聚区，东矶列岛进入省十大海岛公园培育名单。外贸新业态加快培育，跨境电商产业园、跨境电商综合服务平台和外贸综合服务平台开通运营。金融业快速发展，银行业金融机构存贷款余额近3000亿元，五年实现翻一番。

五年来，我们坚持改革创新，增强了加快发展的“临海活力”。科技创新走深走实。获评全国科技创新百强市、首批省级可持续发展创新示范区，是台州研发投入强度唯一突破3%的县（市、区）。临海国际科创中心（上海）、复旦大学张江研究院临海科创园建成投用，临海墨尔本跨境融合创新中心入选省级海外创新孵化中心培育名单，现代医药化工产业创新服务综合体入选省级创建名单。国家高新技术企业从85家增加到207家，省级科技型中小企业从322家增加到773家，高新技术产业增加值连续五年居台州首位，永太科技获中国专利金奖。分别引进国家、省重点联系专家19人、26人。深化改革提速提质。迭代升级“最多跑一次”改革，在台州率先设立企业服务区，企业办事从“面对面”受理变为“肩并肩”服务。数字化改革取得硬核成果，总门户和五大系统门户页面全面上线，11个重点应用场景正式运行，“浙里好家政”被评为全省数字化改革“最佳应用”。基层政务公开标准化规范化国家试点顺利通过验收。“三位一体”农合联改革成为全国典型，农村综合改革标准化入选全国试点。要素保障有力有效。高质量完成全域土地综合整治三年行动，累计供地 4.1 万亩、消化批而未供土地 1.4 万亩、盘活存量建设用地 1.1 万亩，创成省国土资源节约集约模范市。投融资体系持续优化，建成信用等级 AA+ 企业 2 家、AA 企业 4 家，先后发行全国规模最大、台州首单社会领域产业专项债和全国区县级首单疫情防控债。招商引资力度加大，5 亿元以上项目落地 71 个，总投资达 851.3 亿元。

五年来，我们坚持深耕湾区，拓展了对外开放的“临海格局”。开放水平全面提升。“四区一开放”取得突破，头门港经济开发区升级为国家级开发区，综合保税区、口岸开放成功获批，自贸区联动创新区、跨境电商综合试验区有序推进。开通至首钢京塘曹妃甸、吉林通化港航线。2 个 5 万吨兼靠 7 万吨级码头建成投用，公铁水多式联运工程成为国家示范项目，货物年吞吐量突破 600 万吨。351 国道、台金高速、台金铁路等交通干线交汇港区，内畅外联路网体系日趋完善。临港产业持续壮大。规上工业总产值突破 400 亿元。台州学院头门港产业学院落地投用。吉利汽车产业园、万盛环保阻燃剂、远大住工建筑产业化基地等一批重大项目建成投产，联化科技产业园、新加坡丰树产业园、沙星博海等项目加快推进，吸引红狮控股、中南置业等大企业投资落户。新城功能更趋完善。临港新城框架基本拉开，启动区块路网全面建成。哲商小学头门港分校开学，白沙湾壹号、金色悦府等房产项目相继建成，洲际酒店、汽车文化综合体项目加快建设。金沙湾诗意小镇、白沙湾蓝色海湾项目有序推进，北洋河河道公园建成投用，“两湾相拥、一水绕城”的城市景观逐步形成。

五年来，我们坚持统筹融合，绘就了城乡共美的“临海画卷”。城乡面貌日益改观。新一轮国土空间规划编制全面启动，总体城市设计编制基本完成。台州府城保护利用有力推进，完成紫阳街历史文化展示区一期改造和台州府城墙西南段改建。新区形象日益丰满，博物馆和城市规划展览馆开馆，客运中心综合体、广电传媒中心、总部经济商务区一期建成投用，大洋路、柏叶路东段和双林南路全线贯通。六角井、大洋、南门社区入选省未来社区试点。国庆、西林、大路王等重点区块改造加快推进。高分创成全国文明城市。集镇面貌明显提升，小城镇环境综合整治三年任务两年完成，创成省级新时代美丽城镇样板镇 2 个、达标镇 9 个。乡村振兴战略深入实施，创办乡村振兴学院，建成省级美丽乡村示范镇 6 个、精品村 29 个。基础设施更加完善。水利基础设施短板加快补齐，方溪水库通过下闸蓄水验收，大田平原排涝一期、大田港闸除险加固、洪池区块排涝应急工程建成投用，大田平原排涝二期、东部平原排涝一期等项目加快推进。综合交通“343”战略深入实施，沿海高速、杭绍台高速等项目建成通车，“四好农村路”三年行动计划圆满完成，实现村村通公交。集中式供水工程覆盖所有镇街，新增受益群众 36.3 万人，被评为全省农村饮用水达标提标行动成绩突出市。主城区、主镇区和重点行政村实现 5G 信号全覆盖。生态环境持续优化。创成省级生态文明示范市。以壮士断腕、刮骨疗毒的决心，铁腕整治长江经济带生态环境突出问题，倒逼产业转型，医化园区实现生态环境和发展质量双提升，整治成效在国家推动长江经济带发展领导小组会上视频播放，经验做法向全国推广。“五水共治”全面深化，完成城市污水处理厂迁建，建成“污水零直排区”51.5 平方千米，创成省级美丽河湖 3 条，两次夺取“大禹鼎”。垃圾分类有序推进，建成伟明垃圾焚烧厂二期，生活垃圾实现总量“零增长”、处理“零填埋”。完成平原绿化 3715 亩、彩色森林建设 1.8 万亩，创成括苍山国家级森林公园。

五年来，我们坚持以人为本，彰显了民生至上的“临海情怀”。社会事业进一步发展。大力推进教育现代化，深入实施中小学教师“县管校聘”改革，全面实行义务教育“公民同招”，“公参民”学校规范工作平稳推进，新改建校舍 29.7 万平方米，完成薄弱学校改造、撤并 33 所，建成投用特殊教育中心迁建、大洋中学迁建、大洋小学北校区等项目，创成省教育基本现代化市。深入实施“健康临海”战略，组建三大县域医共体，浙大二院临海分院、国家级百千万卫生人才工作室落户成立，台州医院东院区、市一医院新病房大楼、妇幼保健院新院区等项目建成投用，国家卫生镇创建覆盖率达 50%，省、台州市级卫生镇实现全覆盖，获评省健康促进市、省公立医院综合改革评价优秀市。从严从紧做好新冠肺炎疫情防控，强化联防联控工作机制，累计接种新冠疫苗 235.4 万剂次，疫情防控成果持续巩固。公共文化服务“十百千”工程深入推进，建成农村文化礼堂 305

家，成为国家公共文化服务体系建设示范区。《台州府城墙保护条例》正式实施，新增国家级文保单位1处，省级文保单位12处、非物质文化遗产3项。社会保障进一步健全。每年十方面民生实事圆满完成，市财政累计民生支出达396.7亿元，占财政总支出的79.7%。新增城镇就业15万人，帮助2.6万名失业人员实现再就业，城镇登记失业率控制在1.5%以内。老年乐园二期建成投用，镇级示范型居家养老服务中心实现全覆盖。脱贫攻坚取得全面胜利，圆满完成低收入农户高水平全面小康攻坚任务，实现“两不愁三保障”突出问题、年家庭人均收入9000元以下情况、集体经济薄弱村“三个清零”。平安基础进一步夯实。成功夺取省首批星级“平安金鼎”，有望实现平安临海“十七连创”。深入推进扫黑除恶专项斗争和“四小车”、发票犯罪等专项整治行动，社会大局保持稳定。积极推进市域社会治理现代化，行政村规模调整圆满完成，社会矛盾纠纷调处化解中心建成投用，“一中心四平台一网格”基层治理格局全面形成。

工青妇、国防动员、民兵预备役、退役军人、双拥、对口协作等工作取得新成绩，民族宗教、外事、侨务、人防、海防、气象、档案、地方志等工作实现新发展。

五年来，我们坚持高效履职，展现了务实清廉的“临海政风”。认真开展“两学一做”学习教育、“不忘初心、牢记使命”主题教育、党史学习教育，切实落实巡视反馈意见整改工作。自觉接受市人大及其常委会的法律监督和市政协、各民主党派的民主监督，认真办理人大建议、政协提案2164件，满意率和基本满意率达100%。建立政府法律顾问制度，深入实施政府常务会议学法制度，圆满完成“七五”普法工作。深入推进“三服务”，全面落实降本减负政策，兑现各类奖励、补助资金14.8亿元，减免企业税费137.4亿元。完成新一轮政府机构改革。全面履行党风廉政建设主体责任，加大行政监察和审计监督力度，查处了一批违纪违法案件。

艰难方显勇毅，磨砺始得玉成。过去的五年是临海应对复杂局面、取得巨大成就的五年。特别是刚刚过去的2021年，我们面对新冠疫情带来的巨大冲击和复杂多变的国内外经济形势，负重前行，拼搏奋进，经济社会保持良好发展态势。创成台州唯一的国家级经济技术开发区和综合保税区，“逐梦深蓝、向海图强”的美好愿景正一步步照进现实。成功承办央视跨年盛典，临海美誉度和影响力得到空前提升。杭台高铁、金台铁路建成通车，融入长三角一体化迈出坚实步伐。以事不避难的高昂斗志，全面掀起“百日破百难”攻坚热潮，彰显了临海干部群众踔厉奋发、笃行不怠的精神气魄。

成绩来之不易，经验弥足珍贵。我们真切地感受到，政府工作向前推进的每一个步伐，各项事业取得的每一点成绩，都是市委坚强领导、科学决策的结果，是市人大、政协鼎力支持、有效监督的结果，是全市人民辛勤付出、团结奋斗的结果。在此，我代表市人民政府，向所有为临海发展作出贡献的广大干部群众和社会各界人士表示衷心的感谢和崇高的敬意！

我们也清醒地认识到，发展中还面临不少困难和问题：一是综合竞争力有待提升，经济总量不大，人均水平偏低，发展空间趋紧，城乡、区域发展不平衡和城区产业空心化问题亟待破解。二是城市品质与群众期待还有差距，交通、水利等基础设施还不完善，教育、卫生、养老等公共服务资源不能满足群众需求。三是平安稳定基础还不够扎实，安全生产、道路交通等公共安全领域还存在薄弱环节。四是政府自身建设有待加强，个别公职人员担当意识、服务意识尚有欠缺，存在“慢作为、不作为”现象。对此，我们要采取有力措施，切实加以解决。

二、今后五年发展的总体目标和主要任务

今后五年，是临海实干创新、突破跨越的关键五年。我们要锚定历史方位，把握历史机遇，扛起历史使命，拿出舍我其谁、当仁不让的豪迈气概，迈出敢为人先、勇立潮头的坚定步伐，全力开创临海经济社会发展新局面。

根据市十五届一次党代会精神，今后五年政府工作的指导思想是：**高举习近平新时代中国特色社会主义思想伟大旗帜，深入贯彻党的十九大和十九届历次全会精神，在上级党委政府和市委的坚强领导下，忠实践行“八八战略”，奋力打造“重要窗口”，聚焦聚力高质量发展、竞争力提升、现代化先行，实干创新、突破跨越，努力把临海建设成为历史名城、制造强市、共富高地，奋力跻身全省县域综合实力第一方阵。**

今后五年，我市经济社会发展的主要预期目标建议为：到2026年，地区生产总值突破1500亿元，财政总收入突破200亿元，固定资产投资累计突破2500亿元，规上工业总产值突破2500亿元。

（略）

今后五年经济社会发展的主要任务是：

（一）建设历史名城，赓续千年府城新荣光。

保护传承历史文脉。注重台州府城片区风貌管控，开展精细化微改造，扎实推进台州府城墙“申遗”工作，建成国家级旅游休闲街区，持续提升“千年府城”知名度。深入挖掘山海文化、府城文化、抗倭文化等文化底蕴，打造具有代表性的临海文化标志。加强“非遗”保护与传承工作。大力发展公共文化事业，建成市文体中心，实现镇级图书馆全覆盖。实施新时代文艺精品繁荣工程，常态化供给一批群众性、参与性、互动性强的公共文化服务，满足群众多样化精神文化需求。创成国家全域旅游示范市，发挥台州府城文化旅游区龙头引领作用，系统推进夜府城、夜灵湖、夜靖江等夜经济圈建设，加快文旅商融合发展。建成巾山诗韵、文化中心、民厨寻味等十大标志性工程，让广大市民、游客留驻人间烟火地，尽享古城慢生活。

提速开发重点区块。推动城市东拓南进、拥江揽湖发展，到2026年，建成区面积达56平方千米以上，常住人口城镇化率达60%以上。浙江临海经济开发区要坚持工业强基、产城融合，科学利用好20平方千米工业发展空间，大力培育商圈经济、楼宇经济，打造城市高能级平台。佩弦湖片区要围绕打造“商业新中心、城市新地标、文旅目的地”的目标，优化“两湖一山”山水格局，打通山水通廊，建设文旅长廊，引入多元化商业新业态，打造城市“会客厅”。五家殿—丁家洋片区要按照“功能完备、生态宜居、治理高效”的要求，提升开发大道两侧风貌，改造城中村和老旧小区，建设政务、服务、商务一体集成的未来社区，建成星悦广场等配套项目，打造现代都市宜居区。伏龙片区要以伏龙大桥建设带动南北两岸开发，加快北岸城市更新，打造南岸地标建筑群，展现“一桥立门户、一江展两翼”的优美画卷。江南片区要高标准建设临海国际医药产业园，加快火车南站周边城市形象提升，建成“江南溪望谷”共富示范带，打造临海产业、人居的重要承载区。东城片区要加快建设浙东健康城，推动医养结合，打造辐射台州北部的健康高地。

统筹协调区域发展。坚持经营城市的理念，推动城乡一体化均衡发展。巩固全国文明城市创建成果，深化长效常态管理机制。杜桥要创成小城市，协同临港新城推进融合发展和差异发展，提升产城发展层次，引领东部城镇发展。白水洋、东塍、桃渚要打造现代新型中心镇，科学有序拓展发展空间，强化核心区开发建设，增强辐射带动和服务周边能力。汛桥、沿江、上盘、涌泉要加快工业提升发展，加强精细化管理，打造精致城镇。尤溪、汇溪、小芝、永丰、括苍、河头要突出特色差异发展，放大生态优势，打造独具魅力的风情小镇。加快西部发展，加大政策和重点项目倾斜力度，推动区域协调共进。实施美丽城镇“520”计划，创成省级美丽城镇样板镇5个以上，实现美丽城镇达标镇全覆盖。打造美丽乡村升级版，持续深化“千万工程”，加快未来乡村建设，优化农村人居环境，争创省新时代美丽乡村建设标杆市。

持续完善基础设施。加快补齐水利短板，构建“上截、中畅、下排、外挡”防洪排涝体系，加快推进灵江治理、尤汛分洪、海塘安澜等项目建设，建成大田平原排涝二期外排、东部平原排涝一期等工程，提升防洪排涝挡潮能力。着力打造“1212”综合交通时空圈，动工建设疏港公路复线、杜桥至红脚岩公路、大汾至下畔连接线、金台铁路头门港支线二期等项目，建成甬台温高速改扩建临海段、351国道邵家渡至永丰段改建、204省道余温公路临海段改建等项目。建成伏龙大桥，建设城市快速路南区段、北区段，打造10分钟出入城区交通圈。

（二）建设制造强市，再创民营经济新辉煌。

突出创新驱动。坚持科创首位战略，争创省“科技创新鼎”。对接省“三大科创高地”和台州湾科创走廊，运营好“两园一飞地”，高标准建设灵江科创廊道、佩弦湖科技城，高水平运营臻城创新园，积极创建省级高新园区，到2026年，台州市级及以上产业创新服务综合体达5家，省级创业创新平台达25家，实现国家级众创空间零的突破。实施新一轮高新技术企业、科技型中小企业“双倍增”行动，引导企业增加研发投入，到2026年，力争研发投入强度达3.6%，国家高新技术企业达400家，省科技型中小企业达1500家，各类研发机构达400家。探索飞地用才、兼职兼薪、候鸟式专家等招引方式，到2026年，顶尖人才和科技领军人才数实现翻番，国家、省重点联系专家分别增加15人、20人。

做强工业经济。实施制造业产业基础再造和产业链提升工程，精准推进强链补链延链，重点培育汽车机械、医药健康、时尚休闲三大千亿级产业集群，加快建材、眼镜、彩灯等传统产业提升步伐，建设钓鱼亭国际时尚休闲产业园、大田铜盘山智能制造产业园，创成省制造业高质量发展示范市。推动产业变道超车，积极发展数字经济、新材料、新能源等新兴产业，建设"万亩千亿"新材料产业园、浙东数字经济产业园、台州湾新能源汽车产业园、台州1号海上风电场、抽水蓄能电站等重点项目，打造台州工业4.0标杆城市主阵地。实施"百亿领航、十亿带动、小微成长"计划，新增产值百亿企业6家、十亿企业50家，抓好小微企业三年成长计划和"专精特新"企业培育计划，培育壮大市场主体，形成大企业顶天立地、中小企业铺天盖地、高新技术企业抢占高地的发展格局。抢抓北交所和股票发行全面注册制机遇，确保上市企业总量达20家。深入实施新一轮制造业"腾笼换鸟、凤凰涅槃"行动，深化"亩均论英雄"改革，加强高耗低效企业整治，力争规上工业亩均税收年均增长9%。

精耕湾区平台。发挥浙江头门港经济开发区"四区一开放"优势，深化与省海港集团合作，创建台州湾RCEP高水平开放合作示范区。大力发展临港产业，提升港口能级，建成码头三期、成品油码头和2个2000吨级散货码头，完成一号码头集装箱功能改造，确保年吞吐量突破2000万吨。坚持以产促城、以城兴产、产城融合，加快建设临港新城，完善教育、医疗、文化等公共设施，加快建设总部商务区、国际贸易公共服务平台，建成九年制义务教育学校、头门港商业中心、台州湾青年创新港、洲际酒店等项目，完成白沙湾滨海湿地生态修复，加快头门港从单一产业型园区向城市综合型新区转型。

优化发展环境。积极融入国内国际"双循环"，深度参与"一带一路"、长三角一体化、长江经济带建设，全方位接轨大上海，深层次融入甬台一体化合作先行区建设。探索工业用地全生命周期管理，力争工业用地供应5000亩以上。增强金融支持实体经济力度，到2026年，全市各项贷款余额突破2400亿元，小微企业贷款余额突破1000亿元，分别较2021年实现翻番。设立总规模达100亿元的招大引强产业基金，吸引项目、人才、品牌全面落户。树立"留住本地优质企业就是最好的招商引资"理念，重点加强优质企业的用地、用能保障，不断增强企业对临海的归属感。进一步优化制度、政策和服务供给，持续推进企业清费减负，争创全省营商环境最优市。

（三）建设共富高地，奔向全域幸福新未来。

健全更公平的保障体系。深化收入分配制度改革，推进"扩中""提低"改革，逐步缩小收入分配差距。健全公共就业服务体系和创业支持体系，实施新时代工匠、"金蓝领"培育工程，有力推进居民就业，力争城镇新增就业10万人，城镇登记失业率控制在2%以内。实施农业农村领域高质量发展推进共同富裕五年行动计划，高度重视粮食安全，坚决遏制耕地"非农化"、防止耕地"非粮化"，持续擦亮柑橘、茶叶、杨梅、西兰花四大农业金名片，推动农产品精深加工，大力发展特色民宿等农旅融合新业态，促进农民增产增收。深入推进村集体经济巩固提升行动，实现集体经济年经营性收入50万元以上行政村占比达50%以上。扎实推进"三位一体"农合联改革示范市建设。注重分配公平性，加大税收、社保等调节力度，实施全民参保计划，实现城乡居民基本养老全覆盖。完善社会救助、社会福利体系建设，大力发展社会慈善事业，落实特殊人群、困难群体精准帮扶，确保共同富裕道路上一个都不掉队。

提供更优质的公共服务。牢固确立"抓教育就是抓发展、抓教育就是抓民生、抓教育就是抓未来"理念，争创全国学前教育普及普惠市、全国义务教育优质均衡发展市和省教育现代化市。坚持教育公益性原则，优化教育资源布局，推进城乡教育一体化发展。深化教育改革，净化教育生态，加强队伍建设，提升教学质量，营造校长敢抓善管、教师敬岗爱业、学生勤思好学的教育氛围，重振临海教育雄风。高标准建设职教城，促进产教研用深度融合，创成全国职业教育创新发展"窗口"城市。深化"三医联动、六医统筹"改革，推进县域医共体建设，加快基层卫生院提档升级，积极打造20分钟医疗服务圈。完善常态化应急管理体系，增强突发公共卫生事件和重大疫情应急处置能力。加强与上海、杭州等长三角地区优质医疗资源对接合作，提升公立医院等级和医疗服务水平。树立“不求所有，但求所在”理念，打造“发展共同体”，全力支持台州学院、台州医院在临发展，办好头门港产业学院，建成国际护理学院。支持专业性养老服务机构建设，完善社区居家养老服务网络，办好老年食堂、老年大学，建成市老年活动综合体。

打造更和谐的社会环境。纵深推进行政执法、司法体制改革，提升依法行政水平。深化市域社会治理现代化，深入推进“县乡一体、条抓块统”改革，升级“一中心四平台一网格”体系，完善基层矛盾纠纷调处化解机制，构建多跨协同、高效运转的“一网统管”智治格局。进一步完善风险闭环管控大平安机制，持续推进安全隐患大排查大整治，建设更高质量更高水平的平安临海。常态化推进扫黑除恶，重点打击电信诈骗等新型网络犯罪活动。强化群众自治组织建设，联动推进社区、社会组织和社工专业人才队伍建设，实现政府治理和社会调节、居民自治良性互动。厚植绿水青山生态优势，系统推进“蓝天、碧水、净土、清废”行动，强化“三线一单”约束作用，加强牛头山水库、三江国家城市湿地公园等保护，积极创建国家生态文明示范市。推进碳达峰碳中和，开展节能减排降耗，发展清洁能源、循环经济，构建绿色低碳生活体系，促进人与自然和谐共生。

三、2022 年工作安排

今年是新一届政府的开局之年，也是实施“十四五”规划的重要一年，要坚持高位开局，加速发力，负重拼搏，先行变革，建议主要预期指标为：地区生产总值增长 7.5% 以上；财政总收入和一般公共预算收入均增长 7.5% 以上；固定资产投资增长 10% 以上；外贸自营出口总额增长 6% 以上；社会消费品零售总额增长 6.5% 以上；城镇、农村常住居民人均可支配收入分别增长 8% 和 8.5% 以上；完成节能减排任务。重点抓好十件要事：

（一）致力工业强基，做大经济体量。推进 110 个投资千万元以上工业性项目建设，推动华海制药科技产业园二期落地，动工建设钓鱼亭国际时尚休闲产业园、大田铜盘山智能制造产业园、台州 1 号海上风电场等项目，加快建设联化科技产业园、瑞博创新药、奥翔生物药、逸腾原料药、新台佳电子等项目。推动产业数字化，新增省级未来工厂 1 家、智能工厂 2 家。加快布局战略性新兴产业，盯引红狮控股新型建材、复星万盛新材料等项目，进一步增强发展后劲。

（二）致力项目驱动，扩大有效投资。加大“百日破百难”攻坚力度，全面推进 200 个“七大战略”项目建设，确保完成固定资产投资 290 亿元以上，省“152”工程落地率、市县长项目落地率均达 75% 以上。动工建设甬台温高速改扩建临海段、城市快速路、灵江治理一期、尤汛分洪、南洋海塘安澜、方溪水厂及引配水等工程，扩建提升黄坦公路，建成 104 国道江南至尤溪段改建、北固山截洪等工程，实现方溪水库蓄水。深化产业链招商、基金招商、专业招商、以商引商，确保新签约 5 亿元以上产业项目 25 个以上，实际使用外资 5700 万美元以上。强化要素支撑，完成供地 3000 亩以上，低效用地再开发 1000 亩以上，消化批而未供土地 1100 亩以上，盘活存量建设用地 1200 亩以上。

（三）致力城市建设，深化有机更新。推进浙江临海经济开发区实体化运作，实施村留地货币化安置政策。举全市之力突破丁家洋、枧桥一、前洋等城中村改造，启动国庆片区三期改造，高标准推进六角井等未来社区建设。完成国庆片区一期安置房、湖东区块棚户区改造一期等工程，持续提升灵湖景区品质，加快推进佩弦湖区块改造、总部经济商务区二期和国庆片区二期安置房建设。打通临江大道、双林北路等 10 条断头路。深化杜桥小城市培育，加快推进宝龙商贸综合体等项目建设，扭转旧村改造被动局面。

（四）致力以产兴城，加快湾区发展。确保台州综合保税区通过验收，实现口岸正式开放。启动编制头门岛综合开发规划，开通头门港至印尼航线，建成新加坡丰树产业园、路商新能源电动车、现代医药化工产业创新服务综合体等项目，加快建设海正聚乳酸，动工建设“万亩千亿”新材料产业园一期，推动航天一院浙江产业协同创新中心、复旦张江新材料新能源创新研发和中试基地等项目招引落地。加快建设临港新城，动工建设台州湾青年创新港、康居工程二期、头门港区进港航道一期等项目，建成汽车文化综合体。高效运转企业服务中心，真正实现“园区事园内办，园区办事不出园”。

（五）致力业态培育，激发商贸活力。充分发挥央视跨年晚会影响力，持续增强台州府城显示度。大力培育精品景区，确保台州府城文化旅游区创成国家AAAAA级景区，主城区创成AAAA级景区城。加快推进熊出没文旅产业园、方特熊出没酒店等项目建设，启动府城记忆、道宗溯源、括苍云径等工程，推动祥源桃渚国际文旅度假区项目落地。着力完善农村商业体系，争创省级县域商业体系试点城市。落地浙东汽车4S店综合体项目，加快建设星悦广场，建成原客运中心城市综合体，开业运营中国·杜桥眼镜城，办好第10届中国（临海）户外家具及庭院休闲用品展览会。用好出口信保统保平台，培育外贸新主体20家以上、跨境电商新主体50家以上。

（六）致力乡村振兴，推动强村富民。深入实施农业“双强”行动，争创省级综合性农业“机器换人”高质量发展先行市，创成国家农产品质量安全市。优化畜牧产业布局，建成牧原三场等生猪养殖项目，确保生猪年产能达29万头以上。大力发展现代渔业和品牌渔业，创建省级健康养殖示范场2家，创成省健康养殖示范市。加快构建“农合联+公司”现代农业服务体系。支持区域协调发展，推动万人就近就业，动工建设西部村级集体经济飞地共富园，全面消除142个相对薄弱村，实现集体经济年收入20万元以上且经营性收入10万元以上行政村全覆盖。深入开展美丽乡村示范创建行动，将江南溪望谷打造成为省级样板，确保全市90%以上行政村创成省级新时代美丽乡村达标村。

（七）致力环境整治，营造美丽生态。完成第二轮中央生态环境保护督察反馈问题整改，巩固提升医化园区整治成果。深化灵江流域环境污染专项整治，全面完成入河排污口整治。完成全市建成区“污水零直排区”建设，创成省级美丽河湖1条、台州市级美丽河湖2条，争创第二批省“五水共治”实践窗口。大力实施新一轮垃圾革命、“两路两侧”“三化一平”专项整治行动，根本性改变农村环境脏乱差问题。深化新增百万亩国土绿化行动，新增造林5000亩、森林质量提升1.6万亩，建成“一村万树”示范村4个，实现省级森林城镇创建全覆盖。

（八）致力民生改善，打造美好生活。提升教育品质，深入实施“双减”政策，规范民办义务教育发展，优化教师评价体系，着力加强师德师风建设。实行镇街公办幼儿园市财政全额统筹机制，改扩建公办幼儿园5所，新增学位1170个以上。优化校网布局，力争动工建设哲商小学扩建、台州学院国际护理学院，建成大洋三小、临海小学东校区等项目。深入实施健康临海行动，加快推进市二医院扩建项目，创成国家卫生镇4个。高水平举办古城文化节、台州府城公共艺术节、柴古唐斯越野赛、安基山滑翔伞国际邀请赛等一批文体活动。

（九）致力改革赋能，提高服务质效。深化国资国企改革，实施“国资唤醒”行动，提升政府基金效能。持续优化“浙里好家政”应用，力争“安迅应急救援”“地灾智治”入选全省最佳应用，新增省级多跨场景应用3个。数字赋能“一件事”集成改革、办好民生实事，基本实现办事“掌上办不用跑”。深化“三服务”2.0版，全面落实各类惠企政策，让企业家潜心强创新、安心搞经营、放心办企业。

（十）致力风险防范，加强社会治理。坚持和发展新时代“枫桥经验”，健全重大决策社会稳定风险评估和风险预测等机制，实现矛盾纠纷90%以上化解在基层。加强突发舆情应对引导，实施平安护航专项行动。深入开展消防、交通、危化品、渔业船舶、食品药品、特种设备等重点领域整治，争创省级食品安全示范市，实现平安临海“十八连创”。

（略）

中国人民政治协商会议
临海市第十四届委员会常务委员会工作报告

——在政协临海市第十五届委员会第一次会议上

临海市政协主席　张招金

2022年2月16日

过去五年工作回顾

过去五年，是临海发展历程中极不平凡的五年，是砥砺奋进、铿锵前行的五年，也是我市政协事业在继承中开拓创新，巩固中发展进步的五年。在中共临海市委的坚强领导下，十四届市政协高举习近平新时代中国特色社会主义思想伟大旗帜，深入学习贯彻中共十九大和十九届历次全会精神，全面贯彻落实习近平总书记关于加强和改进人民政协工作的重要思想以及省委、台州市委和临海市委的决策部署，牢牢把握团结和民主两大主题，坚持建言资政和凝聚共识双向发力，认真履职尽责，不断守正创新，强化自身建设，充分发挥专门协商机构作用，为高水平建设活力品质幸福临海、高水平争创社会主义现代化先行市、建设共同富裕示范样板作出了积极贡献。

——五年来，政协系统党的建设不断加强。市委专门召开政协工作会议，专题研究出台《加强新时代人民政协党的建设工作的实施意见》，提出全面推进政协党的各项建设的总体要求和工作任务。市政协旗帜鲜明讲政治，对标看齐作表率，充分发挥市政协党组在政协工作中的领导核心作用、党员委员的先锋模范作用，切实把市委的决策部署和对政协工作的要求落实下去，把各界人士的智慧和力量凝聚起来。

——五年来，专门协商机构优势充分彰显。锚定专门协商机构新定位，创新协商平台，丰富协商形式，拓宽协商广度，积极开展专题议政性协商、界别协商、对口协商、提案办理协商，共召开5次全体会议、25次常委会会议、56次主席会议，开展各级“请你来协商”活动370余场次，委员、群众参与5000余人次，提出建议意见1280余条，一批高质量、有份量的意见建议进入党政决策，形成常态化、多层次、各方面有序参与的协商议政新格局。

——五年来，创新工作实践打响特色品牌。聚焦加强和改进政协工作，创设市协商中心、界别委员工作室、民生议事堂“一心一室一堂”协商平台，形成市、界别、镇街“三位一体”的协商体系；创新实施“一界一委室、一季一协商、一村一委员、一年一考评”界别工作“四机制”，推动界别工作活起来、实起来、强起来，获评首批全省政协工作创新案例。我市政协先后多次在省政协、台州市政协工作交流会上作典型发言，为推动人民政协制度更加成熟更加定型作出实践探索。

——五年来，履职成果丰硕展现政协作为。胸怀大局，把握大势，着眼大事，统筹各党派各方面各单位智慧和力量，深入改革发展主战场、攻坚克难第一线、服务群众最前沿发声发力，共开展视察调研327次、专项集体民主监督14项，形成常委会议和主席会议建议案28份、调研报告115份，提交大会发言137篇，其中口头发言56篇，提交提案1601件，其中优秀提案70件，提出了防止城区产业“空心化”、加快发展夜经济等一批意义深远的重要建议，在服务中心大局上展现了新作为。

回顾过去五年，我们主要做了以下五方面工作：

一、党建引领，深学笃行，不断夯实团结奋斗的共同思想政治基础

坚持党的领导，把牢正确政治方向。坚定不移

把政协工作置于市委领导之下。认真贯彻落实市委政协工作会议精神，自觉在市委的领导下谋划事业发展，制定工作措施，推动工作落实，将市委的重大决策部署贯穿政协工作全过程各方面，有力推动人民政协更好成为坚持和加强党对各项工作领导的重要阵地。充分发挥市政协党组把方向、管大局、保落实的作用，重点工作安排和重要活动主动向市委报告，协商选题提请市委审定，重要协商活动邀请市委市政府领导参加，重要协商成果列入市委市政府重要议事日程，做到与市委同频共振、同轴运转、同向推进，确保政协事业方向正确、行稳致远。

健全组织体系，全面压实党建责任。建立完善政协机关党组、党总支、党支部建设，政协重要会议、重大活动期间设立临时党组织，实现政协党的组织和党的工作“两个全覆盖”。完善政协党建工作制度，出台了《关于加强政协党建突出思想政治引领工作的若干意见》，建立了党员委员联系党外委员“三联结对”制度，明确了市政协党组和机关党组工作规则，切实以党建强政治、带队伍、促履职、增团结。积极配合市委对市政协机关党组开展巡察工作，支持派驻市政协机关纪检监察组履职，着力营造风清气正的政治生态。

加强理论武装，突出思想政治引领。健全以党组理论学习中心组学习为引领的学习制度体系，持续用党的创新理论武装头脑，系统学习习近平新时代中国特色社会主义思想，深入学习习近平总书记关于加强和改进人民政协工作的重要思想，不断提高政治判断力、政治领悟力、政治执行力。扎实开展“两学一做”学习教育、“不忘初心、牢记使命”主题教育、党史学习教育，精心组织“同心向党”“学习新思想、树立新样子”等主题系列活动，着力引导各党派团体和各族各界人士明理增信、崇德力行，坚定不移听党话、跟党走。五年来，共举行市政协党组暨机关党组理论学习中心组学习会 54 次，主席读书会 5 次，政协讲堂 6 期，界别学习会 160 余次。“政治是坚定的、定位是聚焦的、履职是有效的、精神是振奋的”新样子成为全市政协人的共识和追求。

二、围绕中心，履职尽责，全力助推临海经济社会发展

聚焦事关临海长远发展的重大问题深入协商议政。助力“十四五”规划编制。充分发挥政协组织位置超脱、智力密集、联系广泛的优势，围绕城市产业布局规划、综合交通体系建设、构建公平优质教育体系等 16 个专题，深入一线调研，充分协商研讨，为擘画临海未来发展献计献策。围绕打造“双循环”重要节点城市、国土空间规划编制等重要议题，召开主席会议、专题协商会，提出点亮“夜临海”、城区产业规划优先、确保城区工业用地规划 20 平方公里等建议，推动“十四五”发展开好局、起好步。助力沿海开发战略实施。持续跟进头门港开发建设，围绕港口开发、产业平台建设、临港新城打造、集疏运体系建设、口岸开放等重点议题，通过政协提案、重点课题调研、集中视察等方式，提出以城促产、以产兴港、建设智慧港口、发展临港产业等建议，赋能湾区发展。助力实体经济发展。持续关注产业转型升级，多领域调研、多主体协商、多维度建言，形成建议案 14 份，协商纪要 25 份，提出的优化营商环境、加快眼镜产业提升发展、打造千亿级医化产业平台、加快户外休闲用品产业优化升级等建议得到市委市政府采纳和落实。围绕企业反映强烈的易地绿化补偿费缓征问题，组织专题调研协商，推动市政府出台规范企业易地绿化费收取政策，切实减轻了企业负担。助力乡村振兴战略实施。深入开展加快农业“接二连三”融合发展重点课题调研，广泛协商座谈，提出实施乡村振兴“六大工程”常委会建议案，为市委市政府提供决策参考。

聚焦党委政府重点工作、重点项目等落实情况开展民主监督。协助市委出台《关于加强和改进人民政协民主监督工作的实施意见》，建立完善委派民主监督员机制，推动部门单位改进工作。积极践行“绿水青山就是金山银山”的发展理念，深入开展美丽大花园建设、城乡生活垃圾分类处理、剿灭劣Ⅴ类水、污水零直排区建设等专项集体民主监督，组织广大委员齐上一线，盯着问题去，追着问题走，助推问题解。五年来，共组织委员 2000 余人次，提出建议 734 条，推动 463 个问题整改落实。瞄准中央生态环保督察反馈整改、全国文明城市创建、小城镇环境综合整治、饮用水源地生态保护等重点工作，通过视察监督、驻点督查等方式，协助打好污染防治攻坚战。紧盯高水平全面小康补短板，全力开展联动监督，组织省、市、县三级政协委员深入镇村，分头分项调研，聚智聚力商讨。积极参与高水平全面小康攻

坚督导、消除经济薄弱村专项民主监督等工作，入户走访找问题，实地调研听民声，形成专项建议书抄送相关部门，助推加快补短板、强弱项，提高全面小康成色。组织委员参与全省政协系统共同富裕主题网络议政活动，提出意见243条。着力助推重点项目建设，主动投身“百大项目、百团攻坚”专项行动，协力推进方溪水库、“熊出没”小镇、佩弦湖区块等重点项目实施，积极助推吉利汽车产业园、金台铁路临海段、杭绍台高速临海段、台州医院新院区、大田平原排涝等重点项目建设，以实际行动展示“委员之能”“政协之干”。

聚焦深化改革、扩大开放等重要领域持续发声发力。围绕深化“最多跑一次”改革，连续多年开展主席会议专题视察协商和“双向”体验式调研，推动证照办理提速增效。组织开展“加强涉审中介机构管理”课题调研，深挖问题根源，提出对策建议，为规范中介机构管理提供决策支持。围绕数字化改革，就智慧医疗建设、数字化城市管理等工作，运用课题调研、专题协商、提案办理等载体，综合履职、多维发力，助推多跨场景应用，提升党政整体智治水平。围绕“亩产论英雄”改革和司法体制、监察体制、农合联等领域的改革，组织界别委员深入调研，科学论证，精准建言。围绕扩大对外开放，聚力助推长三角区域一体化战略实施和县市对口合作联动发展，分别与上海市奉贤区政协、吉林省通化县政协建立合作交流关系，开展联合调研协商，推动区域融合发展。

三、履职为民，服务民生，助力满足人民群众美好生活需要

助力补齐民生短板。着眼推进我市教育改革和发展，认真组织开展重点课题调研和常委会专题视察。着眼补齐公共卫生和文化事业短板，就健康临海建设，提出“加快健全公共卫生应急管理体系”常委会建议案，得到市委市政府高度重视和有关部门积极采纳。就国家5A级景区创建、文旅融合发展、大岗山区块提升、古建筑保护利用、浙东唐诗之路建设等，组织委员提交大会发言45篇，开展视察协商30余次，助推千年古城焕发生机。

助力打赢疫情防控阻击战。第一时间动员全市政协委员参与疫情防控，广大委员各展所长、各尽其能，献计出力，捐资捐物，与全市干部群众同舟共济、共克时艰。助力“两战两赢”，持续开展“三服务”活动，组织机关干部走访企业800余家次，协调解决企业困难250多个。围绕加强疫情防控、有序推进复工复产、完善社会治理等议题，以大会发言、提案、信息等形式，向党委政府报送意见建议52条，反映社情民意信息68篇，倾情书写疫情大考下的“政协答卷”。

助力创新基层社会治理。选取基层社会治理、危化产业安全监管等重点课题深入调研，形成常委会建议案，提出健全多元治理体系、加快现代医药园区配套设施建设等建议，为推进平安临海建设发挥了积极作用。持续关注寄递行业安全监管问题，通过调研协商、提案办理协商，推动设立市邮政管理局。围绕“最多跑一地”改革、城市防洪排涝、应急管理体系和能力建设、消防安全管理等工作薄弱点、问题易发点，开展调研视察、协商建言，提出建议意见58条。直击群众关注的“关键小事”，就小区物业管理、家庭教育、外卖餐饮安全监管、老旧小区加装电梯等问题，开展专题协商，帮助解决百姓身边的烦心事。直面群众反映强烈的城区犬类管理问题，助推建立城区犬类管理机制。长期坚持组织开展“基层走亲、连心解忧”活动，为基层单位和群众提供优质诊疗服务近2000余人次，举行示范教学、文艺汇演、农技指导134场次。

四、凝心聚力，团结联谊，广泛汇聚推动发展强大合力

面向党派团体搭建平台、加强合作共事。出台《关于为民主党派和无党派人士在政协更好发挥作用创造条件的若干意见》，支持和保障各民主党派、无党派人士在人民政协中充分履行职能。尊重和保障各党派团体在政协平台上议政建言，优先安排大会发言、联合开展重点课题调研，共同举办协商活动，让他们参政有舞台、建言有机会、协商有渠道。加强民主党派和无党派人士走访联系，巩固政协组织与党派团体团结合作共事的工作基础，进一步畅通知情明政、沟通交流、建言献策渠道。五年来，共走访各民主党派、人民团体和无党派人士120余人次，邀请党派团体参与调研、协商、监督等履职活动60余次，提交大会发言75篇、集体提案306件。

面向社会各界主动发声、传播共识。举办庆祝中国共产党成立100周年、庆祝新中国和人民政协

成立70周年等系列主题活动,在联情联谊中增进共识、凝聚力量。加强同港澳台同胞和海外侨胞的团结联谊,建立侨务工作联席会议制度,创办"临海乡情"微信公众号,举办港澳台侨中秋联谊等活动,增进情感交流和思想认同。定期走访民族宗教界委员,促进民族团结、宗教和谐。搭建经济沙龙、文化雅集、新联助企等平台,积极拓展同党外知识分子、非公有制经济人士、新的社会阶层人士的沟通联络,拉长团结半径。发挥文化文史团结育人作用,编纂出版《台州编年史》《台州历代进士考》等文史资料600余万字,举办书画摄影作品等各类展览110场次。广泛传播临海好声音,编印委员好故事,制作履职专题片,积极展示政协工作成果,讲好政协史、政协事、政协人,不断扩大政协影响力,我市政协连续五年被评为省政协《联谊报》宣传工作先进单位。扩大舆情汇集和民意表达渠道,每年定期向社会各界征集提案线索,邀请界别群众列席市政协全会、参与专题协商活动,编报社情民意信息608篇,更好地汇聚民意、增进共识。重视支持政协联谊会工作,及时向政协离退休老干部通报工作,认真听取意见建议。

五、守正创新,强基固本,着力推动政协工作高质量发展

创新实施界别工作"四机制"。锚定界别在政协工作中的基础地位,实施"一界一委室"机制,在14个界别组设立界别委员工作室,界别组织建设得到加强,政协履职阵地得到拓展。实施"一季一协商"机制,界别协商更加丰富活跃、规范有序,五年来,共开展界别协商224场次,结出了累累硕果。实施"一村一委员"机制,坚持村级所需与委员所能有机衔接,委员进村入户听民声、献爱心、助发展,书写了有温度、接地气的"委员联村好故事"。实施"一年一考评"机制,有效激发委员履职新动能。经过多年来的探索、总结、完善,"四机制"生命力、影响力日益彰显,得到了省、台州市政协的充分肯定和委员们的衷心支持。

高质量开展"请你来协商"。深化"请你来协商"平台建设,精选协商议题,创新协商形式,涵育协商文化,常态长效开展"6+X"协商活动,切实做到平台在一线搭建、调研在一线开展、问题在一线协商、力量在一线汇聚。建立协商成果报送、跟踪和督办制度,以钉钉子精神推动协商成果转化落实。五年来,协商平台不断完善,协商活动有质有效,在助力发展、改善民生上发挥了积极作用。

优化委员管理服务。重视委员学习教育,专门编印《调研与建言》《政协提案办理选编》,经常性编发《临海政协》等学习资料,每年组织开展政协常委集中培训、委员轮训,提升委员履职能力。组建政协应用型智库,发挥委员专长优势。建立政情通报制度,每年邀请市委、市政府、市纪委市监委、市人民法院、市人民检察院主要领导出席市政协常委会议通报工作,促进委员知情明政。加强委员履职考核,突出质效导向,激发委员履职热情。坚持和完善"三联系"制度,主席会议成员定期走访、联系委员,增强委员归属感。五年来,委员们履职有担当、建言有质量、工作有作为,179人次被评为市政协履职优秀委员,1名委员入选"全省最美政协人"。

(略)

今后五年工作建议

十五届市政协要以习近平新时代中国特色社会主义思想为指导,在中共临海市委的坚强领导下,聚焦市党代会确定的目标任务,坚持建言资政和凝聚共识双向发力,发挥专门协商机构作用,把忠诚拥护"两个确立"、坚决做到"两个维护"落实到各项工作中,努力干出新样子、展现新作为,推动我市政协事业再上新台阶,全力助推我市建设历史名城、制造强市、共富高地,跻身全省县域综合实力第一方阵。

一、把牢履职方向,在践行"两个维护"上体现更高站位。(略)

二、突出履职重点,在服务中心大局上展现更大作为。(略)

三、丰富履职平台,在践行全过程人民民主上发挥更大作用。(略)

四、延伸履职半径,在画好最大同心圆上汇聚更多力量。(略)

五、建强履职队伍,在推动政协事业高质量发展上提供更强保障。(略)

专 辑

Special Records

党史学习教育

一、学在深处，丰富宣教形式

3月11日，全市党史学习教育动员部署会召开后，按照“学史明理、学史增信、学史崇德、学史力行”的目标要求，充分发挥理论学习中心组的领航作用，领导班子示范学、带头讲，引领全市上下学党史、悟思想、办实事、开新局，以高度的政治自觉守护好浙江“红色根脉”，展现临海担当、临海风采。紧密结合实际，开展“我在‘三个地’学党史”“追寻真理的味道”“忆党史·守初心·建窗口”主题活动，创新使用线上云直播、微视频、互动点播等形式，开设“两新”组织“四大课堂”、流动党员异地课堂、工地讲堂，发放党史必读书目[①]26.37万册，143支宣讲队伍主题宣讲8200余场，受教育80余万人次，实现党史学习教育“六个全覆盖”[②]。

5月21日，全市党史学习教育工作推进会召开
（市委宣传部　供图）

---

① 《论中国共产党历史》《毛泽东 邓小平 江泽民 胡锦涛关于中国共产党历史论述摘编》《习近平新时代中国特色社会主义思想学习问答》《中国共产党简史》为党史学习教育指定用书。除指定书目外，明确将《习近平在浙江》、“习近平科学的思维方法在浙江的探索与实践”作为开展党史学习教育的独特资源和核心内容。

② “六个全覆盖”是指必读书目发放全覆盖、党员干部学习体会交流全覆盖、流动党员学习教育全覆盖、基层支部学习宣讲全覆盖、规上企业宣讲全覆盖、支部书记专题轮训全覆盖。

11月25日，市委书记吴华丁（后排左）到江南街道岙底罗村宣讲中共十九届六中全会精神（王　翔　摄）

5月18日，全国先进基层党组织——华海药业党委举办党史宣讲活动　（汛桥镇　供图）

全市举办“唱支山歌给党听”百场主题快闪活动，111家单位参与，多件作品在学习强国、新华网浙江等媒体平台播放。图为5月29日小芝镇中心校开展快闪活动 （市委宣传部 供图）

4月29日，临海市青年理论宣讲大赛暨微型党课大赛举行。全市开展“新时代·青年说”理论宣讲活动，市青年宣讲团到基层宣讲党史2300余场 （市委宣传部 供图）

全市深化重点人群分类促学，推出“联企送学”、青少年“三色”德育等学习机制，推动党史学习教育全覆盖。图为4月9日大田小学北校区学生参加大田街道“忆往昔 传红色 追未来”活动 （市委宣传部 供图）

5月10日，古城街道举办“知史爱党 知史爱国”党史知识竞赛 （古城街道 供图）

6月18日，“党史宣讲进工地 红色铸魂扬匠心”党史学习教育在花街旧村改造项目工地开展 （市建设局 供图）

二、谋在新处，强化阵地建设

充分挖掘本地党史资源，按照“五个一”[①]的要求，推进党史教育基地建设，开展形式多样的宣教活动。6月29日，中国共产党临海历史馆建成开放。全馆占地648平方米，分新民主主义革命时期、社会主义革命和建设时期、改革开放和社会主义现代化建设时期、中国特色社会主义新时代四大版块陈列，综合运用文字图照、史料实物、油画雕塑、场景复原、多媒体等形式，展示中国共产党临海党组织的百年光辉历程。年内，先后启动实施沿海岛屿之战纪念馆、台州中心县委旧址纪念馆改造提升工程。开展“跟着红色地图学党史”“红色IP大寻访”等活动2100多场，参与超过17万人次。

6月29日，市四套班子领导和老干部理论学习中心组成员参观中国共产党临海历史馆（张微煦　摄）

4月10日，江南街道开展“学党史 办实事 助农忙 当先锋”主题活动，机关党员干部帮助茶农采茶（市委宣传部　供图）

① “五个一”是指一本翔实的文献史料、一部生动的专题短片、一场丰富的宣传展示、一次深刻的集中体验、一支专业的讲解队伍。

5月2日，白水洋镇深入挖掘红军挺进师第一纵队在白水洋的活动历史，以"重走红军路、永远跟党走"为主题，举办"百年大庆、百里毅行"百公里毅行活动，1700余名运动员重走红军路，传承和弘扬红军精神　　（市委宣传部　供图）

9月15日，基于解放初括苍山剿匪的真实历史改编而成的电影《括苍山剿匪记》在临海启动拍摄　　（王　翔　摄）

7月5日，市大石车灯戏传习所在崇和门广场举办"永远跟党走　奋进新征程"专题晚会，上演大石（今河头镇）党史故事改编而成的车灯戏《营救刘清扬》　　（市委宣传部　供图）

9月29日，古城街道办事处干部自编自导自演的郭凤韶事迹红色情景剧《彼岸的船票》代表台州参加浙江省青年理论宣讲暨微型党课大赛情景式宣讲决赛（宁波）并获二等奖　　（古城街道　供图）

三、干在实处，坚持为民服务

践行党的群众路线，把解决实际问题、推动工作贯穿于党史学习教育的全过程，全面开展“我为群众办实事、我为企业解难题、我为基层减负担”专题实践活动，梳理落实“四张清单”①，为群众办实事29578件，为企业解难题6287个，为基层减负担2005件。深入开展“党员在身边”巡回志愿服务等活动，点亮“微心愿”11254件，调处矛盾纠纷10365起。围绕“党的工作全覆盖、服务群众零距离”目标，推进市、镇、村（社企）党群服务中心建设，构建“1+19+N”三级党群服务中心矩阵，形成全域“15分钟党群服务圈”。

6月22日，临海市新时代文明实践志愿服务集市日暨“党员在身边·温暖千万家”为民办实事活动启动仪式举行 （市委宣传部 供图）

6月22日，志愿服务集市日党员开展义诊、政策咨询活动 （市委宣传部 供图）

① “四张清单”是指领导领衔办理实事项目清单、媒体公布实事项目清单、部门镇街重点办理实事项目清单、各级党组织实事项目清单。

四、走在前列，做好典型宣传

党史学习教育开展以来，全市选树林场精神传承、为民办实事、共建和谐社区、共同富裕等先进典型 28 人，总结提炼“艰苦奋斗绿荒山，忠诚敬业守青山，改革创新拓金山”的林场精神。关于临海党史学习教育及先进典型事迹的相关报道，《人民日报》、人民网、学习强国等中央媒体平台和《浙江日报》、浙江新闻等省级主流媒体平台分别有 202 篇、263 篇，其中《经济日报》头版 1 篇、《浙江日报》头版 7 篇。《只为青山着绿色——浙江临海林场三代护林党员的“红色接力”》得到省委副书记黄建发批示肯定。

农民日报
FARMERS' DAILY
习近平回信勉励云南省沧源县边境村的老支书们
引领乡亲们永远听党话跟党走
唱响新时代阿佤人民的幸福之歌
回信
国办印发意见
加快农村寄递物流体系建设
农业农村部党组召开会议强调
深入学习贯彻习近平总书记重要讲话精神
在全面推进乡村振兴中促进农民农村共同富裕
只为青山着绿色
——浙江临海林场三代护林党员的“红色接力”
山东青州：
“东方花都”的花香富农路
文艺创作应更多关注新农人

8月21日，《农民日报》头版刊登《只为青山着绿色》

3月24日，全市党史学习教育宣讲启动仪式暨临海林场精神宣讲会举行　（市委宣传部　供图）

6月22日，由林场真实故事改编的情景剧《我为祖国守青山》在“永远跟党走——临海市庆祝中国共产党成立100周年主题文艺演出”晚会现场演出
（临海林场　供图）

2021年临海市“两优一先”名录

浙江省、台州市优秀共产党员、优秀党务工作者一览表

表1

荣誉名称	姓名	单位职务
省优秀共产党员	徐国宝	邵家渡街道牛头山村党支部书记、村委会主任
省优秀党务工作者	方华芬	古城街道鹿城社区党委书记、居委会主任
	黄剑斌	浙江豪情汽车制造有限公司常务副总经理，浙江吉利控股集团临海基地党委书记
台州市优秀共产党员	林启平	古城街道松一村党总支书记、村委会主任
	赵万能	邵家渡街道兴汇村党总支书记、村委会主任
	赵齐高	东塍镇中街村党总支书记、村委会主任
	葛先富	桃渚镇永兴村党总支书记、村委会主任
	苏英夏	上盘镇头门社区新建党支部书记
	金正法	汇溪镇山安村党支部书记、村委会主任
	方德群	永丰镇尚贤村党总支书记、村委会主任
	陶建平	括苍镇长潭村党总支书记、村委会主任
	陈杨思嘉（女）	浙江永强集团股份有限公司总经办主任
	郑敏君（女）	伟星新材党总支书记、总经理助理兼产业综合部总经理、伟星新材学院常务副院长
	王　彬	市消防救援大队江南站二级消防士
	叶小红（女）	市疾病预防控制中心副主任
	陈由香（女）	白水洋镇黄坦小学校长
	冯　玮	上盘派出所所长
	鲍菊红（女）	河头镇工会主席，中心工作区党支部书记、主任
	余先保	小芝交通运输综合行政执法队队长
台州市优秀党务工作者	周足兴	杜桥镇周石岙村党总支书记、村委会主任
	周秀利（女）	大洋街道灵湖社区党支部书记、居委会主任
	许再泉	江南街道下浦村党总支书记、村委会主任
	虞贤亮	小芝镇乌岩村党总支书记、村委会主任
	杨　波（女）	古城街道南门社区党委书记、居委会主任
	叶银山	大田街道上街头村党总支书记、村委会主任
	王全建	沿江镇黄土山村党支部书记、村委会主任
	杨益红（女）	浙江灵洋医疗器械有限公司党支部专职副书记、副经理
	吴　佳（女）	台州市葆隆食品有限公司党支部书记、主管会计
	金良炳	东海翔集团党支部书记、副董事长
	龚　巍（女）	市个体劳动者协会网络经营者分会党支部书记
	林　晨	白水洋镇党委委员
	何灵通	中共临海市委办公室机关党总支专职副书记
	张永飞	回浦中学党委副书记
	金樱子（女）	市卫生健康局党建办主任、机关党委副书记
	杨冰青（女）	市城市建设发展与投资集团有限公司党委委员、纪委书记

全国、浙江省、台州市先进基层党组织一览表

表 2

荣誉名称	党组织名称
全国先进基层党组织	华海药业股份公司党委
省先进基层党组织	大洋街道大洋社区党支部
	浙江永强集团股份有限公司党委
	羊岩茶场党支部
	市疾病预防控制中心党支部
	国家税务总局临海市税务局机关党委
台州市先进基层党组织	古城街道鹿城社区党委
	杜桥镇新潘村党支部
	白水洋镇上游村党总支
	沿江镇新兴村党总支
	汇溪镇浚头村党总支
	涌泉镇农合联党总支
	河头镇姚宅村党支部
	括苍镇上下泛村党总支
	杰克临海厂区党总支
	市林场党支部
	市实验幼儿园党支部
	浙东休闲家居城联合党支部
	市文化旅游集团有限公司机关党支部
	市财政局机关党委
	市容环境卫生服务中心党支部

2021年临海市民生实事项目实施情况

表 3

序号	项目名称	年度工作目标	完成情况	牵头单位
1	为 45~70 周岁人群提供胃癌免费筛查服务	为 7.5 万名临海户籍 45~70 周岁人群提供胃癌免费筛查服务，降低目标人群胃癌死亡率	为 7.7 万名临海户籍 45~70 周岁人群提供胃癌免费筛查服务，初筛完成率为 102.73%	市卫生健康局
2	新建、改扩建二级以上标准幼儿园	新建、改扩建二级以上标准幼儿园 4 所	临海市实验幼儿园吉祥路园区、古城街道中心幼儿园钰珑湾分园、括苍中心幼儿园林家分园等 3 所幼儿园已建成并投入使用。上盘镇中心幼儿园迁建工程全面完工	市教育局
3	开展 60 周岁以上老人免费接种肺炎疫苗、流感疫苗活动	为 6 万名 60 周岁以上老人免费接种肺炎疫苗；为 8.5 万名 60 周岁以上老人免费接种流感疫苗	60 周岁以上老人免费接种肺炎疫苗 6 万人，完成率 100%；免费接种流感疫苗 9 万人，完成率 105.86%	市卫生健康局

续表 3

序号	项目名称	年度工作目标	完成情况	牵头单位
4	道路交通安全隐患治理	1. 道路交通安全隐患点段整治；2. 完成 5 千米农村公路临水临涯路段安保工程建设；3. 公路路口、路段亮化工程建设；4. 公路弹性隔离护栏改造提升；5. 改造、完善道路交通安全隐患路口、路段的爆闪灯、减速杠、标志标线等安全设施；6. 完善信号灯路口电子警察等交通安全设施	1. 完成大钓线、盈杜线、351 国道、下双线、赤白线、邵家渡街道邵临东路与锦衣路交叉口、江南街道七一河路等省市级道路交通安全隐患点整改。2. 完成 5 千米农村公路临水临涯路段安保工程建设。3. 安装 100 盏中杆灯。4. 更换全市 29 个路段的弹性隔离护栏端头。5. 改造、完善 19 个镇（街道）道路交通安全隐患路口、路段的爆闪灯、减速杠、标志标线等安全设施，共 320 个点位。6. 增设双林南路、东方大道与大田路路口、铁路大道等路口电子警察设备以及部分斑马线礼让行人抓拍设备，完成信息化论证	市道路交通安全工作领导小组办公室
5	水库除险加固、山塘整治	完成 15 座水库的除险加固、7 座山塘的整治	全年投资 13390 万元，完成邵家渡街道洞坑水库、白水洋镇紫龙桥水库、白水洋镇外塘水库等 20 座水库的除险加固、江南街道后阳山山塘、永丰镇塘岙山塘、永丰镇大岙坑山塘等 7 座山塘的整治	市水利局
6	5G 基站建设	建设改造 5G 基站 960 个，实现所有镇区、重点行政村 5G 网络覆盖	新建 5G 基站 1008 个，实现所有镇区、重点行政村 5G 网络覆盖	市经信局
7	农村文化礼堂建设	新增农村文化礼堂 90 家	新建农村文化礼堂 90 家	市委宣传部
8	新增公共停车位	新增公共停车位 450 个	新增公共停车位 866 个，其中靖江广场新增地下停车位 404 个，临海南站新增停车位 462 个	市建设局
9	提升垃圾处理水平	创建垃圾分类省级高标准示范小区 10 个；改造提升生活垃圾中转站 5 座	蓝盾花园、书香逸居、下洋兆小区、学府家园、郎城公馆、星河湾、金色时代、崇和华城、伟星和院、临湖公馆等 10 个小区完成垃圾分类省级高标准示范小区创建，七一河路垃圾中转站、两水汇墅路垃圾中转站、汇溪垃圾中转站、大田垃圾中转站、小芝垃圾中转站完成提升改造并投入使用	市综合行政执法局
10	老旧小区改造提升	完成 4 个老旧小区改造提升	银山花园、白塔四区、江韬公寓、东升公寓等 4 个老旧小区已完成改造提升，总投资 2300 万元	市建设局

资料来源：市委市政府督查室

在全市党史学习教育总结会议上的讲话

中共临海市委书记　吴华丁

（2022年1月22日）

我们召开全市党史学习教育总结会议，主要任务就是深入学习领会习近平总书记关于党史学习教育的系列重要讲话和指示精神，认真贯彻落实中央、省和台州市党史学习教育总结会议精神，全面总结我市党史学习教育经验做法，持续巩固拓展党史学习教育成果，切实为建设历史名城、制造强市、共富高地，奋力跻身全省县域综合实力第一方阵提供强大动力。

在全党开展党史学习教育，是以习近平同志为核心的党中央立足百年党史新起点、着眼开创党和国家事业发展新局面作出的一项重大决策部署，是我们党勇于推进自我革命、保持生机活力的一次成功实践，是我们党坚定历史自信、更好走向未来的一次广泛动员，具有深远历史意义和重要现实意义。自党史学习教育开展以来，在省委、台州市委的关心帮助下，在以吴超同志为组长的台州市委第四巡回指导组的精心指导下，全市各级党组织围绕“学史明理、学史增信、学史崇德、学史力行”的总要求，将党史学习教育作为重要政治任务，精心组织实施、有力有序推进，广大党员干部受到了一次全面深刻的政治教育、思想淬炼、精神洗礼，干部队伍的创造力、凝聚力、战斗力明显提升，达到了学党史、悟思想、办实事、开新局的目的。主要体现在四个方面：

一是走深走实“学党史”，学出了坚定信仰。坚持把学习百年党史和习近平新时代中国特色社会主义思想贯穿党史学习教育全过程，对标对表省委“九学九新”、台州市委“六个先行”要求，充分发挥市委理论学习中心组带头领学作用，领导班子以上率下、示范带动，引领各级党组织和广大党员干部认真学习贯彻党的十九届六中全会精神、习近平总书记“七一”重要讲话精神，《习近平在浙江》《习近平科学的思维方法在浙江的探索与实践》等重要教材，进一步增强了历史自信、坚定了理想信念。市委理论学习中心组共开展专题学习 18 次，各级党委（党组）理论学习中心组开展专题学习 968 次，中心组成员发言覆盖率达 100%。

二是入脑入心“悟思想”，悟出了思想伟力。坚持从党的百年奋斗和非凡历程中深刻感悟马克思主义的真理力量和实践力量，成功举办庆祝中国共产党成立 100 周年大型朗诵会、“永远跟党走”主题文艺演出、“红心向党礼赞百年”合唱大赛等红色主题活动，造浓了党史学习教育氛围。充分发掘台州中心县委旧址纪念馆等 11 个红色地标作用，开展“跟着红色地图学党史”“红色 IP 大寻访”等活动 2100 多场，参与人数超过 17 万人次。全市 143 支宣讲队伍、3425 名宣讲员开展党史主题宣讲 8200 余场，受众超过 82 万人次，党政机关、事业单位、基层党组织宣讲覆盖率达 100%，切实推动党的创新理论更加深入人心。特色亮点工作被人民日报、人民网等中央主流媒体新媒体平台报道 200 多篇，“瓜头鲸集体搁浅”救援行动、央视跨年活动《启航 2022》服务保障工作获省委书记袁家军批示肯定，“林场精神”事迹得到省委副书记黄建发批示肯定。

三是用心用情“办实事”，办出了民生温度。深入践行党的群众路线，全面开展“我为群众办实事、我为企业解难题、我为基层减负担”专题实践活动，从解决人民群众最关心最直接最现实的利益问题入手，积极落实领导领衔办理实事项目清单、媒体公布实事项目清单、部门镇街重点办理实事项目清单、各级党组织实事项目清单等“四张清单”，真正把党史学习教育成效落实到工作中、贯穿在为群众办实事解难题上。党史学习教育开展以来，共为群众办实事 29578 件，为企业解难题 6287 个，为基层减负担 2005 件。同时，深入开展“党员在身边”巡回志愿服务等活动，点亮“微心愿”11254件，实打实为群众调处各类矛盾纠纷10365起，让群众从身边事中感受到党史学习教育带来的实惠。

四是见行见效“开新局”，开启了发展新篇。坚持把党史学习教育同贯彻落实上级决策部署结合起来，同庆祝建党100周年结合起来，同推动临海经济社会跨越式发展结合起来，切实把党史学习教育中焕发出来的学习热情转化成了攻坚破难、干事创业的实际成果。临海相继跻身全国县域经济百强县、全国综合竞争力百强县，国家级经济技术开发区、台州综合保税区成功获批，平安临海实现“十六连创”。通过党史学习教育，全市广大党员干部干事激情充分激发，争先斗志更加昂扬，抓项目、强创新、促改革的氛围空前浓厚。

回顾党史学习教育一年历程，主要有四方面的经验启示：

1. 开展党内教育，必须把加强党的领导作为根本遵循。我们深刻感悟到，党的十八大以来，党和国家事业能够取得历史性成就、发生历史性变革，中华民族伟大复兴能够进入不可逆转的历史进程，最根本的原因在于有习近平总书记作为党中央的核心、全党的核心掌舵领航，在于有习近平新时代中国特色社会主义思想的科学指引。这启示着我们：要自觉把“两个确立”“两个维护”作为第一立场、第一原则、第一要求和第一检验，坚决捍卫核心地位、维护核心权威、紧跟核心奋斗，让忠诚核心成为全市党员干部最鲜明的品格，成为临海政治生态最鲜明的底色。

2. 开展党内教育，必须把坚定理想信念作为根本任务。我们深刻感悟到，党在四个历史时期创造的重大成就、“三次飞跃”，归根到底就在于从来没有动摇过对马克思主义的信仰、对社会主义和共产主义的信念，集中反映出我们党始终保持革命理想高于天的崇高追求。这启示着我们：要始终把“为中华民族谋复兴、为中国人民谋幸福”作为矢志不渝的目标，以守好“红色根脉”的高度自觉，自觉做共产主义远大理想、中国特色社会主义共同理想的忠实实践者，切实把红色精神转化为推动工作的强大动力。

3. 开展党内教育，必须把造福广大群众作为根本追求。我们深刻感悟到，我们党来自人民、植根人民、服务人民，只有始终与人民心连心、同呼吸、共命运，将群众的冷暖安危放在心上，用心用情为民造福，才能赢得群众的拥护和支持，才能永远立于不败之地。这启示着我们：要进一步强化宗旨意识，持续拓展“三为”专题实践活动成效，以“事不在小、关键在办”的态度，着力解决更多群众急难愁盼问题，真正以“民生温度”检验“学习热度”。

4. 开展党内教育，必须把坚持自我革命作为根本保障。我们深刻感悟到，中国共产党之所以能够带领人民取得革命、建设和改革的伟大胜利，原因就在于敢于直面自身存在的问题，勇于自我革命。这启示着我们：要时刻保持“永远在路上”的清醒和坚定，发扬斗争精神，坚定斗争意志，持之以恒纠治“四风”，真抓严管、常抓长管，全力推动全面从严治党向纵深发展、向基层延伸。

当前，党史学习教育进入收官收尾阶段，但“收官”并不等于“收场”，“总结”并不等于“终结”。习近平总书记针对党史学习教育作出重要指示，强调要认真总结这次党史学习教育的成功经验，建立常态化、长效化制度机制。中央党史学习教育总结会议进一步指出，要巩固拓展党史学习教育成果，以强烈的历史主动精神奋进新征程、建功新时代。下午，袁家军书记在全省党史学习教育总结会议上，强调要继续以“守护浙江红色根脉”的政治担当，推进学习教育常态化、长效化。李跃旗书记在台州市党史学习教育总结会议上，强调要进一步传承红色基因，赓续红色血脉，奋力在新百年新征程上再创新业、再立新功。这些都为我们高质量总结、巩固、拓展党史学习教育经验和成果进一步指明了方向，提供了遵循。

迈入新征程，我们要把党史学习教育作为一项长期的任务，不断巩固拓展党史学习教育成果，建立常态化、长效化制度机制。广大党员干部要坚持把学深悟透党史作为终身课题，常学常新、常学常用，在新的起点上以史为鉴、勇毅前行、开创未来，全力走好新时代赶考之路。下面，我再强调四点意见：

1. 筑牢思想根基，争当信念如磐的忠实践行者。心有所信，方能行远。信仰和信念是共产党人经受住任何考验的精神支柱。要进一步从党的理论创新历史沿革中，全面理解和把握新思想蕴含的中国共产党执政规律、社会主义建设规律和人类社会发展规律，特别是要坚持潜心反复研读党史基本著作，切实学出坚强党性、学出信仰担当。要持续在学懂弄通做实习近平新时代中国特色社会主义思想上下功夫，坚定不移做“两个确立”忠诚拥护者、“两个维护”示范引领者，不断提高政治判断力、政治领悟力、政治执行力。要把学习成果灵活运用于实际工作中，转化为解决问题的措施，以知促行、以行促知，在学而信、学而用中全面推进上级各项决策部署在临海落地生根。接下来，各级要重点开展好党史学习教育专题民主生活会和组织生活会，特别是对查摆出的问题，要建立清单、闭环整改，确保一抓到底见成效，不断砥砺忠诚品格。

2. 昂扬争先姿态，争当攻坚破难的坚定奋斗者。党史学习教育的成果，归根结底要体现在抓落实、促发展上，在走深走实中转化为干事创业的强大动力，不断推动各项工作持续出新出彩。近期，我们持续打赢了疫情防控、央视跨年活动保障等一场场大仗硬仗，充分体现了拼的劲头、干的担当。下阶段，我们要继续保持“争、抢、拼、闯”态势，在科创赋能、数字化改革、产业发展等重点工作上立起更高标杆，自觉把各项工作放到台州市乃至全省、全国的宏观大势、工作大局中去考量，全方位、深层次融入新发展格局，勇当新一轮发展的领跑者。特别是当前，要聚焦我市发展面临的重大项目支撑不足、重大平台能级不高、创新驱动能力不强等短板问题，深入开展“百日破百难”攻坚行动，全面实施“作风建设年、项目攻坚年”行动，敢于告别舒适区、进入无人区、趟向深水区，强化系统观念，勇于担当作为，一个难题一个难题地破解，一个项目一个项目地落实，真正在新时代赶考中交出高分答卷。

3. 树牢宗旨意识，争当共富先行的示范引领者。为人民谋幸福是一代代共产党人心中的“国之大者”，也是跨越百年的初心传承。我们要从百年奋进历程中汲取初心力量，始终以百姓之心为心，把群众的“表情包”作为工作的“风向标”，不断增强群众的获得感、幸福感、安全感。要牢牢把握党中央赋予浙江高质量发展建设共同富裕示范区的历史机遇，走深走实“九富九美”特色路径，持续“做大蛋糕”“分好蛋糕”，实现“物质富”“精神富”同频共振，积极构建政府有为、市场有效、社会有序的新格局。要坚持把开展“我为群众办实事、我为企业解难题、我为基层减负担”专题实践活动与打造“三服务”2.0版结合起来，大力谋划实施一批民心工程、着力办好一批民生实事，让发展成果更多更好地惠及全市人民。要着力统筹发展和安全，坚持把力气化在前、把工作做在先，持续深化基层治理，深入开展安全生产领域“遏重大”攻坚战，慎终如始抓好疫情防控，有效防范化解各种风险挑战，切实营造共建共享共富的社会大环境。

4. 淬炼斗争精神，争当作风优良的先锋模范者。纵观百年党史，勇于自我革命是我们党最鲜明的政治品格，也是我们党不断取得胜利的关键所在。要继续推进党的建设新的伟大工程，大力弘扬伟大建党精神，高效完成“七张问题清单”整改，确保把党的领导落实到各领域各方面各环节。要全面发扬斗争精神，练就斗争本领，善于从一般事务中发现政治问题，从倾向性、苗头性问题中发现政治端倪，勇于揭露和纠正违反党的原则的言行和工作中的缺点，牢牢把握各项工作主动权。要筑牢战斗堡垒，深入实施“红色根脉强基工程”，进一步推动“双整双全”，高水平打造新时代基层党建升级版。要持之以恒正风肃纪反腐，坚持不敢腐、不能腐、不想腐一体推进，持续巩固良好政治生态。

同志们，初心易得，始终难守。全市上下要更加紧密地团结在以习近平同志为核心的党中央周围，踔厉奋发赴新程、笃行不怠向未来，奋力建设历史名城、制造强市、共富高地，以优异成绩迎接党的二十大胜利召开！

大事记

Chronicle of Events

1月

4日　台州市重大项目集中开工活动暨联东U谷·临海智能制造产业园项目开工仪式在临海举行。

13日　科技部办公厅致信感谢浙江华海药业股份有限公司在参与疫情防控应急科技项目中所做的工作和付出的努力。

14—15日　中国共产党临海市第十四届代表大会第五次会议召开。会议听取“全面贯彻党的十九届五中全会精神，再创民营经济新辉煌，续写千年古城新篇章，为高水平争创社会主义现代化先行市而努力奋斗”的市委工作报告和纪委工作报告，并通过相关决议。

19日　省推动长江经济带发展领导小组办公室副主任、省发展改革委副主任、一级巡视员陈建忠带队到临海医化园区，就2019年长江经济带生态环境警示片问题开展现场督查。

是日　临海获评“森林浙江”建设工作突出贡献集体。

2月

3日　省委常委、省军区司令员冯文平，副省长刘小涛分别到临海开展春节前走访慰问活动。

19日　临海医化园区长江经济带突出生态环境问题销号誓师大会召开。

21—24日　政协临海市第十四届委员会第五次会议召开。会议听取政协临海市第十四届委员会常务委员会所作的工作报告，审议批准政协市第十四届委员会常务委员会关于提案工作情况的报告，通过政协临海市第十四届委员会第五次会议决议、市政协十四届五次会议提案审查情况的报告。

22—25日　临海市第十六届人民代表大会第五次会议召开。大会听取审议政府工作报告、市人大常委会工作报告等6个报告，并通过相关决议，票决产生2021年市政府民生实事项目。

是月　临海农商银行总行大楼获2020—2021年度鲁班奖。

3月

1日　全市“攻坚破难抓落实，争先创优促发展”大会召开。

10日　“临海制造·品牌出海”跨境电商高峰论坛暨临海市跨境电商产业园开园仪式举行。

11日　全市党史学习教育动员部署会召开。

17日　市委书记梅式苗主持召开市委理论学习中心组（扩大）学习会，专题学习习近平总书记在省部级主要领导干部学习贯彻党的十九届五中全会精神专题研讨班、党史学习教育动员大会上的重要讲话精神和《习近平在浙江》采访实录等。

20日　党史学习教育中央宣讲团报告会召开。

25日　紫阳古街开街。12月获第二批浙江省高品质步行街称号。

28日　上海临海商会、台州中学校友会2020年年会暨上海临海商会党委、回浦中学校友会成立大会举行。

30日　临海在全省建设平安浙江工作暨扫黑除恶专项斗争总结表彰会议上获“省平安市”称号，实现“十六连创”。

是日　全市新冠病毒疫苗接种工作部署会召开。

4月

8日　长三角地区职工疗休养交流协作大会在临海举行。

是日　台州柴古唐斯·括苍越野赛入选国家体育产业示范项目。

13日　2021第十二届临海羊岩山茶文化旅游节活动举行。全国政协文化文史和学习委员会副主任、浙江省政协原主席周国富出席。

15日　全市“头雁领航·村村提升”活动暨第一期村(社区)党组织书记工作交流会召开。

17日　“乐和弥勒·慈爱人间”王玮百幅弥勒精品展开幕仪式举行。

22日　全市数字化改革领导小组第一次例会召开。

30日　全市防汛防台抗旱工作会议暨基层防汛防台体系标准化试点建设动员会召开。

5月

8日　党史学习教育台州市委第四巡回指导组进驻临海工作会议召开。

11日　35千伏括苍山变电站投用。

20—22日　市长王丹带队赴深圳对接招商项目。

21日　全市党史学习教育工作推进会暨办实事专题实践活动部署会召开。

26日　全市工业4.0标杆城市建设专班第一次工作会议召开。

30日　市委书记梅式苗带队赴杜桥、涌泉、江南等地现场督查指导河(湖)长制工作。

31日　市委书记梅式苗主持召开市委理论学习中心组党史学习教育专题学习会，传达中央全面依法治国工作会议精神，专题学习《习近平科学的思维方法在浙江的探索与实践》。

6月

3日　临海市与浙江大学钱弘道教授研究团队举行法治临海建设课题研究项目签约仪式。

9日　“党在我心中”——台州市“新时代垦荒人”先进事迹报告会在临海市举行。

15—16日　四川省南充市嘉陵区党政代表团到临海市开展东西部协作交流工作。

17日　浙江头门港经济开发区升级为国家级经济技术开发区，定名为台州湾经济技术开发区。

是日　台金高速公路东延段二期工程正式投入运营。

18日　梅式苗主持召开全市创5A百日攻坚工作部署会。

是日　市委书记梅式苗在市委党校新校区会见临海籍革命先辈吴先清、林炯、王观澜、朱虚之的亲属。

19日　国家文物局副局长关强到临海考察调研文物保护利用工作。

22日　“永远跟党走”——临海市庆祝中国共产党成立100周年主题文艺演出在市体育馆举行。

22—25日　市桃渚中学毽球队在浙江省第四届体育大会毽球比赛上荣获5金2银，并获体育道德风尚奖代表队称号。

24日　郭凤韶烈士故居旧址、“一江山岛战役”头门岛指挥部旧址、林炯烈士故居、临东办事处驻地旧址等四处革命文物被列为临海市文物保护单位。

25日　金台铁路正式通车，临海段总长78.2千米，设括苍站、临海南站、临海东站、杜桥站、头门港站5个站。

同日　台州市重大项目集中开工活动暨台州新材料产业园海正聚乳酸首期项目开工仪式在临海举行。

28日　浙江华海药业股份有限公司党委被评为全国先进基层党组织。

9日　中共临海市委党校新校园揭牌仪式，中国共产党临海历史馆开放暨《中国共产党浙江临海历史》第二卷(1949—1978)首发仪式在市委党校新校园举行。

30 日　临海市统一战线庆祝中国共产党成立 100 周年党外人士座谈会召开。

7 月

1 日　“临海市拓荒精神史料影像展”在市政广场正式开幕。该展分为林场精神、洞港精神和羊岩精神三个部分。

6 日　12 头瓜头鲸搁浅头门港海域北洋坝外滩涂，临海市积极开展联动救援行动，8 头死亡，4 头被放归外海。

10 日　台州中学高一学生金若宣在 2021 年第十四届全国学生运动会女子跳高比赛中以 1.82 米的成绩夺冠。

13 日　以“发展茶庄园・助力乡村振兴”为主题的浙江省茶庄园建设座谈会在羊岩山茶文化园召开，中国国际茶文化研究会会长周国富出席会议。

22 日　台州市数字化改革工作推进会召开，临海市在会上作新时代文明实践综合应用场景演示。

是日　台州医院肝胆胰外科获国家级“肝胆胰外科 ERAS（加速术后康复）标准病房”授牌，成为全省地市级医疗机构中第二家获此荣誉的单位。

23 日　浙江省书法家协会会员、临海市书法家项春晖书法作品入选庆祝中国共产党成立 100 周年光明融媒体书画大展。

30 日　浙江省违法建筑防控治理应用场景台州试运行启动会在临海市举行。

是月　临海入选“2021 年全国县域旅游综合实力百强县”，排名第 11。

是月　临海 5 个数字化改革应用场景被列入浙江省第一版交通数字化改革应用场景清单，场景入选数量居全省县市区第一。

是月　浙江华海药业股份有限公司入选 2020 年度中国化药企业 TOP100 排行榜。

是月　浙江华海药业股份有限公司入选国家产教融合型企业名单，全省共有 4 家企业入选。

8 月

1 日　东海海域结束休渔，临海市近 700 艘渔船出航开捕。

3—4 日　台州市应急救援和预案管理工作座谈会暨乡镇综合应急救援队伍建设工作现场会在临海召开。

4 日　临海市入选 2021 年赛迪百强县榜单，位列 65，全省共有 18 个县（市）入选。

11 日　台州首条市郊铁路正式开通，临海南站至头门港车程约 37 分钟，项目总投资约 3.2 亿元。

12 日　伏龙大桥开始主桥跨江施工。该工程是省、台州市重点项目，也是临海市重点民生工程。

18 日　临海市第一人民医院迁建工程一期项目建议书获批复，项目意向选址古城街道伏龙区块香樟路以东，汇墅路以北，投资估算 21000 万元。

19 日　台州市委学习贯彻习近平总书记“七一”重要讲话精神专题宣讲团到临海宣讲。

20 日　市第十六届人大常委会举行第四十六次会议，任命蔡建军为临海市人民政府副市长、代市长。

26 日　省政协副主席张泽熙到临海调研，实地察看并了解台州府城保护利用、临海文旅融合工作情况。

27 日　浙江大学医学院附属第二医院临海分院成立，并与临海市第一人民医院签署了医共体合作协议。同日，临海市第一人民医院新住院大楼启用。

是月　临海 6 名教师入选 2021 年浙江省中小学教坛新秀。

是月　临海入选“2021 年全国县域旅游综合实力百强县”榜单，排名第 11。

是月　大田板龙被列入 2021 年度“浙江省民间文化艺术之乡项目”复核通过名单。

是月　市水务集团东部供水西湖水厂二期工程进入设备调试及供水试运行阶段，新增日供水量可达 10 万立方米。

是月　浙江先锋科技股份有限公司的“5- 氟胞嘧啶生产新工艺”获 2020 年度省科学技术进步奖二等奖，为临海市唯一一家两次获得此项殊荣的企业。

是月　临海市桃渚镇珊瑚村（桃渚国家级风景名胜区）入选首批“浙江省自然保护地融合发展示范镇（村）”名单，全省共有 20 个镇（村）上榜。

是月　临海市入选第一批累计三年（2018—

2020年）健康浙江建设考核优秀名单。

是月　灵湖公园入选第一批浙江省“五水共治”实践窗口名单，全省共33家单位入选。

9月

1日　市委十四届十六次全体（扩大）会议召开，审议通过《临海奋力打造共同富裕示范样板实施方案（2021—2025年）》。

是日　临海警示教育馆在市委党校新校区揭牌。该馆建筑面积约150平方米，分“警示教育展厅”和“清廉文化厅”两个部分，客观真实地展现了临海近年来正风肃纪反腐取得的新成效。

2日　“台州市百年百人百场——庆祝中国共产党成立100周年浙江英烈故事”巡回宣讲活动走进临海。

8日　浙江省路跑及越野跑产业发展研讨会暨浙体产业沙龙第六期活动在临海市举行。

是日　台州市市场监管系统基层建设工作现场会在临海市召开。

9日　市委书记梅式苗看望慰问部分优秀教师代表，并深入调研学校“双减”工作开展情况。

10日　临海市统一战线同心助力共同富裕启动仪式举行，临海农商银行冠名成立1000万元的“临海市统一战线同心助力共富基金”，浙江头门港经济开发区、临海经济开发区被确定为市首批民营经济人士创富基地。

14日　浙江本立科技股份有限公司在深交所创业板挂牌上市，成为临海第8家上市企业。

是日　尤溪老街举行开街仪式。老街始建于1840年，长约500米，自黄港桥起，止于天主堂。

15日　电影《括苍山剿匪记》在临海举行启动仪式。

16日　临海市举行新时代公民道德建设宣传活动暨第二届时代新人、模范集体颁奖仪式，共评选出62名（家）时代新人、模范集体。

17日　临海农商银行和临海邮政管理局共同打造的“共富暖蜂”行动签约仪式举行，全市快递企业共获得银行综合授信3亿元。

22日　市中小学素质教育实践学校（琳山农校）、市洞港青年农场文博馆、郭凤韶烈士纪念馆授牌成为临海市党外知识分子思想教育基地。

23日　伟星集团入选“2021年浙江省民营企业100强”榜单。

23日　浙江省“救在身边·交通救护伴行”专项行动启动仪式暨交通事故应急救护演练活动在临海市举行。

24日　中国工程院党组成员、秘书长陈建峰率中国工程院院士考察团到临海考察调研医药产业发展情况。

27日　“浙江临海台州府城”高铁品牌列车在上海虹桥站首发启航。该专列运行总里程1200千米，途经江苏、上海、温州等20多个城市。

是月　临海市“地灾智治”应用场景和“三维立体一张图（三维地质方向）”空间组件入选省“数字国土空间”多跨应用场景及空间组件首批试点工作。

是月　主题为“同心跟党走·奋进新征程”的市民族宗教界庆祝中国共产党成立100周年书画作品展在临海开幕，为期一个月，共有100幅书画作品展出。

是月　台州府城文化旅游区入选第九批中国华侨国际文化交流基地，省侨务工作实践创新基地在市侨家小院揭牌。

10月

1日　由临海市农合联、浙江省标准化研究院共同制定的《产业农合联党建联盟管理规范》正式实施，为全国首个面向农合联领域的党建联盟标准。

10日　临海美好生活体验馆在台州府城文化旅游区开馆。

12日　由浙江省商务厅、浙江省发展和改革委员会及中共临海市委、市政府倾力建设并推出的“浙里好家政”场景应用正式上线。

15日　台州市首批村社共享法庭在古城街道鹿城社区和东湖村成立。

16—18日，市委副书记、代市长蔡建军率团到广州深圳考察对接项目，并走访第130届广交会临海线下参展企业。

20日　涌泉镇梅岘村入选2021年全国乡村特色产业十亿元镇亿元村名单。

22日　临海发出第一张“码牌合一”的电动自

行车牌照。

23 日　中国作家协会《小说选刊》创作基地（余丰里）揭牌仪式暨中国著名作家采风行活动在临海举行。

25 日　市第二人民医院扩建工程（EPC 工程总承包）开工，项目总用地面积 2.46 万平方米。

27 日　全省推动长江经济带生态环境突出问题整改现场交流活动在浙江头门港经济开发区举行。

是日　市十六届人大常委会召开第四十八次会议。会议听取和审议了全市中医药事业发展、医化园区环境整治提升、市政府办理落实代表建议情况的报告，对重点督办件办理落实情况进行满意度测评，听取了 2020 年度全市环境状况和环境保护目标完成情况的报告，并审议通过相关决定（草案）。

是日　临海市公布党史学习教育“三为”专题实践活动第二批民生实事项目清单，包括推进“双减”政策落地见效、推广“浙里好家政”场景应用等。

28 日　临海市送选作品《应急救援产业互联——道路安全的守护者》在“助力改革 · 赋能创新 · 智绘未来”2021 浙江数据开放创新应用大赛上获一等奖。

30 日　临海市举行 2021 年度退役军人返乡欢迎仪式暨“最美退役军人表彰大会”。

19—24 日，桃渚中学在 2021 年全国藤球锦标赛上获 2 金 2 银 1 铜。

23—29 日，临海市 3 名运动员参加全国第十一届残疾人运动会暨第八届特殊奥林匹克运动会，共获得 1 枚金牌、3 枚银牌和 1 枚铜牌。

是月　上盘镇入选浙江省农村文化礼堂建设示范乡镇（街道）名单。

是月　浙江本立科技股份有限公司、临海伟星新型建材有限公司、拓卡奔马机电科技有限公司等 10 家企业获评 2021 年度台州市市级绿色工厂。

是月　临海市跨境电商产业园、杜桥青年电商创业园、浙江世通电商物流园、东方永安（浙东）电商产业园 4 家电商园被认定为省 3A 级电商产业基地，数量居台州市第一。

是月　临海东矶列岛海岛公园被列入浙江省十大海岛公园建设。

11月

1 日　全市领导干部会议召开，宣布省委、台州市委关于临海市委主要领导的人事调整决定：吴华丁任中共临海市委委员、常委、书记。

4 日　“浙里好家政”全省贯通工作推进会在临海召开。

8 日　市税务局获评全省“建设清廉机关、创建模范机关”先进集体。

10 日　临海大田港、白沙湾入选 2021 年度台州市市级“美丽河湖”。

14 日　人民日报官方微博和微信公众号、新华社微信公众号、央视新闻公众号等权威媒体相继报道涌泉蜜橘商家赠送蜜橘给浙江大学博士研究生实验研究的爱国善举。

16 日　全市民族工作座谈会暨“一站两室三基地”多元民族阵地授牌仪式举行，民族事务“一站两室三基地”是独具临海特色的创新民族多元阵地，包含紫阳街共同富裕主题民族驿站、市矛调中心民族团结进步调解室、市法律服务中心少数民族依法维权咨询室、雷国华珠算博物馆中华民族共同体意识培育教育基地、市中职校民族职业技能培训基地、市就业服务中心民族就业创业帮扶基地。

22 日　马曙明、张秀娟、沈建中、戴皆道、王雄等 5 人入选第六批浙江省非物质文化遗产代表性项目代表性传承人。

26 日　全国首条民营控股高铁——杭绍台铁路进入试运行阶段。

是日　全市镇（街道）乡贤（联谊）会联席会议第六次大会暨新乡贤助力社会矛盾纠纷调处化解工作经验成果交流会在白水洋镇召开。

28 日　陈由香家庭入选 2021 年度全国最美家庭。

是月　杜桥镇汾西村、富沈村、横路村和古城街道西洋村被定为 2021 年度浙江省电子商务示范村，大洋街道好邻居副食店服务点、古城街道大多超市服务点、叮当副食超市服务点、紫阳超市服务点被定为 2021 年度浙江省农村电商示范服务站（点）。

是月　浙江朗杰电子有限公司获批设立浙江省博士后工作站。

是月　古城街道、杜桥镇入选浙江省首批数字生活新服务特色镇。

是月　临海入选第二批浙江省全域旅游示范县（市、区）。

是月　沿江镇新兴村入选第二批全国乡村治理示范村镇。

12 月

3 日　牛头山旅游度假区发展中心入选第十一批浙江省生态文明教育基地。

5—6 日，吉林省通化县党政代表团到临海交流考察。

6 日　永丰镇入选浙江省森林城镇。

9 日　第十届“浙江孝贤”推选活动组委会发布“孝贤人物”“慈孝之乡”“慈孝企业（浙商）”榜单，东塍镇获评“慈孝之乡”。

9 日　国务院批复同意在台州湾经济技术开发区内设立台州综合保税区。

13 日　市 1201 工程及档案馆大楼正式投入使用，市档案馆新馆 27 日对外开放。

是日　佩弦湖生态环境综合治理项目（一期）工程全面动工建设。

16 日　“地灾智治”试点场景（含临海市空间治理数字化“地灾智治”试点场景）入选全省空间治理数字化最佳实践场景，为台州市唯一入选的场景。

是日　《临海年鉴（2020）》入选 2021 年度浙江省精品年鉴。

18 日　“古城崛起、突破跨越”项目谋划擂台赛决赛举行，18 个项目分获一、二、三等奖，台州新材料产业园、佩弦湖科技城、临海国际医药城项目名列前三。

是日　涌泉镇柑橘入选第一批全国种植业“三品一标”基地，为台州市唯一入选的基地。

是日　中共临海市委社会建设委员会成立。

23 日　台州首个商事登记“智办”系统在临海上线启动。

29 日　台州医院东院区启用暨恩泽建院 120 周年活动举行，东院区总占地面积 21.4 万平方米。

29—31 日　中国共产党临海市第十五届代表大会第一次会议召开。大会应到代表 362 名，实到代表 358 名。听取并审议题为《高举旗帜　实干创新　突破跨越　为建设历史名城、制造强市、共富高地而努力奋斗》的市委工作报告和纪委工作报告，审议《中国共产党临海市代表大会常任制度（修订）》，并通过相关决议。选举产生中共临海市第十五届委员会委员 55 名、候补委员 10 名，中共临海市第十五届纪律检查委员会委员 25 名，临海市出席台州市第六届党代会代表 52 名。

31 日　中国共产党临海市第十五届委员会第一次全体会议召开，选举产生新一届市委常委会，吴华丁当选市委书记，蔡建军、陈荣世当选市委副书记。

是日　中国共产党临海市第十五届纪律检查委员会召开第一次全体会议，选举产生新一届市纪委常委会，潘江波当选市纪委书记。

是日晚 8 时　中央电视台黄金档播出在临海台州府城录制的《启航 2022——中央广播电视总台跨年晚会》。

是月　临海市“浙里好家政”入选 2021 省数字经济“新治理”优秀案例，入选省第二批 15 个数字社会最佳应用名单，获评全省数字社会系统最佳应用。

是月　市公安局获全国维护妇女儿童权益先进集体称号。

是月　临海入选“首批长三角高铁旅游小城”。

是月　临海获评 2021 年度全省农村生活垃圾分类处理工作优胜市。

是月　尤溪镇入选 2021 年度新时代美丽城镇建设省级样板名单。

是月　临海获评省西兰花特色农产品优势区。

是月　临海撤县设市以来第一部市志——《临海市志（1986—2012）》由浙江古籍出版社出版发行。

临海概览

Linhai Overview

自然理

【区域位置】 临海地处浙江东部沿海、长三角经济圈南翼，位于北纬 28° 40′ ~29° 04′ ，东经 120° 49′ ~121° 41′ ，境域东濒东海，南邻椒江区、黄岩区，西接仙居县，北邻天台县，东北毗邻三门县，是浙江省辖市，台州副中心城市，台州及浙江沿海中部的交通枢纽。陆域面积 2251.22 平方千米，海域面积 1571.48 平方千米，海岸线 256.07 千米（其中大陆岸线 52.18 千米、海岛岸线 203.89 千米，岛屿 196 个，岛礁总面积 18.5 平方千米）。2021 年城市建成区面积 50.29 平方千米。

【行政区划】 2021 年，全市辖古城、大洋、江南、大田、邵家渡 5 个街道，杜桥、白水洋、东塍、桃渚、尤溪、汛桥、沿江、汇溪、小芝、上盘、涌泉、永丰、括苍、河头 14 个镇，628 个行政村，37 个社区（居委会）。

【人口】 2021 年末，全市户籍总人口 119.9 万人，其中男性人口 62.07 万人、女性人口 57.83 万人。全年共出生 7080 人，死亡 7671 人，人口出生率和病死率分别为 5.89‰和 6.39‰，人口自然增长率为 -0.5‰，比上年下降 1.16 个千分点。

【气候】 临海境域温暖湿润，属亚热带季风气候，四季分明。2021 年，全市气温偏高，雨量、雨日、日照均较常年偏多。年平均气温 18.9℃，年降水量 1908.5 毫米。台风、暴雨、寒潮、低温冷冻等灾害影响偏强，气候年景总体偏差。台汛期先后有“烟花”“灿都”“圆规”3 个台风影响，秋冬季雨水减少，但较往年仍偏多。暖冬、暖春明显，气温变化幅度大，年初寒潮连袭刷新有记录以来最低气温纪录；年末寒潮早发频发，气温骤降次数多。

【山脉】 三面环山、一面靠海，呈“七山一水两分田”地貌。全市陆域部分有山 178 座、山峰 456 座、山口 66 座、山洞 35 个、山谷 20 个。森林覆盖率 68.5%，浙东南第一高峰括苍山米筛浪是中国大陆 21 世纪第一缕阳光首照地，括苍山为国家级森林公园。

【土壤植被】 境域属中亚热带、常绿阔叶林带、北部亚地带，浙闽山丘甜槠木荷林植被区，天台山括苍山地、岛屿植被片。土壤面积 21.27 万公顷，分 6 个土类、15 个亚类、44 个土属、99 个土种，其中红壤土类、水稻土土类分布面积较大。地带性植被以壳斗科、樟科、木兰科、山茶科等常绿阔叶树种为主构成的常绿阔叶林，由于人为破坏发生逆行演替，多数被人工针叶林、针阔混交林、竹林和次生常绿阔叶林、落叶阔叶林、常绿落叶阔叶混交林以及灌草丛所替代，仅括苍镇黄家寮村附近有约 0.2 公顷的原始森林幸存。

【水资源】 境内有灵江、洞港（含桃渚港）两大水系，其中灵江为浙江省第三大水系，另有一条羊岩水流向三门境内。河流 539 条，总长 1337 千米，其中感潮河段长 59.50 千米、水闸控制的内河长 708 千米、山溪性河流长 569.50 千米。河流主要靠降水补给，受地形和降雨因素影响明显。

历史文化

【建制沿革】 临海历史悠久，底蕴深厚。早在10万年前，就有“灵江人”在此繁衍生息。峙山头新石器时代遗址距今约8500年。夏、商、西周时期为瓯地，春秋战国时属越国，楚灭越后为瓯越自治区域。秦王嬴政二十五年（前222）属闽中郡，汉初先后为东海（东瓯）国和东越国地。汉始元二年（前85），置回浦县，为临海县制之始，章和元年（87）改名章安。三国吴初，析章安置临海县，今临海地域分属章安和临海。孙吴政权遣大将卫温、诸葛直率甲士万人在此出海远规夷洲（今台湾省），是中国历史上第一次以政府名义出航台湾。三国吴太平二年（257），设临海郡，唐武德四年（621）置台州，临海一直为台州的州、郡、路、府治所和行署驻地。唐武德八年（625），撤章安县并入临海县。1949年5月29日，临海县城和平解放。1986年3月1日，国务院批准临海撤县设市。1994年8月22日，台州撤地设市，市政府迁驻椒江。临海改由省直辖，台州市代管。同年，经国务院批准，临海成为全省首个获得国家历史文化名城称号的县级市。

【人才荟萃】 素有“小邹鲁”和“千年台州府，满街文化人”的美誉。置县2000年来，留下文武状元、同朝五宰辅、兄弟四进士、父子三巡抚等千古佳话，谢灵运、郑虔、骆宾王、朱熹、戚继光、徐霞客、朱自清等名人大家都在临海留下了历史印记。20世纪初，一大批临海籍志士前仆后继地投入辛亥革命的浪潮，走出了王文庆、屈映光、周至柔、陈良4位省市长，以及王纶等19位将军。中国共产党成立之后，临海又涌现出浙江早期的女共产党员、长期战斗在秘密战线的吴先清，年仅19岁在南京雨花台英勇就义的郭凤韶，领导东北抗日游击队的满洲省委书记林炯，兄弟革命家张崇德、张崇文，革命伉俪王观澜、徐明清等一批彪炳史册、名扬千古的革命志士。

【文保单位】 现有各级文物保护单位（文保点）132处，其中全国重点文物保护单位4处、省级文物保护单位14处、省级自然化石保护区1处，台州府城墙作为中国明清城墙组成部分被列入中国世界文化遗产预备名单，紫阳街入选中国历史文化名街。

台州府城墙 位于古城街道，是江南地区保存最好的州府一级城墙，兼具军事防御与城市防洪双重功能。始筑于东晋元兴元年（402），扩建于唐武德四年（621），定型于宋，完善于明清，后经多次修缮，现存4621米。城墙虽然规模不大，但西南两面沿江而筑，北面依山就势，逶迤曲折，雄伟壮观，独特的马面形态与露龈造技术等建筑构造方法独树一帜，首创二层空心敌台，具有鲜明特色和不同寻常的历史文化价值，被中国长城学会会长罗哲文誉为明长城的“师范”和“蓝本”。1997年8月29日，台州府城墙被公布为第四批省文物保护单位。2001年6月25日，被公布为第五批全国重点文物保护单位。

桃渚城 又名桃城，位于桃渚镇城里村，是浙江省保存最完好的明代千户所城。明正统八年（1443）建成，城为不规则方形，东北面城垣蜿蜒于后所山，前对石柱岩，后倚将台山，东邻狮子山，西望伏虎山，城池前有护城河。明嘉靖三十八年（1559），戚继光创建东、西两座敌台，后屡有修葺。

1963年3月，桃渚城被公布为第二批省文物保护单位。1971年，南城墙1个敌台因小杜线公路拓宽拆毁。1987年，在东、南、西三面城垣上修砌保护性软墙，后城墙不断修缮。2001年6月，桃渚城被公布为第五批全国重点文物保护单位。2004年5月，桃渚城护城河重浚。2012年5月，重建桃渚城东西2座敌台角楼，城内街巷、建筑保持明清格局。

巾山塔群 巾山塔群位于临海古城东南隅的巾子山上，塔群由千佛塔、巾山东大塔、南山殿塔组成。

千佛塔位于巾山西麓龙兴寺内。始建于唐天宝三年（744），初称龙兴寺塔，后称多宝塔。现存塔身系元大德三年（1299）重建，因全塔各级各面内外共嵌有1036块佛像砖，故又称千佛塔。原为砖木混合结构的楼阁式塔，木构塔檐部分已毁，具有宋元时代江南建筑的典型风格。千佛塔是临海现存最高古塔，也是浙江仅存的6座有明确纪年的元塔之一。1989年12月，被公布为第三批省文物保护单位。

巾山东大塔位于巾山东峰之巅。始建于北宋，后屡有重修。现塔系清同治四年（1865）重修塔体（因经费出自大田赤水庠生徐万年，故又称“万年塔”），须弥座为宋代遗存。整塔为砖混结构，塔高21.68米，直径6.25米，其内中空，铭文塔砖遍布周身，有“同治四年”“巾子山塔”“修造郡守刘”“捐造庠生徐万年”“监工职训李用仪”“督造截取知县傅兆兰”等9种。2005年3月，被公布为第五批省文物保护单位。

南山殿塔位于巾山西南坡南山殿前，俗称“南塔”。明万历四十六年（1618）建，为五级六面楼阁式砖塔，塔体中空，每面开窗，壶门五暗一明，暗龛置石佛像。砖塔临江，为水口塔，塔体嵌纪年铭文砖。因多次遭受雷击，今塔刹已毁，塔顶破损。塔总体残高14.85米，直径3.77米。建筑风格与东大塔相仿。2005年3月，被公布为第五批省文物保护单位。

2013年，千佛塔入选第七批全国重点文物保护单位。2019年10月，巾山东大塔、南山殿塔入选第七批国保千佛塔，更名为巾山塔群。

恩泽医局旧址 位于古城街道望天台43号。清光绪二十七年（1901），基督教圣公会向临海王氏购小桃源旧址，由英国传教士白明登等建造。医局由3座楼房组成，北面为主楼，西侧由两架廊桥连接南面两幢附屋，养病院、清气院、学生宿舍楼、礼拜堂、风月居、绿荫深处、台门等组成，整座建筑中西合璧。现存养病院、清气院和学生宿舍楼。恩泽医局是西方传教士在中国建造的早期西式医院的代表性建筑之一。2011年9月，被公布为市文物保护单位。2017年1月，被公布为第七批浙江省文物保护单位。2019年10月，被公布为第八批全国重点文物保护单位。

【非物质文化遗产】 拥有黄沙狮子、临海词调两项国家级非物质文化遗产，21项省级非物质文化遗产。

黄沙狮子 又称上桌狮子，始于北宋，将音乐、舞狮、武艺三大部分巧妙结合。通常在堆叠的五至九重八仙桌上表演，艺人在上面凌空腾挪，令人咋舌。黄沙狮子表演活动一般从农历大年三十开始至二月初二。20世纪90年代初，黄沙狮子恢复演出，参加历次的古城文化节（江南长城节）。2004年，成立黄沙狮子表演艺术团。2005年，演出在央视四套《华夏文明》栏目专题播放。2006年6月，被列入第一批国家级非物质文化遗产名录。近年来，央视四套《华夏文明》栏目与央视一套《共同关注》栏目多次向国内外观众播放黄沙狮子专题节目，使黄沙狮子的历史、文化和民俗价值为世人所熟知。

临海词调 又称台州词调、才子词调、仙鹤调，发端于南宋海盐腔，在吸收、融化南戏、昆曲和民间小曲等曲种的声腔、旋律的基础上，结合临海方言演变而成，在江南说唱艺术史上占有重要地位，讲究“字清、腔圆、音准、板稳”八个字，常用曲牌有30多种。明、清时期主要流传于临海，影响黄岩、椒江、天台、仙居等地。有史可查的最早班社为清嘉庆年间的停云社，入社成员初时多为文人学士、悠闲子弟，后来民间一些出身清贫的劳动者也加入词调班社，分别称为“长衫派”和“短打派”。20世纪30年代开始，临海词调从坐唱的形式演变为戏曲登上舞台，推出了《白兔记》《白蛇传》等移植和创作剧目。1984年1月开始，文化部门对词调进行挖掘、保护。2000年成立临海词调剧团。2005年5月，被列入第一批省非物质文化遗产代表作名录。2008年6月，被列入第二批国家级非物质文化遗产名录。

经济发展

【概况】 临海是中国股份合作经济重要发源地之一，全国首辆民营企业制造的汽车诞生地，中国首家农民专业合作社诞生地。2021年，全市实现生产总值819.87亿元，三次产业结构比6.6∶44.3∶49.1。完成财政总收入111.63亿元，其中地方财政收入66.02亿元。全市拥有规上工业企业633家，上市企业8家，实现规上工业总产值1057亿元，连续5年居台州第一。初步形成以现代医药、汽车机械、时尚休闲三大产业为主导，新型建材、眼镜、彩灯为特色产业的3+X工业体系。农林牧渔业总产值88.74亿元，拥有柑橘、茶叶、杨梅、西兰花、白对虾、胖头鱼六大“国”字号品牌。临海林场为全国十佳林场，列入第三批国家农村综合改革标准化试点。实现自营进出口总额358.39亿元，其中自营出口总额332.88亿元。跻身全国县域经济百强县、全国综合竞争力百强县、全国投资潜力百强县、中国创新百强县、中国营商环境百强县等多个百强榜。

【工业主导产业】 **现代医药** 1999年，浙江省化学原料药基地的前身沿海工业园区在临海东部成立，2001年升级为国家级开发园区，逐步成为世界上最大的医药中间体生产区之一，形成基础化学品—中间体—原料药—制剂一体化的产业链发展模式。2003年，华海药业成功上市，成为全市首家上市公司。2007年，华海药业成为国内首家制剂产品规模化出口欧美市场的医药企业。2021年，全市拥有规上医化企业45家，包括华海药业、永太科技、万盛股份、奥翔药业、本立科技等5家上市公司，实现规上产值261.8亿元。

汽车机械 撤县设市初，临海即有汽车整车、摩托车生产，“鹿城牌”摩托车年产量1万多辆。1998年，首辆民营企业制造的汽车——吉利豪情在临海下线。21世纪初，机车制造崛起成为全市主导产业之一，带动汽摩配件行业进一步发展。2019年，浙江豪情汽车制造有限公司成为台州首家产值突破300亿元的工业企业。2021年，全市拥有各类企业300余家，其中规上企业155家，实现规上产值310.6亿元。

时尚休闲 20世纪90年代，出口导向的节日灯和户外休闲用品业兴起。21世纪初，休闲用品行业发展成全市最大的出口行业。2003年，临海被授予“中国休闲用品礼品生产基地”称号。该行业主要有户外家具及庭院用品、工艺品、节日灯饰、眼镜、服装辅料以及合成革等六大类产品。2021年，拥有时尚成品及配套协作企业500多家，其中规上企业207家，包括伟星股份、永强集团2家上市企业，规上产值272.7亿元。

【农业金名片】 **柑橘** 三国时期，临海即有柑橘栽培。《临海水土异物志》所载“鸡橘子”，即今金柑，元代被列为贡品。20世纪70年代，在沿海一带建立海涂无核橘基地，发展规模化种植，先后成为省柑橘外贸出口基地、全国柑橘生产基地县。20世纪90年代，涌泉等地改田种橘，平地橘园快速发展。1999年，全市建立1.20万公顷无核蜜橘生产基地，被命名为中国无核蜜橘之乡。2002年，“临海蜜桔”注册为地理标志证明商标。2009年和2011年，“临海蜜桔”“忘不了”先后被认定为驰名商标，后者成为全国首个农民专业合作社驰名商标。2020年，“临海蜜桔”入选国家农产品地理标志登记保护名单。2021年，全市种植面积约18.78万亩，涌泉镇柑橘“三品一标”基地获评全国首批种植业“三品一标”基地。

茶叶 临海是中国道茶之源，汉代葛玄于盖竹山（今属汛桥镇）建仙翁茶园。明代，临海芽茶列为贡品。20世纪70年代，临海大规模开山种茶，建立羊岩山等茶场，被列为全国茶叶基地县。主要品种“临海蟠毫”“羊岩勾青”于2005年注册为地理标志证明商标。2010年，临海获“中国名茶之乡”称号。2012年，“羊岩山”商标被认证为驰名商标。2021年，全市茶叶种植面积约5万亩，年产值1.83亿元。

杨梅 临海杨梅始种于三国时期，民国时居果类之首，汛桥杨梅岭因此得名。20世纪80年代初，引入荸荠、冬魁等良种，开展规模化种植。主要产区为双港、涌泉、大田、城郊、大石、城西等地。2001年，白水洋镇被授予“浙江杨梅之乡”称号。2009年，临海获“中国杨梅之乡”称号，“临海杨梅”被核准为地理标志证明商标。2021年，全市种植面积约13.3万亩，总产量8.1万吨，年产值7.42亿元。

西兰花 主产地在上盘、杜桥等地，独特的弱碱性土壤和海洋性气候，使西兰花具备上市季节独特（1月上市国内外罕见）、花球品质好、单位产量高、适宜规模化生产等优势。1989年，上盘镇劳动村率先引种西兰花。2003年，临海获“中国西兰花之乡”称号。2010年，“临海西兰花”注册为地理标志证明商标。2021年，全市西兰花种植面积约7万亩，是全国规模最大的冬春西兰花生产中心和重要的国际西兰花集散基地。2021—2022年，全市西兰花产值3.5亿元。

【海洋经济】 2014年12月26日，头门港开港，临海从此迈入海洋经济发展新时代。头门港可利用岸线长度28.8千米，可建万吨以上泊位84个，后方可围垦土地面积近100平方千米，是一个具有“深水良港+广阔腹地+区位优势+产业支撑+城市依托”优秀组合度的港区，是台州港规划建设的中心港区、台州市对接“七大产业”的重要区域，也是浙江大湾区发展规划总体布局“一环一带一通道”中“甬台温临港产业带”的重要区域。港产城湾融合发展全面推进，自贸区联动创新区、跨境电商综合试验区有序推进，综合保税区、口岸开放相继获批，“公铁水多式联运工程”成为国家示范项目，港口货物吞吐量从2017年起年均增长36%，2个5万吨兼靠7万吨级码头主体工程建成投用，义新欧中欧班列“台州号”实现首发并常态化运行，正争创台州湾RCEP（区域全面经济伙伴关系协定）高水平开放合作示范区。

临港产业持续壮大，台州湾万亩千亿新材料产业园、化工园区扩园认定等加快推进。公共设施日趋完善，现代港城展露新姿。

2021年6月，浙江头门港经济开发区升级为国家级经济技术开发区，定名为台州湾经济技术开发区。以头门港7.12平方千米为核心区，整合临港新城、南洋、北洋、红脚岩等托管区块，辐射带动临海经济开发区、医化园区椒江区块等拟托管区域发展，实现了台州国家级对外开放平台零的突破。

社会发展

【科教卫生】**科技** 临海是全国科技进步先进市、全国科技创新百强市，是首批省级可持续发展创新示范区，高新技术产业增加值连续五年居台州首位，拥有国家级技术中心、国家行业重点实验室等6家，国家重点扶持高新技术企业206家，在全省率先成立县级知识产权服务中心。2021年，全社会R&D经费支出26.00亿元，占GDP的比重达3.17%，是台州研发投入强度唯一突破3%的县（市、区）。

教育 临海拥有从学前教育到大学本科的完备教育体系，有台州学院、台州中学等一批名校，省一级特色示范高中2所，国家、省级中职教育改革发展示范学校各1所，省中职名校1所。2021年全市教育经费35.18亿元，一般公共预算教育经费25.01亿元，一般公共预算教育经费占一般公共预算支出比例为23.61%。全面实施义务教育"公民同招"政策，台州学院附属中学等6所"公参民"学校全部改制为公办学校。新增省义务教育标准化学校4所，全市标准化学校比例达96.8%。

卫生 设市初，初步建成市、区、乡、村四级卫生防疫网络和妇幼保健管理体系，是全省最早达到消灭血吸虫病标准的县（市）之一。2005年，台州医院被评为三级甲等综合性医院。2008年，被评为国家卫生城市。2021年，全市有各类医疗卫生机构677家，台州医院东院区建成开诊，市一医院新病房大楼建成投用，实现基层中医馆全覆盖。连续两年获评省公立医院综合改革优秀县市区，入选首批累计三年健康浙江建设考核优秀县市区。

【文体旅游】**公共文化** 临海是全国文化先进市，坚持文化与经济、社会和城市建设的融合发展，坚持文化服务民生。2021年，广泛开展文化惠民活动，举办庆祝建党百年系列文艺活动，建设书香临海。市博物馆获评国家二级博物馆，市档案馆建成开馆，新建台州府城系列展馆7个。《临海市志（1986—2012）》出版发行，《临海年鉴（2020）》获评省级精品年鉴。加强名城保护，编制历史文化街区保护规划，完成巾山东大塔和桃渚城城墙修缮。

体育 临海是全国体育先进市，拥有篮球、田径、藤球等学校体育优势项目，回浦男篮获2016—2017年中国高中男子篮球联赛总冠军，桃渚中学藤球队屡次代表国家出征。群众体育广泛开展，全年组织开展市第十二届百公里毅行等全民健身活动50余项，柴古唐斯括苍越野赛获评国家体育产业示范项目，实现镇（街道）、村（社区）和常住人口百人以上的自然村公共体育健身设施全覆盖。

旅游 临海是国家历史文化名城、中国优秀旅游城市，山海风光得天独厚，名胜古迹星罗棋布。坚持文旅融合发展，打造以台州府城文化旅游区为核心，桃渚国家风景名胜区、括苍山风景区为两翼的全域旅游格局。2021年，央视跨年晚会"启航2022"走进临海，全程在台州府城录制。全年接待游客总量达473.35万人次，实现旅游收入57.84亿元，再次跻身2021年全国县域旅游综合实力百强县，被列为省全域旅游示范市、首批长三角高铁旅游小城。

居民生活

【人居环境】2021年，环境空气质量优良率99.7%，城市绿地覆盖率39%，17个公园总面积396公顷。香樟、银杏、桂花、兰花、茶花等市树市花成为街道、公园的主要绿化树种与美化花草。市级集中式饮用水水源地水质达标率100%，农村自来水普及率100%，卫生户厕普及率100%。获评美丽浙江建设优秀县（市、区），尤溪镇被列为新时代美丽城镇省级样板，永丰镇被评为省森林城镇，创成省级新时代美丽乡村达标村167个、特色精品村6个。

【交通出行】2021年末全市通车公路里程

2409.82 千米，其中高速公路 134.15 千米，村道里程 1096.85 千米。全市现有铁路 3 条，临海段通车里程共 159.6 千米，其中甬台温铁路临海段全长 33.7 千米，杭绍台铁路临海段全长 47.7 千米，6 月 25 日通车的金台铁路临海段全长 78.2 千米。年末全市汽车保有量 29.33 万辆，其中私人汽车 27.25 万辆。

【居民收入】 2021 年，全体居民人均可支配收入实现 50329 元，其中城镇居民人均可支配收入 62993 元，农村居民人均可支配收入 35367 元，城乡居民收入比持续缩小。全市 628 个行政村年集体经济总收入全部达到 10 万元以上，实现“两不愁三保障”突出问题清零、集体经济薄弱村清零、年家庭人均收入 8000 元以下情况清零。

【传统小吃】 **蛋清羊尾** 其主要原料有鸡蛋清、豆沙、干淀粉、糯米粉等，必须现做、现炸、现吃，入选《中国菜谱》。因其取材于“蛋清”，形状似“羊尾”而得名，口感绵软、香甜。

海苔饼 用甜面粉、油酥制作，包进预先拌匀的海苔粉和红糖粉馅料，压扁后用模子在饼面上戳多个小洞洞，然后烘烤即成。

麦虾 将猪肉丝、牛肉丝、萝卜丝、鲜笋丝、鲜虾、蛤蜊、香菇等在锅里炒热，加水烧开，然后用筷子、菜刀等“切”或“夹”入预先调好的麦粉浆入锅，烧开即成。

临海节令小吃一览表

表 4

麦油脂	又称“食饼筒”，立夏、除夕的节日食品。馅料多，若贴镬烤成“两面黄”，吃起来香而可口。麦油脂的馅料一般有菜头丝、绿豆芽、蒿菜、肉片、蛋皮、豆腐片、豆面、笋等
糟羹	每年的正月十四夜，民间均要做糟羹。羹可分咸、甜两种。咸羹将肉、冬笋、蘑菇、木耳、鲜蛏、豆腐干、油泡等切成丁粒状时令蔬菜，在锅里炒熟，加水烧开，再加入米粉调水，拌入切成末状的芥菜，烧熟成糊状即成。甜羹则是用山粉或藕粉配上莲子、甜枣、桂圆肉、金橘饼等做成
乌饭麻糍	旧称农历四月八日是牛的生日，在这时节以山乌饭树叶浸泡取汁，和入糯米粉，蒸熟后擀皮，内裹豆沙，外抹松花粉，切段如竹筒状。断面金黄乌紫如金皮紫玉，其味甜糯清香，多食不腻
漾糕	夏令食品，通常在农历六月六前后制食。分米粉和麦粉两种，炊发后形如大盘，上面撒有红绿丝，松软可口
重阳糕	又称“糯米糖糕”，以粳米粉为原料，蒸熟后捣糊，压拓成方，并嵌入栗肉，上浇糖汁，复撒上橙肉、红绿丝，质软味甜。人们取“糕”“高”谐音，意为人寿年丰，步步登高
擂圆	以糯米粉制圆，大如盅口，不嵌糖，煮熟后放在炒熟的黄豆粉（黄豆炒熟磨粉，拌以红糖）中擂一擂（方言，即滚一滚）即成，软糯香甜，故称擂圆，又称冬至圆
炒米糖	以糯米炊晒成“冻米”，夹砂炒发，拌以“糖饮”淡猪油、熟生仁、芝麻等，辊实，切片或丝，为春节各家必备的茶食

峰岭数据来源：1986年版《临海市地名志》
土壤植被数据来源：1985年5月全国第二次土壤普查

临海名片

◇ 国家历史文化名城
◇ 国家园林城市
◇ 国家卫生城市
◇ 全国文明城市
◇ 中国优秀旅游城市
◇ 中国宜居城市
◇ 中国美丽乡村建设典范县
◇ 首批沿海经济开放区
◇ 全国县域经济基本竞争力百强县
◇ 全国基层政务公开标准化规范化试点县
◇ 中国休闲用品礼品生产基地
◇ 中国眼镜出口基地
◇ 中国无核蜜橘之乡
◇ 中国西兰花之乡
◇ 中国杨梅之乡
◇ 中国名茶之乡
◇ 中国白对虾之乡
◇ 中国水库胖头鱼之乡
◇ 中国休闲海钓之都
◇ 全国科技工作先进市
◇ 全国文化先进单位
◇ 中国文化遗产保护典范县
◇ 全国体育先进市

临海市四套班子领导名录（2021）

表 5

姓名	职务	任职时间
吴华丁	市委书记	2021.11—
蔡建军	市委副书记、代市长，浙江头门港经济开发区管委会主任、党工委副书记（兼）	2021.8—
	市委副书记、市委政法委书记	2021.1—2021.7
陈荣世	市委副书记、市委政法委书记	2021.12—
程万林	市委常委、人武部部长	2021.12—
江　峰	市委常委、副市长	2021.12—
	市政府党组成员、副市长	2021.1—2021.12
陈建波	市委常委、组织部部长、市委党校校长、市委直属机关工作委员会书记	2021.12—
高佐明	市委常委、宣传部部长	2021.12—
潘江波	市委常委、纪委书记	2021.12—
宋江涌	市委常委	2021.12—
马敏娅	市委常委、统战部部长，市政协党组副书记，市社会主义学校校长	2021.12—
元宇峰	市委常委、杜桥镇书记	2021.12—
朱坚国	市人大常委会党组书记、主任	2021.1—2021.11
	市人大常委会主任	2021.12—
章维青	市人大常委会党组书记、	2021.12—
卢如平	市人大常委会党组副书记、副主任	2021.1—
李本浪	市人大常委会党组成员、副主任，市总工会主席	2021.1—
李红燕（女）	市人大常委会党组成员、副主任	2021.1—
朱永军	市人大常委会党组成员、副主任	2021.1—
方德助	市人大常委会副主任	2021.1—
李　强	市人大常委会党组成员、副主任	2021.1—
陈　青	市人大常委会党组成员	2021.1—
刘庭才	市政府党组成员、副市长，四川省松潘县委常委、副县长（挂职）	2021.1—2021.6
陈福清	市政府副市长	2021.1—
陈先东	市政府党组成员、副市长，市红十字会会长	2021.1—

续表5

姓名	职务	任职时间
徐明堂	市政府党组成员、副市长，浙江头门港经济开发区党工委副书记、管委会常务副主任	2021.1—
刘忠波	市政府党组成员、副市长（挂职），吉林省通化县委常委、副县长	2021.1—
程敏江	市政府党组成员、副市长，市残联主席	2021.1—
林　敏（女）	市政府党组成员、副市长	2021.9—2021.12
阮顺富	市政府党组成员	2012.12—
梅光辉	市政府党组成员	2012.12—
张招金	市政协党组书记、主席	2021.1—
林先掌	市政协党组副书记、副主席	2021.1—
袁国清	市政协党组副书记	2021.12—
王文君（女）	市政协副主席	2021.1—
金　敏	市政协党组成员、副主席	2021.1—
郭燕飞（女）	市政协副主席	2021.1—
金治苗	市政协党组成员、副主席	2021.1—
李　萍（女）	市政协副主席，民革临海市总支委会主委	2021.1—
刘国志	市政协副主席	2020.5—2020.12
梅式苗	市委书记，浙江头门港经济开发区党工委书记（兼）	2021.1—2021.10
王　丹（女）	市委副书记，市政府党组书记、市长，浙江头门港经济开发区管委会主任、党工委副书记（兼）	2021.1—2021.7
张鹏炜	市委常委、纪委书记、市监察委员会主任	2020.3—2020.12
施伟军	市委常委，市公安局局长、党委书记、督察长，市委政法委副书记（兼）	2021.1—2021.12
董金喜	市委常委、组织部部长、市委党校校长，市委直属机关工作委员会书记	2021.1—2021.12
卢才超	市委常委、统战部部长，市社会主义学校校长	2021.1—2021.12
胡新民	市委常委、市政府党组副书记、副市长（常务），市行政学校校长（兼）、市委政法委副书记（兼）	2021.1—2021.12
许黎野（女）	市委常委、市政府党组成员	2021.1—2021.12
林伟军	市委常委、宣传部部长	2021.1—2021.12
邵永法	市委常委、人武部政委	2021.1—2021.12
韩　倩（女）	市政府党组成员、副市长（挂职）	2021.1—2021.9

政治建设

Political Progress

市委工作会议

【市委全体(扩大)会议】 **市委十四届十六次全体(扩大)会议** 9月1日召开，学习贯彻习近平总书记在庆祝中国共产党成立100周年大会上的讲话精神，全面落实省委十四届九次全会和台州市委五届十二次全会精神，总结上半年工作，审议通过《临海奋力打造共同富裕示范样板实施方案(2021—2025年)》，市委书记梅式苗代表市委常委会向全会作报告。全会强调，要打造具有临海辨识度和显示度的共同富裕示范样板，立足“九富”路径，打造九大美丽场景：要推动民营经济创富，做活市场主体，做优营商环境，做强金融服务，彰显“民本美”的主体优势；要做强现代产业造富，强化创新引领、数字转型、产业升级，夯实“智造美”的实业根基；要畅通内外循环聚富，打造综合发展平台、激活消费投资市场、提升对外开放水平，激发“湾区美”的发展活力；要协调收入分配增富，提升收入水平、促进充分就业、完善分配机制，强化“均衡美”的制度供给；要优化公共服务享富，建设全龄友好包容社会、构建优质公平教育体系、优化全民健康服务体系、打造公平普惠保障体系，展现“民生美”的幸福画卷；要促进城乡统筹奔富，建设现代城市、推动强村富民、完善基础设施、推动山区跨越式发展和对口协作升级，形成“全域美”的联动格局；要构建文化高地润富，赓续红色血脉、擦亮文明底色、发展公共文化、促进文旅融合，构筑“人文美”的精神花园；要打造美丽临海育富，强化环境治理、加强生态保护、实施低碳行动，擦亮“生态美”的发展底色；要完善市域治理安富，提升法治水平、强化基层治理、建设平安临海，营造“和谐美”的社会环境。

【市委常委会会议】 **十四届市委第102次常委会会议** 1月11日召开，传达学习《中国共产党统一战线工作条例》、全省民营经济统战工作会议精神、台州市五届五次党代会精神和台州市委书记李跃旗在参加临海代表团讨论时的重要讲话精神，讨论市委工作报告、市纪委工作报告和《关于制定临海市国民经济和社会发展第十四个五年规划和二〇三五年远景目标的建议》。

十四届市委第103次常委会会议 1月22日召开，传达学习中央和省委政法工作会议精神，指出全市上下要坚持以完善风险闭环管控的大平安机制为着力点，营造安全稳定的社会环境。要服务发展大局，紧盯“平安争连创、金鼎加星级”目标，高质量建设平安临海、法治临海。会议还听取村社组织换届工作情况汇报和全市防旱抗旱工作情况汇报。

十四届市委第104次常委会会议 2月3日召开，听取政协临海市第十四届委员会委员调整有关情况汇报和市“两会”相关工作汇报。会议强调，市“两会”是在临海发展的关键时期召开的一次重要会议，对于全市上下围绕忠实践行“八八战略”、奋力打造“重要窗口”，走深走实“三引齐驱、五体并进”发展战略，谋好干实“十四五”，高水平争创社会主义现代化先行市，有着深远的历史意义。

十四届市委第105次常委会会议 2月8日召开，传达学习十九届中央纪委五次全会、省纪委十四届六次全会以及台州市纪委五届十次全会精神。传达全国宣传部长会议、全省宣传思想工作会议精神，并听取全市贯彻落实意见汇报。

十四届市委第106次常委会会议 2月25日召开，传达学习全省数字化改革大会精神、台州市优化营商环境大会精神和台州市委书记李跃旗在临海调研时的讲话精神，并研究全市贯彻落实意见。会议强调，全市上下要全面对照省数字化改革总体方案，结合临海实际，找准数字化改革工作的切入点和发力点，承接一些“省里想破题、市里有基础”的改革项目，为全省数字化改革贡献更多临海元素。紧扣台州市“营商环境建设突破年”活动部署要求，推动优化营商环境取得实质性突破，统筹推进疫情防控和经济社会发展，扎实做好“六稳”“六保”工作，为全年工作打牢基础。听取“矛盾不过年”专项行动工作情况和关于《临海市领导干部公开接待群众来访工作办法》的汇报。

十四届市委第107次常委会会议 3月9日召开，会议传达学习习近平总书记在中共中央政治局第二十七次集体学习、第二十八次集体学习时的重要讲话精神；传达习近平总书记在中央党校(国家行政学院)中青年干部培训班开班式上的重要讲话精神和《习近平在浙江》系列报道内容，中央、省委、台州市委党史学习教育部署会精神和全国、全省、台州市政法队伍教育整顿动员部署会精神，省、台州市组织部长会议暨推进组织部门数字化改革部署会精神，台州市党建工作会议精神；传达全国、全省、台州市统战部长会议精神，并汇报临海贯彻落实意见；学习中央全面深化改革委员会第十八次会议精神，全国脱贫攻坚总结表彰大会会议精神，习近平总书记在中国—中东欧国家领导人峰会上的重要讲话精神；学习《关于加强巡视巡察上下联动的意见》，全省民族宗教工作会议、台州市民宗局长会议精神。

十四届市委第108次常委会会议 3月31日召开，传达省委书记、省人大常委会主任袁家军近期关于巡视巡察讲话精神和十四届省委第十二轮巡视暨巡察指导督导工作动员部署会精神。传达全省对口工作领导小组第十四次会议精神，听取全市对口支援(合作)工作情况的汇报。听取《临海市重点工作专班化运作方案》的汇报，强调专班运作是抓好争先创优落地生根的一项创新性工作机制，各牵头常委和市领导要强化主抓直管、真抓真管，带头打通堵点难点，形成专班推进合力。听取《深化落实“八八战略”联席会议制度》《关于开展中国共产党成立100周年庆祝活动的实施方案》和市多城联创办有关文明城市建设常态长效工作情况的汇报。传达学习县(市、区)、台州湾新区(高新区)专题工作汇报会精神，并听取全市贯彻落实意见汇报。

十四届市委第109次常委会会议 4月21日召开，传达中共中央政治局会议精神和习近平总书记在福建考察时的重要讲话精神，强调要提高政治站位，坚持把新发展理念体现到推动临海经济社会发展各层面、全过程，以系统思维、数字理念推进“五个城市”建设，加快构建新发展格局。传达习近平总书记对职业教育工作和打击治理电信网络诈骗犯罪工作作出的重要指示精神。传达学习全国扫黑除恶专项斗争总结表彰大会、全省建设平安浙江工作暨扫黑除恶专项斗争总结表彰会议和平安台州“九连创、夺金鼎”誓师大会暨市域社会治理现代化全国试点推进会精神。传达中央、省委、台州市委农村工作会议精神和台州市深化“十百千”工程暨“头雁领航千村提升”活动现场推进会精神。

十四届市委第110次常委会会议 5月17日召开，传达学习台州市党史学习教育工作推进会和台州市第四巡回指导组进驻临海工作会议精神，听取全市党史学习教育开展情况汇报。研究《“我为群众办实事、我为企业解难题、我为基层减负担”专题实践活动实施方案》，听取全市安全生产工作开展情况汇报。书面学习全国、全省和台州市老干部局长会议精神及临海的贯彻落实意见，袁家军、郑栅洁在全省制造业高质量发展大会上的讲话摘要以及省委政法委常务副书记朱晨在县级社会矛盾纠纷调处化解中心建设互学互比第四次视频交流会上的讲话精神。

十四届市委第113次常委会会议 6月21日召开，学习贯彻中共中央政治局会议、中共中央政治局第二十九次、第三十次集体学习会议精神，习近平总书记在广西考察时、在推进南水北调后续工程高质量发展座谈会上的重要讲话精神。传达学习省委书记、省人大常委会主任袁家军、省委副书记、省长郑栅洁在全省制造业高质量发展大会上的重要讲话精神，强调全市上下要以数字化改革引领制造业全方位转型、系统性重塑，重点围绕发展汽车、医药、休闲用品三大先进产业集群，加快“产业数字化、数字产业化”进程。听取“七张清单”有关问题整改进展情况和“七一”前夕系列活动的汇报。

十四届市委第114次常委会会议 7月5日召开，传达学习习近平总书记在庆祝中国共产党成立100周年大会上的重要讲话精神，强调习近平总书记的重要讲话通篇闪耀着马克思主义的真理光芒，是全党在新的历史条件下进行具有许多新的历史特点的伟大斗争的政治宣言，是指引奋力推进中国特色社会主义伟大事业、全面推进党的建设新的伟大工程、朝着伟大梦想奋勇前进的纲领性文献，全市上下要把学习习近平总书记“七一”重要讲话精神作为当前首要的政治任务。传达学习省委书记、省人大常委会主任袁家军在浙江省庆祝中国共产党成立100周年大会上的重要讲话精神和在台州调研时的讲话精神及台州市委常委（扩大）会议精神，并研究全市贯彻落实意见。听取临海市食品药品安全工作情况的汇报。

十四届市委第117次常委会会议 7月19日召开，传达学习台州市委书记李跃旗在临海调研时的讲话精神，并研究全市贯彻落实意见，强调要拉高标杆创样板，结合临海实际、全面对标对表，谋深具有“临海味”的特色实践，在奋斗“十四五”、奋进新征程中打造共同富裕示范样板；强化统筹抓落实，逐条逐项梳理临海加快推动共同富裕的阶段任务，谋实推动共同富裕的载体抓手，科学构建工作体系、指标体系、政策体系、评价体系，进一步起草完善共同富裕的实施方案，为全省共同富裕示范区建设贡献更多临海力量、临海经验。

十四届市委第120次常委会会议 8月30日召开，传达学习省委书记、省人大常委会主任袁家军在高质量发展建设共同富裕示范区领导小组第一次会议上的讲话精神，并研究全市贯彻落实意见。传达省委常委、常务副省长陈金彪到临海调研精神，并研究全市贯彻落实意见。传达学习《中共中央关于加强新时代检察机关法律监督工作的意见》精神，并研究全市贯彻落实意见。听取关于法治政府建设情况的汇报，强调要着力构建“党委领导、系统推进、部门负责、纵横联动、齐抓共管”的法治工作格局，高标准推进法治浙江（法治政府）建设示范地区创建。研究《临海奋力打造共同富裕示范样板实施方案（2021—2025年）》。

十四届市委第121次常委会会议 9月1日召开，传达学习省、台州市“双减”工作会议精神，并研究全市贯彻落实意见。

十四届市委第124次常委会会议 9月22日召开，听取全市数字化改革工作情况，强调当前数字化改革工作已到“比拼成果”的阶段，各相关部门要钉牢目标补短板，主动对接求突破，提质升级创样板，每一个“最佳应用”都要按照“场景建设上线＋理论成果、制度成果提炼”的标配来升级优化，加快形成更多可复制推广的“临海标准”“临海样板”。

十四届市委第125次常委会会议 11月1日召开，学习传达台州市委书记李跃旗在全市领导干部会议上的重要讲话精神，部署全市贯彻落实意见，强调要进一步形成“古城崛起、突破跨越”的发展态势，坚持项目为王，推动“共同富裕示范样板”落地见效。守牢平安底线，夯实“平安十七连创”工作基础。抢先一步，进一步谋划“临海争当新一轮发展领跑者”的思路对策。

十四届市委第131次常委会会议 12月22日召开，传达学习中共中央政治局会议精神和习近平总书记有关安全生产重要论述精神，并研究全市贯彻落实意见。传达学习中央经济工作会议精神、习近平总书记在中央全面深化改革委员会第22次会议重要讲话精神，全省、台州市“县乡一体、条抓块统”改革工作相关会议精神，听取全市推进“县乡一体、条抓块统”县域整体智治改革实施方案的起草情况，并研究贯彻落实意见。传达学习台州市委书记李跃旗在临海调研时的讲话精神和台州市基层党建工作会议精神，研究全市贯彻落实意见，强调要着力打造变革型基层组织，锻造“狮子型”“老黄牛型”干部队伍，构建党建统领基层整体智治体系，推动全市基层党建工作精准化破题、系统性重塑、整体性提升。讨论中国共产党临海市第十五届代表大会第一次会议市委报告和市纪委工作报告，并听取其他相关工作情况汇报。

十四届市委第132次常委会会议 12月27日召开，传达学习省委经济工作会议和台州市委市政府工作务虚会精神，并研究全市贯彻落实意见，指出要对照省委七方面重大任务和台州市委“推动高质量发展、促进高水平共富、打造高能级城市”奋斗目标，立足临海实际，聚焦科技创新、平台提升、沿海开发等重点领域，科学谋划，系统推进，着力推动各项工作争先进位、跨越赶超。

【市委常委会（扩大）会议】 2月8日，市委常委会（扩大）会议召开，传达学习台州市“两会”精神，部署临海贯彻落实意见。会议指出，全市上下要贯彻台州市“两会”精神凝聚到“再创民营经济新辉煌、续写千年古城新篇章、高水平争创社会主义现代化先行市”的奋斗目标上来，要加快产业创新、加强改革开放、加深城乡融合、加大民生建设，用推动发展的实际成效检验学习宣传贯彻的效果。

5月19日，市委常委会（扩大）会议召开，传达学习贯彻省委专题学习会、全省数字化改革多跨场景重大改革需求研讨会暨市委书记工作例会、省推动长江经济带发展领导小组会议、台州市委常委会（扩大）会议精神。指出全市上下要提高站位创样板，把推进共同富裕作为走好现代化新征程的战略工程。以多跨场景应用推动数字化改革走深走实，找准改革需求，把不同区域、不同领域、不同层级的“碎片化”场景协同整合成“一体化”大场景，推动融合式改革。会议还就做好下阶段各项工作做了强调，要凝心聚力学党史，以学促干，推动党史学习教育走深走实；要紧盯指标争进位，全力奋战二季度，确保实现“半年红”。要上下一心抓换届，高质量完成换届各项工作。

6月16日，市委常委会（扩大）会议召开，传达学习省委十四届九次全体（扩大）会议精神和台州市委常委（扩大）会议精神，研究部署临海贯彻落实意见。会议强调，要深刻领会“高质量发展建设共同富裕示范区”的精神内涵，切实把发展的优势转化为推进共同富裕的胜势，立足临海实际，早日拿出针对性、操作性强的临海方案，高水平打造社会主义现代化共同富裕县级样板。

7月16日，市委常委会（扩大）会议召开，传达学习贯彻台州市委五届十二次全体（扩大）会议精神。会议强调要紧紧围绕台州市“高质量发展建设共同富裕先行市”这一决策部署，走深走实“九富”路径，聚焦重点，真抓实干，奋力打造具有临海辨识度的共同富裕示范成果，为全省建设示范区、台州建设先行市提供更多的临海经验、临海元素。

12月3日，市委常委会（扩大）会议召开，传达学习省委十四届十次全体（扩大）会议精神，研究部署全市贯彻落实意见。会议强调要切实把省委战略部署贯穿到实现“古城崛起、突破跨越”全过程，走深走实“九富九美”特色路径，着力缩小区域、城乡、收入三大差距，实现“物质富”“精神富”同频共振，全力把临海的资源优势转化为发展胜势。要求紧钉主要指标争先进位，全力推进重点项目攻坚，统筹抓好安全生产、渔业安全等重点领域，慎终如始抓好常态化疫情防控各项工作。

办公室工作

【概况】 2021年，市委办公室全面落实习近平总书记关于党委办公厅（室）工作的重要指示精神，坚持以文辅政，发挥中枢机关作用，做好综合文稿、办文办会、信息报送、公务接待、档案等工作，创新督考机制，确保市委决策部署落实和全市各项工作推进；构建综合集成、协同高效、闭环管理的工作运行机制，提升党政机关整体智治水平；按照“服务大局、防控风险、强化大势、主动谋略、精准施策、提质增效、积极作为、塑造新局”思路，全力做好对台工作。坚持把政治建设作为铸魂之基和立办之本，开展党史学习教育，坚定干部政治信仰，建设“清廉、模范”机关。

【机关智治】 **顶层设计。**全面贯彻落实全省数字化改革工作部署，根据省党政机关整体智治系统建设进度要求，建立市党政机关整体智治系统工作专班和市服务党政机关整体智治系统工作专班，编制出台《临海市党政机关

5月26日，台资企业竞衡集团投资的台州宝陞智能物流仓储项目开工仪式在浙江头门港经济开发区举行　　（市台办　供图）

整体智治系统建设方案》，实施清单式管理、项目化落实。**全域推进**。建设专题门户，逐项抓好分解落实，重大任务与主要领域模块均完成初步设计并上线展示。对全市6家试点单位和3个试点镇街开展微门户建设指导培训，完成页面设计并上线展示。承接上级任务，梳理市级重大任务、核心业务，完成58家单位梳理并精确到最小颗粒度，梳理出一级目录374个、二级目录881个、三级目录1316个；申报“重要窗口”4项：全国文明城市建设、临海市“三位一体”农合联改革、浙江省制造业高质量发展示范县（市、区）创建、新时代文明实践中心；“七张问题清单”销号26项；三项核心考核指标中综合应用市县贯通率和综合应用功能上线率均达100%，党政机关核心业务事件组完成率达68.9%，超额完成省定40%的目标。**特色亮点**。向省市推荐新时代文明实践综合应用、浙里好家政等特色应用场景，形成理论成果23项、制度成果17项。其中浙里好家政被评为省最佳应用，拆迁领域公权力大数据监督应用被省纪委省监委在全省推广。探索“数智党办”新模式，通过对“批示交办”小切口的流程重塑，整合督查力量和信息资源，实现批示交办规范运作、云端智能分析、线上分类处理、数据结果共享。

【以文辅政】 **调查研究**。全年共组织开展调研10余次，《临海争当台州制造之都“排头兵”的思考和探索》《推进临海“重要窗口”建设的调研思考》获台州发展研究成果二等奖。牵头起草2021年度临海市重点课题实施方案，完成2020年度民生发展报告，牵头修订《2021年临海政策汇编》，编辑《临海研究》和《临海研究（领导专刊）》16期，《临海党建》5期，汇编各类优秀调研成果100多个。**综合文稿**。全年牵头组织、指导撰写党代会报告、市委全会报告、干部大会等综合材料500余篇，累计260多万字。**信息宣传**。全年共有400余篇信息被各级党委办录用，其中3篇被中央办公厅综合录用，获省委主要领导批示1个，信息考核连续5年居台州第一。紧扣市委中心工作，及时提炼和宣传临海经验、临海力度，全年在新华社、中新社等央媒以及《浙江日报》《今日浙江》《台州日报》等台州市级以上党报党刊发稿200余篇，其中《浙江日报》头版8篇。编辑的14个案例入选《台州共同富裕“36法”》，该项目获评全国城市党刊“十佳决策咨询成果”。

【对台工作】 **惠台措施**。与市教育局共同推动《2021年临海市公办义务教育学校招生实施办法》落地，解决在临海台胞子女义务教育阶段上学问题；落实在临海台胞免费游临海活动；联合市医保局落实在临海工作生活的台胞同等享受本地基本医疗保险待遇等。**保障重大项目**。推动上海台资企业竞衡集团投资1亿美元，在头门港开工建设占地7.77余万平方米的台州宝陞智能物流仓储项目。**基层青年交流**。全年组织开展交流活动2批24人次，接待来访台商台青6批39人次。**基础服务**。开展走访活动8次，慰问台胞台属40余人次、市域14户在读赴台陆生家庭，协助11名台胞办理当地农医保，为27名在临海台胞施打新冠疫苗。**信息宣传**。全年在《人民日报》《南美侨报》等国家媒体和海外报刊刊登涉台报道20篇。

【服务保障】 **精文减会**。严格执行年度发文、会议计划清单制度，不断完善发文、会议立项审批等制度，全年以市委和市委办名义发出文件161个，规范性文

9月17日，2021临海市台胞台属中秋茶话会举行　（市台办　供图）

件报台州市备案24个。审查各镇（街）、市级单位规范性文件80余件，其中审查告知20余件。**会议活动**。组织市十五届一次党代会、市十四届五次党代会、全市“攻坚破难抓落实　争先创优促发展”大会等重要会议70余个；服务保障各级重大项目开工3次，签约仪式、通车仪式、企业上市等重大活动10余次；策划完成市委主要领导调研、暗访、督查100余次，组织市党政代表团赴四川嘉陵开展对口支援和东西部扶贫协作。高质量完成40余批次各级各类领导、团组的接待任务，其中省部级重要任务6批次，省内外大型党政代表团10余次，全国性、全省性和全市大型活动20余场次。**文书工作**。全年完成收文办理800多件。**档案工作**。编制印发临海市档案事业发展“十四五”规划，推进疫情防控、红色资源、组织换届等资源征收集工作，市档案馆新馆正式启用。

【督查落实】　全年编发督查通报150期、督查专报20期，优化调整“双百”项目巡查测评方案，加强对项目建设的督促指导，把351国道、未来社区、新材料产业园等项目的时间节点细化到每一周、每一天。谋划开展“六大争先、十百创优”行动，建立231个项目的争先创优项目库，设立“红黑榜”和“晾晒台”。全年办理领导批示572件，真正做到“件件有落实、事事有回音”。紧钉领导重点关注问题、上级交办的要件急件、群众反映强烈的重大事件，开展专项督查。

（撰稿　周　峰）

组织工作

【概况】　2021年，全市健全完善干部考核体系，激励干部担当作为。高质量完成换届工作，推行“一线实战、多岗历练、导师帮带”等机制，选派优秀年轻干部到一线历练。扎实开展建党百年系列活动，推进党群服务中心建设。开展“头雁领航·村村提升”活动，探索建立村社书记工作交流会制度，组建片区化“党建联盟”，写好村社换届“后半篇”文章。深化“融合式”城市基层党建模式，实现城市小区党组织全覆盖。抓实两新党建，帮助企业破解难题，安排“党建助企惠民”资金20亿元。切实做好党管人才工作，市高层次人才创业创新园、临海国际科创中心（上海）投用，新签约院士合作项目1个，新引进“500精英计划”人才8名。

【干部队伍建设】　**换届工作**。探索建立政治表现负面清单，细化政治素质考察要求，将政治素质评价贯穿镇级换届考察各环节、全过程。在镇级换届考察中组织开展防汛防台、疫苗接种专项考察，新提任干部中来自镇街或者经过重点项目、重点工作历练的占82.3%。注重高素质专业化干部选配，根据镇级功能定位和干部队伍现状，有针对性选配熟悉情况的专业干部，换届后全市14个镇级领导班子全日制大学以上学历110名，占比从2016年的22.5%提高到56.7%。**年轻干部培养**。选派优秀干部到“五个一线”蹲苗历练，通过将中青班办到大洋街道城中村改造项目一线、开设年轻干部周末学堂等方式培选优秀年轻干部。开展“90后”正股级干部专项调研，精准识别干部综合素质表现，选拔35岁以下干部27名、30岁以下干部12名进入镇领导班子，选配35岁以下镇党政正职3名、33岁以下镇（街道）党（工）委副书记、常务副镇长（街道常务副主任）5名。直接面向全国“双一流”高校和省内重点高校定向招录全日制研究生学历选调生13名，提拔使用优秀选调生4名，6人被选派到中青班、周末学堂学习。**激励干部担当作为**。抓住省级试点契机，健全“分领域、清单式”容错纠错机制，分领域制定“最多跑一次”改革、行政执法、招商引资等15个容错纠错事项清单，推动容错纠错裁定委员会实质化运行。落实镇(街道)“五小”(食堂、宿舍、浴室、厕所、文体图书室)工程，在市委党校设立干部心理健康关爱中心。**干部考核**。深化“一线考察法”，注重考察干部在服务中心工作、推进重大项目的实绩实效。构建“多维度、分类别、差异化”公务员平时考核体系，激发公务员队伍干事激情，得到省委组织部的肯定。

【基层党建】 **建党百年系列活动**。实施阵地提升工程，推进党群服务中心建设，构建“1+19+N”三级党群服务中心矩阵，投入1000多万元建设市级党群服务中心。实施红根守护工程，实施建设省级红色美丽村庄(河头镇姚宅村)，省补100万元资金全部用于改造提升中共台州中心县委旧址，配套370万元资金用于村庄整体提升。实施典型培树工程，总结提炼林场精神，开展林场先进事迹宣讲活动，获省委副书记黄建发批示肯定，《农民日报》《浙江日报》及浙江卫视等主流媒体予以报道。开展“两优一先”评选工作，评出市级优秀共产党员、优秀党务工作者、先进基层党组织各100个，华海药业党委获评全国先进基层党组织。开展“光荣在党50年”纪念章颁发活动，共颁发纪念章4792枚。实施服务入心工程，深化开展“党员在身边、温暖千万家”活动，创新“党员赶市”载体，推动党员为群众办实事1.3万余件、企业解难题2415个。**村社换届“后半篇”文章**。开展“头雁领航·村村提升”活动，推动形成比学赶超、实干争先的氛围，相关做法在省委办公厅《每日简报》专报刊登。探索建立村社书记工作交流会制度，结合“头雁领航·村村提升”季评结果，安排优秀或后进村社书记上台交流，再由市委书记现场点评，激励村社书记比学赶超。探索建立“一肩挑”积分底线管理制度，实行量化积分管理，严防“一肩挑”变“一言堂”“一人挑”。以现代农业提质、乡村旅游提档、重点项目提速为主要方式，分类组建片区化“党建联盟”89个，实现628个行政村全覆盖。**城市基层党建**。整合小区在册党员、在职党员组建小区党支部，在77个住宅小区全覆盖建设实体性支部2个、功能性支部75个，形成“党建引领、多元参与、协商共治”的治理格局。其中，大洋小区党支部打造党建引领幸福小区家园共同体的做法在台州市城市小区党建现场会上经验介绍。整合驻区单位的优势资源，建立需求、资源、项目“三张清单”，确保“社区吹哨、党员报到”活动有效开展。**两新党建**。逐一排查389个民企党组织，启动“瘫痪”社会党组织专项整改行动，整改2个“瘫痪”社会党组织，14名“失联、失管、漏管”党员迁转组织关系。开展“强引领、优服务、争先进”行动，组建党员攻坚队、设立党员先锋岗，帮助企业破解“卡脖子”技术、开拓市场等问题276个。深化“联企送服务”“三师助企”等行动，安排“党建助企惠民”资金20亿元。构建“党建引领、行业归口、产业链接、融合发展”的产业链党建工作模式，组建现代医药、机械汽配、休闲用品等10个产业党建联盟。实施“红色生产力工程”，发挥民营上市公司“桥头堡”作用，打造“党建强、发展强”先锋示范集群。加快互联网、快递、外卖等新业态党团组织孵化培育，成立全省首家外卖配送领域实体化运行党支部。组建“鹿路同心新就业群体服务联

4月，全市设立“党建助企惠民”专项资金20亿元

（临海农商银行　供图）

盟”，整合20余个部门资源，常态化开展安全培训、法律援助等十大“暖心”服务，推出综合授信3亿元的“共富暖蜂贷”专属产品。

【人才工作】 **平台建设**。推进“两园一地一中心”建设，完善头门港高端人才产业园运行机制，推进省现代医药化工产业创新服务综合体建设；市高层次人才创业创新园（臻城产业园）交付使用，引进5个高端以上人才项目；台州首个拥有自主产权的创新飞地——临海国际科创中心（上海）建成投用，5个高端以上人才项目签订意向入驻合同、1家本地企业研发中心申请入驻飞地；发挥临海·墨尔本跨境融合创新中心引才作用，新洽谈对接高端以上人才项目5个，举办项目“云”路演12次。**人才引育**。推动市领导、部门镇街“一把手”跟踪联系人才项目制度，书记领办项目“领军人才张祥成2000吨PEKK特殊功能性树脂项目”完成签约。实施“青年优才计划”，举办高层次人才创业创新大赛、青年人才创业创新大赛等赛事活动，全年签约院士合作项目1个，引进“500精英计划”创业人才8人，直接认定领军人才4名，高校毕业生1.1万余人。**人才服务**。修订《临海市名师名医名家工作室建设管理实施细则》等11个人才政策实施细则，完善人才服务政策体系。市人才创新创业服务综合体建成投用。7家企业获“亩产效益”综合评价中加分以及子女入学、人才公寓入住等优惠政策。

（撰稿　王翔宇）

宣传工作

【概况】 2021年，全市对标省委“九学九新”要求，扎实开展党史学习教育，开展各类特色主题活动，自觉守好浙江“红色根脉”，展现临海风采，总结提炼林场精神，“烈日救鲸”“桔农捐桔”暖心事件成为引发全国关注的热点，得到省委书记、省人大常委会主任袁家军，省委副书记黄建发批示肯定。

【理论武装】 健全完善巡听旁听制度，中心组学习规范化制度化。打造慕课式网络理论宣教平台“理论云学堂”，累计点击量70多万。组织133支宣讲团1740多名宣讲员，开展“六讲六做”“八员六进”大宣讲活动8200余场，受众82万人次。获全省微型党课大赛二等奖、台州市微型党课大赛一等奖。社科理论研究稳步推进。承办2021年浙江省《全民阅读·为地球朗读》主场活动暨“诗路明珠·古城古镇”启动仪式等系列活动。建成省级社科普及基地2家、台州市级3家。

【启航2022】 承办央视“启航2022”迎新年特别节目，获得央视节目组一致好评，台州市委书记李跃旗两次批示肯定。策划“央视之选　临海启航”2022点亮古城启动仪式，微博话题阅读讨论量近10亿人次。央视“启航2022”迎新节目播出当晚，掌心临海观看量45.7万人次。

【媒体宣传】 全年刊发正面报道5000余篇，形成多个宣传热点，其中“烈日救鲸”相关新闻报道被《人民日报》、新华社、央视等40多家国内主流媒体全网推送，阅读量超7.5亿次，得到省委书记、省人大常委会主任袁家军，省委常委、宣传部部长朱国贤批示肯定，中宣部新闻局《新闻阅评》刊登临海典型经验。“桔农捐桔”事件占据微博热搜第一，8小时总点赞数超12亿次，得到省委书记、省人大常委会主任袁家军批示肯定。召开“点单式”新闻发布会18次，利用新媒体直播146场，创作短视频339个，开设新闻专栏30多个，刊发时评文章40多篇，各类新闻报道在《人民日报》新媒体端、央视新媒体端、《浙江日报》、浙江卫视等省级以上媒体录用近750篇。

【精神文明建设】 通过全国文明城市复审。创建全国文明单位1个、全国文明村2个，省文明单位29个、省文明乡镇3个、省文明村19个。推出“浙里益点——新时代文明实践综合应用”，入选台州市冲刺全省最佳应用三十强项目。成立临海市志愿服务联合会，举办第二届志愿服务项目大赛。常态化开展“我推荐、我评议身边好人”“周周正能量”等活动，培树先进典型。4人入选“浙江好人榜”，9人入选“台州好人榜”。临海林场三代护林员集体获评2021年度“最美浙江人·浙江骄傲”年度提名人物，林场党支部书记、场长屈卫明入选“最美浙江人·最美自然守护者”。

【文化临海】 新建农村文化

5月21日，百部电影进高校展映活动暨全省电影海报展举行

（市委宣传部　供图）

礼堂88家，开展各类活动4000场，送书下乡6.5万册。农村数字电影放映8252场（次），连续3年居全省首位。1件“扫黄打非”刑事案件入选全国“护苗”行动十大典型案例。跻身全国县域旅游综合实力百强县，创成省全域旅游示范市，入选省旅游业微改造、精提升试点市。成功创建《小说选刊》临海创作基地、《中国摄影报》临海创作基地、浙江省网络文学临海创作基地、浙江省辞赋学会临海创作基地。开展送文艺下乡活动310余场，获国家级文艺类奖项64项，省级210项，台州市级187项。制作“唐诗之路”系列动漫作品。举办台州市网络文化节开幕式、打卡中国等网络文化活动。

（撰稿　刘亚文）

统战工作

【概况】 2021年，全市统一战线开展党史学习教育，举办庆祝建党百年系列活动。建构大统战工作格局，市委统一战线工作领导小组会议审议通过《临海市统战系统“十四五”规划（2021—2025年）》，推进“六有”统战示范镇（街道）创建。巩固和扩大最广泛的爱国统一战线，实施助力共同富裕“1513”工程[①]，开展“我的村庄（家乡）我的梦”主题系列活动，有效推进多党合作，做好民族宗教、党外知识分子和新的社会阶层人士、民营经济、新乡贤、港澳台及海外人士统战工作，优化营商环境，助力乡村振兴。市委统战部获评2021年度全省统战信息工作成绩突出单位，调研文章《全面推进清廉民营企业建设的实践与思考》获2021年度全省统战理论创新成果三等奖。民进市委会被民进中央评为民进全国反映社情民意信息工作先进集体。台州府城文化旅游区创成中国华侨国际文化交流基地、浙江省华侨国际文化交流基地。市工商联被全国工商联评为全国“五好”工商联。

【思想政治引领】 全市统一战线开展“同心跟党走·奋进新征程”庆祝中国共产党成立100周年主题系列活动，连续15年开展统一战线社会服务周活动，举办“同心跟党走·奋进新征程”临海市统战社团庆祝中国共产党成立100周年文艺展演，开展“同心跟党走·奋进新征程”临海市统一战线庆祝中国共产党成立100周年书画摄影诗文作品征集活动。各民主党派继续开展“不忘合作初心，继续携手前进”主题教育活动，命名郭凤韶烈士纪念馆、羊岩山茶场和中共台州中心县委机关旧址纪念馆为市非公经济人士理想信念教育基地，在民族宗教界开展“党恩各族颂·‘临’里一家亲”党史学习教育主题实践活动，举办“我在小院学党史，我在小院唱红歌，我在小院讲故事”系列活动，筑牢共同思想政治基础。

【助力共同富裕】 实施统一战线同心助力共同富裕“1513”

① “1513”工程是指建立100个帮扶团队、培育50个示范点、创设1个带富基金、打造3个基地。

9月10日，临海市统一战线同心助力共富基金设立

（临海农商银行　供图）

工程，全面实施“民营经济人士创富”“新乡贤带富”“港澳台侨人士助富”“党派社团帮富”“民族齐富”五大行动。9月10日，举办统一战线同心助力共同富裕启动仪式，成立统一战线同心助力共富基金，确定首批2个民营经济人士创富基地。在镇（街道）乡贤教育（慈善）基金基础上，鼓励以留本捐息为主要方式，创设新乡贤带富基金，用于乡村振兴事业。引导统战成员项目回归、资金回归，助力全市双招双引工程。

【多党合作】推进民主党派基层组织规范化标准化建设，出台《关于进一步加强民主党派支部建设座谈会纪要》，加强各民主党派支部建设。民革市总支委会和台州中学党委、民进市委会与汛桥镇蒋家山村党总支结对共建。定期召开市委统战部与民主党派季度工作例会，召开市级部门统战工作座谈会暨政党协商意见建议办理工作推进会，拓宽民主党派人士议政建言渠道。实施党外干部“育管爱”工程，举办2021年临海市统战干部（民主党派、统战团体）培训班、党外中青年干部培训班和民主党派新成员培训班，加强党外干部履职能力。

【民族宗教工作】开展宗教领域“四治四提升”专项工作，创建“五进五优五星”平安宗教活动场所，涌泉镇延恩寺被评为省级宗教活动场所消防安全标准化管理“百优争创”活动优秀单位。做好疫情防控期间宗教活动场所和民间信仰活动场所暂时关停和有序开放等工作，实施“一庙一故事”民间信仰价值重塑和民间信仰活动场所“减量提质”工程。深化“石榴籽”工程，加强民族团结进步宣传教育，开展民族政策法律法规“六进”活动，培育民族团结进步创建示范镇（街道）、示范单位。深化与温州苍南结对民族村的交流合作，助力“民族齐富”。

【民营经济统战工作】实施民营经济统战“五个一百”和“三服务”活动，联合涉企部门召开政企恳谈会6次，收集问题建议70多条，各镇（街道）商会常态化召开政企面对面座谈会。以“亲企通”协同助企一站式平台为载体，为中小企业提供线上线下服务。平台入选省工商联数字化改革第一批“揭榜挂帅”名单，省工商联系统二季度服务“两个健康”最佳实践案例。出台全国首个清廉民企建设团体标准——《清廉民营企业建设通用要求》，推进全市564家规上民营企业清廉民营企业建设全覆盖。强化商会党建工作，建立市委组织部、市委统战部领导联系异地商会党建工作制度，认定7家商会党组织为2020年度“五好”党组织。实施“青蓝接力”工程，加强市新生代企业家的培养。

【新乡贤统战工作】开展“我的村庄（家乡）我的梦”主题系列活动，统筹推进新乡贤助力乡村振兴“六大行动”，激活新乡贤推动乡村振兴动能。实现市、镇（街道）两级新乡贤调解室、新乡贤调解服务团全覆盖，聘请市级新乡贤助调员19名，镇（街道）新乡贤助调员144名，助力乡村善治。省委统战部与浙江卫视合作的《和合天下》栏目录播临海知名乡贤娄华龙故事。深化基层协商民主工作，与政协“请你来协商”平台融合共建，《人民日报》报道白水洋镇基层协商民主典型案例。

【党外知识分子和新的社会阶层人士统战工作】以“六有”为标准，加强市、镇（街道）两级统战团体规范化建设。坚持“一会一品”，开展市知联会“知本返乡”、市新联会“新联护企”、市网联会“网联在线”和市社联会“善行天下”等活动。新建3个党外知识分子思想教育基地、3个新的社会阶层人士统战工作实践创新基地和2家同心服务基地，实现市级统战社团基地全覆盖，市新联会"新联驿站"、市社联会"共富空间"被评为台州市级新的社会阶层人士统战工作实践创新基地。举行市级统战社团与东塍镇东溪单村、永丰镇方家岙村结对共建仪式，帮助打通乡村振兴通道。浙江省社会主义学院第九期新的社会阶层人士进修班赴市社联会"共富空间"基地进行现场教学。

【海外人士统战工作】 完善大侨务工作格局，加强海外侨团建设，推进海外引才工程。加强海外文化宣传，讲述临海好故事，传递临海好声音。推进侨联系统文化宣传月主题活动，台州市侨务系统"同心跟党走·奋进新征程"主题文化宣传月活动现场推进会在白水洋镇召开。举办首期海外侨领及侨界人士培训班，开展"海归萌初心"报国分享会暨留学生创业创新论坛，推进市、镇（街道）两级侨家小院阵地常态化、制度化开展。规范"三侨生"认定等事项流程标准，优化涉侨行政服务，提高依法护侨水平。

（撰稿　孙海鹤）

政法工作

【概况】 2021年，市委政法委部署开展护航建党百年、数智赋能治理、风险闭环管控、法治临海提升等五大行动，创新基层社会治理，强化涉稳风险闭环管控，维护社会大局平安稳定，以数字法治建设为重点推进法治临海建设，成功实现平安临海"十七连创"。全省加强"民转刑"案件防控机制建设现场推进会在临海召开。市委政法委"五心五谈工作法"在全省推广，获评国家级节约型机关、省委省政府平安建设先进集体。政法队伍涌现出全国模范司法所长王丹丹、全国优秀直播法官冯继红、全国检察宣传先进个人王良辰等一批先进典型。

【平安临海】 **工作机制**。推进"五查三改"工作机制，常态化开展领导带队督查、平安办随机抽查、专家团队精查、镇街互查、职能部门专查，推进小问题就地整改、大问题通力解决、大难题靶向破解。全市各层级年内开展督查检查400余次，检查点位1.33万个，其中在7869个点位发现隐患1.13万个。**问题整改**。针对平安扣分和问题隐患，实行事实抄告、每月分析例会等制度，及时堵塞漏洞不足。围绕消防、交通、渔业、校园、治安和安全生产等六大重点领域突出问题，开展"六个三"专项整治行动，全年无"一票否决"事项发生。**平安宣传**。在网格员进门入户宣传的基础上，实行联系电话包干责任制，落实平安宣传责任。

【维护社会稳定】 **源头防范**。按照"应评尽评"要求，扎实推进风险评估"刚性前置"，全年完成风险评估项目数174个，无重大涉稳案事件发生，完成量居台州市第一。推进涉众型重大政策决策风险评估工作，市委、市政府及"两办"文件未经风险评估一律不得上常委会或印发出台，从严把牢政策决策审核关口。**日常管控**。推行涉稳风险"滚动排摸＋定期研判＋三色交办＋销号跟踪"的闭环管理模式，开发闭环管控网上系统，探索涉稳风险"一库一网一平台"，常态化实行市镇村三级每周会商、"三色预警"交办制度，特殊时期实行日会商、日报告、日督办。**开展整治攻坚**。扎实开展"矛盾不过年"，中秋、国庆节前风险隐患"大排查大管控大整治"等系列行动，多频次、全覆盖进行风险隐患兜底排查整治，实现重大风险全面管控和重大隐患动态清零，全力保障省市"两会"期间、岁末年初、元旦春节等社会大局和谐稳定。

【社会治理】 **县域社会治理**。实行任务项目化、项目清单化，动态更新县域治理项目库，打造十大标志性工程、百个重点项目、千个示范点位，鹿城社区"365"等3个项目被评为台州"最佳实践案例"。**基层治理体系**。全面强化"一四一"体系建设，实现1个市矛调中心、19个镇街"四个平台"①和1114个网格全面联通，调解一窗受理"临海模式"得到台州市委肯定。**专项整治**。推进"民转刑"案件防控工作，创新推出"3+1"网格普查、"1+3+X"预警管控等工作机制，落实风险

① 综治工作、市场监管、综合执法、便民服务4个功能性平台。

事件每周会商研判，全年无“一案多命”严重刑事案件发生，全省加强“民转刑”案件防控机制建设现场推进会在临海召开；部署开展青少年儿童“心灵守护”行动，开通“12355”青少年儿童心理服务热线、“心灵驿站”公益平台和“心情驿站”电话亭，全市青少年儿童自杀率同比下降26%。

【执法监督】 **数字法治改革**。承接全省“民转刑”案件防控综合集成、“行政执法证据共享”等应用建设子任务；“凤凰行政智审”被纳入全省数字化改革“一本账S1”浙里“跨域办案+”区域一体化应用；“亲企通”被纳入全省数字化改革“一本账S1”。助力优化营商环境，出台“立审执破”一体化工作规程，研发“警企通”平台，台州市优化营商环境法治保障检察理论研究与实践创新基地在临海落地。**刑事诉讼制度改革**。深化以审判为中心的刑事诉讼制度改革，建立刑事诉讼统一归口工作机制，推进庭审实质化，实现刑事案件律师辩护率100%。司法救助。累计发放司法救助金56.06万元，救助困难群众4批次、26人次。

（撰稿 陈 倩）

机构编制

【概况】 2021年，市委编办按照上级统一部署和数字化改革要求，推进重点领域的体制机制改革，做好机构编制服务保障工作，优化机构职能体系和编制资源配置，实现机构编制规范化管理，获评省事业单位改革成效突出集体。

【机构职能体系优化】 **编制保障**。推进乡村振兴、文物保护、安全生产等领域的体制机制改革，围绕市委、市政府重大战略部署做好机构编制服务保障工作。整合提升浙江临海经济开发区管理机构，设立中共临海市委社会建设委员会，优化深化改革服务中心、大数据发展中心机构设置，加强教育、消防队伍建设、港航渔业管理、基层平安建设、知识产权保护等领域机构编制保障工作。**权责体系**。根据“县乡一体、条抓块统”体系建设要求，部署落实镇（街道）“属地管理”事项责任清单工作。健全镇（街道）“属地管理”事项清单动态管理机制并调整9条“属地管理”事项。制定22个高频事项工作导则，厘清事项的职责分工、工作流程、协同运行机制和应用场景，形成“一清单、一纪要（职责分工）、一流程、一机制、一案例”的“五个一”工作体系。

【“大综合一体化”行政执法改革】 **整合执法职责，完善执法协调机制**。成立综合行政执法指导办公室，在市综合行政执法局挂牌，负责协调和指导全市综合行政执法工作。结合综合行政执法事项划转等工作，厘清各综合行政执法队与综合行政执法局的职责边界，建立健全案件移送处理和协作配合机制。调整“大综合一体化”执法队伍改革涉及相关单位机构编制事项，撤销市劳动监察大队、市能源监察大队、市水政监察大队、市殡葬执法监察大队等4支执法队伍。**汛桥镇、永丰镇综合行政执法改革试点**。下放相关部门563项执法事项，推动执法职权、力量和资源合理配置，完成两镇综合行政执法队挂牌，形成“一支队伍管执法”。**应急管理行政执法改革**。整合应急管理相关职能，组建临海市应急管理行政执法队。**建立监管事项清单动态管理机制**。精准划分部门监管职责，及时协调解决各部门无法认领、无权认领、条线与认领部门不统一等问题。截至年底全市共认领监管事项9683项，在台州市率先完成监管事项认领率和行政检查覆盖率两个100%。

【编制资源优化配置】 **街道机构编制评估管理试点**。选取5个街道作为试点对象，开展综合评估。通过试点建立系统科学的评估指标体系，完成编制使用效益指数测算、统筹调剂模型设计，并由第三方机构出具评估报告。在评估报告的基础上，结合工作实际，经编委会讨论研究决定，对各街道调剂24名行政事业编制。**机构编制调整事项分类评估**。健全机构编制审批合规性审查机制，出台《临海市机关和事业单位开展机构编制调整事项分类评估办法（试行）》。根据申请事项的重要程度实行简易、一般、综合三个类别的评估程序，主要从合法合规情况、省市县比对情况、职责调整情况等九方面分析，全面评估申请事项的必要性和可行性。将评估结果作为机构编制审核审批和管理的重要依据，对评估结果按照不同情形分别处理。**事业单位编制周转管理**。研究出台《临海市事业单位编制周转管理办法（试行）》，收回部分事业单位空编60名，作为全市事业编制“周转池”，专门用于事业单位周转使用。除新设立、新增固定职责较多等情况之外，原则上使用周转编制。2021年除新设立单位外，全市核增事业编制24名，其中周转事业编制21名。

【编制管理】 **机构编制实名制管理**。采取线上数据线下材料相结合方式，开展两轮实名制数据检查，共督促修改完善数据2.3万余条、返还修改信息2000余条、收集佐证材料5000余份，推动实名制系统由数量规模型向质量效能型转变。**编外聘用人员管理**。贯彻落实《市县机关事业单位编外聘用人员管理暂行办法》，加强编外聘用人员管理。走访调研镇（街道）、教育系统编外聘用人员情况，撰写调研文章两篇，其中《临海市编外聘用人员管理工作的现状与思考》形成领导专报，供市领导决策参考。**机构编制报告制度**。制定出台《临海市机构编制报告制度实施办法（试行）》，打造机构编制报告“1+N”体系，提升机构编制工作整体效能。**机构编制“红、黄、绿”三色管理**。做好第二次全国机构编制核查，将查底数和促管理有机结合，做到边查边核对、边查边整改，实现“四清两对应”工作目标。对照机构编制政策法规执行情况等7个方面22项预警事项，综合评估各单位机构编制管理情况，并注重评估结果运用，强化机构编制管理刚性约束。

【事业单位登记管理】 **事业单位章程制定**。将全市所有事业单位都纳入章程制定工作范围，完成289家事业单位的章程制定工作，实现“一单位、一章程”，推进事业单位治理现代化。**事业单位日常登记管理**。办理事业单位设立登记8家，变更登记144家，注销登记4家，补换领证书90家，完成2020年度报告298家。简化登记流程、优化办事事项，减少证明事项2项。做好机关事业单位统一社会信用代码重错码清零、中文域名注册管理、双随机抽查等工作。

（撰稿　屈玮玮）

机关党建

【概况】 2021年，全面推进“清廉机关、模范机关”建设，推动机关党建工作提质增效，“三联三送三服务”活动被人民网、旗帜网等国家级媒体报道，市委直属机关工委获评全国节约型机关，市税务局获评全省“建设清廉机关　创建模范机关”先进集体，临海林场三代护林党员的“红色接力”得到省委副书记黄建发批示肯定。

【清廉机关　模范机关】 制订《关于纵深推进清廉机关模范机关建设的实施方案》，召开全市“建设清廉机关、创建模范机关”专题工作会议。严格落实意识形态工作责任制，做实谈心谈话制度，做细思想政治工作，全市近400个党组织全部落实一年两次定期分析研判机关党员思想动态要求。出台《关于创建清廉文化进机关示范点的通知》，创成台州市级清廉文化机关示范点5家。深化“双百双评双整治”行动，以机关效能建设为抓手，对100个关键岗位“三服务”情况进行民主评议。23名机关作风效能义务监督员对未列入测评的单位开展作风效能巡查，有效防止和纠正各种机关不良作风。

【理论武装】 采用“党组织书记+党务干部+纪检干部”“理论辅导+党务实操+精神洗礼”“读书学习+交流研讨+体验教学”模式，举办入党积极分

4月27日，全市机关党的工作暨纵深推进清廉机关、模范机关建设工作会议召开
（市机关工委　供图）

子、发展对象、党务干部、支部书记培训各1期。建立理论学习中心组旁听督学制度，完成对18家单位的旁听指导。出台《2021年度全市机关党员理论学习的指导意见》，举办微党课大赛和微宣讲比赛，全市机关开展系列读书分享、沙龙、读书实践、研讨等多形式活动20余场次，参与活动党员干部300多名。组织600多名宣讲员开展“六讲六做”活动。开展“双建展风采　先行做标兵”调研文章征集、“弘扬林场精神”主题征文评选活动，收到各类原创文章120多篇。

【组织建设】 严格落实党员领导干部“三个坚持”“四条硬规”要求，全体市委常委带头参加重温入党誓词、下基层上党课等活动。全年新增台州市级十佳党建示范点1家，优秀党建示范点1家，台州市级机关党建示范点4家。赋能蓄力数字化改革，率先全面实施机关党建云审批、云巡查，完成省委组织部“浙里好干部”和台州市机关数智党建试点。出台《提高机关党员干部“七种能力”的实施方案》，激励机关党员干部直面问题，破解难题。涌现出台州市十大强基先锋屈卫明等一批优秀机关党员干部。

【服务中心】 承担机关单位（含在临直属单位、国有企业、事业单位）疫苗接种、小门管控等疫情防控工作的总牵头，建立机关单位精密防控制度，落实四级管理体系。作为市疫情防控指挥部督导组的牵头单位，联合市委组织部、市纪委等部门，通过“日督查，日通报”模式，推动疫情防控措施做实做细。开展庆祝中国共产党成立100周年系列活动，开展“学党史　学理论”知识竞赛，评选一、二、三等奖团队10个，学习标兵50名；组建崇和机关合唱团，创作机关之歌《热血红心》，参加全市机关庆祝建党百年大合唱比赛并获银奖。培树台州市级“百年百人”优秀典型7名，机关系统18名“两优一先”对象分别被省委、台州市委表彰。颁发“光荣在党50年”纪念章832个。以“优营商环境、促争先创优”为主题，开展“联群众、联企业、联基层，送温暖、送政策、送帮扶”为内涵的“三联三送三服务”活动，396个机关党组织和1.1万多名机关党员干部参与，解决群众、企业、基层急难愁盼问题超4000个。继续实施书记领办机关党建项目，全市91个单位共领办项目106个，市商务局和市妇联联合领办的“浙里好家政”项目被评为全省数字社会系统最佳应用。

（撰稿　林佳妮）

信访工作

【概况】 2021年，全市信访工作以“平安护航建党100周年大庆”为主线，紧紧围绕信访“最多跑一地”改革要求，开展“党建+信访”、重复访化解治理、越级访专项整治等工作，抓好源头治理，健全责任体，提升办理质效，化解信访积案，全年上访总量3404人次，同比下降20%；办理群众来信1239件，同比下降21.98%；办理群众网上信访事项7280件，同比下降32.89%；受理群众来电信访事项2.83万件，同比上升2.5%。市信访局被评为省人民满意窗口工作成绩突出集体。

【党建+信访】 将党建引领融入信访工作，出台《临海市领导干部公开接待群众来访工作办法》《临海市各镇（街道）信访工作联席会议制度的指导意见》，加强和规范市、镇两级对信访工作的统筹协调、会商研判和接访调处工作。推进实施初次信访事项全流程清单式管理和初次信访事项主体责任制负面清单管理制度，落实各镇街、各部门信访工作“十条责任清单”和村级组织信访工作“十条负面清单”，将信访工作纳入村（社区）主职干部、基层网格员考核奖惩办法，推动形成一级抓一级、层层抓落实的信访工作格局。

【信访积案化解】 推进集中治理重复信访化解信访积案专项工作，开展征地拆迁、失地农民养老保险和房地产等领域突出信访问题专项攻坚行动。对各级交办信访积案实行分级领导包案、项目化管理、专班化运作、挂牌式销号。通过市领导带案督查、市信访联席办不定期联合督查、通报等方法，确保化解质量。全年共化解各级交办信访积案352件，新增积案率0.61%。

【信访源头治理】 坚持“属地管理、分级负责”“谁主管、谁负责”的原则和“三到位一处理”要求，加强信访工作源头治理。建立健全“信访打头、调解为主、诉讼断后”解纷流程，以“百名领导接访约访、百名代跑员信访代办、百名律师坐堂服务、百名调解员专家问诊”的“四百”机制为基础，整合资源，推行领导干部下沉“一线访民情、就地化矛盾”。广泛动员“第三方”社会力量参与信访矛盾调处化解，形成“诉调、警调、检调、专调、访调”“五调”联动的矛盾纠纷化解体系，全面构建矛盾纠纷调处化解工作格局。

【数智信访】 以信访领域数字化改革为大场景，强化“府城平安指数”系统建设，完善集信访代办员评议员信息公开、领导接访预约、网上信访、信访代办件管理、提速增效管理、数据分析等功能为一体的信息化系统。推行市、镇两级领导接访室视联网联通，实现全时全域远程视频接访，提高信访和矛盾纠纷接访调处的质量和效率。依托信访平台，构建“信、访、网、电”一体化征集网络，做强智慧大脑，推动科学分析、研判、决策，全面提高人民建议征集工作质效，推动群众“金点子”转化为促进社会经济发展的“金钥匙”，全年，共受理意见建议 1.05 万件，累计上报人民建议专题分析 3 期，市级领导批示 2 次，人民建议转化为政策措施 3 项。

（撰稿　王东升）

矛盾纠纷化解

【概况】 2021 年，市矛调中心围绕“矛调建设提升”主线，以“群众找得到、纠纷化得了、各方都说好”为目标和方向，打造“一站式接收、一揽子调处、全链条解决”的矛盾纠纷“终点站”。全年共接待群众 1.38 万批次 1.51 万人次，受理各类事件 1.38 万件，办结率 97.2%；成功调解矛盾纠纷 2748 件，调解成功率比年初上升 16.72 个百分点；全市走访总量较近三年平均值下降 38.4%；一审民商事收案同比下降 0.83%，万人成讼率下降 8.76%，实现“三降两升”。维爱调解工作室被评为省婚姻家庭纠纷化解品牌工作室。

【创新一窗受理】 6 月，按照“调解在先，诉讼断后”的原则，创新探索实施“一窗受理、调解对接”新机制，在全省首创向群众开具“受理通知书”，实现“中心通办”“全市通办”，全年共开具 2797 张，缓解市法院收案增量，被台州市委肯定为“临海模式”，《浙江法制报》《台州日报》等媒体多次报道。建立《调解案件分配暂行办法》，制定“一窗受理、随机分配、特例审批”机制，让每一个案件在前端受理中就体现公平公正。

【多元联合化解】 联合信访局构建联合接待群众、联合督办交办、联合检查督导、联合包干分片、联合会商研判、联合研判预警“六大联合”体系，以矛盾纠纷化解为信访维稳的重要抓手，有效减少越级访，全年县级走访占比达 86.6%。发挥中心统筹协调作用，构建疑难复杂案件中心来牵头，跨部门、跨领域、跨区域案件中心来协调的模式，牵头化解猫狸岭隧道事故后续调解、胡某某十年信访积案等一批重大疑难复杂事件。

【府城平安指数】 建立“府城平安指数”系统，在市镇两级大屏、数字法治监管平台、“浙政钉”等全方位动态展示社会治理状况，对全市各区域、领域社会稳定状况实行“红、黄、绿”三色预警，并以周报、月报的形式，经预警通报推送给各部门、镇（街道），提高风险防范化解能力。全年共发布月通报 7 期、周通报 21 期，通报“红色”预警单位 32 个次，约谈连续红色单位 4 个，推动 4 起重大事项得到及时化解。

【组织建设】 **中心规范化建**

市矛调中心为群众开具“受理通知书”

（2021年/摄　市矛调中心　供图）

设。开通诉讼咨询、法律援助、心理疏导、举报投诉等6项线上“点单式”服务；设立“志愿服务岗”，提供爱心药箱、便民雨伞、代跑代办等便民服务。设立舒心会客厅，开展党员干部“亮牌调解”活动，打造“‘疏’心调处、‘融’化矛盾”品牌，群众满意度提升至99.66%。**基层组织建设**。重启村级矛调机制，落实一个调委会、一名调解员、一间调解室等“六个一”举措，打通矛盾纠纷化解的“最后一纳米”。将简单、适合属地调解的纠纷分流至各镇街矛调中心，形成业务协同、数据互通的工作机制，实现群众在家门口化解纠纷。全年各镇街化解各类矛盾纠纷6500余件。

（撰稿　卢雨微）

政策研究

【调查研究】 2021年，全年组织开展调研10余次，《临海争当台州制造之都“排头兵”的思考和探索》《推进临海“重要窗口”建设的调研思考》等调研成果获台州发展研究成果二等奖，《让古城活起来　让文化添韵味》等13篇调研文章在《台州政研》《台州政研专报》《台州信息》《台州党建》等刊物发表。结合全市中心工作，牵头起草2021年度临海市重点课题实施方案，汇编市领导课题40多个。主持修订《2021年临海政策汇编》，完成2020年度民生发展报告，编辑《临海研究》和《临海研究（领导专刊）》16期，汇编各类优秀调研成果100多个，为市委决策部署提供理论支持。

【以文辅政】 紧跟上级要求，紧贴临海实际，牵头起草了市“十四五”规划和二〇三五年远景目标建议、市党代会报告、市委全会报告等综合性文稿500余篇，累计200余万字。

【党建工作】 做好台州市对临海的党建考核，协调部署临海各党群单位开展分线对接。牵头制定2021年度镇（街道）、市级部门、两开发区党建工作责任制考核办法和考核细则，实时掌握各项党建推进情况，并指导和督促全市各单位完成全市党建年底考核工作。做好党建研究会秘书处各项日常工作，编辑刊发《临海党建》5期。

【财经委工作】 围绕财政预算安排、深化预算改革、修订《临海市产业基金管理办法》等事项，协助召开3次市委财经委员会会议，为市委财经委提供决策参考。

（撰稿　王　巍）

全面深化改革

【概况】 2021年，全面推进数字化改革“152”体系建设，推动重点应用场景上线数改门户正式运行，一体化智能化平台归集数据2.2万项。以数字化改革为总牵引，深化经济体制、党建、人才、群团、社会治理等重点领域改革。临海被团中央列为基层共青团基层组织改革试点。“浙里好家政”全省贯通现场会在临海召开。该应用被评为2021年全省数字化改革“最佳应用”，获改革突破奖提名。“地灾智治”被评为浙江省空间治理数字化最佳实践场景，在全省数字国土空间大会上进行展示。安迅应急救援获浙江数据开放创新大赛一等奖。“凤凰行政智审”参加全国政法智能化成果展。

【数字化改革】 成立数字化改革工作领导小组，出台数字化改革方案，以“小切口、大场景”为理念，编制“需求—场景—改革”全链条闭环的“三张清单”，梳理汇总全市58个多跨场景应用。按照省市要求，在“152”大框架下，做好门户建设、应用上线、数据回流等规定工作，基本完成“5+1”系统架构。**党政机关整体智治系统**。承接“七张问题清单”“应急处突”等省级应用，梳理核心业务374项。**数字政府系统**。完成浙里办临海专区建设，上架特色应用10个。**数字经济系统**。实现规上制造业数字经济核心产业增加值提速61.2%，化学原料药产业大脑试点全面推进。**数字社会系统**。在推进智慧养老工作过程中出台《养老服务行业信用评估规范》《老年人身体能力评估规范》2个地方性标准规范，形成《临海市家政服务业高质量发展扶持办法（试行）》《临海市家政服务业数字资信体系管理办法（试行）》等制度规范。考核进入全省前十，理论制度成果被省厅发文推广。**数字法治系统**。持续升级推进“凤凰行政智审”“民转刑”等场景应用建设。**一体化智能化公共数据平台**。一体化数字资源系统建设全面推进，应用关联数据占比100%。

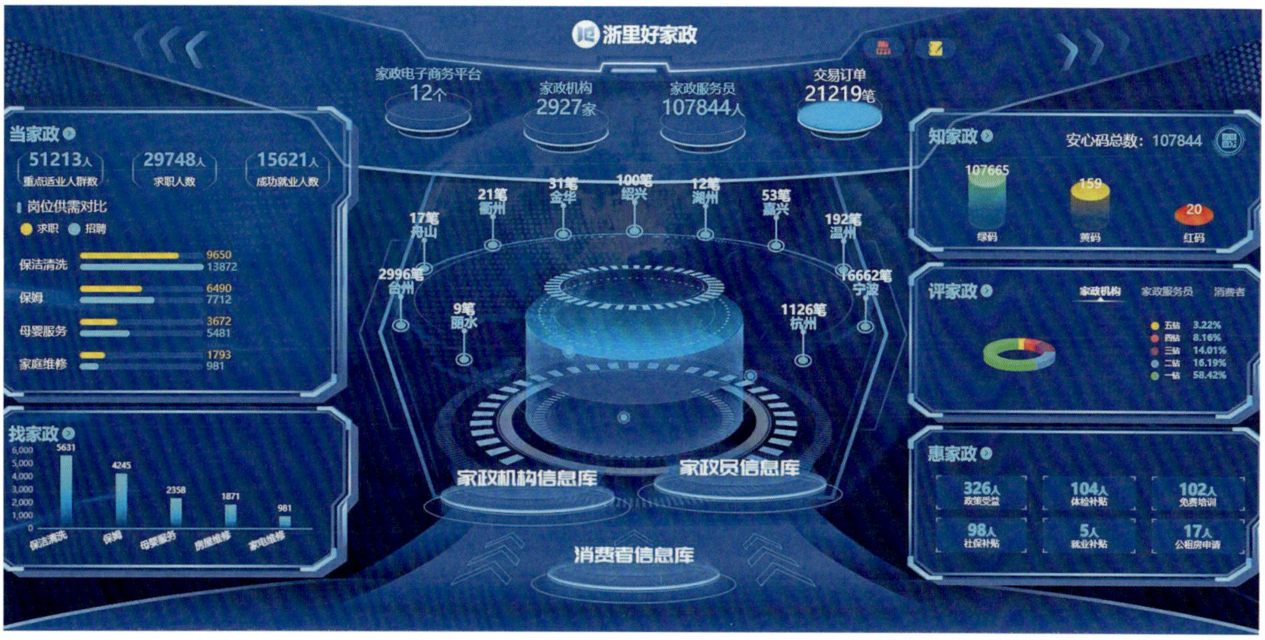

“浙里好家政”应用智控中心界面（驾驶舱）　　（市委改革办　供图）

【重点领域改革】 **经济体制改革**。浙江头门港经济开发区升级为国家级经济技术开发区，定名为台州湾经济技术开发区，实现台州国家级对外开放平台“零”的突破。台州市“亩均论英雄”改革现场会在临海召开，临海做典型发言。在台州率先推进企业注销“证照并销”工作，为全市市场主体退出缩减超60%的手续与时限，得到省委常委、常务副省长陈金彪的批示肯定，台州市企业注销便利化改革现场推进会在临海召开。**社会治理体制改革**。推进民转刑案件防控综合集成改革，异常人员排查管理平台平稳运行，形成“民转刑”防控工作机制、执法负面情绪排查管理机制、“民转刑”防控技术融合规范等多项配套制度。4月，全省加强“民转刑”案件防控机制建设现场推进会在临海召开。**党建制度改革**。出台《关于建立“分领域、清单式”容错纠错机制进一步激励干部担当作为的实施办法（试行）》，实行“启动受理、调查核实、会商裁定、结果反馈、备案管理”五步容错法，同步推进容错纠错与精准问责，树立干部为事业担当、组织为干部担当的鲜明导向。**群团改革**。6月，临海被团中央列为基层共青团基层组织改革试点，以共青团在县域强化政治功能、形成社会功能为基本目标，通过改革创新团干部选用、团组织设置和运行、团员教育管理、领导保障等方面的体制机制。**人才科创体制改革**。发布浙江省首个知识产权服务类地方标准规范《专利价值评估规范》。

【浙里好家政】 10月12日，临海市会同省商务厅、省发展改革委共同打造“浙”系列省级重大应用——“浙里好家政”上线“浙里办”。应用整合家政领域各方数据，协同相关部门21个，打通数源系统19个，贯通省市县乡4级，搭建“当家政、找家政、评家政、知家政、惠家政”五个子场景，为家政服务员、家政机构、消费家庭和政府部门提供家政人才培育供给、市场主体资信管理、供需信息交互等全周期闭环服务。服务平均响应时间由线下4天缩短为线上20分钟，实现家政机构零周转招聘、零成本入驻，家政职业培训报名、健康体检预约、社保补贴兑现等服务事项实现“零次跑”，在全国率先推动“1+N”①家政行业立法和现代化制度体系建设。年末，全省纳入管理家政机构1583家、家政自由从业人员1.22万人，安心码有效管理7.58

① “1”即《浙江省家政服务促进条例》；“N”包括全国首部省级地标《家政服务业安心码管理规范》，全国首个家政数字化资信管理办法《家政服务业数字资信体系管理办法》，第一份行业从业引导规范《家政服务业从业引导性规范》。

万人。

【安迅应急救援】 浙江安迅应急救援产业互联平台以政府开放数据为驱动，推动应急救援产业互联，实现社会救援资源数字化，运营覆盖台州512千米高速公路，入驻9支社会应急救援力量，171台套常规救援车辆和28台套特种装备车辆，229名专业应急救援人员，以及4个维修厂等救援及配套资源。同时，优化施救驻点和救援资源，沿高速设置51个应急救援驻点，所有入驻的应急救援资源分班组编排上岗，形成基于民间救援力量的接出警待命机制。在政府事故救援指令的驱动下，形成1分钟接警、3分钟出警、20分钟到场、30分钟完成救援任务撤场的标准规范施救流程，平均救援时间缩短10分钟。平台运行以来，累计完成接出警5.04万起，服务6.19万人，成功施救车辆5.12万台。2021年，项目获浙江省数据创新开放应用大赛一等奖，被列为台州市交通强国试点项目。

（撰稿　马　洛）

老干部工作

【概况】 2021年，市委老干部局全力抓好离退休干部党建融入城市基层党建工作省级试点，在全市建立68个“银耀党员先锋服务点”，每季举办“银耀党支部书记1+N共同体”擂台赛。充分挖掘老干部资源，高质量开展建党百年系列活动，引领社会向善向上风尚。深化数字化改革，精准服务老干部，在全省率先打造“云上夕阳红”老干部智慧服务平台，“家庭医生服务管理系统”平台被列入全省“离退休干部智享生活一件事”“揭榜挂帅”目录，并将“家庭医生签约服务”纳入全省数字化改革重大应用“一本账S0”，“临海市建立老干部大数据服务平台”入选“全省老干部服务管理百件大事”。

【建党百年系列活动】 高质量完成“百年回眸百个故事”云接力、“临海百名老干部进村社、机关、百校讲党史”、“百名老干部进百校讲百场党课”等系列活动，发动老干部捐赠红色老物件，拍摄红色微电影10部，服务群众2万多人次。举办“百年践初心·精神永传承”暨“光荣在党50年”纪念章集中颁奖仪式。组织老干部开展“我看建党百年新成就”专题调研。协助台州市局做好首届长三角城市老年书画家临海采风活动。联合省电影放映协会等相关部门，在台州电影博物馆举办全省首次红色电影海报展。共展出经典红色电影海报100多张，吸引群众参观5000多人次，并在全市各乡镇巡回展出。

【数字化改革】 投资100多万元，在全省率先打造“云上夕阳红”老干部智慧服务平台，打造“一库、一图、一码、一指数”全立体信息舱，老干部凭临海市民卡就能享受所有信息化服务，真正做到“一卡在手，万事不愁”。“家庭医生服务管理”平台聚焦离退休干部家庭医生签约服务，打通用户端、服务端、党政端三大关键环节，建立“一库一中心三端”，打通流程“一屏掌控”、服务“一码通办”、信息“一览无余”的一站式应用场景方案，为老干部提供家庭医生上门、远程诊疗、医疗信息查询等一站式、一体化、便捷型、精准化签约服务。启动实施“携手跨越‘数字鸿沟’”万人帮扶计划，在社区开展“智能手机教学”“电子支付”“医保挂号”等活动，助力老同志融入数字化社会。

【精准服务】 **“政银合作”。**构建“党建+银景+普惠”新模式，与临海农商银行合作建成总建筑面积2000平方米的银景·丰收驿站，投资300多万元，融爱国主义教育、养老服务、志愿活动、健康e站、便利金融、智慧服务、老年大学等功能为一体，成为全市银景驿站总站点，新时代文明实践中心分中心，农商银行为老服务大本营。驿站实现“周周有活动，月月有主题”，全年共举办各类培训32场次，大型党建、惠老活动12场次，服务老干部3528人次。**“三服务三助力”活动。**联合市委组织部、宣传部、市新时代文明实践中心等单位，在崇和门广场举办“党员在身边，温暖千万家”为民办实事集市日活动。老干部党员包干“教学体验一条街”，服务群众2000多人次。联合市关工委、市卫健局、市老人协会，开展“惠老连心，六送下基层”、“唱支山歌给党听”系列文艺演出等志愿服务活动，“上山下乡”18场次，服务群众3000多人。响应“社区吹哨、党员报到”活动，3000多名离退休干部到结对社区帮助开展基层社会治理，认领志愿服务岗位3200多个。**引领社会风尚。**做精老干部志愿品牌工作室、初心讲堂和党建共享基地，经常性开展交流活动。全市共有品牌工作室18家，党建共享基地10家，初心讲堂21个。组织老干部参加“红心向党，礼赞百年——临海市机关职工合唱大赛”，并获银奖。

（撰稿　高晨瑶）

关心下一代工作

【概况】 2021年，临海市关心下一代工作委员会以庆祝中国共产党成立100周年为主线，立德树人，教育引导青少年感党恩、听党话、跟党走。推进党建带关建，提升基层关工委组织力，各镇（街道）关工委重新选配专职副主任并补充驻会老干部。2021年，被评为全国青少年普法教育先进集体。

【未成年人德育】 3月5日，“百名老干部进百校宣讲党史”活动启动，并在第六中学进行首场宣讲。联合市教育局等相关单位，开展“红色百年行”主题活动，将郭凤韶纪念馆、中共台州中心县委旧址纪念馆，洞港知青文博馆等红色教育基地串成一条红色之旅打卡线路，以镇（街道）及学校为单位，组织青少年学生实地走访、参观学习，弘扬洞港精神、羊岩精神、林场精神等垦荒精神。开展第十三个法治宣传月活动，对全市42所中小学校2.5万名学生开展法治教育。

【资困助学】 “六一”前夕，到杜桥第二幼儿园、汇溪镇中心校、尤溪镇中心校开展慰问活动，为山区留守儿童、特殊问题青少年等弱势青少年群体送上关怀。依托各地乡贤会开展帮困助学，全年发放优秀学生、优秀教师奖金及资助学校总额157万元。春节前，发放助学金15万余元，慰问90多名特困生。是年，临海农商银行“树人工程”爱心基金发放仪式在市高级职业技术学校举办，向163名资助对象发放资助金16.3万元。

（撰稿　苏绍康）

3月5日，临海市百名老干部进百校宣讲党史启动仪式举行

（市委宣传部　供图）

党校教育

【概况】 2021年，市委党校整体迁入新校区，共举办各类班次28期，培训学员4769人，其中主体班次11期，学员3319人。省级课题结题、立项各12个，科研成果省级获奖13项，公开发表省级以上理论文章7篇。获全省党校（行政学院）系统成绩突出集体奖、办学质量创优评估优秀单位称号、2020—2021年度全省党校（行政学院）系统科研工作优秀奖。

【教育培训】 **短训**。举办习近平新时代中国特色社会主义思想进修班1期，为期36天，参训学员66人；市中青年干部培训班1期，为期3个月，参训学员50人；年轻干部周末学堂1期，参训学员47人；市新录用公务员初任培训班1期，为期3周，参训学员107人；数字化改革能力提升专题研讨班1期，为期5天，参训学员75人；营商环境专题研讨班1期，为期5天，参训学员85人；市新时代基层干部推动共同富裕主题培训集中轮训班1期，为期3天，参训学员194人。**学历教育**。台州行政学院农村干部学历教育大专班农村经济管理专业2018级学员47人毕业。

【科研】 2021年，全校课题结题24个，其中省级12个；立项课题23个，其中省级12个，立项数在台州排名第一。科研成果获奖30项，其中省级13项；公开发表理论文章19篇，其中省级以上7篇。

2021年中共临海市委党校省级获奖论文一览表

表6

论　文	作　者	奖项
专门协商机构：人民政协性质定位变迁的历史演进、制度逻辑及重要启示	毛　慧	2021年度浙江省政协理论研讨会一等奖
百年来中国共产党农村合作组织政策：历史变迁、制度逻辑及创新方向	徐波波	2021年度浙江省委党校理论研讨会一等奖
社会治理："中国之治"的演变历程与逻辑嬗变——基于党代会报告及中央全会决策文件的分析	毛　慧	2021年度浙江省委党校理论研讨会一等奖
需求溢出理论视角下的社区居家养老服务福利治理——基于浙江省LC社区"温暖之家"案例的分析	金　海	2021年度浙江省委党校理论研讨会一等奖
我国养老保险体系建设的注意力变迁研究——基于1951—2021年养老保险政策的共词分析	谢金芳	2021年度浙江省委党校理论研讨会一等奖
建党百年历史视阈下构建小微金融新生态的双重境遇与现实要求——以台州模式为例	黄爱丽	浙江省委党校理论研讨会二等奖
社会治理新路向：技术治理的价值重塑与实践向度——以临海市疫情防控为例	王　钢	浙江省委党校理论研讨会二等奖
数字乡村建设中的浙江省乡村整体智治：生成逻辑、多维价值及体系构建	李　玲	浙江省委党校理论研讨会二等奖
从人治走向法治：我党治国方式的历史转型	李黎明	浙江省委党校理论研讨会二等奖
唯物史观视阈下中国共产党文化使命百年赓续的路径探析	唐　云	浙江省委党校理论研讨会二等奖
数字化改革视角下企业推进数字化转型的路径和建议	李绍泰	浙江省委党校优秀决策咨询成果二等奖
"枫桥经验"再出发：社会矛盾纠纷治理共同体的建构逻辑与实践路向——以临海市为例	陈　涛	2021年度浙江省委党校理论研讨会三等奖
中国共产党反腐倡廉建设：历史脉络、实践探索及经验启示	毛　慧	浙江省纪委监委"守红色根脉、当忠诚卫士、迎百年华诞"主题征文活动三等奖

2021年中共临海市委党校省级课题（立项/结题）一览表

表7

课题名称	负责人	立项/结题
乡村片区组团发展的模式与机制研究	徐波波	结题
乡村振兴背景下民宿经济盘活利用问题与对策——来自浙江临海市的实践	郭莹莹	结题
三生整合理念下浙江乡村民宿景观旅游策略探究——以临海为例	郭莹莹	结题
打造营商环境新高地：企业看重什么？政府改进什么？	李绍泰	结题
基层协商民主的实践困境与对策思考：以临海市为例	陈开炳	结题
浙江省养老服务政策范式：变迁脉络与后小康时代展望	谢金芳	结题
治理现代化视域下"三社联动"机制的运 行逻辑与优化路径研究——以临海市为例	毛　慧	结题
生态共同体视角下"绿水青山就是金山银山"高质量转化：动因、阻力及优化路径	李　玲	结题
智慧供应链背景下构建小微金融新生态的新时代境遇与路径选择分析——以台州模式为例	李　玲	结题
党建引领村集体经济发展的实践探析	唐　云	结题
"两山"理论视域下村级党组织引领乡村文化振兴的路径研究——以浙江省为例	徐　珍	结题
大数据时代社会疫情的技术治理研究	徐　珍	结题
"三位一体"农合联嵌入式发展与政策供给研究	徐波波	立项
数字化改革视角下企业数字化转型研究——基于台州市的调查	李绍泰	立项

续表 7

课题名称	负责人	立项 / 结题
我国养老保险体系建设的注意力变迁研究——基于1951—2021年养老保险政策的共词和聚类分析	谢金芳	立项
建国以来我国社会治理的变迁历程与逻辑演进——基于党内文件的分析	毛　慧	立项
整体智治理念下未来社区“微”共同体路径研究——以台州市为例	李　玲	立项
乡村旅游土地征购中的村民意愿探析——基于扎根理论的实证研究	侯雅婷	立项
乡村振兴视域下传统工艺介入机制的重塑	唐　云	立项
数据治理视角下社会矛盾纠纷“智治”的路径研究	陈　涛	立项
共同富裕背景下非营利组织嵌入社区居家养老服务福利治理研究——基于浙江省案例的分析	谢金芳	立项
百年来中国共产党农村合作组织政策	徐波波	立项
打造营商环境新高地：企业看重什么？政府改进什么？	李绍泰	立项
疫情防控常态化下民营企业数字化转型的影响、障碍及路径研究	李绍泰	立项
韧性城市视角下的整体智治体系构建及优化策略——以台州市为例	李　玲	立项

【校园建设】 5月9日，市委党校从北固山老校区整体搬迁到大洋街道秀野中路599号新校。新校园着力打造成全市红色教育基地新窗口，建成“4321”校园红色文化精品，即4个红色阵地（红色广场、红色公园、红色长廊、红色餐厅）、3个红色馆（临海市党史教育馆、警示教育馆、统一战线陈列馆）、2套红色系统（红色校园VI导视系统、红色景观系统）、1支红色讲解员队伍。6月29日，市委党校揭牌仪式举行。市党史教育馆和警示教育馆配备2名专职教师讲解员，全年接待观众近3000人次。

（撰稿　黄爱丽）

党校新校区　　（2021年/摄　市委党校　供图）

临海市人民代表大会

Linhai People's Congress

【概况】 2021年，市人大常委会在中共临海市委的坚强领导下，充分发挥地方国家权力机关作用，聚焦中心工作，聚情民生关切、聚力依法履职，聚合代表力量，圆满完成市十六届人大五次会议确定的各项任务，全年共召开常委会会议10次，听取和审议“一府一委两院”专项工作报告17个，作出决议决定16项，提出审议意见7个，依法任免国家机关工作人员84人次。开展党史学习教育，举办“诗词颂党恩——翰墨寄深情”庆祝中国共产党成立100周年书画诗词作品征稿活动，人大常委会领导到基层讲授专题党课共计20场次。深化数字化改革，“两站融合”应用场景被列入临海市2021年度数字化改革项目清单，预算国资监督管理系统投入运行。调整升级“融媒体+”，拓展人大工作的传播渠道。

【市十六届人大五次会议】 2月22日至25日，市第十六届人民代表大会第五次会议在市区召开。大会应到代表338名，实到代表325名。大会听取和审查了市人民政府工作报告、国民经济和社会发展第十四个五年规划和二〇三五年远景目标纲要、市2020年国民经济和社会发展计划执行情况及2021年国民经济和社会发展计划、市2020年财政预算执行情况和2021年财政预算、市人大常委会工作报告、市人民法院工作报告、市人民检察院工作报告等七个报告，以法定的程序和形式，批准市人民政府、市人大常委会、市人民法院、市人民检察院等七个报告，圆满完成大会各项任务。补选产生6名市人大常委会委员。

【市人大常委会会议】 2月20日，市第十六届人大常委会举行第四十二次会议。会议听取市政府关于“十三五”规划执行情况、“十四五”规划和二〇三五年远景目标纲要编制情况的报告；市人大常委会代表资格审查委员会关于补选地市第十六届人民代表大会代表资格审查情况的报告；市人大常委会代表资格审查委员会关于市第十六届人民代表大会第四次会议以来代表变动情况的审查报告；听取市第十六届人民代表大会第五次会议筹备情况的报告；讨论提出市第十六届人民代表大会第五次会议选举办法（草案）、市第十六届人民代表大会第五次会议民生实事项目人大代表票决办法、市第十六届人民代表大会第五次会议主席团和秘书长名单（草案）、市第十六届人民代表大会第五次会议邀请上主席台就座人员名单（草案）；审议决定市第十六届人民代表大会第五次会议列席人员名单。

4月28日，市第十六届人大常委会举行第四十三次会议。会议听取全市退役军人保障法落实情况的报告；听取和审议市人大常委会各街道工委工作报告；审议通过市人大常委会关于各街道工委工作报告的决议；票决确定3个市政府组成部门作为2021年工作评议单位；对市政府落实市人大常委会2020年度审议（视察）意见情况进行满意度测评。

6月23日，市第十六届人大常委会举行第四十四次会议。会议听取和审议市医化产业发展情

6月27日，市十六届人大常委会第四十三次会议召开

（市人大办　供图）

况的报告；听取和审议市现代农业园区建设情况的报告；听取市招商引资工作情况的报告。会议对市人民检察院部分员额检察官进行履职评议。

8月20日，市第十六届人大常委会举行第四十六次会议。会议以投票表决的形式，决定任命蔡建军为临海市人民政府副市长、代市长，并颁发任命书。会议听取和审议“一府两院”上半年工作报告、市人民政府关于临海市2021年上半年国民经济和社会发展计划执行情况的报告、市人民政府关于临海市2020年财政决算和2021年1—6月财政预算执行情况的报告、市人民政府关于2020年财政预算执行情况和其他财政收支审计工作报告、临海市关于法治政府建设情况的报告。会议批准临海市2020年财政决算决议草案。会议通过临海市人大常委会关于司法机关重要文件报送、重要案件备案和重大事项报告的规定修订草案，临海市人大常委会关于新一届镇人民代表大会代表名额的决定草案。会后，新任命的市人民政府副市长、代市长蔡建军进行宪法宣誓。

10月25日，市十六届人大常委会召开第四十八次会议。会议听取和审议市中医药事业发展情况的报告；听取和审议市医化园区环境整治提升情况的报告；听取和审议市政府办理落实代表建议情况的报告并对重点督办件办理落实情况进行满意度测评；听取2020年度市环境状况和环境保护目标完成情况的报告。会议审查批准关于在全市公民中开展法治宣传教育的第8个五年规划（2021—2025）（草案）。会议审议通过市人大常委会关于市镇两级人民代表大会换届选举有关事项的决定（草案）和市人大常委会关于设立临海市选举委员会的决定（草案）。

12月6日，市十六届人大常委会第四十九次会议召开。会议听取和审议市人民政府2021年度民生实事票决项目完成情况，并对2021年度民生实事票决项目完成情况进行满意度测评；听取和审议市人民政府关于提请审议《尤溪镇历史文化名镇保护规划》的议案；对市公安局、市住房和城乡建设局、市医疗保障局进行工作评议。

12月27日，市十六届人大常委会第五十次会议召开。会议听取市人民政府关于2020年度预算执行和其他财政收支审计查出问题整改情况的报告；听取和审议市人民政府关于提请批准调整2021年财政预算的议案；讨论提出市第十七届人民代表大会第一次会议议程（草案）；审议关于召开市第十七届人民代表大会第一次会议的决定（草案）。

【推动社会经济发展】 重点关注医化产业现状、存在问题和发展方向等，牵头组织浙江头门港经济开发区等相关政府工作部门赴江苏常熟经济技术开发区、江苏南京市江北新区新材料产业园、杭州湾上虞经济开发区，与三地人大和经济开发区开展多跨区域联动调研。组织开展头门港建设推进情况视察，重点关注发展空间、产业结构调整等工作。着眼美丽临海建设，听取审议2020年度环境保护和环境保护目标完成情况的报告，听取审议医化园区环境整治提升情况的报告，健全生态环境保护长效管理机制。着眼农业产业发展，跟踪现代畜牧业、农村饮用水等审议意见落实情况“回头看”，听取审议现代农业园区进展情况的报告。着眼社会事业发展，专题视察职业教育，听取审议中医药事业发展情况报告，持续关注医共体建设，助推新冠肺炎疫情防控工作。

【司法监督】 组织开展相关法律法规贯彻实施情况的执法检查。按照省人大统一部署做好《浙江省粮食安全保障条例》执法检查，配合台州市人大积极开展《台州府城墙保护条例》的执法调研，专题听取退役军人保障法、宗教事务落实情况的报告，有效推动相关法律法规在临海贯彻实施。加强司法监督，首次听取审议法治政府建设情况，审议法院、检察院半年度工作报告，首次将行政审判及公益诉讼工作报告提供审议参考。完善规范性文件备案审查工作机制，全年共审查市政府报备的规范性文件42件，没有发现与上位法有抵触的情形。做好群众信访接待工作。全年共受理信访件59件，接待来访群众38人（次）。深化法治宣传教育，听取市政府关于“八五”法治教育规划的报告，明确今后5年法治宣传教育的总体任务及主要举措，并作出“八五”法治教育决议。专题开展工作评议。对市公安局、市住房和城乡建设局、市医疗保障局进行工作评议，推进政府部门严格执法、依法行政。

【代表履职】 深化代表履职管理，推进代表联络站建设，申报台州市五星级代表联络站4个。组织开展代表活动月活动，市级领导干部人大代表赴联络站集中开展联系基层代表和群众活动。“两站对接”工作继续开展，挂牌成立20个乡村检务工作站，建设线上“两站”融合数字化应用场景。组织常委会组成人员和镇（街道）人大主席（主任）赴西南政法大学进行为期一周的提升履职实效培训；7月组织镇街人大干部和人大代表联络站负责人等在市委党校举办履职提升培训班。切实加强对代表建议办理工作的协调和督促，市十六届人大五次会议期间共收到代表议案、建议125件，主任会议确定8件作为重点督办件。组织开展民生实事项目专题督查，听取2021年度民生实事票决项目完成情况，对加强基层医疗卫生机构服务能力建设等8个重点督办件办理落实情况进行满意度测评。

（撰稿　罗　洁）

临海市人民政府

Linhai Municipal People's Government

市政府常务会议

市十六届政府第 44 次常务会议 1 月 5 日召开，讨论康宁医院台州中心医院项目招商引资有关事宜，讨论通过《关于组织开展外来员工“我在临海过大年”活动的通知》。会议强调要指导企业做细各项工作，认真落实加班补贴、错峰调休等待遇，依法保障员工应享权益，做到既留人又留心，生产过节两不误。

市十六届政府第 45 次常务会议 2 月 8 日召开，讨论并原则通过了《政府工作报告（送审稿）》、《关于 2020 年国民经济和社会发展计划执行情况与 2021 年国民经济和社会发展计划（草案）的报告（送审稿）》、《临海市国民经济和社会发展第十四个五年规划和 2035 年远景目标纲要（草案）（送审稿）》、临海市 2021 年非工业性投资项目计划、《关于切实做好就地过年企业员工服务保障　助推工业经济“开门红”工作的通知》。

市十六届政府第 46 次常务会议 3 月 12 日召开，讨论《政府工作报告》责任分解、市公共卫生医学中心建设工程分期建设及其和市第二人民医院扩建工程建设资金方案、临海市加快推进小型水库除险加固项目建设的奖（惩）办法（试行）。

市十六届政府第 47 次常务会议 4 月 28 日召开，会议学习浙江省数字经济促进条例，传达学习国家统计督察工作开展情况及全省、台州市统计工作座谈会精神，讨论贯彻执行台州市社会化招商奖励办法，讨论并原则通过临海市汽车促销活动实施方案，讨论关于 2021 年度民生实事项目资金安排情况，支持西部建设发展的若干意见、2021 年度政府数字化转型项目计划。传达学习台州市县（市、区）工作交流会精神，分析全市一季度经济形势，研究二季度经济工作。

市十六届政府第 50 次常务会议 9 月 2 日召开，学习新修订《中华人民共和国行政处罚法》，听取关于法治政府建设工作和 2021 年度能源“双控”工作的汇报，讨论并原则通过了《关于加快建筑业高质量发展的若干意见（试行）》，讨论临海市高层次人才创业创新园建设有关事宜。

市十六届政府第 51 次常务会议 11 月 4 日召开，学习《中华人民共和国安全生产法》，听取关于东西部协作（对口）工作相关情况汇报、2020 年度“亩均论英雄”综合评价结果情况汇报、关于出台《关于进一步加强“质量强市”建设加快质量提升的若干意见》的汇报，讨论《关于进一步推进清洁能源发展的实施意见》《关于进一步加强房地产开发项目管理和风险隐患预防的实施意见》。

市十六届政府第 52 次常务会议 12 月 16 日召开，听取全市安全生产工作情况汇报、关于修订《临海市产业基金管理办法》的汇报、关于国庆片区企业更新改造和佩弦湖二期相关工作的汇报，讨论关于《临海市家政服务业高质量发展扶持办法》事项、《临海人才发展“十四五”规划》《临海市农业农村发展“十四五”规划》。

（撰稿　鲍卓见）

办公室工作

【概况】 2021年，市政府办公室围绕“忠诚团结、勤学求进、高效务实、克己慎行”的要求，发挥参谋、服务、协调、督查职能作用，统筹做好市政府领导每周工作安排和每月工作安排，确保各县工作相互协作、形成合力，保障市委、市政府中心工作高效运行。扎实开展党史学习教育，组织开展“寻访红色足迹　传承革命精神”“我为群众办实事”等系列主题活动。

【以文辅政】 **研政参谋**。结合市委、市政府年度重点工作、重点项目，围绕疫情防控、数字化改革、共同富裕、教育优质均衡发展等事关全市经济社会高质量发展、事关群众切身利益的实事，深入一线听民意，靠前调研找对策，形成调研报告20余篇，为领导决策提供参考。准确把握上级要求、领导意图，结合临海实际、基层需求，完成政府工作报告、领导讲话、工作汇报、典型发言等综合材料300余篇。**文件精简**。贯彻上级关于基层减负的各项要求，整治“文山会海”，减轻基层负担，全年以市政府、市府办名义印发文件405件，重点精简“三类文件”发文数量85个，一般文件发文数量同比减少6.7%。**信息报送**。全年编发《临海政务》42期，刊登各类信息240条（篇）；被国务院办公厅、省政府办公厅、台州市府办录用信息260多条（篇），获省、台州市领导批示21条（篇），在全省信息考核中获优秀等次。

【服务保障】 **会议服务**。做好市政府全会、市政府常务会议等重要会议的承办工作，严格把关上会议题、上会材料，努力做到“零失误、零差错”，全年印发市政府常务会议纪要9期、专题会议纪要47期。统筹安排领导公务活动和重要接待任务，做好长江经济带现场会、“启航2022”央视总台跨年晚会、第10届中国（临海）户外家具及庭院休闲用品展览会、2021年柴古唐斯括苍越野赛、全市重大项目集中开工等重要活动的服务协调工作。**工作协调**。协调落实疫苗接种、隔离点设置工作，筑牢全市安全屏障。牵头推进华侨收储、新材料产业园等重点工作。协调相关部门解决企业、群众、基层反映的意见和建议，接待群众来访54批次191人次，化解36批次140人次。

【数字化改革】 上线数字政府门户和所有12个跑道自建微门户，实现省市县三级贯通。迭代升级数字政府系统应用场景，以“三张清单”为抓手，建设上线实践成果8个，初步形成理论成果7项，编制出台制度规范4项，其中临海企业注销“一件事”项目成功入选省数字化赋能高质量发展优秀案例。推广两端平台应用，浙政钉日均活跃率92%，“浙里办”注册率居台州市首位。统建上线一体化智能化公共数据平台，全面完成全省资源系统（IRS）建设任务。

【政务公开】 制定《临海市人民政府重大行政决策工作规定》《临海市人民政府重大行政决策事项目录管理办法》等重大行政决策相关制度，依法履行决策事项向社会公开征求意见程序，全年累计主动公开政府信息86380条，上半年政务公开指数位居全省第二。整合优化政务公开平台建设，政务新媒体矩阵有序发展，“浙里办”+“水旱灾害防御综合协同应用”等特色应用不断涌现。

【督查督办】 **以督促干**。围绕上级党委政府下达的经济社会发展任务和市委、市政府的重大决策部署，全年编发督查通报136期、督查专报19期，以高水平督查推动高质量落实。**以督促效**。健全完善会议交办及领导批示事项办理机制，对《政府工作报告》主要目标任务落实，市政府常务会议、党组会议、市长碰头会及各项专题会议作出的决策部署和指示，第一时间转办，从严从实督办，确保及时落地见效，全年共完成领导交办件37件。**以督促办**。坚持以“群众满意”为标尺，认真做好人大建议和政协提案办理工作，科学分配、明确责任，完善计划、实时督办，有力保障议提案办理满意度。全年办复人大代表建议125件、政协提案235件，实现人大意见建议和政协提案办理“办结率、回复率和满意率”3个100%。

（撰稿　金紫馨）

行政审批

【概况】 2021年，全市政务服务事项总办件量178.60万件，

12月23日，台州首批通过商事登记“智办”系统办理营业执照颁发仪式举行　（市审管办　供图）

办结率99.52%，政务2.0收件率达79.21%。镇（街道）便民服务中心办理52.90万件，村（社区）便民服务中心办理83.70万件。公共资源交易平台共完成各类交易项目1288项，总成交金额102.70亿元，节约资金8.09亿元，增值资金7.40亿元。市审管办以数字化改革为牵引，完成星级创建、技能比武、跨区域通办等重点工作，获评浙江省文明单位。证照类企业服务区在全省率先进行企业“证照并销”改革工作，行政服务中心民政窗口全领域推进集中补领婚姻登记证工作在全省婚姻登记业务培训会上做经验交流，《浙江日报》专刊报道市场监管窗口企业注销“一件事”实现全域覆盖。市行政审批服务中心被评为五星县级行政服务中心，大田、白水洋、尤溪、桃渚4镇便民服务中心被评为五星级镇（街道）便民服务中心，全市便民服务中心星级创建率79%。

【智慧政务中心】 **智慧大厅。**全面实施数字化改革，举办临海市政务服务2.0及数字化改革专题培训班，制定《临海市政务服务大厅政务服务2.0改造项目实施方案》，整理智能导服区、综合受理区、统一出件区、自助服务区等功能区域。**政务服务2.0向基层延伸。**完成19个镇街政务服务2.0全覆盖，下放镇街2.0事项251项。推进村（社区）便民服务中心规范化建设，统一设置门头、基础设施、项目进驻、日常管理、督查考核。**优化公共资源平台。**深化“全流程电子化”“云开标”工作，实施“电子保函”和“云询标”等创新举措。应用省公共资源交易“总门户”，融合对接上线不见面开标、数字保函，介质CA全省互认、移动CA全省互认，全省专家抽取2.0系统，政采云网上询标系统等特色应用6个，数据仓数据归集落仓率100%。

【政务服务】 **跨区域通办。**政务通办更广，与吉林通化县、上海杨浦区、贵州六枝特区、贵州七星关区、安徽涡阳县、贵州开阳县、四川蓬安县等5省7地签订通办合作协议，实现424项政务服务事项跨省可办，上线“亲企通”协同助企App平台，建立跨区域办事的快速通道。**企业服务中心。**建成3家企业服务中心，其中头门港经济开发区企业服务中心可办事项200项、古城两水工业园企业服务中心可办事项102项、浙东休闲城企业服务

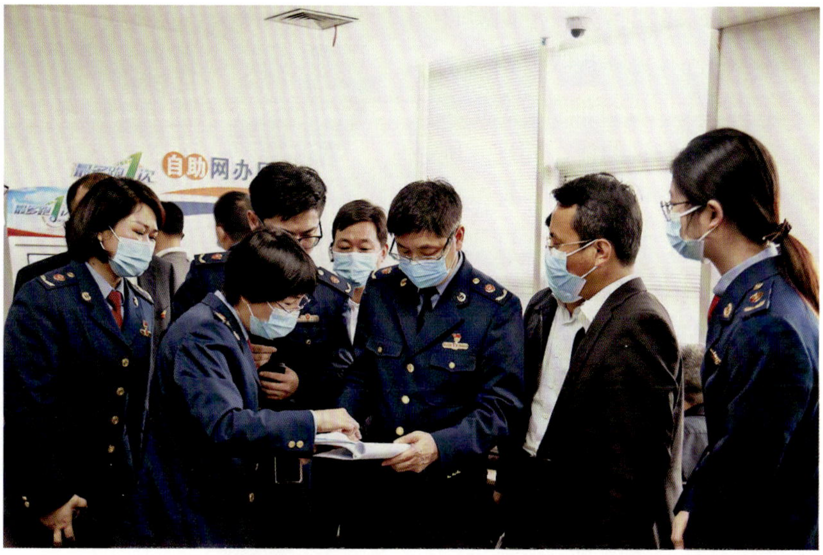

4月22日，台州市企业注销便利化改革现场推进会在临海召开，图为与会人员参观市行政服务中心　（市审管办　供图）

中心办事项76项，3家企业服务中心全年办理各类事项8119件。**企业服务区**。企业服务区正式运行，采用“肩并肩协同”和“商家会客室”两种模式，为企业提供个性化、一站式的高效便捷服务，全年证照类企业服务区共办理各类业务2347件，投资权益类企业服务区共办理各项业务547件。

【公共资源交易】**“云招标”常态化**。实现项目不见面开标率100%，同时打破地域限制，吸引更多外地企业参与，全年建筑工程和市政工程项目外地企业中标率均达91%、外地企业中标金额比例分别为75%和98%。**“数字化”交易**。上线政府采购视频询标会议系统，优化“不见面开标”视频等辅助评标功能，全年为投标企业节省成本近千万元；完成定点会计、审计、保险、会议培训、资产评估等13项网上服务市场建设，属台州网上服务市场门类最齐全的县市。**交易监管**。7月，发布《加强评标区日常管理的有关通知》，加强交易现场管理，规范代理行为。定期对自行招标平台有无违规收取招标文件费用的代理进行抽查，全年发现2例予以警告约谈。处理5例评标专家各类违纪行为。规范项目档案管理，未按标准装订或缺少材料的一律退回整改。全年补归2020年遗留档案约170册，实现2021年度项目档案应归尽归。开展政采云网超商品常态化监测检查，全年巡检供应商926家2105次，监测商品6259个，处理价格违规商品518件，预警供应商214家。12月，联合市场监管局开展网超供应商医疗器械资质专项检查，对涉嫌违规商品立即下架整改，警示约谈供应商。

（撰稿　朱静红）

机关事务管理

【概况】2021年，市机关事务中心围绕“一品四化”总要求，扎实开展党史学习教育，做好疫情防控、会务、接待等工作，加强国有资产管理，规范财务等各项制度，推进节能管控，降低行政成本，确保机关事务正常运行。

【疫情防控】**出入排查**。严密排查进入市行政中心的人员车辆，落实测量体温、登记统计和情况报告制度，最大限度减少输入性风险，严控外来无关人员进入。全年登记访客1.1万人次，测量体温、检查“健康码”31.3万人次。**会务管理**。对会务工作人员每日定时进行体温检测，工作时间全程佩戴口罩，做到“一会一消毒”，对进入会议室的参会人员认真排查、严格管控。会后做好酒精擦拭座椅、地面拖洗消毒和通风通气工作，避免因会务活动引发交叉感染。**消杀防护**。做好公共场所消毒灭菌、办公室内外卫生保洁等疫情防控措施，对市行政中心办公区、食堂、门卫室每天消毒1次，电梯每2小时消毒一次。

【重点工作】**保障《启航2022》晚会**。抽调骨干力量36人成立综合协调组、差旅订票组、餐饮保障组、酒店住宿组、车辆调度组、物资保障组等工作小组，24小时响应央视订票、住宿、用车、用餐需求，累计购买飞机票1629张、动车票354张，组织200多辆公务车全程运行，安排2000多人住宿、用餐。**基建项目**。完成临海市人民政府机关幼儿园（新江路）项目竣工送审结算工作，矛调中心结算送审工作，政法委会议室改造、验收、结算工作，完成机要通信站电梯项目、视频会商室的验收，完成市行政中心和退役军人事务局污水零直排项目、东升大厦消防整改和食堂局部改造招投标工作。**安保**

市机关事务中心对出入人员进行排查　（马滨生　2021年/摄）

管理。以安保队伍建设省级标准化试点项目创建为契机，完善和规范安保队伍训练学习、门卫值班、区域巡逻、扑救火灾、防恐处突等业务流程，推动安全保卫工作环节的标准化建设。**国有资产管理**。按照房屋资产、办公家具、通用设备、专用设备、无形资产等大类，全面梳理在账固定资产，形成已满足或超过使用年限办公家具、通用设备类资产明细清单，涉及待处置资产近260项、资产原值80多万元。**节能管理**。举办2021年临海市公共机构节能宣传周活动，组织开展微信有奖节能知识竞赛活动、全国低碳日主题宣传签名活动、光盘有礼活动。遴选26家单位创成节约型机关，推进能耗监测平台、合同能源管理项目建设。

【日常保障】 **公务用车**。推行"公务出行一张网"平台，建立一处受理、全程服务的全省"公务出行一张网"运行机制。做好重要会议、重大活动、重点接待、专项工作和保障对象的重要公务接待、应急公务、基层调研等公务出行用车保障。清理机关事业单位超期超标准租赁车辆，节约财政资金50万元左右。**幼教服务**。加快东方苑园区建设，伟星城分园争创省一级幼儿园，做好广文总园省一级复评。**食堂管理**。丰富菜品种类，一日三餐至少保证15个菜品可供选择，并推出周末"开心带"服务，每周五供应卤鸭、龙虾、牛肉等菜肴，方便机关干部职工外带。**文印服务**。以"准确无误、按时完成"为目标，完成各类活动文件等资料印制工作，做好党代会、"两会"等大型会议的文印保障工作。

（撰稿　马滨生）

外事工作

【概况】 2021年，市政府外事办公室贯彻落实市委外事工作委员会会议精神，规范因公出国（境）、外籍人员入临海的管理，搭建外事服务平台。

【外事管理】 **因公出国（境）管理**。因新冠疫情影响，因公出国（境）处于停滞状态。实施外事审批数字化改革，接入"浙江省因公出国（境）一件事"平台，优化审批程序。**外籍人员入临海管理服务**。全年完成涉外"点对点"接送的联络及数据报送335人次，为有出境需求人员接种新冠疫苗预约转报129人次。做好涉外企业服务，完成30个境外项目注册微信小程序"浙江境外服务码"跟踪服务通过"快捷通道"入境来临外籍人员8批16人次。**领事保护**。整合政府、企事业和民间资源，多层次、多方位提供领事保护，维护涉外人员和企业的合法权益。根据《临海市涉外突发事件应急预案》，全年成功处置涉外事件3起。

【外事服务】 与韩国横城郡、美国印第安纳州沃巴什市、意大利萨尔扎纳市等国际友好交流城市开展线上交流。12月，横城郡、萨尔扎纳市发来新年祝福视频，向沃巴什市致以圣诞和新年祝福。开展涉外企业走访工作。走访伟星、华海、戈昊机械、先锋科技、万盛等涉外企业，听取企业在国际交往、海外市场开拓及疫情期间外籍员工入境过程中遇到的问题和诉求。做好外事宣传工作，借助"海外临海"微信平台，向海外临海籍人士实时推送临海发展动态，掌握国内外疫情信息，在医学、居家隔离等问题上沟通互动。

【外事活动】 9月24日，台州市外办组织"外国友人看台州"活动，21名在台州的外籍人员到临海访问考察。29—30日，台州市第五届网络文化节暨"打卡中国"台州站网络国际传播活动在临海举行，美国、巴基斯坦、

10月29—30日，外籍网络传播达人打卡紫阳古街（市外事办　供图）

格鲁吉亚、日本、孟加拉国、俄罗斯、塔吉克斯坦、约旦等国家的10余位外籍网络传播达人参与。12月1日，韩国驻上海总领事馆首席领事千成焕等3人访问临海。

（撰稿　尹丹丹）

金融工作

【概况】 2021年，市人民政府金融工作中心贯彻落实省“凤凰行动”计划，推动企业对接多层次资本市场，以企业上市为核心，以企业股改为突破口，强化引导、完善政策、优化服务。推进金融服务实体经济，获批2021年度省民营和小微企业金融服务综合改革试点。年末，全市有上市企业8家，新增直接融资39.81亿元。各类银行机构27家、保险机构25家、证券营业网点10家、小额贷款公司2家、农村资金互助社1家、融资性担保公司4家、典当行3家，形成银行、保险、证券等多层次、多元化的现代金融机构体系，人民币存贷款总量增长14.86%，增速排名台州市第二。全市贷款不良率0.4%，全年未发生系统性金融风险。

【对接资本市场】 **企业上市**。根据“上市一批、报会一批、培育一批、储备一批”的工作思路，推动企业上市工作，实现新突破。9月14日，浙江本立科技股份有限公司在深交所创业板挂牌上市，募集资金7.51亿元，成为全市第8家上市公司。全年新增过会企业1家（联盛化学）、报会企业1家（正特股份）。在全市建立有100家质地优良、梯队合理的上市后备企业资源库。**直接融资**。2021年，全市企业通过IPO、定增、发债等融资方式，新增直接融资40.16亿元，融资总额270亿元。

【服务实体经济】 **金融科技应用**。在全省创新推出“小微e贷保”数字服务平台，为中小微企业提供线上信用保证贷款融资服务，10月发放首笔业务额度100万元。全年小微信保易贷签约12户2126.8万元，贷款9户1562万元。**金融“三服务”**。全市开展“金融助力实体经济‘开门红’专项行动”，动员银行行长、客户经理实地走访企业1.43万户次、个体业主2.19万人次，累计为5353户次企业提供授信。**无还本续贷**。推广“正面清单＋负面清单”信贷管理方式创新，构建转贷续贷事前沟通机制，全年有1.15万余户小微企业享受续贷创新服务，无还本续贷余额102亿元。**金融减负降本**。开展“抵息券”发放减免工作，通过利息返还方式，全年实现减费利息共680万元，惠及小微企业1807家。**信保基金扩面增量**。年末，在保余额21.4亿元，在保户数2566户，较年初分别增加43.41%、39.23%，业务总量居台州第二。

（撰稿　王蕴斐）

招商工作

【概况】 2021年，全年新签约5亿元以上市外产业项目27个，其中20亿元以上项目7个（50亿元以上项目3个，30亿元以上项目2个，20亿元以上项目2个）。招商引税项目3个。新签约5亿元以上市外产业项目落地27个，落地率100%。实际利用外资2728万美元。

【招商机制】 **“一把手”招商**。全年市主要领导及分管领导参与招商活动60余次，赴上海、深圳、宁波等地招商对接14次。14个专业招商组和相关部门、镇街参与招商活动90次。**市领导联系项目**。全年由市领导牵头联系的抓开工、抓落地、抓签约的项目68个，相关部门协同，倒排时间，按规定时间节点完成，推动重点项目落地。**项目谋划**。组织开发区、部门、镇（街道）深度开展项目谋划，策划包装规模优势突出、功能定位清晰、集聚效应明显、辐射带动力强的对外招商项目30余个。

【招商方式】 **产业链招商**。围绕汽车机械、医药化工两大主导产业，规划“产业链招商路线图”，通过各类招商活动及展会等平台，开展产业延链、补链、拓链精准招商，总投资20亿元的特色原料药及关键中间体项目签约落地。**驻外招商**。在北京、上海、深圳、杭州设立驻点招商组，每个驻点分别由1名市领导联系，1名科级干部负责，3名以上干部组成。4个驻外招商组全年累计走访企业、行业协会、科研院所等287家，备案在谈项目23个。**委托招商**。以新能源汽车、医药化工、新材料、数字经济等领域为重点，借助中介机构全球化资源和网络优势开展委托招商。5月，与全球财富500强企业世邦魏理仕签订委托招商协议。

【招商基础】 **平台建设**。浙江头门港经济开发区上升为国家级经济技术开发区，台州综合保税区、自贸试验区联动创新区等平台建设正在全力推进。研究制定浙江头门港经济开发区和临海经济开发区产业发展规划，加快国际医药小镇、总部经济商务区、杜桥眼镜城等特色产业园区建设。在大田街道设立总面积2万平方米的科创园，孵化高层次人才项目；规划台州新材料产业园，位于红脚岩片区，总面积1.08万亩，一期收储用地2650亩。**招引政策**。贯彻执行《台州市社会化招商引资奖励政策》和台州市人才新政2.0版，制定台州新材料产业园招商政策。全年安排约6亿元资金用于支持各类产业发展。

【招商服务】 **审批服务**。深化“最多跑一次改革”，投资项目在线审批监管平台3.0上线，最大限度减少审批前置和审批时限，成立专班帮助企业全程代办项目开工前的相关审批手续。**投资者之家**。践行“六大争先、十百创优”活动，建立投资者之家，为投资企业提供事项咨询、落地注册等服务。全年累计为宝陞物流、首阳科技等数十家企业代办审批事项30余个，提供咨询服务150余人次。**数字化改革**。“临海创投”小程序上线运行，推行“地图+信息”模式，开发并推广集线上信息发布、投资环境介绍、项目推介、产业地图、政策咨询等功能为一体的“临海创投”投资热力图。

（撰稿　郭璀璀）

政协临海市委员会

Linhai Municipal Committee of the CPPCC

【概况】 2021年，市政协坚持市委全面领导，完善市政协党组织建设，实现党的组织对党员委员的全覆盖、党的工作对政协委员的全覆盖。搭建市政协协商中心、界别组委员工作室、镇（街道）“请你来协商·民生议事堂”三级“请你来协商”平台，高质量开展“6+X”协商119次，得到省政协副主席张泽熙充分肯定。推进“数字政协”建设，打造“一窗口、一平台”，即市党政机关整体智治系统“政治建设”窗口和“临海政协·掌上履职”平台。《专门协商机构：人民政协性质定位变迁的历史演进、制度逻辑及重要启示》获2021年度省政协理论研究会论文征评一等奖。《建好“一心两室”新平台开辟凝聚共识新境界》在省政协主席读书会上作书面交流。

【市政协十四届五次会议】 2月21日至2月24日，政协临海市第十四届委员会第五次会议在市区举行。会议应出席委员335名，实到委员308名。会议听取并审议通过市政协主席张招金所作工作报告，书面报告《政协临海市第十四届委员会常务委员会关于市政协十四届四次会议以来提案工作情况的报告》。会议书面通报表彰市政协十四届四次会议以来优秀提案、2020年度优秀委员和市政协2020年度反映社情民意信息工作先进单位和个人。会议期间，听取委员大会发言，共有15位委员代表各民主党派、人民团体、界别和政协委组上台发言。提案委员会共收到提案形式的建议和意见265件，经提案委员会审查，立案235件。会议审议通过会议决议，通过政协提案委员会关于十四届五次会议提案审查情况的报告，补选林咸元、金礼昌为常务委员。

【市政协常委会会议】 2月8日，政协临海市第十四届委员会常务委员会第十九次会议召开，听取市政府关于2020年全市经济社会发展及2021年工作安排情况通报，协商讨论《政府工作报告（征求意见稿）》；听取市人民法院工作情况通报，协商讨论《市人民法院工作报告（征求意见稿）》；听取市人民检察院工作情况通报，协商讨论《市人民检察院工作报告（征求意见稿）》；审议通过市政协十四届五次会议有关事项；传达省、台州市政协全会精神。

2月23日，政协临海市第十四届委员会常务委员会第二十次会议召开，审议通过政协临海市第十四届委员会提案委员会关于市政协十四届五次会议提案审查情况的报告（草案），政协临海市第十四届委员会第五次会议决议（草案）、选举办法（草案），总监票人、副总监票人和监票人名单（草案），政协临海市第十四届委员会常务委员候选人名单（草案）。

4月8日，政协临海市第十四届委员会常务委员会第二十一次会议召开，与会人员实地视察市一医院新院址和台州医院新院区，详细了解项目实施建设情况，听取市卫健局关于健康临海建设工作的汇报后，结合会前调研情况，就加大财政投入、强化人才引育、发展数字医疗、优化养老服务等提出一系列建议意见。传达学习全国政协十三届四次会议精神，书面学习中央和省委、台州市委、临海市委党史学习教育动员会精神。

8月20日，政协临海市第十四届委员会常务委员会第二十二次会议召开。与会人员视察市政协协商中心、古城街道“请你来协商·民生议事堂”。会议听取市委书记梅式苗所作的全市半年度经济社会发展情况通报和市委常委、市纪委书记、市监委主任张鹏炜所作的全市半年度党风廉政建设情况通报；传达学习贯彻庆祝中国共产党成立100周年大会精神和全省政协主席暑期读书会暨宣传思想工作会议精神。

10月26日，政协临海市第十四届委员会常务委员会第二十三次会议召开，与会人员视察市郊列车运行情况，会议听取“推进基层社会治理现代化建设”课题调研情况汇报，协商讨论并审议通过常委会建议案（草案）；听取市“两办”关于提案办理工作情况的汇报。

12月22日，政协临海市第十四届委员会常务委员会第二十四次会议召开，听取市政府关于五年来全市经济社会发展情况和今后五年及2022年工作思路的通报；听取市人民法院工作情况通报，协商讨论《市人民法院工作报告（征求意见稿）》；听取市人民检察院工作情况通报，协商讨论《市人民检察院工作报告（征求意见稿）》；协商确定十五届市政协委员规模、界别设置及名额分配。

【市政协主席会议】 2月7日，政协临海市第十四届委员会第四十七次主席会议召开，协商讨论政协临海市第十四届委员会第五次会议有关事项和2021年度市政协主要工作及协商工作计划，协商提出政协临海市第十四届委员会常务委员会第十九次会议日程和主持人（草案）。

3月24日，政协临海市第十四届委员会第四十九次主席会议召开，专题视察消防救援工作。与会人员实地视察市江南消防救援站，观摩灭火救援实战操法演练，调研大队营房、车辆装备和消防安全教育馆建设等，详细了解全市消防救援工作开展情况。召开座谈会听取市消防救援大队工作汇报，开展协商建言，围绕应急救援能力提升、社会救援力量整合、微型消防站建设、职业保障体系完善等相关内容提出意见建议。会议研究市政协2021年度重点提案、市政协领导督办分工方案及提案办理民主评议工作；审议通过《关于为民主党派和无党派人士在政协更好发挥作用创造条件的若干意见（审议稿）》。

5月18日，政协临海市第十四届委员会召开第五十次主席会议，专题协商国土空间规划编制工作。会议听取市自然资源和规划局重点工作实施、重点区块建设、国土空间规划编制等工作汇报，围绕国土空间规划工作开展协商讨论，提出科学合理编制国土空间规划、增强国土空间规划的实用性等建议。

7月9日，政协临海市第十四届委员会召开第五十一次主席会议，专题视察协商浙江头门港经济开发区“四区一开放”建设。与会人员实地视察口岸监管区、综合保税区，详细了解各项目的整体规划、功能定位、辐射带动等情况。召开座谈会听取浙江头门港经济开发区工作及“四区一开放”建设工作汇报，开展协商建言，提出因地制宜谋划发展思路、创新管理体制机制、深化政企合作等意见建议。

9月17日，政协临海市第十四届委员会第五十二次主席会议召开，开展“加强农村公路建设，打造康庄工程2.0版”专题“请你来协商”活动及提案办理民主评议。会议听取“加强农村公路建设，打造康庄工程2.0版”课题调研情况汇报，就市自然资源和规划局2021年以来提案办理和市政协十四届一次会议以来部分提案办理“回头看”工作开展民主评议。

12月21日，政协临海市第十四届委员会第五十四次主席会议召开，协商十五届市政协委员规模、界别设置及名额分配，协商确定2021年度反映社情民意信息先进单位和先进个人名单、2021年度优秀政协工作者名单、政协临海市第十四届委员会第五次会议以来的优秀提案，协商讨论市政协十五届一次会议筹备分工方案，协商提出市政协十四届二十四次常委会会议日程和主持人（草案）。

【请你来协商】 1月12日，“请你来协商”——家庭教育工作专题协商会召开。会前，围绕全市家庭教育工作提升发展，市政协课题调研组开展调研。会上，市妇联介绍家庭教育工作情况。与会人员围绕如何加强家校

6月18日，市委书记梅式苗参加优化营商环境重点提案办理“请你来协商”专题协商会　（市政协　提供）

合作、整合社会教育资源、注重学生心理健康教育、增强家庭成员教育责任意识等方面，畅所欲言，深度交流，观点碰撞。

6月18日，“请你来协商”——优化营商环境重点提案办理专题协商会召开。会前，市政协专门成立调研组到相关部门和企业开展专题调研，相关部门开展专题研究。会上，提案人作《关于进一步优化我市营商环境》的提案说明，市发展改革局介绍全市营商环境存在问题及解决办法。市政协课题调研组、政协委员代表及行业代表积极协商建言，提出要简化项目审批流程，保障外来务工人员子女接受教育权益，破解用地、融资、招工等制约企业发展要素问题，建立优化营商环境工作考核机制等建议意见。

7月2日，“请你来协商”——推进智慧医疗建设重点提案办理专题协商会召开。与会人员听取提案人《关于推进我市智慧医疗建设》的提案说明，提案承办单位市卫健局关于提案办理情况及智慧医疗建设情况的汇报，并进行协商讨论。

8月5日，“请你来协商”——加快发展夜间经济重点提案办理履职成果回头看专题协商会召开。与会人员听取提案人关于加快发展夜间经济的提案说明，提案承办单位市商务局关于提案办理情况及夜间经济发展工作的汇报，并进行协商讨论。

【视察　考察　学习　调研】　2月2日，台州市政协主席陈伟义到临海开展走访慰问活动。3月12日，台州市政协文化文史工作座谈会在临海举行。3月15日，市政协党史学习教育动员部署会召开，学习贯彻中央、省、台州市以及临海市党史学习教育动员部署会精神，按照“学史明理、学史增信、学史崇德、学史力行”的目标要求，全面部署市政协党史学习教育任务。3月30日和4月13日，组织教育界委员、名优教师先后到涌泉镇和上盘镇、头门港开展“送教下乡”活动。4月15日，台州市政协信息暨理论研究工作会议在临海召开。6月11日，古城街道民生协商室召开首场“请你来协商”专题协商会，聚焦“加快古城街道西部片区发展，打造共同富裕示范区”建言献策。6月17日、7月23日和9月12日，陈伟义先后三次到临海督查指导防汛防台工作。6月23日，“同心向党”——市政协庆祝中国共产党成立100周年书画作品展开幕式在市书画院举行。7月15日，市政协党组书记、主席张招金带领相关部门负责人到括苍镇调研村卫生室（社区卫生服务站）规范化建设工作，开展“我为群众办实事、我为企业解难题、我为基层减负担”专题实践活动。8月26日，省政协副主席张泽熙率调研组到临海调研。9月15日，青海省政协副主席张晓容到临海调研政协工作。9月26日，陈伟义到涌泉镇人大代表联络站，以人大代表的身份开展主题活动。

【提案办理】　市政协十四届四次会议以来，政协委员、政协各参加单位和各专门委员会共提交提案260件。经审查，立案235件，作并案处理12件，不予立案11件，立案提案分别送交74家承办单位办理，14件重点提案被市委市政府领导逐一领办，先后就“关于谋划打造五峰村民宿群”“医化产业提升发展”“关于村级组织换届选举谨防‘一肩挑’变成‘一言堂’”“关于加快三江湿地公园开发建设”等重点提案召开面商会。至年末，立案提案全部办复，提案领衔人书面反馈率为100%，满意和基本满意率达100%。

【“数字政协”建设】　全面对接浙政钉2.0平台，出台《“临海数字政协”建设总体方案》，在省政协统建基础上打造临海政协·掌上履职平台，构建“委员风采”“重点履职”“主题议政”“请你来协商”“委员会客厅”“崇学系列”“同心系列”“全景视窗”八大板块。根据全市党政机关整体智治综合应用架构要求，梳理市政协工作主要领域核心业务，划分为政治协商、民主监督、参政议政、凝聚共识、创新工作五大类10个小项。7月，临海市党政机关整体智治系统政治建设政协工作界面上线。

（撰稿　郑湘滨）

中共临海市纪律检查委员会、市监察委员会

Discipline Inspection Commission of the CPC Linhai Municipal Committee, Supervision Commission of Linhai

【概况】 2021年，全市各级纪检监察组织在台州市纪委和临海市委的坚强领导下，坚决拥护“两个确立”、做到“两个维护”，坚定稳妥推进全面从严治党、党风廉政建设和反腐败斗争，协助市委持续深化清廉临海建设，发挥监督保障执行、促进完善发展作用，实现纪检监察工作高质量发展，发布全国首个清廉民企团体标准，在全省深化纪检监察派驻机构改革工作推进会上作书面交流。

【体制改革】 **派驻机构改革**。根据工作要求，调整派驻（出）机构监督范围，明确将市自然资源和规划局纳入派驻综合监督，深化对开发区的派驻监督，并全面完善《派驻（出）机构工作目标量化考评办法》等制度，出台《进一步深化派驻机构改革重点工作责任清单》，持续优化派驻监督职能，完善派驻监督工作机制。6月，临海在全省深化纪检监察派驻机构改革工作推进会上作书面交流。**基层监督“提质增效年”活动**。率先出台监察工作联络站相关工作例会制度，并及时转发省纪委《村级监察工作联络站（村务监督委员会）廉情直报操作细则》等4项制度，推动监察工作联络站发挥作用。出台《临海市监察信息员激励回馈暂行办法》，激活基层监督内生力，形成“监督—积累—回报”的良性循环机制。该项制度入选2021年度省纪委首批7项机制制度类基层监督特色应用场景。

9月1日，临海警示教育馆开馆　　　　（市纪委市监委　供图）

【政治监督】 保障重大决策部署落地生效，强化对共富高地建设、社会主义现代化先行市创建、优化营商环境、数字化改革等重点工作的监督，督促全市上下做到步调一致、政令畅通。开展疫情防控监督“双查”专项行动，推动整改问题1117个，处理9人。**压紧压实全面从严治党主体责任**。协助市委健全“四责协同、五环闭合”工作机制，推动“提示卡”交责与纪委书记约谈新任“一把手”相结合，深化镇（街道）、重点部门党风廉政建设“同台报告”“个性点评”评议模式，探索开展重点村级党组织主体责任落实情况提级评议，推动市、镇、村

三级联动，层层抓落实。切实加强对全市各级党组织"一把手"和领导班子的监督，协助市委细化制定"五张责任清单"，打造可对照、可检视、可评判的监督责任链条。**持续优化政治生态。**健全政治生态建设状况监督评估机制，有序开展每季一评、半年中评和年度总评工作。针对中央巡视反馈问题整改，既落实好自身整改任务又做好督促推进，纠正问题14个，推动健全各类制度16项。聚焦换届风气监督，联合市委组织部成立3个督导组，开展监督检查41次，回复党风廉政意见7494人次。开展"为干事者担当——向诬告者亮剑"专项行动，为26名党员干部澄清正名，查处诬告陷害1起1人，打击非法信访4起8人。

【作风建设】**严治形式主义、官僚主义顽瘴痼疾。**探索构建多层次立体式监督网络，采取实地走访、随机问询、明察暗访等方式，持续纠治贯彻落实上级部署打折扣、搞变通、喊口号，推进本单位工作不担当、不作为、慢作为，解决群众急难愁盼问题消极应付、推诿扯皮、冷硬横推等问题，全市共查处形式主义、官僚主义问题55起，党纪政务处分48人。**严防享乐主义、奢靡之风反弹回潮。**构建"横向部门协同、纵向市镇联动"督查机制，利用税控发票查询平台、公车GPS定位系统等强化数据共享、轨迹追溯，对违规公款消费、违规收送礼品礼金、违规配备使用公车等异常情况进行"全天候预警""大数据倒查"。开展"吃公函"及违规收送"烟票""蟹票"等隐形变异问题专项整治，严查党员干部、公职人员酒驾醉驾背后的"四风"问题。全年共查处享乐主义、奢靡之风问题61起，党纪政务处分82人。通报典型问题5期27起。坚持以改促建，实行问题整改常态化监督、专项检查和重点督查的"三轨并行"机制，督促推动相关部门制定完善供销系统集体资产监督管理若干意见、规范村干部误工补贴发放等相关制度，从源头上扎紧制度的"铁笼"。

【反腐败斗争】全年共立案审查调查455人，党纪政务处分401人，移送司法机关15人。严肃查处供销系统王某某腐败案，建设系统丁某某腐败案，台州市监委指定管辖的台州市税务系统朱某某、徐某某腐败案等一批有影响力的严重违纪违法案件，以及吴某某、周某某、侯某某、叶某某等一批群众身边的"蝇贪""蚁害"。精准规范运用"四种形态"处理1363人次，其中第一、二种形态共占比89.6%。在高压震慑和政策感召下，84人主动投案。坚持受贿行贿一起查，建立行贿人信息库，构筑反"围猎"防火墙。把高质量做好查办案件"后半篇文章"列入重点攻坚项目，出台专项工作方案。强化案件审理的审核把关和监督制约功能，实现移送起诉案件零无罪、零退查、零不诉。发出纪检监察建议书97份，推动案发单位堵塞漏洞、建章立制。建成投用临海市警示教育馆，摄制展播警示教育片《蝇憾》、廉政微电影《玉石》《火苗》，召开全市党员领导干部警示教育大会。开展"复诊式"回访教育专项行动，累计回访教育196人次。协助市委推动清廉临海建设全方位全领域全要素深化，在清廉台州建设座谈会上作交流发言。强化对各领域清廉建设的动态监督、跟踪指导、督查考评，台州市清廉家庭建设工作现场推进会在临海召开，临海清廉村居建设在台州市推进会上作典型发言，清廉民企团体标准在全国首家发布。创建"清风在列"清廉文化品牌，打造台州市首条清廉文化观览线，入选全省庆祝中国共产党成立100周年纪检监察宣传工作清廉文化"百年·百品展"。

【政治巡察】十四届市委巡

9月1日，全市领导干部警示教育大会召开（市纪委市监委　供图）

察圆满收官。打好常规巡察、专项巡察、巡察“回头看”等“组合拳”，全年共开展3轮巡察，巡察19家市级单位、8个村（社），并对供销、教育、拆迁拆违、涉粮等4个系统和领域开展专项巡察，累计发现问题760个，移交问题线索89条，推动追责党员干部142人，移送司法机关6人。开展“巡察质量巩固年”活动，实现全市巡察全覆盖，圆满完成十四届市委巡察各项任务。**提升巡察工作质效**。以省委巡视指导督导为契机，对十四届市委巡察工作进行系统梳理，落实整改措施53项，修订制度11项，补齐短板，提升规范化水平。抓好巡察反馈问题整改。压实巡察整改主体责任，对整改不力的2家单位党组织主要负责人严肃处理。完善日常督查、回访督查、整改评估“三段式”巡察整改督查体系，推动巡察整改常态化、长效化。强化巡后动态跟踪，对24家单位开展回访检查，通过“双反馈”把脉、“现场查”问效、“抓重点”复诊，精准发现问题39个，并督促限时整改销号。强化巡察成果运用，对发现的普遍性和机制类问题进行分析研判，形成专题报告4份，发出巡察建议书7份，督促建立完善制度65项。

【基层监督】 **监督效能**。实施基层监督“提质增效年”活动，“强化清廉村居建设有力推动基层治理”专项工作14项可比指标中8项指标居台州市前列。镇（街道）纪委（纪工委）自办案件117件，实现全覆盖。全市村（社）监察工作联络站共开展交叉监督、联合检查178次，报送问题信息540条，其中转问题线索144条，较好发挥“老百姓家门口的纪委监委”作用。探索建立监察信息员激励回馈机制，入选全省首批机制制度类基层监督特色应用场景。健全完善“清风板凳会”日常监督载体，入选中纪委《纪检监察干部培训系列课程讲义汇编》。**专项治理**。聚焦群众急难愁盼问题，牵头并会同15家市级单位开展电信网络诈骗、校外培训机构乱象、侵占集体资产资源等16项漠视侵害群众利益问题专项治理，共查处问题32个，处理68人。其中，侵占集体资产资源问题集中治理相关做法得到省纪委领导批示肯定，拆迁拆违领域腐败和作风问题专项治理工作成效位居台州市前列。**信访监督**。开展深化巩固信访举报“三清三提升”活动，信访举报工作被市委纳入对镇（街道）党建工作责任制考核的重点攻坚项目，持续推行“双通报双约谈双签字”和“红黄蓝”三色预警制度，压紧压实镇（街道）党委（党工委）主体责任。集中梳理久访不息、久拖不决的疑难复杂信访件28件，采取挂牌督办、片区协作、提级办信等措施集中攻坚，全部实现销号。全市共受理检举控告件239件，其中初信初访124件，重复信访115件，同比分别下降43.8%、44.6%、42.8%。

（撰稿　李婷婷）

民主党派·工商联

Democratic Parties and the Federation of Industry and Commerce

民革临海市总支委员会

【概况】 2021年，民革临海市总支委员会践行“四新”“三好”要求，以思想作风建设年为抓手，凝聚共识，严守纪律，履行参政议政、民主监督、参加中国共产党领导的政治协商三项基本职能，新发展会员3名。二支部获2021年度省民革示范五好党员之家称号，五支部获2020年度民革省委会示范支部称号。何畅获评2021年度民革全国机关工作先进个人，林萍获2021年浙江省教育系统最美志愿者称号。

【自身建设】 **思想政治建设**。贯彻落实民革中央思想作风建设年要求，深化政治理论学习，开展“六史”（中共党史、新中国史、改革开放史、社会主义发展史、多党合作史、民革党史）学习教育，推进“观故居，走多党合作之路”主题教育活动，两篇文章入选民革省委会主题征文。**组织建设**。推进民革各支部规范化标准化建设，完善临海民革党员之家2.0版建设，围绕示范支部创建和党员之家建管育两大载体，提高自身建设水平。何畅获民革浙江省委会第二届伯乐奖，蒋依宝获评2021年度民革省委会组织工作先进个人，徐佳获、冯言标分别获评2020年度民革省委会社情民意工作先进个人、参政议政工作先进个人。

【职能履行】 **参政议政**。会员中有各级人大代表、政协委员共22人，提交台州人大议案2件、临海人大议案2件，临海政协团体提案13件、个人议案提案19件。其中，潘桦的《科学筹划 适度发债 增强我市经济发展动力》和王海滨的《加强基层法治 助推乡村振兴》被选为在政协会议口头发言材料；徐佳的《建立产品目录 优先政府采购 大力支持本土企业自主创新发展》和杨红峰的《重新构建临海式乡村美好生活，全面振兴乡村休闲旅游业》被选为政协会议书面交流材料；何畅的《关于进一步增强乡贤阵地建设促进乡村振兴》和杨红峰的《关于全面振兴乡村休闲旅游业》被市政协评为2021年度重点提案；杨红峰的《关于续写唐诗之路精彩华章 绘就文旅融合锦绣画卷》和王胜的《关于打造白沙湾滨海风情旅游度假区》被市政协评为2020年度优秀提案。主委李萍参加民革中央开展的长江生态环境保护调研，向市委统战部提交《打造一心一带多节点的临海海洋海岛旅游开拓临海经济新的增长极》等调研报告3篇。2篇调研文章参加民革中央举办的第四届莫干山论坛，1篇调研文章入选省民革参政议政研讨会征文集。**民主监督**。全年参与市委市政府、市政协的政党专题协商和恳谈会20多人次，就党代会报告、“十四五”规划、政府工作报告、优化营商环境、打造共同富裕示范样板等提出意见建议。**反映社情民意**。全年各类信息被中共中央办公厅采用1篇、统战部采用1篇、省委办公厅采用1篇、省政协采用4篇。徐佳的《制造业中小企业运营成本高涨亟须关注》获浙江省委副书记、省长批示。

【社会服务】 以民革特色优势资源和联系市外民革新乡贤为抓手，围绕“基地式、团队式、专题式、合作式”四种社会服务模式，打造“基地帮扶、法律援助、心理咨询、博爱牵手”四大服务名片。开展“博爱·牵手”赴同心基地共同富裕活动、“四老两户”慰问、新时代文明实践服务等活动，参加“同心跟党走　奋进新征程”市统一战线社会服务周活动、市统一战线同心助力共同富裕活动。以市法律援助中心民革工作站为依托，开展法律服务主题社会活动，担任多个部门单位和行政村的常年法律顾问。各支部结合自身资源优势，开展结对帮扶、“亲清助企”医疗服务等社会服务活动。民革普善义工队成为全市志愿服务著名品牌，全年开展公益讲座、慈善服务百余次。

【祖统工作】 联合市台办，开展台胞台属“浙”里迎中秋活动，向在临海就读的台湾学生赠送“开学大礼包”，赴两家台企开展“健康同行”送义诊活动，接待台湾友好人士来访2批次。因疫情原因，与台胞台属交流从线下转移到线上，开展与台北临海同乡会线上共同学习剪纸等活动。

（撰稿　何　畅）

民盟临海市支部

【概况】 2021年，民盟临海市支部以建设高素质中国特色社会主义参政党为目标，推进规范化标准化建设，履行参政党职能，开展社会服务，获评民盟浙江省委会脱贫攻坚先进集体。年末，支部有盟员34名，其中高、中级职称占91.2%。

【自身建设】 **思想政治建设**。深化中共党史、新中国史、改革开放史、社会主义发展史、民盟盟史“五史”学习教育，到温岭坞根、王伯敏艺术史学馆、王启东纪念馆等红色基地、民盟传统教育基地参观学习，筑牢思想根基。**组织建设**。以规范化标准化建设为抓手，加强领导班子“五种能力”建设，选培优秀人才，新发展盟员1人。

【职能履行】 年内，盟员中有台州市人大代表1名、政协委员1名，临海市人大代表1名、政协委员9名。临海市“两会”期间，何芳芳的《此心安处是吾乡——关注人口发展，提升城市活力》被选为口头发言材料，曹佩红《科学规划引领　统筹推进农村建房》被选为书面发言材料；提交团体提案12件、个人提案6件，《关于村级组织换届选举谨防“一肩挑”变成“一言堂”的建议》《关于我市发展夜经济的再建议》《关于推进农村公路建管养运一体化的建议》等3件团体提案被选为重点提案。参加政党双月协商等各类协商通报会，为民营企业发展献良策。探索“全体盟员＋代表委员＋特聘监督员”“联席座谈＋专项监督”模式，组织开展进口冷链食品防疫工作、森林消防和防汛救援工作专项民主监督活动，进行现场督查，强化监督实效。

【社会服务】 年内，多次到永丰镇八叠小学开展送教下乡、助学等活动。帮扶孔丘村，助力乡村振兴，盟省委表彰为脱贫攻坚先进集体。参加临海市统一战线社会服务周活动，到括苍、永丰开展义诊与健康科普活动。

（撰稿　阮绵绵）

民建临海市支部

【概况】 2021年末，民建临海市支部有会员33名，其中，企业会员18人、行政事业单位13人、金融及其他行业2人。

【自身建设】 **思想政治建设**。市支部始终把思想政治建设放在自身建设的首位，线上线下学习相结合，开展中共党史、新中国史、改革开放史、社会主义发展史、多党合作史“五史”教育，全年召开专题学习教育会议8次、理论学习中心组活动5次。5月，与中共临海市城投集团党委联合开展“一起来读史，走红色之路”活动，拍摄《一起来读史》微视频。11月，联合括苍镇党委共同开展“忆初心、谋项目、促发展、共富裕”主题日活动。**组织建设**。2月，召开第二次会员大会，选举产生新一届市支部领导班子。**团队建设巩固提升**。3月，开展“凝聚会员力量”大走访大调研活动，走访会员企业，协助解决后疫情时代生产经营难题。

【职能履行】 **参政议政**。会员中有台州市政协委员1名，市政协委员5名（常委1名）。“两会”上提交提案13件，其中团体提案9件、个人提案4件，《关于把握台州综保区建设机遇　推动临海经济加速发展的提案》被列为重点提案,《大联动 大系统 大统筹 建设具有临海特色的未来社区》等千件提案被选为大会口头发言材料。围绕民营经济、乡村振兴等主题，全年完成课题调研7篇，上报台州市3篇。**民主监督**。全年参与市委、市政协组织的政党协商会议8次，就党风廉政建设、民营经济发展、教育强市等方面提出意见建议。加强与市发展改革局、市医疗保障局对口联系，专题组织工作交流会，落实“三共”(共同撰写调研课题、共同研究体制机制改革创新、共同开展联谊活动)工作要求。**反映社情民意**。全年上报社情民意信息40余篇，全国政协录用1篇、民建中央录用1篇、省委会录用13篇。**对口联系工作创新发展**。按照对口联系要求，如9月10日，市支部联合市发展改革局开展半年度参政议政工作会议暨联建大讲堂活动。

【社会服务】 **统一战线社会服务**。4月，参加临海市统一战线社会服务周活动，为群众提供高考咨询、企业管理咨询、防金融诈骗等志愿服务。9月，参加临海市统一战线同心助力共同富裕启动仪式，支部与大洋街道丁家洋村签署结对帮扶带富协议。**关爱弱势群体**。年初，分别到大洋街道丁家洋村、颐兴园疗养院、东塍镇敬老院开展春节、重阳节、冬日送温暖活动。**爱心助学**。5月，到汇溪镇中心校开展“关爱儿童 情暖六一”慰问活动，送去书籍、文具、体育用品、玩具等礼物。

(撰稿 周伟成)

民进临海市委员会

【概况】 2021年，民进临海市委员会下设7个支部，新发展新会员5名。坚持“立会为公、参政为民”，以“五史”学习教育和基层组织规范化标准化建设为引领，加强自身建设。狠抓“反映社情民意信息”主题年工作，履职参政，获民进全国反映社情民意信息工作先进集体称号。年末，会员总数142人，会员中担任省、台州市人大代表1人，台州市政协委员2人，临海市人大代表1人，临海市政协委员8人。获《民主》杂志宣教工作优秀集体等荣誉。

【自身建设】 **思想政治建设**。市委会始终把思想政治建设放在自身建设的首位，开展中共党史、新中国史、改革开放史、社会主义发展史、多党合作史和民进会史“五史”教育。6月23日，举办“同心筑梦跟党走 砥砺奋进新征程——庆祝中国共产党成立100周年”诗歌朗诵会。金敬耀的《以党为师谱新曲》理论征文被民进浙江省委会录用，张先足的《建设名校要注重顶层设计》和林日掌的《固本培元夯基础 守正创新强实效——县域高中发展的现实问题及振兴路径之探析》被评为开明教育论坛征文活动优秀论文。**组织建设**。科经支部实施民主党派基层组织规范化标准化建设试点工作。5月17日，市委会赴民进中央参观学习，汇报基层组织规范化制度化建设情况及亮点工作。市委会修订支部考核和优秀会员考核以及参政议政工作考核标准等制度。

【职能履行】 **参政议政**。市委会在各级“两会”上积极建言献策：浙江省十三届人大五次会议期间提交建议4件，台州市五届人大六次会议期间提交建议4件，临海市十六届人大五次会议期间提交建议1件。在台州市政协五届五次会议上，提交《关于全力打造浙江生命健康产业高地的建议》大会书面发言1件，团体提案2件、个人提案8件，其中《关于推进新时代文明实践中心建设的建议》《关于加强科技型企业培训，打造高质量发展生力军的建议》被列为重点提案。在临海市政协十四届五次会议上，市委会提交《关于我市中心城区产业发展的建议》《关于加快图书馆建设的建议》大会书面发言提案2件，团体提案10件、个人提案8件，其中《关于加快图书馆建设的建议》和《关于推进中小学生心理健康工作的建议》被列为重点提案。是年，上报民进台州市委会《关于加快我市制造业中小企业数字化转型的调研报告》《县域高中发展对策研究》课题2篇。**反映社情民意**。2021年是民进中央反映社情民意信息主题年，市委会把反映社情民意信息作为参政议政职能的重要平台。全年共上报社情民意信息48条，金敬耀的《“新疆棉”事件启示我们应抓紧制定出台〈国际公平贸易促进条例〉》《基层对进一步健全能耗双控工作机制的五点建议》被民进中央录用，《D级危房改造存在的“五难”现象亟须改变》《基层对进一步健全能耗双控工作机制的五点建议》被民进浙江省委会录用。**民主监督**。参加中共临海市委、市政府、市政协、市委统战部等单位召开的协商会、通报会、座谈会，就健康临海、教育强市、国土空间规划编制、优化营商环境暨民营经济高质量发展等提出意见建议。

【社会服务】 4月14日，市委会和汛桥镇蒋家山村委结对共建，现场为蒋家山村赠送健身路径1套及图书300册。4月24日，组织30多名会员参加临海市统一战线“同心跟党走　奋进新征程统一战服务周”，开展教育、医疗、金融等社会服务活动。9月9日，到结对共建村古城街道伏龙村开展“同心助力共同富裕”社会服务活动，提供送医送药、免费理发、金融反诈等服务。是年，到杜桥中学、上盘镇塘后村、杜桥镇、浙江海翔川南药业有限公司开展送教、送医等社会服务活动，各支部打造“结对乡村学校，共促教育均衡化发展”“民进·护眼眸”“守护心田　温润你我”等服务品牌，助力乡村教育发展，青少年视力防控，受益人数近万人。

（撰稿　周丹红）

农工党临海市委员会

【概况】 2021年，农工党临海市委员会践行新型政党制度，按照“四新”“三好”的要求，开展“同心跟党走”主题教育活动，围绕市委市政府中心工作参政履职，形成“党派+阵地”“党务+活动”“党派+社团”的“三加”组织建设模式，作为民主党派组织建设案例报送至农工党省委会，新发展党员6名，党员总数128人。市委会被省委会评为2021年度组织工作先进集体，贾彦被评为年度社会服务工作先进个人，赵景娇被评为党史理论研究先进个人、年度宣传工作先进个人。

【自身建设】 **思想政治建设**。分层分类推动全体党员开展“七史”学习教育活动，回顾多党合作历史，系统梳理农工党在临海发展历史脉络。开展“同心跟党走”系列活动，举办庆祝中国共产党成立100周年主题文艺晚会，选送书画摄影等文艺作品参加统战部作品展。**组织建设**。4月30日，台州市首家民主党派党史陈列馆——农工党临海市委员会党史陈列馆揭牌落成。连续13年与沿江镇黄土山村结对共建。在紫阳街新时代文明实践中心建设同心服务基地，不定期为居民提供医疗咨询服务、养生讲座等服务。

【职能履行】 **参政议政**。“两会”期间，市委员会向市政协十四届五次会议提交《加快农业面源污染治理，保护百姓“大水缸”》等大会发言3件；团体提案12件、个人提案10件，其中1件团体提案、1件个人提案共2件被列为重点提案和优秀提案。向台州市政协五届五次会议提交团体提案2件。在省人大十三届五次会议上，党员代表提交提案3件。全年形成调研报告2篇，上报直通车1篇。**反映社情民意**。参加市委、市政府、市政协等召开的双月工作协商会、座谈会、情况通报会和意见征求会等，就市委、市政府工作报告、全市经济社会发展提出意见建议。有关药品集中采购政策存在的问题建议被省委办公厅选送至中办。**民主监督**。加强与农业农村局、综合行政执法局、审计局、教育局等对口联系单位的联系监督，与农业农村局联合开展未来村庄建设调研，共同完成调研课题1件。

【社会服务】 4月，参加临海市统一战线“同心跟党走　奋进新征程统一战服务周”活动。9月，到尤溪镇哈龙岙村开展助力共同富裕会服务活动，提供水果种植、健康服务、艾灸、防疫宣传、医保政策宣传、防诈骗反假币宣传等服务。根据市委市政府工作安排，多名党员到杜桥镇、隔离点参与防疫工作。倪桂莲常年到村社开展医学科普讲座及义诊，在临海电台及电视台录制医学科普栏目，建立病友群，开设“倪医生小课堂”科普公众号。

（撰稿　赵景娇）

九三学社临海市委员会

【概况】 2021年，九三学社临海市委员会开展“五史”学习教育，团结带领各支社和广大社员，坚持“科学履职参政、民主协商议政、监督服务助政”，围绕市委、市政府中心工作和经济社会发展的热点难点问题进行调研，拓宽社会服务领域，获评社省委社会服务先进集体。年末，有社员118人，其中高级职称61人。孙薇获评社省委社会服务先进个人，赵玲燕获评社省委优秀社员，胡晓燕获评社省委优秀社务工作者。

【自身建设】 **思想政治建设**。开展中共党史、新中国史、改革开放史、社会主义发展史、多党合作史和社史“五史”教育。联合东塍镇溪东小学，开展以“各族少年心向党，红色宣讲迎百年”为主题的系列红色宣讲活动。**组织建设**。实施“人才强社”战略，发展新社员5人。

【职能履行】 **参政议政**。2021年，社员中九三学社省委委员1名、台州市人大代表3名、台州市政协委员2名（其中政协常委1名）、临海市政协委员17名（其中常委6名）。向临海市政协十四届五次会议提交《加快创新孵化载体建设——推动产业高质量发展》等团体提案11件，大会发言4篇，个人提案13件。其中2件被市政协选为重点面商提案、2件提案被市政协评为“市政协十四届四次会议以来优秀提案”。完成《关于我市农创客培育发展、助力共同富裕示范样板打造》等调研报告4篇。**民主监督**。参加市委、市政府、政协、市委统战部等召开会议20余次，就党委工作报告、政府工作报告、“十四五”发展规划、党风廉政建设和反腐败工作等内容积极建言献策。12名社员兼任各类特约监督员、民主监督员。与市统计局、市卫计局、市科技局、市港航渔业局等对口联系部门，进行重点工作座谈协商。

【社会服务】 4月，组织40多名会员参加全市“同心向党 走 奋进新征程”统一战线服务周活动，开展教育、医疗、金融、法律以及食品安全等社会服务活动。6月，九三学社中央“院士专家科普行”临海站启动，围绕产业数字化转型和乡村振兴、人才振兴等主题开展“科技帮扶”，为临海经济社会高质量发展献智出力。上海市政协副主席、九三学社上海市委主委、华东理工大学副校长、中国工程院院士钱锋为全市300余名党政领导干部及企业家作题为《数字化转型助力制造业高质量发展》的报告。活动期间，还举办企业座谈、科普下乡镇、科普进校园等系列活动。与浙江中医药大学及附属中医院九三省直支社对接，引进国家级、省级名中医在市中医院设工作室。是年，共组织开展各类社会服务活动30余次，受益群众万余人。

（撰稿 邱清波）

临海市工商联（总商会）

【概况】 2021年，市工商联（总商会）围绕“两个健康”主题，紧扣市委、市政府中心工作，推进清廉民企、对口扶贫、结对帮扶、招才引资等工作，顺利完成换届，兑现异地商会招商工作奖励63万元，被评为全国五好县级工商联和调查点工作先进基层单位，认定为省“五优”县级工商联和“两个健康”①工作成绩突出集体。沿江镇商会被评为2019—2020年度全国“四好”商会。推进政治建会，开展非公经济人士理想信念教育和党史学习教育，命名郭凤韶烈士纪念馆、羊岩山茶场和中共台州中心县委机关旧址纪念馆为市非公经济人士理想信念教育基地。全年刊出《临海商界》4期，定期推送工商联公众微信号，相关工作及多名非公经济代表人士事迹得到《浙江卫视》报道。

【组织建设】 11月22日，市工商联（总商会）第十一次会员代表大会召开，430名会员参加，选举产生新一届领导班子，章卡鹏当选为十一届主席（会长）。是年，委托中国标准化研究院编制《商会组织管理规范》并通过专家评审。上海临海商会党委和广州市浙江临海商会党支部相继成立，全市共有13家异地商会党组织，党员242名。实现镇（街道）商会党总支全覆盖。

【清廉民企】 9月25日，委托中国标准化研究院编制的全国首个清廉民营企业建设方面的团体标准——《清廉民营企业建设通用要求》发布实施。10月，印发《关于深入推进清廉民营企业建设的实施方案》《临海市清廉民营企业建设评价标准（试行）》，全市564家规上民营企业实现清廉民企建设机构全覆盖、阵地全覆盖。开发的“亲企通”场景应用被列入全省工商联数字化改革第一批“揭榜挂帅”名单，入选国家发展改革委办公厅推广地方支持民营企业改革发展典型案例。

【对口扶贫】 印发《市工商

① “两个健康”指非公有制经济健康发展和非公有制经济人士健康成长。

联系统助力共同富裕系列活动方案》，组织46个商会与39个行政村结对。市总商会向结对村永丰镇凤凰桥村捐赠35台价值16.5万元的缝纫机。市外临海商人购买或代销家乡优质农副产品，30家市外商会购买2万多箱杨梅、柑橘和4吨茶叶，助力产业兴村，农村增收。上海临海商会牵头组织上海14家医院30余名专家教授到永丰镇义诊，服务患者1000多人。古城街道商会、白水洋镇商会、杜桥镇商会、上盘镇临海商会与四川嘉陵区下属村签订帮扶协议。浙江本立科技股份有限公司、瑞博药业有限公司等30家企业与嘉陵区结对，配合市政府对口扶贫工作，到四川实际投资6亿余元，带动脱贫416人。市工商联、四川省浙江临海商会、浙江华海药业股份有限公司被评为台州市东西部扶贫协作成绩突出集体。

【维护权益】 **政企恳谈。**制度化开展政企面对面恳谈活动，全年联合市科技局、市税务局等部门，举办面对面恳谈会活动6次，收集问题建议65条，现场提交相应职能部门解决。各镇（街道）商会召开政企面对面座谈会34次，上盘镇商会被列为省亲清直通车第一批试点单位。**法律服务。**市检察院护航民营企业联络室为8家企业调解案件，实现镇（街道）商会调解工作站和检察联络站全覆盖。深化协同商会服务中心建设，承接政府部分职能，聘请专家对会员开展劳动法务培训、风险评估等服务1800多家次。推行律师事务所联系商会制度，建立市工商联（总商会）人民调解委员会，负责全市非公经济领域纠纷调解工作，全年受理调解案件400余件。服务平台。开发“协同助企”一站式服务平台，入围全省工商联数字化改革第一批“揭榜挂帅”名单，被评为2021年度二季度服务“两个健康”最佳实践案例。

（撰稿　林　通）

群众团体

Mass Organizations

临海市总工会

【概况】 2021年，临海市总工会围绕庆祝中国共产党成立100周年、全省非公企业产业工人队伍建设改革全域综合试点等，构建思想引领、劳动竞赛、维权服务、组织示范工作体系，投入300余万元完成高埠路工人文化宫改造，投入150余万元打造全省首个职工志愿者之家，成立全国首个民政注册的工会志愿服务组织——临海市职工志愿者协会。相关工作在全省工会职工服务阵地"两化"运作经验交流会和全省深化"两基"工作现场推进会上作经验介绍。面向长三角地区开展职工疗休养宣传推介，以职工疗休养带动文旅消费、助推乡村振兴。4月，长三角地区职工疗休养交流协作大会在临海举办。年末，全市共有2个产业工会，5个行业工会；13个局(系统)工会工作委，19个镇(街道)总工会和浙江头门港经济开发区总工会；有1612个基层工会组织，会员18.82万人。市总工会被评为全国财务会计工作先进单位。

【思想引领】 围绕庆祝中国共产党成立100周年、党史学习教育及学习贯彻党的十九届六中全会精神"六讲六做"大宣讲，开展"我心向党"系列活动。组织开展"车间垦荒人·奋斗正当时"宣传文化入企活动31场次，覆盖职工3500人。开展职工文体"双十引领"活动，举办"我心向党·劳动筑梦"全市职工合唱大赛、"百年循迹"健步走和"劳动创造幸福"全市职工读书活动，"五送"圆心愿、"四千工程"进企业、进农村文化礼堂活动35场次，推动职工群众性文体活动入企业、下基层、进车间。开展"工惠乐学"公益培训40场次，惠及职工1万余人。

【劳动竞赛】 以临海列入全省非公企业产业工人队伍建设改革全域综合试点县(市、区)为契机，出台助企产改"十四条"，推动产改工作由试点企业向规模上企业扩面，培育省级产改试点企业1家、台州市级试点产业集聚区1家、台州市级试点企业3家、市级试点企业39家。开展立功竞赛、技能竞赛、技术创新等活动50余场次，承办台州市级技能竞赛2场，覆盖职工10万人，创建省级高技能人才(劳模)创新工作室1家，台州市级3家，各工作室创新课题立项60个，创造经济价值1000余万元。帮助206名农民工实现学历与能力双提升。实施新时代工匠培育工程，完成"名师带徒"结对121对，获全国五一奖章1人，获评浙江工匠8人、台州工匠14人。开展以"三送一强"为主要内容的防暑降温和高温期间劳动保护工作集中行动，走访慰问企业136家，慰问职工4万余人，发放慰问款物60余万元。

【维权服务】 推动实现劳动关系监测预警与职工队伍稳定风险排查化解制度化、常态化、长效化，开展"尊法守法·携手筑梦"服务农民工公益法律讲座、法律援助、普法宣传等活动70余场次，打造职工说法工作室10家。

推进集体协商提质扩面，实现建会企业集体协商建制率、签订率、履约率三个100%。代表台州市参加长三角地区三省一市首届工会集体协商技能竞赛并获第一名，华海药业陈登荣获最佳协商员称号。全年累计投入100余万元，开展职工生活、助学、医疗、培训和法律援助等帮扶救助工作。响应市委、市政府“留临过年”号召，推出工会“留八条”系列活动，为留临过年职工营造温馨、浓郁的节日氛围。引导和鼓励非公企业开展普惠性职工疗休养，分8批次为230名一线职工提供免费疗休养。落实小微企业工会经费返还政策，全年减返经费1048.20万元，惠及企业1510家。做好职工就业服务，组织开展线上线下公益性招聘会17场次，提供就业岗位8000多个。举办转岗再就业技能培训班9期，帮助405名困难职工通过培训实现再就业。推动户外劳动者驿站建设，依托站点开展“工会进万家・新就业形态劳动者温暖行动”等关爱活动20余场，市户外职工驿站、巾山路电信营业厅“爱心驿站”获评2021年全国“最美工会户外劳动者服务站点”。

【组织示范】 全年新建基层工会组织178家，新增会员21902人，得到省总工会主要领导批示肯定。投入150余万元，打造全省首个职工志愿者之家，成立临海市职工志愿者协会，系全国首个在民政部门注册的工会志愿服务组织，组建志愿者队伍347支，志愿者1.8万余人。创新打造“工享家”工会志愿服务数智管理云平台，建立“四单制”服务模式，实现供需双向快速对接、惠民服务“一次不用跑”，组织开展各类志愿服务活动8000余次，累计服务近10万人次。该项工作入选第一批临海市县域社会治理现代化“十大标志性工程”，市“劳模匠心”志愿服务队被评为2020年度全国学雷锋志愿服务“四个100”先进典型最佳志愿服务组织。开展对口地区消费帮扶，通过专柜专馆、现品现购、优选优销三大举措带货嘉陵农特产品，临嘉两地消费协作年成交额累计超1200万元，带动嘉陵地区1000余名脱贫农户增收。

（撰稿　李优瑾）

共青团临海市委员会

【概况】 2021年，出台《临海市“十四五”青年发展规划》，以规划引领团的工作高质量发展。围绕党史学习教育，创新开展“红色IP大寻访”“口述人生话初心”等活动，做好青少年思想引领工作。实施多栖青年人才计划，承办台州市青年创业创新大赛，积极维护青少年权益。推进县域共青团基层组织改革试点工作，“积分入团”工作被列为省级专项改革试点，实行“推优入党”积分制管理办法，建立“双推联审”工作机制打造县域共青团改革临海样板，新增团组织120家。年末，全市有直属团（工）委122个，团总支6个，团支部1329个，团员41563名。

【共青团基层组织改革试点】 **党建引领团建**。建立县域共青团基层组织改革全国试点工作领导小组，市委主要领导任组长。团的县级和县级以下各级委员会书记列席同级党的委员会和常务委员会的会议形成制度。出台《关于进一步加强基层党建带团建、队建工作的实施意见》，构建基层党建带团建、队建“五位一体”的工作格局。团聚服务新兴青年群体，成立台州市首家快递行业、互联网行业团工委，建设全市首家新兴青年空间。新建团办青年社团和协会青年委员会11家，覆盖志愿服务、创业创新、文艺体育等多个领域。推进“双百双服务”兼职团干部培养工程，承办台州市“双百双服务”兼职团干部任职大会，配备金融、司法兼挂职副书记65名，打造科技金融+、青年进社区等三大示范性工作阵地，举办各类活动130余场次。提档升级“青年之家”，新增青少年综合性实体化服务平台19家。**数智驱动转型**。打造临海共青团大数据平台，构建共青团基础情况指标体系，基本完成对临海共青团的画像。建设青少年儿童“心灵驿站”应用场景，上线浙里办专区。东塍镇青少年服务中心线上平台获“垦荒杯”二等奖。联合市司法局、市市场监督管理局，上线“亲企通”协同助企一站式服务平台。

【思想引领】 **党史宣讲**。分类组建58个青年宣讲团，举行分众化、对象化、互动化党史宣讲百余场次。开展“千名青年流动讲”专题宣讲，使用快板等通俗形式宣讲。举行宣讲团徽党课大赛、课件大赛等活动20余场。青年宣讲团作为唯一县市区代表受邀赴杭承办“青春向党”百部电影进高校展映活动启动仪式。启动实施“万名青少年红色IP大寻访”项目，推出红色研学“初心”IP32个、“振兴”IP20个，开发“红色大寻访”微信小程序，举办红色IP大寻访情景式定向赛。相关活动被新华网、中新网、学习强国等媒体报道。开展“口述人生话初心”青年结对老党员活动，结对百名老党员学“四史”，专题纪录片累计点击量万余次。**媒体宣传**。承办台州青年新媒体人俱乐部研讨会暨青少年社工训练营，深化“临海青年”新媒体矩阵百万“粉丝”建设，居临海政务类微信公众号第2名。“青年店主捐橘助科研”被《人民日报》、新华社、中央电视台等国家级媒体报道，《人民日报》阅读量超5亿人次。开通“临海青年”“临海少年”视频号，“五四”期间在电影院、户外大屏投放《奋斗吧青春》主题宣传片，传播量超百万人次。

【青年人才培育】 **青年优才计划**。举办“青年人才嘉年华”系列活动，打造青年人才驿站2家，开展“打包春天”青年人才交友、小城X计划、青雁计划等品牌活动，其中小城X计划为美丽台州现场会项目，市四套班子领导和县市区主要领导现场参与，青雁暑期实践项目在瑞士国家电视台、中新网等报道。联合市委组织部，开展“我的青春我定义”青年说系列活动，开设“90后年轻干部周末学堂”，成为全市年轻干部展示风采的重要平台。**乡村振兴青年人才**。定制青雁、青农、青创、青匠四类青年成长手册，实施青雁领航、青农提升、青创兴镇、青匠传承四大工程，为乡村振兴提供人才支撑，首批选树青年128人。

【青少年权益维护】 **青少年心灵守护行动**。出台首个青少年“心灵守护行动”实施方案，投放心灵守护电话亭3个，开通“12355”青少年儿童心理24小时服务热线，全年接到求助电话1078通。以青少年宫为阵地，每周开设“心灵守护课堂”，实现青少年自杀率同比下降33%。相关工作在央视和《今日环球》播出，《中国青年报》、国务院妇儿工委网站专题报道。**青少年关爱行动**。探索建立青少年维权“一件事”，建立青少年分类帮教管理机制，对769个重点青少年家庭开展跟踪帮扶。创建“青少年维权岗”“双零”社区，打造未成年人司法社会服务中心，全面开展“开学法治第一课”活动，累计服务青少年1.3万人次。推进“亲青托”助力“双减”常态化托管志愿服务行动，新建乡村少年宫6家，通过“学校点单—青志接单”模式提供课后志愿服务，服务学生近万人次。开展“青春暖蜂”“青春e家”关心关爱行业青年主题行动，推出3亿元的“共富暖蜂贷”，打造“鹿路同心”驿站服务网，团干Vlog《体验快递小哥的一天》登上浙江新闻。

【建功立业】 **创业创新**。连续两年承办台州市青年创业创新大赛，设台州、杭州、苏州、上海四大赛区，吸引100多个创业项目参赛，孵化青创项目57个。杜桥青年电商创业园入驻电商20多家，获评省AAA级电商产业基地。开展“农村青年创业伙伴计划”，推进“青春小镇”建设，建立青农创客空间1家，林东东获2021年省青春助力乡村振兴带头人“青牛奖”。**志愿服务**。召开市志愿者协会第四次会员大会，社会化整合志愿者队伍95支，新吸纳青年志愿者2.1万人。构建“基层吹哨、青年报到”工作体系，在垃圾分类、疫情防控等领域打造青年志愿服务品牌，助力“留临过年”活动被《中国青年报》刊载。“小城试验场”暑期实践团终期汇报分享，线上观看近万人次。**青年文创**。升级青年美好实验室，引入新兴青年专

青雁计划　（2021年/摄　团市委　供图）

家库和合作资源库，举办“樱花纪”“稻田躺平”“出桃计划”“浸润的童心·红色的力量”青少年艺术展等20余场流量活动，举办全市首届文旅创业大赛，创建以台州府城为核心的临海青年文化地标，以青年美学助推城市二次改造升级。

（撰稿 谢芸芸）

临海市妇女联合会

【概况】 2021年，全面推进妇联组织集中换届，开展“千名主席履新领实事”活动，实施“巾帼头雁”培育工程。打造巾帼宣讲品牌，开展党史学习教育，强化思想引领。围绕中心工作，广泛开展巾帼建功活动。维护妇女儿童权益，开展家庭家风建设。“浙里好家政”场景应用被列入全省数字化改革“最佳应用”名单，得到省委书记、省人大常委会主任袁家军等领导批示肯定。年末，辖19个镇（街道）妇联，53个机关、事业单位妇女组织，662个村（社区）妇联。大田街道妇联被评为全国妇联系统先进集体。

【思想引领】 组建“红船女儿”宣讲团，在全市率先推出《巾帼红领·读党史》栏目，邀请三八红旗手、巾帼头雁等诵读党史，全年推出18期，阅读量8万+。邀请市内各行业优秀女性代表录制《巾帼心向党 奋斗新征程》快闪视频，申报郭凤韶烈士（故居）纪念馆、中共台州中心县委机关旧址为台州市巾帼文明岗。

【巾帼建功】 **巾帼志愿服务**。响应留临过年号召，主动联合21个省54个县开展“飞地关护计划”，为百名优秀新临海人提供服务300余次。防台期间，2000余人次的妇女干部参与走访排查、转移安置人员等工作。**巾帼云创**。牵手“巾帼助富行动”，深化“巾帼云创·乘风破浪”四大行动，搭建巾帼云创联盟，助力乡村振兴。11月22日，台州市妇联“‘妈妈的味道’带你游台州”活动第一站在临海开启。**巾帼文明岗创建**。全年成功创建8个省级巾帼文明岗，临海农商银行杜桥支行获全国巾帼文明岗称号。**数字化改革**。开发“浙里好家政”场景应用，将家庭“内务”转化为就业新渠道，优化升级巾帼共富载体。该应用入选全省数字化改革“最佳应用”名单，得到书记袁家军、常务副省长陈金彪、副省长朱从玖等领导批示肯定，引发《人民日报》《中国妇女报》等媒体的关注。

【维护权益】 **“维爱”调解工作平台**。依托“1+19+N”全覆盖的维权调解服务网络，打响“维爱”服务品牌。维爱调解工作室被认定为首批“浙江省婚姻家庭纠纷化解品牌工作室”。**防性侵害教育**。实施女童保护“一所一讲师”工程，培养一支专业女警讲师队伍，开展常态化防性侵教育，“中国妇女报”微博刊发后获点赞1.4万次，转发3000余次。市公安局被评为全国维护妇女儿童权益先进集体。**“五式”维权普法**。以“平安万家 幸福临海”为主题，线上线下开展“五式”维权普法活动，服务进社区、进乡村、进家庭，推出“维爱·微讲堂”30余期，点击量超16万次。全年开展反家暴、《中华人民共和国宪法》、《中华人民共和国民法典》、禁毒防艾等普法宣传活动262场次，参与近20万人次，发放宣传资料5万余份。

【家庭建设】 **家庭教育综合服务体系**。5月10日，台州市家庭家教家风宣传月暨“好家庭助清廉”活动启动仪式在临海举办，

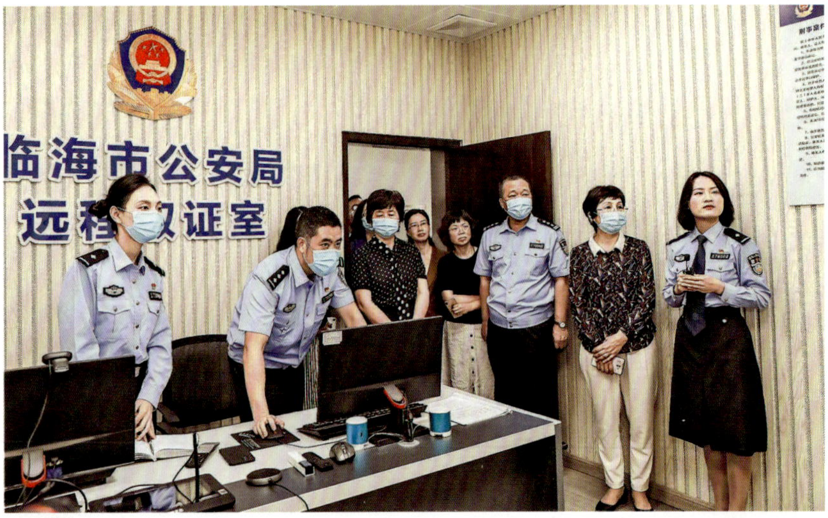

6月23日，全国两纲评估检查组到临海评估检查《中国妇女发展纲要（2011—2020年）》《中国儿童发展纲要（2011—2020年）》实施情况

（市妇联 供图）

搭建“和合家·幸福城”家庭建设综合服务矩阵，完善妇女微家、维爱调解室建设，形成“有人、有阵地”的服务体系。**清廉家风。** 5月10日，台州市清廉家庭建设工作现场推进会在临海召开，发布“好家庭清风行——台州府城清廉文化观览线”，涵盖22个清廉坐标，打造“清廉台州”建设临海样板，相关做法在《全国妇联简报》第35期刊载。**家庭建设。** 开展最美家庭等寻找宣传活动，发放“好家庭信用贷”11户205万元。开展“家庭教育·时空对话”活动3场，单场直播平均收看量超39万人次。**儿童之家规范化建设。** 依托新时代文明实践中心、村级党群服务中心、文化礼堂、学校、幼儿园等阵地，新建、改建61个示范型儿童之家，成功创建2家省级示范型儿童之家，10家台州市级示范型儿童之家。开展家庭教育、心理咨询等活动142场次，3700个家庭受益。

（撰稿　宋汝苗）

临海市科学技术协会

【概况】 2021年，市科协紧扣市委、市政府中心工作，团结带领全市广大科技工作者，推进科普科创各项工作。5月，首次承办第17届浙江省青少年电脑机器人竞赛。全年新建企业博士创新站4家，创建省级科普基地1家。

【科技合作】 年内，组织开展6次院士专家行活动，聘请吴志强院士为城市设计咨询顾问，浙江永太科技有限公司与郑裕国院士、浙江鸿源生态降解塑料有限公司与陈学庚院士开展项目合作；举办华海药业第二届科技节，陈建峰院士与华海药业达成合作；组织企业与博士进行项目对接和技术咨询，建成4家企业博士创新站。实施“百家学会联千企（村），千名专家助万企（村）”行动，开展各类活动136场次。发挥“三长”①领衔作用，评出市级“三长”领衔示范项目15个，其中获评台州市科协“三长”领衔示范项目2个。

【科普集市】 **科普活动。** 开展“科技活动周”“全国科技工作者日”“全国科普日”主题科普活动，主办第7届青少年科学嘉年华、第35届青少年科技创新大赛、第7届中小学生科普征文大赛。5月22—23日，第17届浙江省青少年电脑机器人竞赛在回浦中学举行，来自全省各地的423支参赛队伍、1600余名师生参赛，临海有10支代表队参赛。启动“银龄跨越数字鸿沟”科普专项行动，推广“科普中国”App，组织开展科技科普进企进校进文化礼堂活动100多场次，邀请钱峰院士等九三学社院士专家到临海开展科普活动。**科普阵地。** 全年分别新增省级、台州市级科普教育基地1家、2家，在哲商小学设立STEAM创新教育基地。实施科普助力“双减”专项行动，组织各类科普体验实践活动30多场次，台州初级中学实验师卢能晓，市珈源钟表科普博物馆、市禾木天香筷子博物馆被列入全省首批“双千”助力“双减”科普专项行动专家和基地名单。

【科普惠农】 建立中国茶叶学会、省水产学会、省植物病理学会服务站，设立省植物保护学会创新驿站。4月13日，中国茶叶学会、中国国际茶文化研究会在临海举办乡村振兴产业发展融合暨茶文化产业发展论坛。同日，茶叶学会临海服务站正式揭牌。依托农函大资源，承办省农函大第二批第一期乡村振兴科普带头人培训班，在省农函大业务骨干培训班上作题为《助力乡村振兴战略　努力提高农函大管理水平》的典型发言。承办台州市西兰花产业高素质培训班，举办柑橘、杨梅等农村实用人才培训班。《临海市科协搭建“三大平台”助力共同富裕》获省科协党组书记、副主席谢志远批示肯定。

（撰稿　陈仁中）

临海市归国华侨联合会

【概况】 2021年，临海市侨联坚持以侨为本，团结带领归侨侨眷和海外侨胞围绕中心，强化“大侨务”观念，建立侨务工作共商机制，有序推进服务中心工作、助力共同富裕、服务联谊、对外宣传等工作，中新网、人民网、新华网等媒体多次进行报道。市侨联被评为2021年度全省侨联系统成绩突出集体。台州府城文化旅

① “三长”是指卫生院院长、学校校长、农技站站长。

游区被认定为省级和国家级华侨国际文化交流基地，侨家小院被省委统战部确定为浙江省侨务工作实践创新基地。

【思想建设】 扎实开展党史学习教育，在台州市侨联系统率先召开文化宣传月启动仪式，开展“我在小院学党史、我在小院唱红歌、我在小院讲故事”系列活动102场次。“侨联群＋朋友圈”，共推送上级侨联、统战部门发布的党史学习教育精品微文52篇。括苍镇的《侨妈妈的心愿》、古城街道的《梦想的模样》，入选省侨联“追梦中华·侨声心语话未来”短视频展播活动。围绕“侨心向党——学党史、庆百年、赞家乡”，精心制作60期短视频，在临海侨联抖音号展播。以“侨家小院”为抓手，实施“一镇一品”，推动侨联阵地项目化运行，清单化服务，先后开展联络联谊、健康义诊、垃圾分类宣传、安全教育、暑期义教、服务乡村振兴等活动50余场，服务群众3000余人。

【助力中心】 推动“浙统云”数据库建设，录入侨界人士信息939条，数据完整度达100%，构建“数字群团”侨务板块。围绕“灵湖景区南侧大岗山开发”“乡村旅游经济”“企业转型升级”等课题开展调研、座谈6次，提交议案、提案51件。推动侨商侨企回乡投资，侨企台州耀达置业有限公司投资的白水洋镇城市综合体项目成功落地。推进“海创苗圃行动”，协助申报“台州市500精英计划”，临海籍留日博士何俞江、吕陆的“高血压糖尿病全周期监控管理”项目有序开展。深化“海外英才讲坛”活动，邀请美国特拉华大学终身教授、南方科技大学教授王连平为学生授课。

5月25日，“侨心向党·我在小院讲故事”活动现场（市侨联　供图）

【共同富裕】 举办“共同富裕·侨有担当”座谈会，开展“海外侨领临海行”“百个侨团（企）扶百村”等活动，推进“港澳台侨人士助富”工程，积极引导侨商回乡投资。阿联酋台州商会、俄罗斯台州商会、台州市欧美同学会等3家台州市级侨团组织与永丰镇周沈村结对，柬埔寨临海商会、市留联会与永丰镇茶辽村、方家岙村结对，助推乡村基础设施建设和农业产业发展。浙江永磁电机、压力表厂、凡世自动化科技等侨企认捐乡贤帮扶基金合计90万元，用于乡村振兴事业。侨企浙江龙威彩灯、辉辉彩灯捐资125.8万元建设东塍镇屈家村文化礼堂。整合“侨帮志愿汇”“侨妈妈”“关爱侨界空巢老人”等公益资源，建立市级志愿服务库，开展扶危帮困等活动60余次，受益群众千余人。发挥侨界“秀希助教基金”和全省首家海外漂流图书馆作用，开展“侨爱圆梦”活动，40多名优秀乡村教师（校长）获奖，23名贫困生、留守儿童获得资助。共同富裕工作在台州市侨务系统“聚力双招双引，助推共同富裕”专项工作现场推进会上做经验介绍。

【涉侨宣传】 编写《百年风华·临海侨心》，集中介绍临海百年历史上有代表性的侨人侨事。借力省侨联“百年百侨”征集活动，宣传侨界代表人物朱洗事迹。依托中国侨联国际文化交流基地——台州府城文化旅游区，邀请波兰木偶诊所剧团等海外艺术团队参加台州府城公共艺术节活动，接待俄罗斯台州商会、加拿大台州商会考察团到府城考察，传播临海传统文化；发挥印尼·临海海联驿站——巴厘岛汉语中心作用，开展“临海周”主题宣传；临海剪纸传人张秀娟在亚马逊平台举办丝绸剪纸作品展；临海籍演员黄芬芬在英国传播平台推送多期临海宣传短视频，讲好临海故事。中国台州·美国中学学生在线交流会由台中学生主持，台州中学和6所美国高中的学生思维碰撞，向世界传递临海青年声音。

【服务联谊】 开展新春大走

访、“今年中秋不回家·侨干代您看家人”等暖侨活动，慰问临海籍侨胞侨眷、留学生600余人。中巴射击协会举办庆圣诞迎新年活动，加深海内外联络联谊。排摸新归国留学生，建立留联会青年委员会。开展“关爱侨属健康”活动，开通“家庭药箱”医疗服务绿色通道，为困难侨胞侨眷提供专业上门医疗服务。开展海外侨胞暖心活动，为柬埔寨临海商会、阿联酋临海海联驿站的临海同胞送去关怀和药品。持续开展“我为侨胞办实事，我为侨企解难题”活动，走访侨胞212户、侨企33家，梳理重点服务项目10个，受理热线咨询电话17个，与卫健部门对接，开设留学生疫苗接种绿色通道；与市公安局、市出入境管理局对接，帮助紧急出国人群快速办理护照、出入境证件，解决侨胞疫苗接种、留学生核酸检测证明、疫苗证明等难题29个，帮助侨企协调解决人才引进、惠企政策申报等问题6起。在市矛盾纠纷调处中心设立涉侨纠纷调解室，在古城等涉侨重点镇街设置调解点，化解各类纠纷7件。与市司法局、市人民法院、市人民检察院等单位联合开展“普法护侨进小院”活动，通过侨法讲座、以案说法、线上知识竞赛等形式，普及涉侨法律法规。打造专业律师援助团，建立临海市侨务法律服务与社工中心，吸收31名专业律师入库。成立海外侨领协调团，邀请李选、冯言明等侨领入团，成功调解迪拜、柬埔寨等地海外涉侨纠纷案件2起。

（撰稿　唐跃华）

临海市文学艺术界联合会

【概况】 2021年，实现镇（街道）文联全覆盖，新建“文艺之家”2家、文艺创作基地2家。围绕建党百年、党史学习教育主题，举办7场主题文艺活动，创作各类文艺作品160余件。在国家核心刊物发表作品38件，省级以上展览赛事获奖或入展入选50人次。年末，市文联下属作协、书法、美术、摄影、摄影家、音乐、舞蹈、戏剧、曲艺、诗联学会、根艺美术、民间文艺家协会等12个协会和网络作家协会、女书法家协会2个二级协会，有会员1300余人，其中国家级会员98人、省级会员196人。

【文艺活动】 围绕中国共产党成立100周年和党史学习教育，开展“唱支山歌给党听”文联系统快闪活动，举办“忆党史、守初心、谋新篇、开新局”书法美术摄影作品展、“临海党史史迹与‘光荣在党七十年’人物巡回展”、“临海百咏”诗书作品展、“此心安处是吾乡”临海市第三届女书法家书法作品展、“历史的传承　现代的跨越——画笔下的台州”汪洋版画名家工作室作品展等7场主题文艺活动。“中国摄影之乡”落户台州，临海承办第28届全国摄影艺术展，做好各项筹备工作。全年举办20场文艺培训活动、29场会员交流研讨、17场采风活动，200余人次参与。组织开展文艺进社区、乡镇、警营、机关、学校、企业活动158场，服务万余人次。

【文艺创作】 创作各类主题文艺作品160余件，出版《“锦绣府城、艺韵鎏辉”——临海市首届民间文艺精品展图集》《此心安处是吾乡——第三届临海市女子书法作品展》及长篇小说《赴你应许之约》等作品6部。会员在国家核心刊物发表作品38件，全年累计发表文学作品131件，其中国家级23件、省级73件、市级35件。在省级以上展览赛事获奖或入展入选50人次，获国家级奖项或入展3人次，省级赛事获奖或入展45人次，全国性征文大赛2人次。其中：张驰的组诗《沿途的风景》在人民文学出版社《星河》春季卷发表，《一面旗帜升起的那一刻》在《诗刊》第九期发表，长篇小说《大湾区

6月，临海市书法美术摄影作品展现场　　（市文联　供图）

的太阳》入选省作协创作扶持项目。李鸿的散文《乡野老屋》等5件作品在《散文百家》发表，《海风吹过的夏天》在《散文选刊》发表。徐丽娇的《晚风中的兰花》、陈俏俏的《哑巴和菜篮》在《散文选刊》发表。梁翰晴的《蒿屑》在《延河》发表。徐锦秀的诗歌《守夜人》（外八首）在《星河》发表，《躺在有你的时光里》（组诗）在《作家天地》发表。李达飞的诗歌《交替》在《中国诗瞭望》发表，《给枝头凋零的落叶配一声叹息》等5件诗作在《浙江诗人》刊物发表。林热军的《一张旧照片》在《散文选刊》发表，《一个带光带电的人》和《清明》（诗）在《青年文学家》发表。项伟的《卸掉92%的忧虑》等12篇作品在《中国妇女报》等国家级刊物发表；金丹作词的歌曲《平安抲鱼歌》在央视CCTV-15音乐频道《民歌中国》栏目播出，《你从这里走过》《选择》发表在中国音乐家协会《歌曲》杂志，《海知道，风知道》入选浙江文化艺术发展基金2020年度资助项目，《转眼之间》获评2020年度浙江省十佳优秀歌曲，《这里的幸福》《小人物的小时代》获评"潮起浙江"优秀歌曲创作活动十佳作品。邵智敏的《小康中国》入选2020"音乐厦门"城市之歌全国原创优秀作品——庆祝中国共产党成立100周年十佳作品；侯海蓉在"笔墨颂清风——子陵杯"浙江省书法大赛、"礼赞百年 翰墨清风"全国清廉书法作品大展、"贺知章杯——永恒的乡愁"全国书法篆刻主题大展中获优秀作品奖；吴志猛获浙江省第十六届水彩粉画展学术提名，蔡佳丽获浙江省第八届青年美术作品展学术提名；黄海燕的作品获2021"美好生活"香文化空间陈设大赛"匠心奖"（国家级），杨吕富等9名会员的作品入选浙江省民间文艺精品展（第五届浙江工艺美术双年展）；王登的《郎来了》入选第二届"时尚中国"摄影大展，《草根戏班》（组照）入展第三届"尼康视界"全国摄影大展。全年编印《括苍》杂志4期，约40万字，刊登作品150余篇。

（撰稿　胡　炜）

临海市残疾人联合会

【概况】 2021年，市残疾人联合会下设肢残人、盲人、聋人、智残人、精神残亲友等5个专门协会，镇（街道）、村（社区）残联组织覆盖率100%。出台《关于进一步加强残疾人证评定管理工作的通知》《关于印发残疾人证管理细则（试行）的通知》《公益诉讼配合协作机制》，完成全市27349名持证残疾人基本服务状况调查工作，实现残疾人基本康复服务率100%，辅助器具适配率100%，家庭医生签约率达84.12%。8月，"临"掌柜残疾人电商创业工作获副省长王文序批示肯定。《临海市残联开启助残创业"金钥匙"》在《台州日报》头版刊登。11月，临海被列为全省首批促进残疾人共同富裕先行先试项目"残疾人就业创业先行区"。

【数字化改革】 6—7月，完成全市2.7万名残疾人第三代智能化残疾人证的换证工作。8月，开通智慧助残"E掌通"场景应用，全链条简化残疾人证办理流程，改线下申请、单一评残、窗口领证为多端申请、联合评残、邮递送达，实现无纸化办证。11月10日，市残联参加全省残联数字化改革"揭榜挂帅""数场赛马"项目第二次路演活动并汇报临助残"E掌通"应用建设。牵头制定《浙江省残疾人证数字化改革业务标准规范》。

【康复服务】 **省定民生实事。**新建2家"残疾人之家"并投入使用，规范提升"残疾人之家"19家、残疾儿童康复机构3家。投资81.67万元，完成163户困难残疾人家庭轮椅坡道修建、坐便器改造、室内外扶手安装等无障碍改造。大洋街道灵湖社区投入19.7万元，创建省级无障碍社区。**康复救助行动。**为困难残疾人免费验配助听器35台，自费补助287台；免费装配假肢10条，补助18条；免费轮椅车19辆，补助41辆；免费盲人智能眼镜适配10副，发放护理床5张，其他小额辅具补助47件；髋膝关节置换手术补助47例；白内障复明手术补助2例。**精神残疾人服务。**基本抗精神药物免费服药2209人次，精神病住院报销补助1027人次。为7名0~6周岁残疾儿童实施抢救性康复，为263名0~14周岁残疾儿童提供各类康复训练补助。组织残疾儿童家长、教师康复工作培训200余人次，新办理残疾人证2200余本。

【权益保障】 **社会保障。**发放困难残疾人生活补贴和重度残疾人护理补贴6157万元，惠及残疾人2.04万人次。城乡居民医疗保险覆盖一、二级残疾人和低保户家庭残疾人，市财政直接给予最低档次补助。投入230.15万元，为全市2.81万名残疾人办理人身意外伤害、疾病住院医疗、重大疾病三项补充商业保险。12月，困难残疾人生活补贴和重度残疾人护理补贴发放工作移交市民政局。**扶贫解困**。加大困难残疾人住房救助力度，安置残疾人廉租房17人。开展"四访四助"活动，解决低收入残疾人居住条件、就业等问题120人。对口支援四川省南充市嘉陵区，扶持50名残疾人脱贫。发放565名残疾学生和残疾人子女助学金123.3万元，其中补助53名残疾人大学生学宿费62.33万元。做好2021年残疾学生高考工作，5名应届高中毕业的残疾学生被普通高校录取，开展残疾儿童少年调查摸底和送教上门服务。**法治维权**。全年接待残疾人信访45件，提供法律援助30起。以残疾人节日为契机，开展法治宣传教育，发放宣传资料1200多份。

【劳动就业】 全年完成职业技能培训517人，新增各类残疾人就业2663人，其中新增按比例就业96人。开发"你点我送"——"临"掌柜残疾人电商创业平台，实现残疾人创业1215人。6月24日，台州市残疾人"电商灵活就业创业"经验推广会在临海召开。临海农商银行综合授信3亿元，为助残单位和残疾人就业创业提供"共富暖心贷"。奖励13家超比例安置残疾人福利企业32.04万元。组织电商、盲人按摩、农村实用技术培训536人。为16人贷款贴息9.82万元，为15户种养大户补助9万元。

【文体宣传】 全年市级以上媒体刊登残疾人事业信息70余篇，省、台州市残联网站、微信公众号推送36篇。开展文艺晚会、走访慰问、残健双向服务等助残活动25场，农村文化礼堂助残宣传活动30场。5月，举办"最美残疾人"系列评选活动，评出10名"最美残疾人"、5户"最美残疾人家庭"、8名"最美助残志愿者"、4支"最美助残志愿者团队"。开展全国助残日系列活动，在崇和门广场开展助残政策咨询、志愿者服务、残疾人农产品展销等活动，举办全市庆祝第31次全国助残日文艺晚会暨特殊艺术巡演启动仪式。7月，成立何邦献剪纸艺术工作室和心语工作室。3件作品在全省"喜看新变化　我心永向党"主题大赛上获奖。4名运动员在全国第十一届残运会上取得1金3银1铜，其中潘国顺获得浙江省在残运会的首块金牌。

（撰稿　杜海霞）

临海市红十字会

【概况】 2021年，临海市红十字会坚持以人为本、依法治会，开展人道救灾、救护、救助工作，承办浙江省"救在身边　交通救护伴行"专项行动暨红十字交通应急救护演练，代表台州参加省红十字会"应急救护推进年"工作座谈会发言，全年实现捐赠收入近200万元。

【组织建设】 **基层组织建设**。推进村（社区）红十字基层组织规范化建设，9个村（社区）公开挂牌并实体化运作。红十字阵地建设。全年新建5家博爱家园，授牌成立3家应急救护培训基地，古城街道建设红十字生命安全（健康）教育体验馆，市第一人民医院经省红十字会批准冠名红十字医院。**志愿者队伍建设**。组建红十字救护志愿服务队、红十字应急救援队和3支红十字无偿献血志愿者服务队。

【"三救""三献"】 **造血干细胞志愿捐献和无偿献血**。招募111名造血干细胞志愿者加入中华骨髓库，参与推动无偿献血相关活动9次。**人体器官（组织）捐献**。协调、完成器官无偿捐献6例，无偿捐献遗体1例。**救护培训**。全年培训救护员4825人，应急救护知识普及6.15万人。实施公共场所配置AED（自动体外除颤器）项目，全市配置AED28台。实施健康素养进农村文化礼堂三年行动计划，向农村文化礼堂提供应急救护技能公益讲座"菜单式"服务，全年开展农村文化礼堂培训99场。**人道救助和项目援建**。开展"红十字博爱送万家"活动，重点帮扶慰问无偿献血志愿者、造血干细胞捐献志愿者、实现捐献的遗体器官志愿者，投入资金12.36万元，惠及112户贫困家庭。为器官捐献者子女申报省红会"小桔灯"项目助学金1.8万元。开展临时救助，向上门申请救助人员发放临时救助金8000多元。开展特殊群体救助，为多名白血病患儿申请国家彩票公益金"小天使"项目专项资金。救助血友病感染艾滋病患者金某某8.2万元。

（撰稿　王益青）

军事·法治

Military Affairs and Rule of Law

人民武装

【概况】 2021年，临海市人民武装部围绕打造全面过硬一流沿海人武部奋斗目标，开展“弘扬一江山精神，锤炼能打仗民兵”主题教育活动。抓好国防动员和后备力量建设，出台《临海市大学生征兵工作实施办法》，完成年度征兵工作任务。实施民兵调整改革，做到编兵为战、建用一致。市人武部被省军区评为省全面建设先进人武部、战备训练先进单位、民兵工作先进单位，市人武部党委被省军区评为先进团级党委。

【党管武装】 2021年，临海市委自觉扛起“五管”责任，坚持落实“七项”制度，组织市四套班子领导过军事日，听取全市有关工作情况汇报，研究出台关于贯彻落实省委、省政府、省军区《关于加强和规范基层人民武装工作的意见》的措施。以军分区基层武装部评星挂牌为抓手，推进基层武装部规范化建设。台州市基层武装部“四个基本”规范推进会在临海召开，以古城街道东湖村民兵连作为窗口展示，推进全市村（社区）民兵连规范化达标建设。

【军事训练】 2021年，市人武部探索基地化轮训转型，每月落实2天部首长机关带专武干部集中训练，全年共组织部机关人员、专武干部、民兵干部骨干、基干民兵等四类人员进行多种任务训练。组织临海市首届应急分队大比武暨联演联训活动，参加台州市第四届民兵岗位练兵比武，获个人基础技能单项第一、团体海上搜救第一、战场救护第三、水上搜救第三等奖项；在全市防抗台风“烟花”“灿都”过程中，参与滩涂巡防、装填沙袋、转移群众等工作；疫情防控期间，各镇街武装战线官兵承担重要关卡点位的防疫工作；12月，出动民兵参加全国文明城市复审实地测评执勤任务。

【国防教育】 2021年，市人武部结合基层规范化建设，在各村（社区）构建武装宣传阵地。征兵期间，各村（社区）举行“壮行礼”。推动国防教育“四进”，市委党校、回浦中学、临海高级职业中学、灵江中学、中等职业技术学校、大田中学、汛桥中学等单位开展国防教育宣讲、“国防在我心中”主题演讲比赛等活动，相继建成国防教育主题公园、长廊、教育角等。运用各类传媒平台宣传“台州人在军营”“八一光荣榜”“军人荣誉墙”“最美退役军人”等。7月，临海民兵练兵比武新闻在新华社国防频道刊登，阅读量破百万。

（撰稿　应家乐）

公　安

【概况】 2021年，市公安局共立各类刑事案件4643起，同比上升36.36%，破1148起，同比上升33%，刑事拘留犯罪嫌疑人2317人，移送起诉2333人。其中盗窃案件立1250起，同比下降48.28%，“两抢”案件立2起，同比下降50%，绑架案、命案破案率100%。共立治安案件6319起，查处违法嫌疑人员4520人。建成新看守所（拘留所），4月7日安全完成监所搬迁转押工作。4月20日，“民转刑”集中整治工作现场推进会在临海召开。6月11日，在全省公安队伍教育整顿顽瘴痼疾整治视频推进会上作经验交流。市局被评为全国维护妇女儿童权益先进集体、浙江省卷烟打假打私工作成绩突出集体，大洋派出所立集体二等功，蔡红君立一等功。

【维护社会稳定】 开展矛盾纠纷、风险隐患排查攻坚，集中整治信访违法犯罪行为，共排查化解各类矛盾纠纷1880起，涉及标的2207.48万余元，其中化解台州市级以上交办积案147起，化解率为92.5%。

【护航发展】 开展护航系列专项行动，保持扫黑除恶严打态势，实现重大刑事案件全破。全年共刑拘六类案件犯罪嫌疑人143人，移送起诉30人，打处黑恶势力团伙1个；深化黄赌毒、刀枪暴、食药环等违法犯罪打击，共拘留违法犯罪嫌疑人841人，侦破案件264起，其中省标案件4起，收缴枪支1支；严打电诈犯罪和涉诈黑灰产业，发起集中收网行动3次，采取刑事强制措施63人，打处“两卡”人员84人，打掉3人以上偷越国（边）境团伙12个；巩固发票违法犯罪打击整治成果，捣毁本地虚开发票窝点4个，拘留犯罪嫌疑人23人，破获案件13起，整治成效得到省委常委、政法委书记王昌荣批示肯定。开发“云防反诈”模型，精准解决电信诈骗案件预警难、阻断难、回访难问题。共发预警信息8.26万条，劝阻943人次，挽回经济损失2271.05万元。加大银行从业人员、医务人员、教师等易受骗群体精准宣传，组织宣讲28场次，受众2.1万余人。8月23日，微信小程序“警企通”上线运行，畅通警企双向沟通渠道，主动对接规上企业564家，注册企业负责人用户619人，注册率100%。全年通过“警企通”平台接受企业求助、咨询420次，推送涉企信息59条，帮助企业解决问题146个。

【数字化改革】 **执法创新改革。**与妇联、检察院等部门合作，建立健全反家庭暴力社会联动机制，引入一站式取证概念，实行未成年人案件专人专审。建立远程取证一体化平台，围绕案件证据打造网上取证、调证平台，推动证据源头电子化，实现公检法司数据共享、资源共用。项目作为台州市公安局数字化改革法治课题上报省厅。**身份信息连锁变更一件事。**打造公民身份信息连锁变更“一件事”智能平台，助力群众从“多次跑”变为“一次跑”或“不用跑”，全年累计受理变更事项1900余件，惠及群众千余人。项目纳入台州市数字化改革十大重点建设项目及临海、台州两级“关键小事”智能速办培训项目。

【道路交通事故预防】 全年共排查整改道路交通安全隐患1644处，处罚交通违法46.9万余例，其中非现场处罚39.5万余例，查处酒驾1651例，醉驾438例，吊销驾驶证577例，行政拘留342人，刑拘478人。发放交通安全宣传资料32.7万份，开展老年人“一对一”帮扶宣传12.7万人。

【基层基础治理】 坚持“整体智治”理念，着力最小治理单元建设，建成联勤工作站12个，组建“临海义警”等志愿者组织，开展警官进村居、村干部进警营等活动，全面推进新时代枫桥式公安派出所建设。强化公安基层基础规范化建设，打造上盘派出所“警务管家”、尤溪派出所“警农互助”等基层社会治理现代化临海公安样板，37辆新标“110”接处警车配发至基层一线所队。推

10月1日，大田派出所民警到企业开展反诈宣传（市公安局　供图）

5月2日，白水洋义警授旗仪式举行　　（市公安局　供图）

动社区管理数字化、防护智能化，建成靖江花城、湖景国际、湖畔尚城等智慧安防小区90个，建设前端智慧单元90套，包括人像识别158个、车辆识别92个、视频282个，导入户籍人口1.9万名。

【央视跨年晚会安保】 12月19日至26日，2022年央视跨年晚会在兴善门广场录播，市局全警参战、文明执勤，确保活动场内秩序井然、场外舆情可控，完成临海历史上时间跨度最长、安保要求最高、方案调整最多的录播安保任务。其间，共抽调安保警力9000余人次，调用警车950余辆次，设置执勤点34处，累计检查车辆5200余辆次、人员3.1万余人次。

【团圆行动】 开展寻亲团圆行动，多跨协同、排查梳理线索3000余条，采用DNA复合亲缘比对技术和人像比对技术，采血2600余份，全年共组织团圆认亲活动40场，帮助100个家庭找回失散多年的亲人。

（撰稿　程思叶）

检　察

【概况】 2021年，市人民检察院共受理提请批准逮捕案件1229人，批准逮捕499人；受理移送审查起诉案件2282人，提起公诉1491人。办理职务犯罪案件18件18人，其中市监察委移送15件15人，检察机关自侦2件2人，上级院交办1件1人。提前介入侦查、调查25件。共受理“信、访、网、电”案件820件，办结817件；受理刑事申诉案件6件，民事申诉案件4件，全部办结，实现“件件有回复”。办结司法救助申请17件，发放救助金27.7万元。

【法律监督】 **刑事检察监督**。对456件708人作出不批准逮捕决定，对423件572人作出不起诉决定；监督立案后获法院生效判决13人，其中判处10年以上刑罚2人，监督撤案4人，纠正漏捕9人，针对执法司法不规范行为发出纠正违法通知书12份。初核司法工作人员职务犯罪案件线索并向市纪委监委移送3件。办理刑罚执行变更29件18人，会同社区矫正机构对违法违规的社区矫正对象收监执行12人；就刑事执行阶段发现的问题发出纠正违法通知书15件。**民事检察监督**。提出民事再审检察建议66件；发出民事审判程序监督检察建议8份；发出民事执行监督检察建议6份。**行政检察工作**。办理行政非诉执行监督15件，办结行政审判程序违法监督案件1件，实质性化解行政争议5件。**公益诉讼监督**。办理各类公益诉讼案件61件，其中新领域案件24件，诉前赔偿和解2件，共获公益赔偿金额83万余元。

【重点工作】 **数字化改革**。升级打造“数字化检务平台”，出台《关于行政执法与刑事司法数字化衔接机制的若干意见》，优化执法司法数据共享环境。推进“行刑共治”应用场景建设，打造“健全完善刑事衔接机制”浙江试点。**公益诉讼**。加强生态环境和资源保护领域公益诉讼，督促各镇街采取有效措施防治松材线虫病，全市3068个小斑、15.93万亩山林完成除治任务，共清理枯死松树15.72万株。加强食品药品安全领域公益诉讼，督促整治危害食品药品安全行为，获惩罚性赔偿80余万元。**行政非诉执行监督**。开展土地执法查处领域行政非诉执行监督专项活动，制发检察建议13件，拆除违章建筑10幢，涉及耕地面积4000余平方米。

（撰稿　杨伟信）

法 院

【概况】 2021年，市人民法院共受理案件22877件，办结案件23160件（包括旧存），同比下降0.77%和0.85%；未结案1906件，同比下降12.93%。下设杜桥、白水洋、桃渚、永丰4个派出法庭。开展党史学习教育，开展“建设清廉机关、创建模范机关”工作，打造“法安天下、德润人心”党建品牌。10月29日，“同心共促民营经济高质量发展司法论坛”在临海举办。

10月29日，“同心共促民营经济高质量发展司法论坛”在临海举办（市人民法院　供图）

【执法办案】 **刑事审判**。受理刑事案件1039件，办结1032件，同比下降5.46%和5.67%。推进扫黑除恶常态化，依法审结潘某某等黑恶势力犯罪2件，判处9人。审结备受社会关注的“猫狸岭隧道”重大责任事故、小胖墩网贷平台“套路贷”犯罪案件。**民事审判**。受理民事案件9206件，同比下降0.15%，办结9199件，同比上升2.76%。联合市妇联探索建立妇女儿童权益司法保护工作机制，深化“婚姻教育课堂”，妥善处理离婚、继承、赡养等家事纠纷。推进消费纠纷诉调对接省级标准化试点项目，起草的《消费纠纷诉调对接服务规范》作为省地方标准修订计划被省市场监管局立项，打造可量化、可复制、可推广的消费纠纷诉调对接“临海模式”。**行政审判**。受理行政诉讼案件132件，办结148件，同比上升13.79%和25.42%。推动落实行政机关负责人出庭应诉制度，行政首长出庭应诉率连续七年保持100%。向政府部门发送《2021年度行政案件司法审查报告》、司法建议6条，助力依法行政。发挥行政争议调解中心职能，推进行政争议实质性化解，协调撤诉率达33.33%。**执行工作**。受理执行案件8789件，办结9093件，同比下降5.1%和7.75%。构建“自动履行为主、强制执行为辅”的执行长效工作机制，案件自动履行率81.99%。执结“云方重工有限公司强制腾房”案，依法拆除违章建筑5569平方米，转移厂内机器设备1万余台。参与制定《全面推进“执行一件事”改革的实施方案》，构建法院执行多跨场景应用。

【司法管理】 **优化营商环境**。推进企业破产审判和个人债务集中清理工作，制定《“立审执破”一体化工作规程》，受理企业破产案件82件，妥善安置破产企

7月27日，市人民法院参加2021政法智能化技术装备及成果展，向全国政法单位推荐“凤凰行政智审”项目　　（市人民法院　供图）

业职工152人。依法审结金融借款、民间借贷、信用卡透支等各类融资纠纷1883件，涉案金额2.05亿元。探索建立个人债务清理制度，受理案件22件，为“诚实经营而不幸负债”的投资创业者创造机会重新开始。**参与社会治理。**深化民营经济领域纠纷调解工作室建设，法院、司法局、工商联三方合力，形成新时代民营经济领域纠纷解决的“临海经验”。联合司法局、杜桥镇政府设立“杜桥镇人民调解委员会驻杜桥人民法庭调解室”，诉前调解案件1585件，诉前调解成功率达58.55%。发布“职业放贷人名录”35人次，对涉嫌虚假诉讼、拒不执行判决裁定犯罪移送公安机关侦查处理12件，判决4件5人，通过微信公众号平台发布3起拒执犯罪典型案例。

【数字法院】 承接“全域数字法院”改革重点任务，开发“凤凰行政智审”项目，推动行政执法、司法、执行一体化，打造“行政非诉执行一件事”多跨协同应用场景。在全市率先探索审判辅助事务集约化管理模式，打造“集约智治舱”，集约七大司法辅助事务于一体，为无纸化办案提供全链条辅助，通过自主立案、起诉状自动生成等终端，让数据“多跑路”，人“少跑腿”。

【共享法庭】 推进“共享法庭”建设，打造面向基层村居提供司法服务、传递司法信息、助力社会治理的桥头堡。累计建成“共享法庭”686个，其中镇街共享法庭19个、村社共享法庭659个、特设共享法庭8个，实现所有行政村、社区全覆盖。创建村居共享法庭示范点18个，打造“一盘棋、一张网”的调解网格，推动实现矛盾不上交。

（撰稿　陈涵轶）

司法行政

【概况】 2021年，统筹推进法治临海、法治政府、法治社会建设，累计完成规范性文件审查46件、备案39件，市政府会议专题议题纪要审查60件，其他政府法律事务87件，参加市政府相关协调会130次；市本级审查、参与谈判合作协议书、政府合同共21件，其中，法律顾问参与合同审查10件。新接收行政复议申请109件，其中立案前化解41件，立案受理68件。连同结转审结63件，其中作出不予受理决定3件，协调和解或沟通撤回30件，调撤率47.6%；维持或驳回申请19件；经要求补正后视为放弃4件；撤销6件，确认违法1件，纠错率11%。共办理以市政府为被告或被申请人的应诉案件41件次，因涉及水利项目征地补偿引发的败诉1件。全市各级人民调解组织累计调处矛盾纠纷9915件，成功调解9837件、成功率99.21%，其中涉及非正常死亡案件160起，全部调处成功。办理各类法律援助案件784件，其中刑事579件、民事204件，为受援人挽回经济损失或取得利益1768.96万元；解答来访来电、网络在线法律咨询740人次。累计接收社区矫正对象583人、解矫440人，目前在册767人，其中缓刑649人、管制2人、假释91人、暂予监外执行25人；建议收监执行8人，治安处罚4人、警告处罚14人、训诫63人；办理社区矫正审前社会调查329件；经常跨县市活动审批35人次、请假审批95人次。全市17家律师事务所代理案件6995件，6家法律服务所代理案件1222件；办理各类公证4158件。

【法律服务机构】 2021年，全市有法律服务单位24家，其中公证处1家、律师事务所17家、法律服务所6家，公证员6名、执业律师143名。浙江昶日律师事务所为省优秀律师事务所。各类人民调解组织697个，其中行业性专业调解委员会12个[市医疗纠纷调解委员会、市学生伤害事故纠纷调解委员会、市海事渔事纠纷调解委员会、市消费者权益纠纷调解委员会、市物业纠纷调解委员会、市劳动争议调解委员会、市婚姻家庭调解委员会、市交通事故纠纷调解委员会、市环境保护纠纷调解委员会、市眼镜行业人民调解委员会、市工商联（总商会）调解委员会、市诉前调解委员会]，镇（街道）调委会19个，村（社区）调委会663个（村调委会628个、社区调委会35个）。人民调解员3249名（专职调解员163名），冠名调解室5个（老谢调解室、东塍镇吴世良调解室、白水洋镇詹良君调解室、桃渚镇王国兴调解室、尤溪镇蒋友法调解室）。

【法治临海】 出台《2020年法治临海建设工作情况》《法治临海建设规划（2021—2025年）》《2021年法治临海建设重点工作

清单》,科级党政主要负责人法治建设第一责任人“三个一”履职考评机制入选台州市法治建设创新项目。对6个镇(街道)、10个部门开展市委巡察法治建设专项检查,对2个部门开展“回头看”,列出问题清单200余条。推广运用合法性审查全覆盖智慧审查平台,推进三级文件审查交流,19个镇(街道)共审查党政规范性文件14件、政府合同875件、重大执法决定50件,行政强制执行23件。深化行政复议“以案治本”工作,编印《临海市行政争议“以案治本”专项行动工作方案》《临海市乡镇人民政府规划执法文书参考样本》,对2019—2020年行政错案重点单位进行挂牌整改,发出交办单6份。

【“八五”普法】 发布台州首个法治社会建设工作清单——《临海市2021年度法治社会建设工作清单》,涵盖全市19个镇(街道)、50家单位及社会团体。市委理论学习中心组专题学习习近平法治思想,学贯情况纳入党政主要负责人年度述职述法报告。组织开展各类主题法治宣传活动634场次、“巾帼法治·和合万家”普法宣传进农村文化礼堂活动360多场次。培树“法润明天”青少年法治教育品牌,开展“万名学生法治素养提升工程”“法治进校园”“青律护苗”活动,探索建立未成年人权益保护领域“数字化赋能+多跨联动”机制。推进法治乡村建设“六化”行动,培育2个国家级民主法治示范村(社区)、15个省级民主法治村(社区),台州市级以上民主法治村(社区)占比55%。

【人民调解】 出台《关于健全社会矛盾纠纷调处化解中心一窗受理、调解对接机制的若干意见(试行)》,规范人民调解与“110”非警务警情以及诉讼、信访的委托、移送调解流程,构建联合调处、多元化解的矛盾纠纷解决工作模式。组建“调解示范船”,打造“海上枫桥经验”临海样本。建立“公证引调”新机制,设立公证调解室。开展“乡贤助调”工作,建立市工商联(总商会)人民调解委员会,市人民调解委员会驻临海监狱企业调解工作室。人民调解典型案例《母女之间》在央视《今日说法》播出。

【法律服务】 开展“法雨春风”法律服务专项行动,企业法治体检1226家,提供法治体检报告105份;参与排查涉企矛盾纠纷440件,解决问题99项次。新增企业法律顾问32家,培训企业法务人员49人。组织村(社区)法律顾问集中走访,提供法律帮助735项次。深化法律援助“全域受理审批一体化”“经济困难承诺制”“容缺受理、全市通办”“主办责任制”等便民服务机制,调整司法行政领域政务服务事项办事指南4件,容缺受理案件159件。建立涉诉涉访重点案件法律援助专员引办机制,招募法律援助专员12人,累计办案31件。深化监地信息互通协作机制,开展社会化联合帮扶,帮教率达到100%。推动远程视频会见全覆盖,累计安排远程视频会见1602人次、亲属会见3503人次。

【亲企通】 3月,“亲企通”一站式多跨协同助企场景应用在“法雨春风”法律服务月活动中上线公测运行,先后被列入全省公共法律服务数字化改革项目库、全省数字化改革“三张清单”(多跨场景重大应用)“一本账”S0版——数字政府—浙里惠企政策直通车应用项目。

(撰稿　周晓丹)

经济建设

Economic Development

经济开发区

Economic Development Zones

浙江临海经济开发区

【概况】 2021年，经过新一轮整合提升，浙江临海经济开发区规划面积54.9平方千米，区域范围涉及“四街四镇”，即大洋街道、江南街道、大田街道、邵家渡街道，东塍镇、沿江镇、涌泉镇、汛桥镇。有规上工业企业293家(其中上市公司3家)，规上工业年产值402.2亿元，同比增长35.5%；完成税收收入42.3亿元，同比增长15.4%；实际利用外资990.41万美元，同比增长32.96%。

【平台建设】 **整合提升**。结合省里整合提升开发区工作，重新谋划开发区规划范围，总规划面积从82.5平方千米调整为54.9平方千米。**园区建设**。创建省级高新技术园区，规划布局浙东数字经济产业园、临海国际时尚休闲产业园、临海国际医药产业园、铜盘山智能制造产业园等产业平台。**实体化运作**。以打造高能级战略平台为目标，重新编制开发区“十四五”发展规划，起草《关于推进临海经济开发区实体化运作的若干意见》。

【项目推进】 华强熊出没文旅产业园酒店项目成功签约，影院全面揭顶，其余部分主体施工，产业园区初具雏形；联东U谷智能制造产业园一期提前3个月揭顶，二期开工建设；华海制剂科技产业园制造中心6个子项目进入室内装修阶段；总部经济商务区二期5幢大楼开工建设。

【招商引资】 水晶光电高端智能成像模块项目、宝湾物流项目、亘古电缆项目落地，引进科技企业孵化器——浙江伟星文化有限公司；临海科创中心——六度空间申报国家级众创空间通过实地考察，36家企业（项目）通过临海科创中心、联东U谷·临海智能制造产业园招商评审。

【片区开发】 开发区牵头成立了国庆片区企业更新改造指挥部、佩弦湖区块综合开发工作指

12月25日，佩弦湖区块二期项目征迁攻坚小组开展进村入户调查工作

（临海经济开发区　供图）

挥部，推动重点区块开发，实现城市东拓南进、拥江揽湖发展。年内，完成伏龙大桥施工影响范围内的房屋拆迁，国庆片区企业收储土地评估。推进佩弦湖片区二期城中村改造工作，7天内完成全部被征迁户的测绘调查工作，39天完成房屋评估工作。

（撰稿　林倩倩）

浙江头门港经济开发区

【概况】 浙江头门港经济开发区地处浙江中部沿海，台州湾北岸，陆域面积146平方千米，海域面积1200平方千米。交通区位条件优越，228国道、351国道、台金高速、沿海高速、金台铁路建成通车；海洋资源丰富，有500平方米以上岛屿128个，海岛陆域面积18平方千米，岛屿岸线总长164千米，头门岛是国务院批复的《浙江海洋经济发展示范区规划》中重点建设的港口物流岛和重要能源资源储运基地。6月17日，开发区升级为国家级经济技术开发区，定名为台州湾经济技术开发区。12月9日，经国务院批复同意，设立台州综合保税区，成为台州目前唯一的国家级开放平台。全年完成工业总产值440亿元，规上工业总产值416.3亿元，被评为浙江亩均效益领跑者；完成工业性投资48.5亿元；完成税收收入24.8亿元。实现进出口总额60.1亿元，其中出口54.6亿元、进口5.5亿元。

【港口建设】 全年完成港口货物吞吐量613.21万吨，同比增长63%。台金铁路头门港支线建成通车，头门港站货场通过验收。二期码头完工验收，一期进港航道疏浚、铁路上岛、码头三期工程、疏港公路复线等项目有序推进。深化与省海港集团合作，引进红狮水泥500万吨进口水泥中转站项目，合作期15年。

【产业园区】 **产业发展**。开发区有规上工业企业126家，上市公司及上市公司全资子公司24家，国家级高新技术企业48家，形成医药化工、汽车制造两大支柱产业。年内，本立科技成功上市，联盛化学上会，上市培育企业5家（宏元药业、江北南海、海洲制药、朗华制药、达辰药业）。2月7日，台州市与荣盛集团签订战略投资合作协议，台州湾新材料项目取得阶段性进展。台州新材料产业园、全球原料药基地、汽车及高端装备产业园和中外合作产业园项目有序推进，台州新材料产业园申报省“万亩千亿”新产业平台。台州湾RCEP（区域自贸协定）高水平开放合作示范区被列入全省RCEP工作清单。**数字化改革**。开发区被列入浙江省首批化工产业大脑试点，化工园区安全智控平台在省级数字化改革中“揭榜挂帅”。**招商引资**。全年完成鲲宝物流、海正一期聚乳酸、奥翔药业等10个项目签约，计划总投资146.5亿元。**人才建设**。启动高端人才产业园建设，招引国家级重点联系专家1人，实现零的突破，申报国家级、省级重点联系专家17人，新引进大学生1405人，评定高技能人才600人。

【城市建设】 坚持产城融合发展，以白沙湾、金沙湾为核心的现代化滨海新城初具雏形。台金铁路头门港站建成投用，头门港公交站开通运行，汽车文化综合体、洲际酒店、万人公寓、白沙湾公园、白沙湾生态海堤、花海公园、湖滨广场、北洋大道以西河道整治及景观绿化项目等城市配套设施项目加快实施。

12月30日，省核查组到医化园区，对2019年长江经济带生态环境警示片披露的2个生态环境问题整改销号现场进行核查

（头门港经济开发区　供图）

【生态建设】 提前6个月完成长江经济带突出生态环境问题销号，2021年长江经济带生态环境警示片将临海"环保倒逼转型，以转型促进问题解决"作为正面典型案例，予以充分肯定。10月27日，全省现场交流会在开发区举行，市委副书记、代市长蔡建军作经验交流发言。12月31日，通过省核查组销号验收。整治以来，2020年和2021年园区医化企业产值年增长连续超过20%，信访投诉总量从2018年的72件减少到2021年31件。

【平安建设】 完成国务院安委办第五轮危险化学品重点县专家指导服务迎检及危化企业安全生产工作，位列全国53家危险化学品重点县专家指导服务评分第一。全年安监处罚案件28起，罚款248.18万元，暂停生产部位43处。调解劳动监察案件386件，涉及金额1753万余元，劳动仲裁案件85件，人民调解案件115件，受理信访案件222件，应急联动接警65起。

（撰稿　金海燕）

农 业

Agriculture

【概况】 2021年，全市坚持以新时代浙江“三农”工作“369”行动①为总纲领，围绕乡村振兴，搭建农业保供、农民增收平台，落实粮食生产扶持政策，鼓励规模种粮，做精做优柑橘、西兰花、杨梅、茶叶等特色优势产业，推进农业数字化改革，数字赋能农业高质量发展。推进粮功区内“非粮化”清理腾退与耕地抛荒整治，坚决保护耕地红线。加强农业综合执法，筑牢农产品安全底线。全市实现农林牧渔业总产值54.16亿元，居台州首位，农村居民人均可支配收入35367元，被评为省农业“机器换人”高质量发展先行县。全年完成粮食播种总面积28.63万亩、总产量11.92万吨，连续两年被评为省产粮大县；生猪存栏10.52万头、累计出栏16.3万头，市农业农村局获省生猪增产保供成绩突出集体称号，被评为全国农业综合行政执法示范单位。上盘镇入国家级农业产业特色强镇创建名单，涌泉镇柑橘“三品一标”基地被列为全国首批种植业“三品一标”基地，西兰花特色农产品优势区被评为省特色农产品优势区。

【粮食生产】 全市粮食种植面积28.63万亩、总产量11.9万吨。开展粮食绿色高产创建，落实省级示范方14个、市级粮食示范方2个，示范面积1.12万亩，成功纳入全国绿色种养循环农业试点县。深入田间地头，开展农技服务和观摩培训20余次，服务农民和种粮大户500多人次，发放资料3000余份。全年落实种植业生产技术试验示范19个，示范面积294.5亩，其中品种试验7个、肥料试验7个、药剂试验1个、栽培试验7个。开展高标准农田建设，2019年高标田项目完成市级竣工验收，2020年项目完成工程量85%，2021年的2.47万亩项目完成招投标。

【生猪保供】 全市有生猪养殖场户2374户，存栏10.52万头，母猪存栏1.32万头，其中生猪存栏50头上规模场108家、存栏6.68万头，300头上50家、存栏5.2万头。家禽总存栏289.56万羽，其中肉鸡269.06万羽，累计出栏1103.41万羽。规模羊场2家，规模兔场、鹅场各1家。以“项目+”激发全市生猪增产动能，牧原1场项目建成投产，牧原2场完成水电等对接工作，牧原3场完成工程进度80%。规模养殖场数字化建设以临海牧原农牧有限公司1场为应用典型，创新推广智能化生猪养殖模式，配套数字一体化处理平台、智能环控系统、智能饲喂系统、人工智能等智慧养殖信息系统，变“劳动密集”为“智能工厂”。

【特色产业】 2021年，全市新发展名特优经济林面积2123

① “369”行动内容包括农村改革探路者、城乡融合先行者、乡村振兴排头兵3大定位，抓统筹、保安全、补短板、促改革、强队伍、创品牌6项要求，重要农产品增产提质、建设“数字‘三农’”、打造新时代美丽乡村等9方面重点工作。

智能选果机　　（2021年/摄　市委宣传部　供图）

亩，其中，柑橘1764亩、杨梅80亩、桃15亩、葡萄227亩。**柑橘。**全市种植面积约18.78万亩，受年初强寒潮影响，平原地区柑橘受冻严重，山地果园基本生产良好，亩产量增加，进入盛产期的果园面积增加，在柑橘投产面积降低的情况下，实现总产量28万吨，产值11.54亿元。涌泉镇柑橘"三品一标"基地获评全国首批种植业"三品一标"基地。**茶叶。**全市种植面积约5万亩，受天气影响，春茶开采较早，茶芽瘦弱，头采茶产量略减；受2020年冬季长时间冻害影响，高山茶园受冻导致开采时间延后，春茶总产量略减，年产值1.83亿元。成功举办第十二届羊岩山茶文化旅游节。**杨梅。**全市种植面积约13.3万亩，受2020年秋季长期干旱和年初低温冻害影响，杨梅枝叶凋萎病发生严重，坐果期持续降雨造成严重肉葱病，总产量8.1万吨，成熟期较往年提前，但总体形势好，销售价格创历史新高，年产值7.42亿元。**西兰花。**重点实施西兰花产业振兴"345"计划，上盘镇被列入国家级农业产业特色强镇创建名单，西兰花生产全程机械化重点突破多跨协同攻坚被列入省农业"双强"2022年十大重点突破试点项目。西兰花特色农产品优势区被评为省特色农产品优势区。全市西兰花种植面积约7万亩，是全国规模最大的冬春西兰花生产中心和重要的国际西兰花集散基地之一。2021—2022年产季，全市西兰花产值3.5亿元，户均收入达15万元。**新兴产业。**葡萄、草莓、蓝莓种植面积分别为0.98万亩、0.65万亩、0.36万亩，年产值1.02亿元、2.75亿元、0.5亿元。

【农业监管执法】 疫病防治。落实重大植物疫病防控责任制，加强动物疫情监测排查力度，全年未发生重大动植物疫情。**农产品质量检测。**开展草莓、杨梅质量安全专项整治，加大农产品、农业投入品抽检力度，全年进行定量抽检909批次，合格率99.34%。开展"绿剑"系列、"牧业执法亮剑2021"系列专项执法行动，查处违法案件66件。**消除农机安全隐患。**排查纯农田作业拖拉机、联合收割机、插秧机、山地单轨运输机等违规使用行为。开展拖拉机和联合收割机免费实地安全检验，检验率100%。开展山地单轨运输机专项整治行动，1025条山地轨道运输机安全使用承诺书签订率100%。

【农业集成改革】 **新型农业经营主体培育。**出台《共同促进临海农民专业合作社和家庭农场质量提升实施方案》，加强示范性合作社和家庭农场的培育。全市有农业龙头企业56家、农民合作社2623家、家庭农场1383家，其中新认定省级示范社2家、示范性家庭农场1家，台州市级示范社4家、示范性家庭农场5家，临海市级示范性农民专业合作社8家、示范性家庭农场10家。**农创客培育工程。**组织培训、游学、参观考察以及举办创业大赛、创客沙龙、合伙人招募等活动，提升农创客服务乡村振兴水平，培育农创客270名。

【数字化改革】 推进数字农业工厂建设和种养基地数字化改造，完成5个种养基地数字化改造，数字农业工厂开工建设。被列入省农业农村厅多跨应用场景第一批"先行先试"单位（"数字畜牧""跟着节气游乡村"）。

（撰稿　官玲红）

经济建设

林　业

Forestry

【概况】 2021年，临海陆地总面积225122公顷，林地面积153313公顷，占土地总面积的68.1%。森林覆盖率68.50%，活立木总蓄积量782.36万立方米。市自然资源和规划局（海洋局、林业局）获2021年度高质量森林浙江建设目标责任制考核优秀。陈献志获省农业科技先进工作者、省"最美林业人"称号，罗柠获评"森林浙江"建设工作突出个人。

【森林资源管理】 2021年，全面执行年森林采伐限额管理，共发放林木采伐许可证320份，其中占限额发证244份，采伐总蓄积3.48万立方米，占用采伐限额3.24万立方米，限额使用率为36.76%。严格执行林地用途管制，严禁毁林开垦，规范建设项目使用林地审核审批管理，办理各类使用林地许可79件，使用林地面积84.65公顷，收取森林植被恢复费1710.48万元。加大对毁林开垦、盗伐、滥伐等违法行为的打击力度，查处涉林违法案件101起，整改落实森林督查违法图斑92个。

【植树造林】 全年完成新增百万亩国土绿化11588亩，完成率117.76%，完成森林抚育16649亩，完成率118.92%。植树节期间，全市共组织25场次义务植树活动，累计2.93万人参与，种植各类树木10.4万余株。创建省级森林城镇1个、"一村万树"示范村4个、省级生态文化基地1个，完成"一亩山万元钱"建设任务2.2万亩。

【野生动植物保护】 加强野生动植物保护，做好候鸟监测、野生动物救护等工作，开展野生植物本底调查，实施野生动植物"清风行动"。通过为期两年的野生植物调查研究，确认全市野生及常见栽培植物共203科1029属2491种，珍稀濒危野生植物110种，其中国家一级重点保护野生植物1种，国家二级重点保护野生植物33种；省重点保护野生植物23种；其他珍稀濒危野生植物53种。救护野生动物约350次，包括国家一级保护动物穿山甲，二级保护动物豹猫、游隼、白鹇等。办理非法收购运输出售珍贵濒危野生动物及制品案15起，非法狩猎案4起，抓获犯罪嫌疑人34人。

临海市国家重点保护野生植物一览表

表8

序　号	种中文名	保护级别	濒危等级
1	南方红豆杉	一级	易危（VU）
2	蛇足石杉	二级	濒危（EN）
3	四川石杉	二级	
4	水蕨	二级	易危（VU）
5	榧树	二级	
6	长叶榧树	二级	易危（VU）

续表 8

序 号	种中文名	保护级别	濒危等级
7	大叶榉树	二级	
8	金荞麦	二级	
9	短萼黄连	二级	濒危（EN）
10	六角莲	二级	
11	凹叶厚朴	二级	
12	伯乐树	二级	
13	蛛网萼	二级	
14	野大豆	二级	
15	花榈木	二级	易危（VU）
16	山橘	二级	
17	金豆	二级	易危（VU）
18	毛红椿	二级	易危（VU）
19	中华猕猴桃	二级	
20	大籽猕猴桃	二级	
21	野菱	二级	
22	华顶杜鹃	二级	
23	香果树	二级	
24	七子花	二级	濒危（EN）
25	龙舌草	二级	易危（VU）
26	荞麦叶大百合	二级	
27	华重楼	二级	易危（VU）
28	狭叶重楼	二级	
29	金线兰	二级	濒危（EN）
30	白及	二级	濒危（EN）
31	蕙兰	二级	
32	多花兰	二级	易危（VU）
33	春兰	二级	易危（VU）
34	台湾独蒜兰	二级	易危（VU）

临海市浙江省重点保护野生植物一览表

表 9

序 号	种中文名	濒危等级
1	松叶蕨	易危（VU）
2	孩儿参	
3	天台铁线莲	
4	红毛七	
5	箭叶淫羊藿	
6	土元胡	易危（VU）
7	圆叶小石积	
8	龙须藤	
9	中南鱼藤	
10	贼小豆	
11	野豇豆	
12	全缘冬青	
13	天目槭	

续表 9

序　号	种中文名	濒危等级
14	三叶崖爬藤	
15	红淡比	
16	柃木	
17	尖萼紫茎	
18	银钟花	
19	菜头肾	
20	日本荚蒾	
21	薏苡	
22	黄精叶钩吻	濒危（EN）
23	北重楼	

【自然保护地】 年初，启动浙江括苍山国家森林公园和浙江临海红杉林省级湿地公园勘界定标工作。年末，完成临海红杉林湿地公园勘界定标，成果提交省林业局；完成括苍山国家森林公园勘测定界报告和数据库。桃渚风景名胜区总体规划通过专家评审，上报国务院审批。完成桃渚古城核心范围135户原住居民外迁、新建住房审批工作。桃渚镇珊瑚村获首批“浙江省自然保护地融合发展示范村”称号。

【森林防火】 2021年，共聘用专职护林员300人，组织森林防工作检查组364组，开展检查4720次，发现和整改隐患485个，违规用火教育人数524人。累计群发森林防火警示短信2万条，张贴《临海市人民政府关于发布清明期间森林禁火令的通告》4500余份，增设横幅标语3520余条，森林电子警察16个，微信朋友圈宣传植入50万条，禁火期间每日出动宣传车约60辆，举行宣传活动100余场。提前完成森林火灾风险普查工作，涉及19个镇街道以及市林场和牛头山水库管理中心，总计可燃物调查样地61个，其中乔木林标准地46个，灌木林标准地9个，大样地6个，共计调查森林野外火源点79853个，调查历史火灾发生点123个，调查森林火灾减灾设施点1125个。市林场全场安排防火线清理96.66千米，林道清理77.2千米。

【有害生物防治检疫】 如期完成越冬代马尾松毛虫虫情调查，设固定标准地31块和临时标准地5597块，调查松树11.26万株，调查松林面积60.95万亩。完成第一代马尾松毛虫虫情调查，以固定标准地结合临时标准地进行调查，设固定标准地31块和临时标准地5606块，调查松树11.27万株，调查代表松林面积60.81万亩。完成第二代马尾松毛虫虫情调查，以固定标准地结合临时标准地进行调查，设固定标准地31块和临时标准地5607块，调查松树11.28万株，调查代表松林面积60.85万亩。清理枯死松树15.93万亩，15.72万株，共计2.6万吨。采购松树免疫剂注射液2.7万支，防治面积2000亩，保护松树1.04万株。发放市级枯死木清理补助资金1300余万元。

【公益林保护】 2021年，推进生态公益林建设和管理，发放全市75.30万亩公益林生态效益补偿资金，发放补偿资金21085万元，受益36874户，集体555户。

（撰稿　翁冰芯）

公益林病虫害防治　　（2021年/摄　市自规局　供图）

港航口岸和渔业

Ports and Fishery

【概况】 2021年，全市实现渔业总产值18.12亿元，有红脚岩一级渔港等渔港6个，在册渔船794艘，功率16.61万千瓦，主要作业方式有流刺网、定刺网、拖网及定置张网，捕捞经济鱼类有梭子蟹、鲳鱼、带鱼、白姑鱼等；规模养殖主体29家，主导养殖水产品有白对虾、缢蛏、梭子蟹、坛紫菜等，有国家级生态养殖及健康养殖示范区、省级渔业主导产业示范区、省级水产良种场各1个，渔业特色精品园4个，建成华东地区最大的白对虾设施养殖基地。保有沿海运力40艘，58.3万载重吨，货物周转量150.26亿吨千米，居台州第一；完成港口货物吞吐量907.2万吨。

【口岸与港航项目】 **口岸监管设施**。口岸监管设施软硬件建设加快推进，主要建设内容包括隔离围网、口岸查验基础设施、信息与通信设施、公共查验场地面层改造等，其中1#、2#业务用房和监管仓库主体工程完工，建筑面积分别为1240平方米、1240平方米、2160平方米。**港航项目**。全年完成头门港区二期工程投资1.3亿元，浙江振海船舶购置项目4118万元，共完成水运投资1.71亿元。台州港头门港区港航服务保障基地装修工程完工，完成产权登记。完成头门港区二期工程（陆域区域）等工程交工验收，推进头门港区进港航道一期工程前期工作。

【渔业转型发展】 科学开发利用上盘镇白沙、达岛，桃渚镇洞港等地近海滩涂和浅海资源，发展鱼虾贝混养、伞式温棚多茬养殖、上盘浅海区紫菜筏钓式养殖等现代设施渔业，在和发展旅游观光产业，促进渔业一、二、三产业融合发展。6月，通过创建省级渔业转型发展先行区省级验收。是年，全市水产养殖面积达3125公顷，水产品总产量12.37万吨，成功创建省级渔业健康养殖示范县和2家省级渔业健康养殖示范场。实施养殖水产品合格证制度，开展初级水产品违禁药

7月26日，"浙渔好老大"表彰大会举行

（市港航口岸和渔业局　供图）

物和药残超标问题整治，严厉打击使用违禁兽药行为，全年开展上市期产品药残抽检165批次，检查养殖企业71家次。

【渔业安全生产】 在红脚岩渔港管理站的基础上，在临海籍渔船靠泊港前所、洞港设立渔业安全管理工作站，对所有进出港渔船进行登船安全检查。整改在册隐患渔船650艘，改造升级渔船设备700艘，完成老旧渔船整治12艘，整改率和老旧渔船整治率100%。开展极端天气条件下船舶、人员回港避险意识教育，组织应急演练增强渔民安全意识和自救能力，渔业指挥中心加强24小时全天候监控和干预。全年共举办渔民培训班18期，其中船东船长培训7期共1500余人，普通船员培训18期共1387人。

【渔业管理执法】 **省内挂靠渔船整治**。对223艘省内异地挂靠渔船（需转入168艘、转出55艘）全部建立“一船一档”，实现船检、许可等全流程“一站式”服务。8月12日，全面完成异地挂靠渔船整治，避免渔船失管、漏管、脱管风险。**伏休管理**。严格落实定人联船、星级管理等海洋伏季休渔期管理制度，全市651艘规内渔船“应休尽休”。**严打违法行为**。开展“海上查、港口堵、陆上巡”铁拳行动，利用3台高清无人机对隐匿岙湾、水域加强巡查。全年查处立案330件，取缔涉渔“三无”船舶128艘，查处违规作业渔船282艘，移送司法机关9起88人。**违禁渔具整治**。组建“护渔人”“护渔船”等民间力量，采用“专群结合”管理模式，对全市近海、港湾、滩涂、内河等流域的禁用渔具进行分片包干清理，共清理取缔绝户网9421顶/张。开展水生生物增殖放流，全年放流水生生物6000余万尾。

【浙渔好老大】 制定《临海市培育争当“浙渔好老大”实施办法（试行）》，按照“五好”①标准在全省率先开展“浙渔好老大”示范创建活动。7月26日，对首批评选出的20名“浙渔好老大”进行表彰。

【救助搁浅瓜头鲸】 7月6日，参与12头瓜头鲸搁浅营救行动，联系养殖企业宏野公司腾出养殖池塘为瓜头鲸提供救护场所，最终成功救起9头重二三百公斤的瓜头鲸，其中6头瓜头鲸在头门岛凉帽屿海域成功放归大海，得到农业农村部致信表扬。

（撰稿　汤珍洁）

---

① “五好”即主体责任落实好、本质安全建设好、安全制度执行好、海上网格管理好、示范引领带动好。

工 业

Industry

【概况】 2021年末，全市有规上工业企业638家，实现工业总产值1051.4亿元，同比增长11.5%；规上工业增加值223.6亿元，同比增长14.2%，产值位居台州第一。形成集汽车机械、现代医药、时尚休闲三大主导产业，建材、橡塑等特色产业为一体的“3+X”产业体系。

【三大主导产业】 2021年，三大主导产业实现规上产值845亿元，同比增长10.2%，占规上工业总产值的80.4%。**汽车机械产业**。拥有各类企业300余家，其中规上企业155家，实现规上产值310.6亿元，同比下降10.0%，占全市规上比重为29.5%。主要产品为工程液压阀和汽车管路。**现代医药产业**。拥有规上医化企业45家，实现规上产值261.8亿元，同比增长17.5%。形成基础化学品—中间体—原料药—制剂一体化的产业链发展模式，化学原料药产量约占全省的1/3，批量生产的化学原料药及其中间体品种500余个，其中心血管、精神类、喹诺酮类药品占世界主导地位。医化园区是国家级医药中间体和原料药生产区，是世界上最大的医药中间体生产区之一，全国首批循环化改造示范园区。**时尚休闲产业**。拥有时尚成品及配套协作企业500多家，其中规上企业207家，规上产值272.7亿元，同比增长37.2%。主要分为户外家具及庭院用品、工艺品、节日灯饰、眼镜、服装辅料以及合成革等六大类。其中户外休闲、眼镜、彩灯等产业形成全产业链发展格局，户外休闲产业占比50%以上，是中国户外家具及庭院休闲用品出口基地、国家外贸转型升级基地之一；眼镜产业和彩灯产业是全市特色产业，是全国眼镜生产出口基地，彩灯产品出口100多个国家和地区，市场占有率居世界前列。

【数字经济】 2021年，规上制造业数字经济核心产业增加值13.6亿元，同比增长64.2%。增速居台州第一，总量第二。台州市数字经济暨“亩均论英雄”改革现场推进会在临海召开，数字经济产业园建设被纳入台州市工业“十四五”发展规划。与浙江中控、浙江兰卓开展数字经济暨“产业大脑”战略合作。浙江头门港经济开发区被纳入省首批化工产业大脑共建试点园区，化学原料药产业大脑被纳入省第一批行业产业大脑建设试点“揭榜挂帅”项目公示名单。出台《临海市关于加快“新智造”发展的实施意见》，新增浙江省智能工厂（数字化车间）企业3家，台州市“未来工厂”试点企业1家，“未来工厂”培育企业4家，智能工厂企业7家；新增工业机器人293台，完成全年任务数110.6%。出台《临海市制造业数字化改造行动计划》，全年完成185家规上企业数字化改造。建成5G基站1008个，建成总量预计位居台州市第一，51个基站建设疑难站点全部破解。

【工业性投资】 全年实现工业性投资同比增长43.5%，居台州市第一；制造业投资同比增长46.7%，居台州市第二；工业性技改投资同比增长31.8%，居台州市第一。113项千万元以上项目

臻城创业园 （2021年/摄 大田街道 供图）

开工 96 项，开工率 85%，其中双百项目 65 项，年计划投资 46.0 亿元，开工 55 项，开工率 84.6%。9 个项目入选 2021 年浙江省“五个一批”重点技术改造示范项目计划名单，入选数量居台州市前列。**小微园建设**。大田成好科创园，临海光电产业园、临海灯城创业园建成投运，臻城创业园、杜桥眼镜创业园竣工并被认定为省级小微企业园，北洋成好小微园、联东 U 谷 · 临海智能制造产业园小微园开工建设，新增入驻小微企业 230 家。**数字化园区建设**。推动 11 个数字化园区建设，其中 9 个园区数字化硬件建设基本完成。强化园区安全运行，开展安全生产检查 20 次，突击暗访检查 8 次以上，落实安全消防隐患整改 299 处。

【企业培育】 汇总形成“2513”企业“十四五”规划清单，做好工业经济“十四五”发展规划与龙头企业发展规划的衔接。全年新增亿元以上企业 51 家，10 亿元以上企业 1 家，本立科技成功上市。新增省隐形冠军企业 2 家，数量居台州第二，台州市级专精特新“小巨人”企业 13 家，数量居台州第一，省级服务型制造示范企业 1 家、省级工业设计中心 1 家，省级单项冠军 1 家。

【创新转型】 编制《临海市工业经济“十四五”发展规划》《临海市彩灯产业规划》等重点规划，成立市工业 4.0 专班，出台《临海市迈向工业 4.0 标杆城市实施方案》。推进新一轮制造业“腾笼换鸟、凤凰涅槃”攻坚行动，完成 11 家高耗低效企业销号，实现亩均税收 20.8 万元 / 亩，单位能耗增加值 1.9 万元 / 吨标准煤，同比下降 6.9%，企业研发经费支出占主营业务收入 3%，同比增长 11.1%，完成 83 家低效企业整治提升。

【企业服务】 开展全力攻坚“破五难”活动和临海市服务企业 2.0 行动，实现科级以上干部联系规上工业企业全覆盖，全市干部累计完成企业走访 95960 次，排摸诉求 534 项，其中现场解决 86 项，上报协调办理 448 项。至 12 月底，上报协调的 448 项诉求全部交办落实，解决率 100%。市企业码浏览数 517043 人次，访客数 10265 人次。聚焦企业用地保障难问题，帮助企业利用周边零星边角地、夹心地扩大生产，确定 24 家企业符合开发条件，预计可供地 4.13 万平方米，合计 62 亩。聚焦机械、彩灯行业“缺芯危机”，帮助龙威集团和三杰工艺品各解决 10 万粒变压器芯供给难题，《台州日报》头版头条予以报道。

2021 年度临海工业企业 50 强一览表

表 10

序　号	企业名称	序　号	企业名称
1	浙江豪情汽车制造有限公司	3	浙江华海药业股份有限公司
2	伟星集团有限公司	4	浙江永强集团股份有限公司

续表 10

序　号	企业名称	序　号	企业名称
5	浙江万盛股份有限公司	28	浙江瑞博制药有限公司
6	东昌工业（临海）有限公司	29	拓卡奔马机电科技有限公司
7	浙江永太科技股份有限公司	30	联化科技（台州）有限公司
8	浙江永立钢业有限公司	31	东海翔集团有限公司
9	浙江正特股份有限公司	32	浙江亘古电缆股份有限公司
10	浙江海翔川南药业有限公司	33	临海天宇药业有限公司
11	浙江忠信新型建材股份有限公司	34	浙江奥翔药业股份有限公司
12	浙江高盛合成革有限公司	35	临亚集团有限公司
13	临海市亚东特种电缆料厂	36	中渔机械有限公司
14	台州仙琚药业有限公司	37	浙江朗华制药有限公司
15	浙江天和树脂有限公司	38	临海市利民化工有限公司
16	浙江本立科技股份有限公司	39	浙江荣耀生物科技股份有限公司
17	浙江联盛化学股份有限公司	40	浙江台佳电子信息科技有限公司
18	双马塑业有限公司	41	浙江台州海神制药有限公司
19	浙江海天气体有限公司	42	台州市联源热力有限公司
20	浙江海洲制药有限公司	43	台州华迪实业有限公司
21	浙江沙星科技有限公司	44	浙江通一休闲家具有限公司
22	台州市强盛混凝土有限公司	45	浙江恒源洁具股份有限公司
23	盈昌集团有限公司	46	浙江铁马科技股份有限公司
24	浙江燎原药业股份有限公司	47	浙江维格工艺品股份有限公司
25	临海华润燃气有限公司	48	临海市奥特休闲用品有限公司
26	临海市泰基工艺品有限公司	49	台州市星光真空设备制造有限公司
27	浙江伊丽特工艺品有限公司	50	浙江健盛休闲用品有限公司

（撰稿　周海瀚）

建筑业

Construction industry

【概况】 2021年，全市加强工程质量安全行为监管，依托建筑工地智慧管理系统，打击建筑工程领域违法违规行为，维护建筑市场秩序，实现省内建筑业产值230.87亿元。年末，有建筑业企业226家，其中特级建筑业企业1家、一级建筑业企业21家、二级建筑业企业102家、三级建筑业企业61家、劳务分包企业41家。在浙江省建筑市场监管公共服务系统注册从业人员1.17万人，其中建造师1570人、注册监理工程师130个、注册造价工程师78人、职称人员1864人、现场管理人员4057人、技术工人4026人。

【建筑工程】 全年竣工房建工程项目172个，建筑面积315.4万平方米；竣工市政工程3个，工程造价5900万元。开展季度大检查4次，主体结构（包括二次结构）、质量通病防治、支模架、深基坑、起重机械等专项检查41次。土方开挖5000平方米以上建筑工地全面安装PM10监测仪，在建工地悉数安装视频监控。受理消防竣工验收备案项目219个，其中验收项目78个，占比35.62%。

临海农商银行总行大楼　　（2021年/摄　市建设局　供图）

【工程质量】 2月，临海农商银行总行大楼获国家建设工程最高奖——鲁班奖。是年，浙江大经建设集团办公楼获评省钱江杯优质工程，金瓯金色悦府获评省级标准化示范工地。新开工装配式建筑面积152万平方米，大经建设获评省建筑工业化产业基地和省建筑产业现代化示范企业。

【行政审批】 在台州市率先起草并印发低风险小型项目审批“最多15个工作日”、工业建筑工程质量保险文件，办理建筑许可指标并列台州市第一。首创线上线下结合验收新模式，确保疫情期间项目验收正常有序进行。全年办理行政审批事项2750项。

（撰稿　朱利波）

房地产业

Real Estate

【概况】 至2021年底，全市共有房地产业企业52家，其中二级房地产业企业2家、三级房地产业企业14家、四级房地产业企业8家、暂定级房地产业企业28家。完成年房地产总投资额92.68亿元，销售面积107.04万平方米。深化住房保障常态化受理，实现低保、低收入家庭依申请“应保尽保”。佩弦湖一期安置房工程、国庆村一期安置房工程建设有序推进，华海制药科技产业园职工宿舍区开工建设。全市10台既有住宅加装电梯项目通过联审，年底完工6台，在建3台，通过联审但未开工1台。

【房地产市场】 全年完成房地产投资92.68亿元，重点推进清华园、星悦城、星空花园、山海麓园、临江府、珑悦府等房地产开发项目建设。办理商品房预售许可28件，总建筑面积98.92万平方米，其中住宅面积73.89万平方米。全市商品房销售总面积107.04万平方米，网签商品房16107套，其中住宅7733套。二手房网签面积38.97万平方米，成交5736套，其中住宅成交2861套29.88万平方米。推进商品房销售数字化改革，实行商品房销售“云网签”，升级省房屋交易和产权管理系统，实现商品房合同不见面网签，全年云网签购房合同870份，涉及交易金额17亿元。

【公共租赁住房】 全年新增申请581户，审核通过后纳入住房保障468户。全年发放租赁补贴167.76万元；发放人才房票22张，合计金额832万元，其中因购房兑现房票10张，金额485.44万元。

【白蚁防治】 11月22日，启动实施全市传统村落和历史文化名城名镇名村白蚁防灭治专项工程，年底施工进度接近50%。是年，全市共签订白蚁预防联系单24份，涉及新建房屋面积111.21万平方米，预防实施新建房屋面积107.87万平方米，监测控制技术应用比例达97%。共计灭治白蚁596户，发放药包近3000包，灭治面积6.74万平方米。

（撰稿　朱利波）

科 技

Science and Technology

【概况】 2021年，全市聚力打造以“高端创新、强劲辐射、产业提升、环境优越”为主要特征的“创新强市”，新增国家高新技术企业53家、省级科技型中小企业142家、省级研发机构12家，获得省级科学技术奖3项，列入省级研发计划2项，被评为浙江省市县党政领导科技进步目标责任制考核优秀单位、2019—2020年度省科技特派员工作成绩突出单位。

【科技投入】 **研发投入**。全社会R&D经费支出达26.00亿元，占GDP的比重达3.17%。规上工业研发费用达37.5亿元，居台州第一，增速达35.6%。开展研发活动的企业达535家，同比增长107.36%。**高新投入**。高新技术产业投资增长64.1%，增幅居台州市第一。高新技术产业增加值175.14亿元，增长30.07%，占规上工业增加值比重为70.61%，占比走在全省前列。**财政投入**。本级财政科技拨款3.3亿元，同比增长11.43%，占财政经常性支出的15.24%。兑现科技创新奖励资金10777.913万元（其中省级财政资金1553.34万元，本级财政资金9224.573万元）。全市企业享受研发经费加计扣除31.48亿元，高新技术企业享受税收减免4.44亿元。

【科技项目】 **核心技术攻关**。中浮新材料自主研发的深海浮力材料成功助力全球首台抗台风型、国内首台漂浮式海上风电机组“三峡引领号”动态海缆完成敷设，安迅应急救援获浙江数据开放创新应用大赛一等奖。海宏液压、中联重机被列入省“尖兵”“领雁”研发攻关计划项目2项，共获得省配套资金710万元。台州市社发（医药卫生）科技计划项目立项20项。临海市派科技特派员项目立项9项。**科技成果转化**。全年技术交易总额达17.6亿元。224个新产品被列入省级新产品试制计划。先锋科技、东新新材料各获省科技进步奖二等奖1项、四兄绳业获省科技进步奖三等奖1项，总获奖数居台州第一。

【创新主体】 **科技企业**。全年新增国家高新技术企业53家，累计达到206家。新认定省级科技型企业146家，累计达到777家。华海药业被评为浙江省创新型领军企业和浙江省外国专家工作站，并入选浙江省高新技术企业创新能力百强榜。**研发机构**。新认定省级企业研究院3家，累计达20家。新认定省级研发中心9家，累计达58家。新认定台州市级高新技术研究开发中心34家，累计达217家。新认定台州市重点实验室2家、临海市研发中心25家。修订《临海市创新券推广应用实施管理办法》，全年兑现创新券57.38万元。38家企业申领创新券，支持企业开展检验检测、合作研发、研发设计等92次。

【创新平台】 **重大战略平台**。对接台州湾科创走廊和省“三大科创高地”，谋划建设灵江科创廊道和佩弦湖科技城。规划布局临海市高端医药高新技术产业园区，完成建设方案编制，争创省级高新园区。**区域合作平台**。复旦大学张江研究院临海科创园通过

4月13日，“建设创新强市　提升创新能力”临海市高新技术企业申报培训会举行
（市科技局　供图）

国家自然科学基金委优秀青年科学基金项目(海外)依托单位认定，入选浙江省推进长三角一体化发展奖补项目，累计招引落地科技型人才企业26家，对接海外专家、高层次人才25人，对接高端项目150个。在上海虹桥商务区核心板块中心区域设立临海国际科创中心(上海)，系台州市唯一有自主产权的“科创飞地”。**创新服务平台**。省级现代医药化工产业创新服务综合体启动一期项目改造，休闲用品产业创新服务综合体入选台州市创建名单，打造全链条式产业创新服务。临海跨境电商产业园新认定为台州市众创空间，为创新创业小微企业发展提供优质载体。对孵化器6家入孵企业和1家拟毕业企业开展考核工作，评选出合格企业6家，1家企业顺利完成毕业考核评审，1家企业通过评审并完成入驻。截至年底，孵化器共有6家企业入驻。

【科技合作】 4月，举办中国计量大学——临海市产品和服务质量提升培训班；6月，举行复旦大学张江研究院·哈萨克斯坦跨境融合创新中心共建合作协议线上签字仪式。正式投用实体科技大市场，建立科技创新云平台，推进高校和企业技术创新线上线下对接，全年举办成果推介活动12次、行业专场对接活动4次、创业项目路演活动2次，参加企业500多家次。组织高校专家实地走访企业70多家，征集企业技术需求18项，促成6项科技合作。全年实现发明专利产业化73项，实施资金补助556.44万元。对81家科技型企业总额8.9亿元科技金融贷款实施贴息补助475.53万元。

【培训宣传】 4月，临海高新技术企业申报培训会召开，宣传高新技术企业税收优惠、研发费加计扣除等优惠政策，100多家企业参会；5月，举办以“百年回望：中国共产党领导科技发展”为主题的科技(科普)活动周。全年持续开展规上企业“R&D清零”行动，指导企业进行研发顶层设计，共走访企业307家。完成第八批科技特派员部署，实现19个镇街科技特派员“全覆盖”，指导科技特派员对农户进行农技授课60次。“临海科技”微信公众号发布科技宣传、学习信息91条。

（撰稿　陈璐昀）

旅　游

Tourism

旅游业

【概况】 2021年，全市加强旅游业的顶层设计，出台《临海文化和旅游业发展“十四五”规划》，以规划引领旅游业高质量发展。坚持文旅产业融合发展，结合台州府城文化旅游区创建工作，持续推进文旅项目建设，举办系列文旅活动。央视跨年晚会《启航2022》走进临海，全程在台州府城录制。是年，全市接待游客473.35万人次，实现旅游收入57.84亿元，再次跻身2021年全国县域旅游综合实力百强县，被列为省全域旅游示范市、首批长三角高铁旅游小城、省旅游业微改造、精提升试点市。括苍镇创建省AAA景区镇，博物馆通过国家AAAA级景区资源评审。柴古唐斯括苍越野赛获评国家体育产业示范项目。

【发展规划】 编制出台《临海文化和旅游业发展“十四五”规划》和《临海市东矶海岛公园建设规划》。入选浙江省旅游业微改造、精提升试点市后，制定《临海市旅游业“微改造、精提升”五年行动计划(2021—2025年)》。完成《括苍山浙江省文化名山公园、浙东唐诗之路十地百珠总体策划和重点区整治提升实施方案》初稿编制。编制临海市户外运动规划，为打造长三角户外运动胜地提供顶层设计。

【文旅项目】 实施“千年古城”复兴，推进总投资15.7亿元的17个文旅项目工程，台州府城墙修缮(二期)、台州府城全国研学游营地、兴善门游客中心、灵江右岸古楼、府城村景观绿化等一批项目建成投用，市文化综合体、白沙湾公园、熊出没文旅小镇等重点项目有序推进。对照2020年11月国家暗访报告指出的问题，对台州府城进行全面的环境整改、文化展示和品牌提升，确保各项创建任务落到实处。推进文旅体数字化改革，台州府城数字化文旅融合场景体验项目入选省文旅数字化改革试点项目名单，“括苍云步”越野登山管理服务系统入选省体育数字化改革“揭

5月28日，第二届台州府城公共文化艺术节现场

（市文旅集团　供图）

9月27日，“浙江临海台州府城”高铁品牌列车首发式举行
（市文广旅体局　供图）

榜挂帅”项目。

【文旅活动】 年内，以台州置州1400年为契机，实施文化府城专项行动，举办汉服市集、府城市集、瓮城音乐会、“非遗”展演等系列活动。先后举办“留临过个文艺年”系列新春文化活动、第二届“打包春天·临海樱花纪”活动、“追着阳光去台州　神山秀水心归处”长三角职工疗休养交流协作大会、“绿色发展，美好生活”、“中国旅游日”文旅惠民系列活动、第二届台州府城公共艺术节等文旅活动，湖南卫视《天天向上》节目在临海录制，增强府城活力，提升景区流量，吸引游客。

【产业发展】 **产业结构升级**。坚持文旅产业集聚发展，加强台州府城历史文化展示区、“临湖邀月”文化创意街区、紫阳街智慧商圈等建设，紫阳街入选第一批省夜间文化和旅游消费集聚区，获评省高品质步行街和“诗画浙江·百县千碗”美食街区。以原台州印刷厂地块为基础，规划打造占地502.22公顷的文化产业创意园。以括苍智慧赛道建设为切入点，提升赛道安全性、普及面。柴古唐斯括苍越野赛获评国家体育产业示范项目，括苍山蜂巢露营基地获评省十佳露营基地。**多元文旅业态**。修订文旅产业发展扶持政策，每年安排3000万元旅游发展专项资金，引导新型特色旅游企业发展，激发多元市场活力。以台州府城为展示平台，对接文创头部企业，培育“互联网＋文创”新业态，延伸文旅产业链。

【行业管理】 **旅游宣传**。联动仙居、天台，打造“天仙驾临”文旅区域品牌。9月27日，“千年府城　自在临海”冠名高铁列车在上海虹桥站首发。全年向文旅企业发放文明旅游宣传册及宣传广告、海报1400余份，各类宣传标识4000份。**行业管理**。全年处理各类旅游投诉20件，结案率100%。

（撰稿　陈乐怡）

牛头山旅游度假区

【概况】 牛头山省级旅游度假区，位于城区以东，北至下洋

3月27日，首届灵湖樱花节现场（牛头山旅游度假区管委会　供图）

7月10日，“国潮荷花”首届荷花节上的戏曲表演

（牛头山旅游度假区管委会　供图）

底村、南至牛头山度假村以南山体，东至牛头山水库大坝底，西至灵江，规划面积27.8平方千米，以牛头山、灵湖景区两大核心区块为主体，通过逆溪生态休闲廊道相连接，自然与人文景观有机统一，展示临海窗口形象。2021年，灵湖景区获评全省第一批“五水共治”实践窗口、省生态文明教育基地。

【景区建设】 围绕文旅融合发展主线，编制灵湖景区“微改造，精提升”行动实施方案，实施建设改造计划项目18个，累计投入资金3000万元，完成灵湖景观提升（三期）工程、音乐喷泉项目，播种时令花种100余亩，种植各类苗木20余万株，铺种草坪6000平方米。同时，开展“一月一主题，全年不打烊”系列活动，先后举办“龙抬头　建党百年·志愿献礼”、“党旗在基层一线高高飘扬”、灵湖捕鱼节、樱花节、“浪个灵湖”户外生活节、荷花节、摇滚音乐节暨红色电影周等各类主题活动30余场，吸引游客160余万人次。

樱花节　3月27日至4月4日举办，活动分为“花食肆美食”和“花市集文创”两大板块，设临海特色美食、网红零食奶茶、烘焙甜点等26家美食店铺和手作小铺、宝藏餐具店、花艺摊位等27个文创点位，提供帐篷租赁服务，满足游人野餐、休憩等需求。

荷花节　7月10日，“国潮荷花”首届荷花节在临湖邀月得月楼开幕。现场分为赏荷区、集市区和戏台区，分时段举办荷花灯光秀、汉服秀、国风市集、皮影戏、越剧等主题活动，游客在赏花的同时，品味中国传统历史文化，感受两者交融魅力。

【日常管理】 做好常态化疫情防控和安全生产管理，标准化建设消防巡逻队伍，开展干部职工安全技能培训和水上救援演习、消防演习等活动。推进度假区生态资源保护管理，开展爱鸟宣传、增殖放流和打击偷电鱼等行动。成立灵湖景区联勤警务驿站，集中灵湖义警巡逻队等志愿者力量，统筹处理旅游安全、秩序维护等工作。

（撰稿　陈　唯）

商业

Commerce

商业贸易

【概况】 2021年，全市完成社会消费品零售总额269.5亿元，网络零售额130.4亿元。投资34.18亿元推进8个台州市重点商贸设施建设，推进“一街一圈一区”建设，紫阳街先后创成省级高品质步行街和省级智慧商圈。探索县域商业体系建设，创建2个省级现代商贸特色镇、3个省级商贸发展示范村。新增小升规入库企业37家，其中主辅分离3家。

【紫阳街智慧商圈】 **多元体验**。所有店铺均实现移动支付功能，对部分门店进行数字化改造，提供网订店取、互动体验等服务。设置丰巢智能快件箱和24小时快递便利店，实行“无接触”配送。开发台州府城数字全景交互云游平台，通过手绘地图加VR语音导览的方式在云端展示场景，搭建街区Vlog智能生成系统。培育“互联网+文创”新业态，设计台州府城版谍战互动体验项目，塑造沉浸式商务场景。**精准服务**。依托“浙里数字消费街区”场景应用，提供消费“一站式”集成服务。与临海农商银行合作开发“惠商码”，105家商户入驻，上线产品千余种，实现商圈店铺统一收付款、统一发放核销消费券。开通4条短泊区间观光巴士，引进三级停车引导系统和智慧停车收费平台，提供车辆电子识别、无感支付等便捷停车服务，提升出行便利度。**精密管理**。投资1268万元，建立台州府城景区智慧管理系统，运行电子票务系统、全景监控系统、消防预警系统等24项应用系统。

【电子商务培育】 发展农村电商，累计创建2个省级数字生活新服务特色镇、8个省级电商镇、40个省级电商专业村。临海跨境电商产业园、台州世通电子商务园、杜桥青年电商创业园、东方永安（浙东）电商产业园等4家电商园获评省3A级电商产业基地，数量居台州市第一。

春节前夕，临海市举办“我在临海过大年”网上年货节活动

（市商务局 供图）

【促消费活动】 年内，发放补贴100万元，开展家政服务业促消费活动。投放2000万元补贴资金，采取商超卡补贴形式，开展两次汽车促销活动，激活汽车、商超两大消费市场，拉动消费9亿元以上。组织商贸企业开展网络促销、直播带货、云购等活动，推进数字生活新服务促消费。举办“我在临海过大年”临海市2021网上年货节活动。联合市电商协会、餐饮协会、本地电商平台，开展线上“买年货”“赶大集”“云餐厅”等特色活动，参与企业超过100家。

【数字化改革】 9月18日，在全省数字生活新服务工作推进会上作场景演示“浙里数字消费街区”场景应用。应用打通市场监管、交管、城管等19个部门数源系统，集“吃、住、行、游、娱、购”六大模块于一体，提供消费“一站式”集成服务。成功入选省商务厅首批双循环综合应用培育库、浙里消费跑道下属场景应用先行示范点、省商务系统数字化改革“优秀案例”。10月12日，“浙里好家政”场景应用上线运行。11月4日，全省贯通现场会在临海召开，应用被认定为全省数字化改革最佳应用、全省数字社会系统最佳应用、省数字经济“五新”优秀案例。

（撰稿　洑潇娴）

对外贸易

【概况】 2021年，全市推进头门港“四区一开放”建设，台州湾国家级经济技术开发区、台州综合保税区先后经国务院批复同意设立。实现年进出口总额358.4亿元，其中出口总额332.9亿元，出口国家和地区180个。有进出口实绩企业939家，其中出口实绩企业913家。新备案境外投资项目4个，中方投资总额4221万美元，项目数、中方投资额均居台州第二。户外休闲国家级外贸转型升级基地通过复评。

【跨境电商】 3月10日，跨境电商产业园开通运营，设立跨境电商人才培养基地、校企合作实训基地，提供“一站式、全流程”跨境电商培育孵化服务，园区入驻各类跨境电商服务、应用企业20家，累计培育孵化企业108家。创新跨境电商出口模式，在全国率先完成“跨供定制+9710”出口业务、9810“FBA+散货+一体化报关”出口，全年完成跨境电商出口额19.9亿元，居台州各县（市区）第一。

【外贸展会】 组织户外休闲用品等特色产业企业抱团参展推介区域品牌，全年共组织500余家次企业参加20余场展会，实现意向成交额13亿元以上。疫情后首次组织84家企业参加中国（广州）国际家具博览会和首届中国跨境电商交易会，实现意向成交额1.25亿元。组织40余家企业参与第130届广交会线下展，并同期举办户外休闲用品产业基地与巴西的专场线上对接会。

【政策帮扶】 开展政策助企“三服务”，举办各类培训活动40余场，指导企业用足外经贸扶持

3月10日，临海市跨境电商产业园开园仪式举行　　（市商务局　供图）

政策、用好出口信用保险政府统保平台，全年拨付外经贸扶持资金3360万元，兑付出口信保补助金额1127万元，惠及企业600余家。聚焦出口物流难题，与舟山港等港口对接，帮助企业协调调运出口集装箱500余个。开展“订单+清单”监测预警，实行“五色预警”响应，帮助企业降低出口订单风险。

（撰稿　洑潇娴）

粮食物资

【概况】2021年，全市粮油流通运行总体保持平稳，市场供给充足，粮油储备保持稳定。社会粮食供给量38.12万吨，其中粮食总产量11.9万吨，外购入26.21万吨；粮食总需求量38.11万吨，其中本地消费量23.25万吨，外销14.86万吨；全年共收购粮食3.93万吨。年末，社会粮食库存约11.8万吨，获评2020年度浙江省“粮食五优联动示范县”。

【粮食收购】严格执行粮食收购政策，对“政府订单”以外的粮食按省定最低收购价收购，严格落实“五要五不准”①收购守则，准备收购资金1.15亿元，发放预购定金100万元，运费补贴171.81万元。增加政府性收购，全年签订小麦、早稻、晚稻粮食订单5.09万吨，实际收购粮食3.93万吨，其中“政府订单”粮食3.56万吨，包括小麦0.1万吨、早籼谷2.27万吨、晚籼谷1.18万吨，兑现“政府订单”奖励资金1897.90万元；根据台风灾情及时调整“等外粮”收购政策，全年收购“等外粮”5578吨。

【五优联动②】实施优质粮食工程，深化推进“五优联动”，制定《临海市2021年粮食“五优联动”工作方案》，确定优质品种为“甬优1540”晚稻，种植面积6000亩，与25家农户签订优质稻订单2200吨，在最低收购价、优粮优价基础上每吨给予40元优质奖励。

【粮食安全监管】每月开展“一符四无”粮仓鉴定和安全生产检查。7月中旬，组织开展粮食物资系统消防安全和防汛防台应急演练培训，排查安全隐患，确保粮库站点安全运行。完成2020年收购的重金属镉超标晚稻跟踪处置，确保不流入口粮市场。配合做好2021年全国政策性粮油库存质量大清查、省人大常委会粮食安全执法检查、粮食购销领域腐败问题专项巡察工作，全年共检查26次，检查企业32家次。

【应急物资储备】严格执行应急救灾物资的日常管理和调拨制度，理顺市本级和镇（街道）两级储备管理体系，累计完成多批次应急物资采购共3000余万元。推进物资社会化本土化代储，排摸落实市域各类救灾物资生产企业26家、销售经营单位21家。12月1日，在全省应急物资储备工作培训会上作经验发言。

【防疫保供】年内，全市12家大型商超、粮食批发市场和蔬菜批发市场等关键点位落实疫情防控和生活物资保供措施。制定完善保供应急预案，针对生活必需品和防疫救灾物资，落实45个应急保供点位、1家市级应急物资配送单位、6家物资配送企业，做好调运准备，随时待命。实行市场运行监测日报告制度，刊发疫情防控保供快报12篇。

（撰稿　洑潇娴）

供销合作

【概况】2021年，市供销合作社联合社坚持为农服务宗旨，以密切与农民利益联结为核心，加快形成适应生产、供销、信用“三位一体”农民合作经济组织体系，推动农民合作经济组织服务功能拓展和壮大。5月27日，市农合联起草的《农合联信用评定服务规范》通过台州市地方标准审评。10月1日，《产业农合联党建联盟管理规范》实施。至

①　“五要五不准”是指要敞开收购，随时收购，不准折腾农民；要公平定等，准确计量，不准克扣农民；要依质论价，优质论价，不准坑害农民；要现款结算，不打白条，不准算计农民；要优质服务，排忧解难，不准怠慢农民。

②　“五优联动”是指优粮优产、优粮优购、优粮优储、优粮优加、优粮优销。

年底，累计联结发展市级农合联会员217家，镇（街道）1255家，产业农合联会员548家。

【经济发展】 年内，全系统实现销售总额22.61亿元，同比增加0.27%；商品购进总额16.09亿元，同比增加5.86%；总经营收入25.21亿元，同比增加0.52%；消费品零售完成12.32亿元，同比增长80.6%。其中，城镇商品销售总额8.27亿元，乡村商品销售总额4.05亿元，同比分别增长102%、48.4%；电商销售额1.37亿元，同比减少0.72%，其中，农产品电子商务零售额1.35亿元，同比增长46.7%.

【“三位一体”改革】 **党建引领**。围绕“旗帜供销·五联党建”“兴农十法”两张党建品牌，融合机关+两新党建综合体，高质量打造“临海市‘三位一体’党建文化体验区”，建立市、镇（街道）两级农合联党组织20个，发展下辖合作社、供销社、农村电商等党支部62个、党员783名；建立产业农合联党建联盟7个，涵盖党支部86个、党员2953名。**标准化建设**。9月10日，举办“三位一体”农合联改革标准体系和重点标准培训会。26日，发布全国首个农合联领域党组织建设标准——临海市农合联团体标准《产业农合联党建联盟管理规范》（T/LHSNHL 0001—2021）。全年共出台6项地方标准和2项团体标准。**产业农合联**。在杨梅、茶叶、生猪、柑橘、小水果、豆面6个产业农合联的基础上，新建葡萄、花卉、西兰花3家产业农合联。**消费扶贫**。与四川嘉陵开展积极对接，筹建“临海—嘉陵东西部协作消费专馆”，引入包括桑茶、菌菇酱、火锅底料、桑葚酒在内的60余种四川嘉陵特色农产品，线上线下同步销售。**数字农合联应用**。与浙江农合数字科技股份有限公司对接，推进数字农合联基础平台SaaS服务落地，完成基本框架搭建。**农药废弃包装物回收**。完成农药废弃包装物回收85吨，委托第三方焚烧处置70吨。

【社有经济】 **资产保值增值**。社属企业积极参与现代服务业和农业产业化经营，各项资产逐步录入省社数字化平台系统，实现底子清、账目明，明晰社有资产所有权。**清产核资**。完成全市19个镇（街）52处资产（房产）及11个社属企业清产核资工作，收回3处房产，清收拖欠各项资金350余万元、追缴违纪资金52.07万元。**管理制度**。制定《关于加强供销系统集体资产监督管理的若干意见》，配套出台《临海市供销合作社联合社重大社有资产处置监督管理实施办法》《临海市供销合作社联合社社有企业安全生产监督管理办法》等在内的30个“N”文件。

（撰稿　陈　沛）

烟草专卖

【概况】 临海烟草围绕“数字强基”，聚焦市场生态，业务运行稳中提质。全年销售卷烟5.17万箱，查获涉烟违法案件326起、违法卷烟16.19万条，案值3199余万元。

【业务经营】 全年实现销售额25.33亿元，毛利7.16亿元；单箱销售额4.9万元，终端社会库存978.05箱，可销天数11.51天。共建成现代终端2333户，其中加盟终端156户，星级以上终端占比29.5%。“香溢通”使用客户数2646户，香溢家消费会员累计注册29.66万户，月活跃会员数6.79万户，累计线上活跃会员数20.36万户。累计铺设双屏机1218台，铺设比例15.40%。

【专卖管理】 全年查获假私烟案件124起，卷烟12.45万条。开展大户专项治理，查处重点籍案件35起、违法违规大户案件87起，取缔大户14户。联合市监、公安开展电子烟专项整治，对两家向未成年人售烟的零售户进行行政处罚，摸排50户销售电子烟实体店。2021年，接受各类行政许可申请6524件，其中受理网上申请6523件，网上申请率99.98%；辖区许可证9600本，新办2157本。加强“空壳证”“僵尸证”后续监管，处理空壳证973本，暂停供货453户，降档355户，歇业129户，不予延续15本，品牌限供21户。

（撰稿　李梦怡）

市属国有企业

Linhai State-owned Enterprises

市水务集团有限公司

【概况】 临海市水务集团有限公司是集原水、输水、制水、供水和水处理为一体，承担市政府授权的全市重大水利基础设施项目投融资、建设、经营和管理的大型国有独资企业。集团日可供原水能力50万吨，日制水能力41万吨，供水范围覆盖全市15个镇（街道）及椒江章安，服务人口90余万人。新坑水站、马郎山供水站、荷山供水站和花联供水站4个供水站入选浙江省新时代美丽水站；西湖水厂获评2021年度浙江省农村供水规范化水厂。

【供水保障】 全年实现供水保障率99%以上，出厂水水质综合合格率为99.8%，管网水水质综合合格率98.5%，供水范围内无大面积、长时间停水；优化管网结构，新建管网10千米，改造管网20千米。大力推进“一站式”和“最多跑一次”服务，完成供水报装“110”（1个工作日、1个环节、0份材料）体系建设。强化管网抢修能力，全年共抢修1200余次，特别是寒潮期间，为全市近8万只水表完成保温工作，确保居民用水安全。

【重点项目】 全年累计完成投资额8.14亿元，方溪水库项目通过升级下闸蓄水阶段验收；完成16个镇街“污水零直排区”建设任务；大田平原排涝二期工程提前完成2#隧洞上层贯通，河道整治累计完成2.3千米；方溪水厂引水及配套水厂工程、农饮水达标提标工程、西湖水厂二期等重点项目有序推进；10月16日，台州市“污水零直排区”建设现场会在临海召开。

【业务经营】 **业务规模**。全年售水量7600万吨，创历史新高，总收入实现3.24亿元。涉水产业链提档升级，出台《全市排水资产整合方案》，接手管理大田港闸，形成供水、排水、源水、水利、三产等五大板块一体经营、多元发展的产业格局，总资产增至111.38亿元。**数字赋能**。推进“e水通”数字化项目，地理信息系统、分区计量、营销系统、网上营业厅、OA办公系统等现代信息管理系统建设。

（撰稿　王　丰）

市文化旅游集团有限公司

【概况】 2021年，集团把握现代旅游文化产业运营主方向，丰富“千年古城更忆临海”的城市品牌形象，争创国家AAAAA级旅游景区，承接中央广播电视总台迎新年特别节目“启航2022”、“追着阳光去台州”长三角职工疗休养交流协作大会、公共文化艺术节等活动。台州府城文化旅游区被列为中国华侨国际文化交流基地、第十批浙江省社会科学普及基地，紫阳古街入围第二批浙江省高品质步行街、第一批省级夜间文化和旅游消费集聚区、浙江省首批省级示范智慧商圈名单、浙江省“诗画浙江·百县千碗”美食街区（镇）名单。是年，公司实现总营收4279万余

“台州式硬气”主题馆　　（2021年/摄　市文旅集团　供图）

元，授信总额度 25.7 亿元。

【国家AAAAA级景区创建】 **景区建设**。完成台州府城墙修缮（二期）、台州府城全国研学游营地等一批重点项目建设，建成“台州式硬气”主题馆、纪效堂、朱自清纪念馆、紫阳苑、府城人家等主题展馆。全年累计投入 17 亿元，建成项目 70 余个。**旅游业态**。落实优惠政策，吸引肯德基、瑞幸咖啡、故宫文创江南赞等高端业态入驻。对接浙旅集团、拈花湾、乡立方等团队，招引产业层次高、带动潜力足项目，激活十伞巷、巾山东南侧等区块。**旅游服务**。完成景区“三把扫帚”合一、停车诱导系统建设、数字全景交互云游平台搭建、5A 创建氛围营造、文创产品提升（文创雪糕）等重点工作，完善公共信息标牌、安全警示标识，全年共计接待游客超 700 万人次，未出现重大投诉事件和安全事故。

【公共文化艺术节】 5 月 28 日至 6 月 1 日，第二届台州府城公共艺术节在台州府城文化旅游区举办。艺术节活动汇集三大板块、6 个单元，包括 3 场文化艺术交流活动、3 组剧场演出、11 组高质量公共空间演出，每天有演出近 40 场。其中，公共空间演出规模最大、参与人数最多，演出《浮生若梦》《咕隆咚鼓乐团》《侏罗纪部队》《花神芙罗拉》等节目，融合中国传统木偶戏、苏州评弹、西方街头表演等形式。艺术节期间，临海紫阳剧场投入使用，上演戏剧游戏《白兔子，红兔子》、公路话剧《三颗豆的飙悍手记》、温情喜剧《Hi，米克！》等。

【“红色 + 旅游”】 实施“红色 + 旅游”党建项目，完成郭凤韶烈士故居改造提升、观澜书院布展等工作，郭凤韶纪念馆获评省级党员教育培训基地。拍摄完成红色快闪作品《唱支山歌给党听》，被多家省级、央级媒体点赞转发，微党课“千年府城 · 百年蜕变”获台州市国资系统青年理论宣讲大赛二等奖。

（撰稿　项飞飞）

市城市建设发展与投资集团有限公司

【概况】 市城投集团有限公司成立于 2017 年 9 月，主要承担重大城市基础设施、城市发展项目以及文化、卫生、教育、体育等项目的投融资、建设、经营与管理，开展市政基础设施、建筑房地产等业务。2021 年，紧抓项目建设，拓展经营性业务，优化民生服务项，加快推动集团实体化运作，打造“数字城投”。6 月 25 日，市城市规划展览馆和博物馆项目

5月29日，小观众和艺术节演员合影　　（市文旅集团　供图）

建设中的伏龙大桥　（2021年/摄　市城投集团　供图）

获华东地区优质工程奖。“未来之城”项目获“古城崛起、突破跨越”项目擂台赛二等奖。《六角井未来社区微设计·新场景》微视频，入围全省未来社区“微设计·新场景”系列竞赛，获浙江省邻里公约路演大赛二等奖。年末，集团总资产144亿元，净资产64.3亿元，信用等级AA。

【项目建设】 6月29日，六角井未来社区项目4#地块开工建设，总投资11亿元。30日，中共临海市委党校迁建工程通过竣工验收。8月12日，伏龙大桥工程首个主墩承台顺利完成浇筑，全年完成项目总进度65%，总投资11亿元。10月13日，佩弦湖生态环境综合治理项目（一期）通过初步设计方案，项目总投资8500万元。11月12日，临海市首座城市高架城市快速路（南区段）工程通过设计方案和工程评审。12月3日，国庆片区二期改造建设项目（EPC工程总承包）完成桩基工程，总投资11.7亿元。13日，市1201工程及档案馆大楼正式投入使用；湖东区块棚户区改造一期工程装饰工程基本完工，总投资11.9亿元；熊出没小镇区块道路工程开工建设，项目总投资9500万元。28日，国庆片区一期改造建设项目装修工程基本完成，总投资6.5亿元；大洋三小、国城小学项目主体揭顶。

湖东区块改造一期项目　（2021年/摄　市城投集团　供图）

【业务经营】 6月23日，臻城创业园项目通过竣工验收并投入使用，总投资5亿元，年经营收入约1800万元。11月2日，亭山工业园项目完成桩基检测，进入主体工程阶段，项目总投资1.48亿元。中央山公墓墓区先行区基本成型，道路工程路基基本建成。城投大楼开工建设，项目总投资2.3亿元。与亚太物业联合成立昱诚物业管理公司，负责两馆、1201大楼、传媒集团、市委党校和景和家园等地物业管理，其中景和家园物业获评2021年度省级“红色物业”。

【民生服务】 智慧停车一期、二期正式投入运营，并入围省交通数字化“揭榜挂帅”名单；公共自行车无桩化运行，投入2000多辆无桩自行车；全年共计疏通管网240千米，承接全市共计471个项目村农污运维工作，受益农户约16万户，疏通堵点536多个，9个乡镇授予管道公司“先进服务单位”称号；完成城市主要道路沿线栽植地栽更换花卉25万余盆，城区草坪修整13万平方米；处置建筑垃圾10万多吨，固化泥浆约10万立方米。

【资产优化】 整合东湖以东部分营业用房和住宅、两馆、文体中心和市民政相关企业等资产，盘活商铺、地下车位、收储移交厂房等资产。投资5.07亿元，购置临海国际科创中心（上海）物业并完成装修布展工作，为台州市县市区首个采用购地模式的“创新飞地”。12月17日，全市首座综合供能服务站上盘镇甲石头综合功能服务站投入运营。成功发行9亿元非公开发行公司债，发行利率3.95%，为区县级同评级私募公司债全国最低利率。

（撰稿　张　媛）

2月1日，杭绍台铁路首次铺轨　（高　波　摄）

市交通投资集团有限公司

【概况】 临海市交通投资集团有限公司成立于2017年7月，是经市人民政府批准设立的国有独资公司，注册资金2.7亿元，主要承担负责市政府委托全市公路、铁路、轨道、港口、民航等项目的投融资、建设、经营和管理等职能。2021年，集团总资产143.05亿元，承建交通重点工程项目18个，完成投资36.8亿元，完成融资任务31.24亿元，实现营收5亿元。

【重点工程】 **杭绍台高铁项目** 杭绍台铁路是中国首条民营资本控股的高铁PPP项目，全长226.6千米，设计时速350千米。临海段长约47千米，总投资约80亿元，途经河头镇、汇溪镇、东塍镇、邵家渡街道、涌泉镇5个镇（街道）37个行政村，2018年4月开工建设，2021年底完工。

临海站停车场及配套工程（一期） 该项目总投资约10亿元，位于邵家渡街道溪边村，临海高铁站站前广场处，包括停车场、景观广场以及换乘中心等。2021年底，匝道及西广场建成并投入使用。

金台铁路临海段 6月25日，浙江自主建设、自主运营的第一条电气化铁路——金台铁路建成通车，全长234.923千米，客货共线。临海段总长78千米，经括苍、永丰、古城、江南、汛桥、沿江、涌泉、杜桥、桃渚、上盘十个镇街和头门港开发区，设临海南、杜桥及头门港三个客站及临海东和头门港两个货站，2016年5月开工，投资60余亿元。8月，开通临海南至头门港市郊列车。

351国道项目 351国道临海邵家渡至白水洋段改建工程（邵家渡至永丰段）主线路线长20.3千米，工程总投资50.05亿元。按一级公路技术标准设计，双向六车道，工程建设期3.5年，用地1259亩。被列入全省共同富裕示范项目参加集中开工仪式，先行段按既定目标开工建设。

104国道临海江南至尤溪

104国道临海段已铺设一半沥青的路面　（高　波　摄）

段改建工程 项目总投资18.3亿元，主线全长15.8千米，按双向四车道一级公路标准设计，设计速度80千米/小时。计划于2022年8月建成通车。

余姚至温岭公路临海汇溪至沿江段改建工程，项目总投资约36.3亿元，项目起于34省道与老104国道交界处，终点与台金高速台州市区连接线相接，全长37.7千米，计划2023年通车。

【产业经营】 2021年6月，集团下属市公路工程养护公司获公路路面专业承包三级资质，年内完成火车站站前广场路面施工任务，实现营收1.44亿元；邵家渡街道友谊村碎石场投入运行并进行石砟拍卖，实现营收2000万元；综合功能服务站开始投用，上盘甲石头加油站建成并运营，头门港北洋站、白水洋下洋庄站两个加油站在建。

（撰稿 高 波）

市金融投资有限公司

【概况】 2021年，公司对接考察外部优质项目20多个，加快推进企业对接多层次资本市场，对接市内上市企业、优质拟上市企业，建立优质项目后备库，入库企业38家；与社会资本共同成立的投资公司完成股权投资项目6个。截至2021年末，采用融资租赁、应急转贷、商业保理、融资担保、供应链金融等模式，累计帮助企业解决资金难题超26亿元。

【商业保理业务】 9月6日，完成府城商业保理有限公司注册登记，注册资本5000万元。公司将通过其发挥商业保理业务盘活应收账款优势，结合各类金融服务项目，为民营企业提供融资新渠道。

【担保业务】 9月27日，市担保公司与宁波银行临海支行签订“总对总”批量担保业务合作协议。银行按规定条件对贷款项目进行审批，担保机构实施“见贷即保”，优化融资担保服务流程，提升担保服务效率。小微和“三农”企业担保费率为1%，代偿上限为3%，风险分担比例银行、担保公司分别为20%、80%。

【股权投资】 12月15日，市金投公司与浙江省股权交易服务集团联合组建的股权投资基金完成对浙江宏元药业股份有限公司的增资扩股。此次增资扩股，国有资本共出资5000万元，撬动吸引市场资本1.5亿元。

（撰稿 池姗姗）

市海洋开发投资有限公司

【概况】 市海投公司经市政府授权，主要负责头门港经济开发区港口开发、产业园区和城市基础设施建设。2021年末，公司下辖全资子公司6家、控股子公司4家、对外投资公司3家，总资产113亿元，主体信用AA级。浙江头门港经济开发区医化园区空中管廊项目被评为台州市施工安全生产标准化优良工地，白沙路工程和皮革区块道路提升工程获“临海市建设工程安全文明施工样板工地”称号。

【项目前期】 2021年，完成浙江省现代医药化工创新服务综合园（北区）、头门港产业园区配套工程二期、疏港公路南侧生态修复工程等项目10个立项，总投资9.74亿元。在临海市公共资源交易中心招标项目近50个，总中标金额6.54亿元。根据国家“碳达峰”“碳中和”的要求、头门港区域能耗需求及公司市场化运营需要，公司投资参股海上风电项目、光伏发电项目等清洁能源项目，与浙能集团签署协议，注册成立浙江浙能临海海上风力发电有限公司。加大海洋文旅的投资开发力度，注册成立临海市金海渔港发展有限公司。

【工程建设】 2021年，公司续建或新建项目共计37个，被列入市非工业投资项目30个，千万元以上项目共24个，其中实施类25个，前期类5个，项目总投资92亿元，被13个项目列入市“双百”行动计划，总投资71.99亿元；列入台州市“四个一批”工程2个，完成年度投资约4.57亿元。**竣工项目**。浙江头门港经济开发区医化园区空中管廊工程、川南变至东海第八大道配套电力管道工程、南洋区块雨水系统提升改造工程、滨海第一大道——港铁大道至北洋二路电力管道工程、浙江头门港经济开发区污水零直排区建设工程、北洋大道以西河道整治及景观绿化工程、头门港临港新城智慧停车场等7个重点项目基本建成。12月21日，长江办环保督察销号的重要项目、台州市首例污水架空（空中）管廊——浙江头门港经济开发区医化园区空中管廊工程（一标

医化园区空中管廊工程　（2021年/摄　市海投公司　供图）

段）EPC项目通过竣工验收，管廊总长度11.19千米，总造价1.66亿元。**新开工项目**。浙江头门港经济开发区企业公寓、南洋涂区块基础设施建设三期工程、浙江头门港经济开发区白沙湾区块路网二期工程、头门港产业园区配套工程（一期）、临海市海塘提标加固安澜工程（南洋涂海塘）、疏港公路南侧生态修复工程等6个新项目开工建设。9月30日，浙江头门港经济开发区银厦·紫荆公寓（企业人才公寓）开工，项目总投资6亿元，由住宅、部分商业及酒店组成，用地面积2.52万平方米，总建筑面积7.57万平方米。

【项目融资】 2021年，市财政局拨款15.7亿元，将公司资产负债率从67%降到55%。整合红脚岩渔港公司海域使用权、经营权等资产2.47亿元。年末，公司银行总贷款规模37.11亿元，其中项目贷款23.18亿元、流动资金贷款11.132亿元、融资租赁2.8亿元。年度新增贷款额18.1亿元。根据政策为重点项目拓宽直接融资渠道，其中红脚岩未利用地造田项目补助5021万元；东部平原排涝工程一期项目省补资金2700万元，债券资金1000万元；智慧停车场项目债券资金2000万元；头门港产业园区配套一期项目债券资金5000万元，海洋补助资金1275万元；南洋涂围垦区场地处理项目海洋补助资金1200万元。

（撰稿　周佩琪）

台州综合保税区投资发展有限公司

【概况】 台州综合保税区位于台州湾经济技术开发区北洋片区，是台州市唯一最高形态的特殊开放区域，规划总用地面积1.77平方千米（约2658亩），设口岸作业区、保税加工区、保税物流区、保税服务区和综合服务区五大功能区块。台州综合保税区投资发展有限公司是经市政府批准设立的市属一级国有企业，主要承担保税区内开发建设、运营管理、招商引资。2021年末，公司总资产约4.94亿元。

【台州综保区创建】 4月8日，海关总署启动台州综保区征求意见程序，8月下旬和11月中旬先后完成第一轮、第二轮部委征求意见程序，11月25日完成部委会签上报国务院。12月9日，国务院发文批复，同意设立台州综合保税区，成为临海继国家级经济技术开发区后获批的又一国家级开放平台。是年，完成台州综合保税区启动区、巡逻道路与围网两个项目立项，总投资约19.26亿元；完成红线、用地规划许可证、总平图、建筑方案等各类审批约20项，完成招标项目6个，总中标金额约1.5亿元。

【开发建设】 **项目用海报批**。综保区总规划用地面积2658亩，1月，摘牌取得区域内9宗建设用地共618亩，剩余约1621亩用海地块（分6个区块）须经省自规厅审查同意后报省政府批复，由临海市自规局挂牌出让，所需资金约10亿元。**MO用地**[①]**获批**。全市第一块MO用地——综保区保税研发、检测维修项目用地获得市政府批复。**工程建设**。2021年，公司共承接国家验收项目3个，完成投资约5000万元（巡逻通道与围网工程、海关监管设施及智能信息化

① MO用地即新型工业用地，按工业基准地价的一定比例（100%～150%）出让地价，容积率最高可达4.0，能够有效提高用地效率，形成高端新型产业集聚发展效应。

工程）。其中，综合服务中心一期及口岸作业区工程完成投资约3900万元，综合服务中心一期共四层，建筑面积10034平方米，包括综合服务大厅等，口岸作业区包括查验仓库、停车场等，总投资约2.6亿元；巡逻通道与围网工程总投资约1.4亿元，巡逻道路全长约5千米、宽6～19米，围网全长约6千米；海关监管设施及智能信息化工程项目完成专家评审。

【招商引资】 根据《关于支持台州综合保税区（筹）建设的若干政策（试行）》《台州综合保税区（筹）产业项目准入标准（试行）》，对标"456"先进制造培育体系，聚焦汽车、医药、光电、通信等产业，瞄准跨境电商、研发设计、维修检测等领域，全年与市外企业对接61家，与市内亿元以上外贸企业对接21家，与4家企业达成合作意向。

（撰稿　葛芳舟）

金 融

Finance

中国人民银行临海市支行

【概况】 2021年末，全市金融机构本外币存贷款总量2996.84亿元，较年初增加416.86亿元，余额存贷比为98.16%，较年初增加8.55个百分点，新增存贷比142.0%。其中本外币存款余额1512.32亿元，较年初新增172.26亿元，同比增速12.85%。贷款余额1484.51亿元，较年初新增244.60亿元，存贷款增量居台州市前列。

【货币政策】 坚持“稳”字当头，贯彻落实稳健的货币政策，全市信贷投放稳健增长。结合“十四五”规划和临海实际，创新制定“小微+”系列、服务“三农”等8项创新工作清单并有序推进。牵头组织召开市政府金融支持实体经济工作座谈会，指导银行机构加大金融支持力度。率先建立动产质押融资风险补偿制度，率先实现对科技型企业贷款的贴息补偿，提升科技型企业融资覆盖率。开展全市“贷动小生意服务大民生个体工商户金融甘露”专项活动，共走访3万多家个体工商户，融资对接71.14亿元。用好央行两项直达货币政策工具，发放支小支农再贷款，强化对重点领域的金融支持。

【防范金融风险】 保持融资总量平稳增长，金融资产质量居台州前列。积极防范和化解金融风险，做好打击治理电信网络诈骗和反洗钱工作。2021年，实现全市对公账户零涉案，全年个人涉案账户是台州辖内唯一涉案账户，较去年下降的县市，成功堵截49起电信诈骗案件，挽回资金损失255.78万元。深化反洗钱联合协作机制，成功推动临海首例贪污洗钱案宣判。年末，全市不良率0.42%，资产质量居台州前列。

【小微金改】 创新开展“小微+”主题，联合科技局等出台金融支持科技型企业高质量发展的指导意见，率先实现贴息补偿双发力。围绕临海主导产业柑橘打造“核心企业+上下游客户”全链式农业产业链金融服务，“小微+绿色”稳步推进。指导银行机构完成3条供应链融资服务，涉及上下游企业13家，成交46笔，融资金额2.15亿元，居台州第二，“小微+供应链”取得新突破。

【普惠金融】 持续改进老年人金融服务，引导银行推出简单版金融App等，努力消除“数字鸿沟”。守好国库资金安全、系统安全、信息安全三条底线，圆满完成国库收支任务。加强现金分析管理，开展好整治拒收现金和残币回收活动，有效维护人民币流通秩序和信誉。做好打击治理电信网络诈骗和反洗钱工作，维护好人民群众的切身利益。做好首贷户拓展和“贷款码”推进工作，2021年全市共拓展首贷户2342户，位居台州市第二，通过“贷款码”共支持企业融资3491家，融资金额62.62亿元，均居台州市第二。

【外汇管理】 优化外汇管理服务，确保双循环畅通。开展“外汇联络员暖心助企”和推广汇率避险专项行动，全年走访企业1388家次，帮助解决企业问题659个，举办9场汇率避险宣讲培训，覆盖企业逾900家，指导217家企业签约避险产品20.08亿美元。提升贸易投资便利化水平，新增贸易便利化试点银行4家，试点企业5家。跨国公司开展跨境资金集中运营2.98亿美元，同比增长102.82%。助推贸易新业态发展，联合商务、海关等开展3次培训，指导临海跨境电商产业园企业顺利办理跨境电商收结汇。

2021年12月临海市银行业金融机构存贷一览表

表11

机构	存款						贷款					
	本月余额	比上月增减数（万元）		比年初增减数（万元）		同比增幅（%）	本月余额（万元）	比上月增减数（万元）		比年初增减数（万元）		同比增幅（%）
		2021年	2020年	2021年	2020年			2021年	2020年	2021年	2020年	
合计	15123235	-252126	-106470	1722596	1564193	12.85	14845140	271617	-131179	2446007	1791916	19.73
中国人民银行临海支行	52216	-101044	-2630	-15785	-1345	-23.21						
农业发展银行临海支行	86847	5624	-31984	974	14103	1.13	247434	-1500	-12722	45693	47815	22.65
工商银行临海支行	2130126	-125776	21162	212827	252517	11.10	2088505	24844	-2834	341593	246516	19.55
农业银行临海支行	1824352	-35093	-49733	179793	176341	10.93	1981477	14424	-854	311942	275604	18.68
中国银行临海支行	684661	9989	-51179	88244	-9460	14.80	889938	20766	-26041	204202	-39299	29.78
建设银行临海支行	546978	-37193	40168	-38771	62951	-6.62	851753	-5041	2516	118909	96873	16.23
交通银行临海支行	95050	3635	1726	31493	7957	49.55	140300	-3274	5181	6921	12714	5.19
光大银行临海支行	160451	-10991	-29091	26274	67870	19.58	170595	24479	-18253	13097	35092	8.32
华夏银行临海支行	146296	-14739	29583	-11202	18517	-7.11	286693	20189	33294	31091	55720	12.16
浦发银行临海支行	215018	35931	24365	12420	46369	6.13	438381	41033	-85357	57222	31113	15.01
兴业银行临海支行	201540	-44637	-49611	-18121	51678	-8.25	588824	21310	-7152	-56113	96009	-8.70
浙商银行临海支行	427195	-121068	-48832	54539	114080	14.64	525724	24167	-19240	143140	92127	37.41
招商银行临海支行	89752	-18805	13813	17663	-21010	24.50	197603	10839	16106	25838	40067	15.04
民生银行临海支行	17118	3173	4065	-11255	5671	-39.67	42146	14652	1039	18934	-3326	81.57
中信银行临海支行	68230	-23109	-4310	-51044	27360	-42.80	251246	-5409	15024	39976	81299	18.92

续表 11

机构	存款						贷款					
	本月余额	比上月增减数（万元）		比年初增减数（万元）		同比增幅（%）	本月余额（万元）	比上月增减数（万元）		比年初增减数（万元）		同比增幅（%）
		2021 年	2020 年	2021 年	2020 年			2021 年	2020 年	2021 年	2020 年	
平安银行临海支行	27616	-1550	6493	9085	5354	49.03	48059		-2630	38200	-12206	387.46
台州银行临海支行	1619589	40702	14304	178318	231513	12.37	646341	4463	-23146	51135	15638	8.59
泰隆商业银行临海支行	583344	43885	14277	81785	122644	16.31	568196	9362	13336	35812	75276	6.73
民泰商业银行临海支行	281146	4044	-366	26694	13549	10.49	358698	2199	-15401	74295	39423	26.12
稠州商业银行临海支行	150062	27380	14269	51776	36091	52.68	113706	2575	8620	10830	13814	10.53
温州银行临海支行	72464	-7995	3131	45459	9828	168.33	42055	2665	688	16679	4580	65.73
绍兴银行临海支行	104669	11050	-4031	44042	-23526	72.64	69483	803	14453	18971	9564	37.56
宁波银行临海支行	117517	33820	2700	42387	4901	56.42	107825	-17737	-30601	30016	45442	38.58
金华银行临海支行	21414	-647	1077	10304	6173	92.75	35677	-109	295	7205	17543	25.31
杭州银行临海支行	2012	2012		2012			500	500		500		
邮政储蓄银行临海支行	742168	7022	9186	96156	77450	14.88	436076	5556	-2668	64251	29863	17.28
湖商村镇银行	91861	-1352	-1816	9383	13669	11.38	110105	754	224	8547	11809	8.42
临海农商银行	4551237	67713	-24262	636349	349459	16.25	3637801	69106	4944	817122	472845	28.97

（撰稿　林婧昳）

银行业保险业监督管理

【概况】 2021 年，中国银行保险监督管理委员会台州监管分局临海监管组（以下简称“台州银保监分局临海监管组”）依法履行全市银行业、保险业监管职责，重点开展农商行支农支小嵌入公司治理试点、法人机构消保评价、金融支持经济持续恢复和高质量发展督导等工作，维护市场秩序，防范金融风险，推动金融机构创新，实施减费让利，服务临海县域经济发展和社会稳定大局。年末，全市共有银行保险机构 59 家，其中政策性银行 1 家、国有大型银行 6 家、股份制银行 9 家、城商行 8 家、农金小法人 3 家、财险机构 15 家、寿险机构 8

家，保险中介法人机构9家。

【防范金融风险】**防控信用风险**。巩固法人机构逾期60天以上贷款不良入账成果，指导银行机构在严控信用风险的同时，用足用好核销政策，年末全市不良贷款率0.45%，不良贷款率排名台州第二。**整顿存款市场秩序**。对银行机构存款市场秩序情况进行多轮明察暗访，及时发现和制止苗头性问题。**动态关注区域风险变化**。与市金融工作中心联合开展打击非法集资、P2P网络金融整治等工作，部署定期开展银行保险机构涉黑涉恶线索排查和涉稳线索排摸，联动政法机关对风险隐患开展联合会商分析，维护金融生态安全。**房地产市场监管**。配合住建部门对商品房预售资金监管情况开展专项检查，参与房地产金融政策修订，对商品房资金存管账户违规问题进行联合约谈。

【激发金融创新】**农业特色保险**。指导保险机构试点创新柑橘综合保险，根据柑橘在不同时期的主要气象影响因素分段设置气象指数，首批承保柑橘种植面积430亩，实现保费收入7.1万元，保险额度64.5万元，推动西兰花价格指数保险扩面增量，西兰花价格指数保险覆盖面同比翻番。**地理标志质押融资**。实现地理标志质押融资零的突破，临海农商银行采取使用权统一质押、统一授信的形式，以“大石葡萄”地理标志为质押物，与河头镇农产品产销协会共同评定价值750万元，提供授信300万元。**农户家庭资产池融资**。临海农商银行和临海湖商村镇银行开展试点，通过农户家庭资产池模式提供信用支持，向1.45万户农户发放信用贷款14.66亿元，解决农户贷款、担保难题。

【金融支持经济】督促和指导银行机构落实金融支持经济持续恢复和高质量发展政策，实施减费让利。至年末，全市小微企业贷款当年累放贷款年化利率6.11%，同比下降67个基点；普惠型小微企业当年累放贷款年化利率6.68%，同比下降56个基点。全市无还本续贷余额111.30亿元，较年初增长30.21%，中期流贷余额174.49亿元，较年初增长49.32%，缩短贷款周转时间，降低续贷资金成本，推动企业综合财务成本下行。

（撰稿　陈　佩）

中国工商银行临海支行

【概况】2021年，工商银行临海支行响应市委“三引齐驱、五提并进”发展战略，擦亮浙江省“民企最满意银行”底色，助力民营经济高质量发展，践行普惠金融。年末，支行下辖10个营业网点，本外币各项存款余额213亿元，各项贷款余额209亿元，实现中间业务收入8328万元，拨备前利润4.77亿元，不良贷款率0.11%。支行团总支获评总行级五四红旗团总支，靖江支行获评总行级青年文明号，杜桥支行、杜桥府前街支行被工行浙江省分行评为优质服务四星级网点。

【服务地方经济】全年新增民营企业贷款9.63亿元，加大重点产业领域资源配置，支持新材料、生命健康、智能汽车等战略性新兴产业发展。累计投放项目贷款14.59亿元，助推创新飞地、空中管廊等项目落地。成立乡村振兴工作服务队，推广专为农业经营主体量身打造的“兴农贷”产品，落实龙头企业“一对一”服务机制。

【普惠金融】在杜桥区域搭建“小微企业之家”，成立“普惠金融先锋队”，推出“e抵快贷”“经营快贷”“税务贷”等数字普惠金融产品，年增普惠贷款8.11亿元。保障民生领域金融服务，推广房抵e分期、金闪借等产品，年末民生领域贷款余额占比35.28%。

（撰稿　黄敏霞）

中国建设银行临海支行

【概况】2021年，建行临海支行践行新金融行动，主动对接临海经济结构调整和产业优化升级，融入地方实体经济发展，科技赋能网点数字化服务水平，推动各项业务稳健发展。年末，支行下辖8个营业网点，各项存款余额54.7亿元，各项贷款余额85.18亿元，不良贷款率0.19%（含信用卡），中间业务收入4144万元。主营业务收入1.89亿元，拨备前利润1.40亿元。被省分行评为“走前村访万户”裕农通提质增效先进县域支行、裕农通“双率”冲刺竞赛先进支行。

【公司治理】**客户维护**。运用大数据平台进行精准化营销，强化渠道管理。利用“建行生活”App，打造消费金融生态圈。发挥“裕农通”作用，抢抓农村市场，全年开展10次“劳动者港湾”主题活动，搭建客户平台。依托善融商务平台，线上线下助力消费扶贫，实现精准帮扶。**数字化经营**。各网点设置数据官，加强网点新一代系统数据管理和应用，维护网点长尾客群，优化网点运行。深化“移动优先”战略，拓展哲商现代实验小学等10个优质商户，拓宽移动支付应用场景，增强线上线下协同运营能力，围绕场景应用推进网点生态化运营。

【业务发展】 **客户拓展**。截至年底，龙支付全量客户年网均新增2052户；年网均新增活跃客户4682户；手机银行活跃客户数5.7万户，快捷支付绑卡客户数28.08万户。**普惠贷款**。年末普惠贷款余额为14.07亿元，较年初新增5.45亿元，增长率63.23%；普惠客户910户，新增客户158户。完成善融扶贫交易额122万元，计划完成率110%。**服务实体经济**。聚焦重大建设项目，全年新增基础设施贷款1.35亿元；聚焦服务乡村振兴，全年新增涉农贷款9.60亿元。完成全省首笔固定资产项下国际商业转贷款——甬台温高速公路项目并投放13亿元。

（撰稿 叶瑶瑶）

中国农业银行临海市支行

【概况】 2021年，中国农业银行股份有限公司临海市支行下辖10个二级支行、1个营业中心、1个分理处，全行员工243人。年末，全行各项存款余额182.44亿元，各项贷款余额198.15亿元。不良贷款余额2425.74万元，不良率0.12%。

【业务经营】 全年新开立对公结算账户898户。项目授信近37.45亿元、投放近28亿元。净增普惠法人贷款3.18亿元，新增制造业贷款6.55亿元、绿色信贷21.78亿元、农贷普惠4.42亿元。实现中间业务收入6503万元，其中新兴中间业务4831万元。实现拨备前利润4.82亿元，拨备后利润5.69亿元，净利润4.16亿元。存贷利差2.58%，收入成本比17.46%。全年实现不良处置总额17060.69万元，其中自营清收4759.34万元，核销后收回12301.35万元。

【社会责任】 参与全市金融普法宣传，配合“断卡”行动，开展防范网络诈骗工作，年内完成涉案账户核减42户，位居同业第一，成功堵截20余起电信诈骗事件。

（撰稿 葛子悦）

中国银行临海支行

【概况】 2021年，中国银行股份有限公司临海支行落实支持县域经济发展，将中国银行的战略导向与临海产业发展结合起来，聚焦服务实体经济，着力发展科技金融、绿色金融、普惠金融、跨境金融、消费金融、财富金融、供应链金融、县域金融，把基础设施项目、普惠金融、先进民营制造业、房地产开发等4大类作为核心业务方向。年末，支行下辖6家二级支行，各项本外币存款余额68.47亿元，本外币贷款余额88.99亿元；全口径不良资产余额1326万元，综合不良率0.15%。

【支持地方经济发展】 **政府平台合作**。与城投、水务、国投、海投、交投、文旅六大平台紧密合作，与浙江头门港开发区管委会签订合作协议。落地实施“杭绍台铁路临海站配套工程”“国庆村片区二期改造”等重大基础设施项目和“污水零直排”“空中管廊”等绿色金融项目，批复授信30多亿元。**民营制造业和绿色贷款**。支持临海本地优质制造企业，提升中长期民营制造业贷款的授信占比。梳理绿色信贷目录中六个大类的目标客户，以碳减排支持工具为契机，做强绿色贷款，绿色信贷占比提升9.16%。**普惠金融**。围绕户外休闲用品、彩灯、眼镜等特色行业，做强普惠业务。年末，支行普惠贷款余额18.23亿元，较年初增长5.68亿元，增长率45.62%，普惠户数增长率22.99%。

【业务转型】 坚持存款立行，强化资金供给。以场景、数字化等业务获客，推动业务转型发展。实施数字普惠金融“一把手”工程，推出中银企E贷系列新产品。与临海市教育工会合作，以“吃穿住行”为主题，在市域近10所学校推广手机银行、中银E贷、信用卡等产品。个人金融上持续推进三方客户、企业高管、私行客户的分层管理，做大中高端客户。开展网点“一月一户代发薪”活动，提升代发薪个人客户活跃度，全年代发金额在17亿元以上。利用中银智慧存、14天滚续、敏捷专区、专区客群专属结构性产品，拓展存款资源。

【涉外金融】 通过外汇存款优惠报价吸引资金，年末外币存款余额1.02亿美元，较年初增长1833万美元，增幅21.92%。率先开展跨国公司跨境资金集中运营业务，累计金额超15000万美元；推广业内首个外汇电子交易平台，打通外汇避险最后一公里，全年交易量超8000万美元；开展外汇便利化政策和自货物贸易便利化试点工作，为企业提供合计1300多万美元的便利化服务；开展涉外企业汇率避险宣传培训，50多家企业续做汇率避险相关产品。

（撰稿 陶晓辉）

临海农商银行

【概况】 2021年，临海农商银行突出乡村振兴主办银行、小微企业伙伴银行责任担当，深化普惠金融、数字金融改革，发展“党建+金融”。年末，全行各项存款余额455.12亿元，各项贷款余额363.78亿元，存、贷款市场份额占比分别为30.09%和24.50%。其中，涉农贷款余额326.95亿元，小微企业贷款余额208.61亿元。五级不良贷款余额3.15亿元，不良率0.87%。全年实现营业收入27.97亿元，拨备前利润11.64亿元，净利润6.59亿元。

【“党建+金融”】 成立“农为媒”村企联合党建联盟，联合市委组织部启动党建联盟共富金融直通车项目，面向党建联盟村、清廉示范村集体推出“领航贷”产品，先后为尤溪镇美丽乡村、上盘西兰花党建联盟、“甜美涌泉·清风促富”等集体授信14亿元。开展合作伙伴金融服务“红色互动”，定制“星+”金融服务，为伟星产业链综合授信50亿元。联合市邮政管理局开展党建联盟“暖蜂行动”，面向快递从业人员推出“共富暖蜂贷”专属贷款产品，综合授信3亿元；联合市残疾人联合会开展“党建联盟、共建暖心”助残行动，为残疾人和相关企业定制“共富暖心贷”产品，提供优惠利率、绿色通道和专人服务。

【普惠金融】 **“三农”信贷。**落地整村授信2.0工程，落实各项惠企利民政策，至年末完成32.05万户个人信息采集，个人授信28.12万户，累计让利1.97亿元。探索服务共富新模式，9月10日冠名成立1000万元“临海市统一战线同心助力共富基金”；深化绿色金融服务，推出以乡村绿色贷为核心的林权抵押贷款、公益林补偿收益权质押贷款等系列绿色类贷款产品，加大对新型农业主体、低碳转型、节能减排等产业支持力度。**小微企业信贷。**启动小微企业数字普惠信用授信行动，突出支持首贷户、初创型小微企业，至年末企业贷款3801户94.50亿元，年增2184户33.58亿元；升级小微金融特色产品，推广“小微易贷”和“小微信保易贷”等线上贷款产品，缓解小微企业“融资难、融资慢、担保难”等问题；优化智慧小微平台系统，实现小微金融业务全流程数字化、标准化管理应用。**助力城乡社区治理。**至年末，实现“三资”工程数据归集进度100%，财务上线村覆盖率100%。与市委老干部局共建“银景丰收驿站”，创新为老服务模式。联合新时代文明实践基金会，全年开展14期“周周正能量”评选活动，表彰社会正能量行为和正能量人物。

【数字金融】 **大零售转型。**完善线上产品体系，推出“云保

8月20日，“红色联盟·乡村赋能”暨“西兰花开”党建联盟共富金融直通车活动启动仪式在上盘镇举行，临海农商银行为“西兰花开”党建联盟集体授信2亿元

（临海农商银行 供图）

贷”产品，实现贷款担保线上办理，累计发放云保贷414户，贷款余额6076万元；上线零售业务平台，实现“客户分层，以点带面，规范管理”。**精细化管理**。优化业务结构，发展资金业务，年末运营资金业务资产总规模150.53亿元，资金业务杠杆倍数1.11倍，全年实现资金业务收入5.36亿元，占全行营业收入19.16%。加快网点智慧转型，在全行75家网点上线运行“智慧厅堂”，构建前后台联动的数字化厅堂营销服务模式，实现客户体验提升、业务有效分流和岗位人员优化。**场景化服务**。完善菜场溯源、高速通行、公交乘车、医保支付等金融支付场景，加快“校园金融云”“园区金融云”“智慧停车场”项目建设，拓展教育、生活、政务、税务等支付场景；优化“社银互联”模式，增设灵活就业人员补缴功能，推广电子社保卡和医保电子凭证，拓展涉农惠民资金补贴代发业务范围。

【风险防控】 **不良清收**。开展“雷霆战纪”不良贷款清收专项行动，完善不良贷款网格化管理机制，全年清收不良贷款本息1.43亿元，其中本金1.02亿元，利息0.41亿元。**风险防范机制**。加大对逾期贷款、大额风险等重点领域风险的常态化监测预警和跟踪分析力度；强化应用计算机辅助审计技术应用，开展“一码通、资金业务、关联交易、绩效考评评价、不良贷款管理”等专项审计；全员签订安全防范责任状和消防责任状，推进物防、技防建设。

（撰稿　瞿海峰）

保险公司

【中国人寿临海市支公司】 2021年，中国人寿保险股份有限公司临海市支公司实现保费总收入5.32亿元，占全市寿险市场份额50.26%。其中，长期险首年标保完成2790.27万元，首年期交保费收入8232.54万元，10年起以上期交保费收入3366.68万元，短期险保费收入2727.94万元，涉农保险保费收入418.31万元，全年处理各类赔案7100余件。

【中国人保临海支公司】 2021年，中国人民财产保险股份有限公司临海支公司实现保费总收入3.92亿元，市场份额35.52%。其中车险保费收入2.59亿元；商业非车险保费收入4862万元，成为351国道临海邵家渡至白水洋段项目主承保，首推监护人责任险；政策性农业保险保费收入2069万元，首次突破2000万元大关，其中养殖险保费1322万元，同比增长101.82%；社保保费收入6359万元。支付赔款2.62亿元。

【平安财险临海支公司】 2021年，中国平安财产保险临海支公司实现保费总收入1.68亿元，支付赔款0.84亿元。1月，完成台州首单国际商标注册申请费用补偿保险签约，为台州“玉满园”水果专业合作社申请马德里国际商标注册提供风险保障。

（撰稿　王　丹　马慧蓉　应群晓）

邮电·信息化

Postal and Telecommunications, Communication and Information

中国邮政集团有限公司浙江省临海市分公司

【概况】 2021年，中国邮政集团有限公司浙江省临海市分公司实现业务收入1.86亿元，收入规模在全省县（市）公司排名第13，实现经营利润2415.12万元。其中金融业务收入8831万元，寄递业务收入7167万元。邮储银行临海支行全年累计实现自营收入1.29亿元。

【业务经营】 **金融业务**。全年完成金融业务收入8831万元，通过“日常+客户节”发展模式，开发公司存款账户、线上缴费客户、智慧收单，做好客户经营。开展合规营销治理、信用卡使用专项治理、存量客户信息专项治理等专项整治，防控金融风险。**寄递业务**。全年寄递业务收入完成7167万元。优化快包产品结构，以轻小件、省内件、长三角等优势线路为抓手，年快包单价2.715元/件，结算差额率37.33%。做优做大极速鲜业务，其中极速鲜杨梅项目完成155.14万元，极速鲜橘子项目完成539.07万元。与台药合作的中药配送项目年收入破百万元。紧钉国际物流业务，开发正特股份、春来机电、长维机械、蜗牛爸爸商贸等企业的跨境电商业务，全年发运35个海运柜，实现业务收入239.97万元。**函件业务**。提前完成新媒体业务重点项目政采云业务收入指标，以文化礼堂为突破口，全年实现函件业务收入537.35万元。**集邮业务**。结合建党百年活动营销，实现业务收入397.89万元。**报刊业务**。完成收入661万元。

10月29日，“消费帮扶，你我同行”对口地区帮扶产品品鉴会在台州府路支局举行
（邮政临海分公司　供图）

【农村电商】 **站点建设**。推行金融网点+渠道地推+寄递揽投协同机制，实现客户双向引流。**惠农项目**。开展“杨梅寄递”“橘子寄递”“助农直播”“金融客户节”等活动，推进农产品进城。**网点转型升级**。台州府路支局作为省级标杆网点，推出车险转介、联通“云放号”、政务通“营

业执照自助打印”、烟草零售、社区团购自提、农品展示、文创产品等业务。年末，完成16个网点转型，全部实现收入万元，其中收入5万元以上网点占比85%。

【安全管理】 全面推进“平安邮政”创建，确保建党百年等重大事件邮件传递安全，消防安全、交通安全、邮政金融资金安全，实现全年零安全事故。10月19日，河头镇营业所成功堵截一笔1.5万元诈骗。

（撰稿　蔡冰倩）

中国电信临海分公司

【概况】 2021年，临海电信落实市政府部署要求，围绕政府中心工作，接应落实5G建设，推进5G+信息化创新应用，发挥信息化建设“主力军”作用，维护网信安全，做好应急、防汛、防疫等通信保障，提升“满意客户”服务能力。

【网络建设】 2021年，开通5G三期工程基站226个，累计开通5G基站576个；开通杭绍台高铁沿线宏站9个，实现杭绍台高铁临海段全线覆盖；完成5G室分台州医院新院区、台州学院、临海火车站等重点区域68个点位开通。建设以光纤宽带技术为主的接入网，全面建成骨干光纤网络，城市楼宇光纤通达率和行政村光纤通达率达到100%，实现全市光网全覆盖。

【信息化建设】 **乡村振兴。**美丽乡村签约117个村，累计安装视频暗访点位上万个，其中7000多个点位加入村级视频联防平台网络。**数字政府。**建设“阳光厨房”“平安小作坊”等应用，助力市场监管。**数字经济。**打造数字经济综合应用门户，参与“医药化工产业大脑”构建5G+未来工厂等，助推临海经济社会数字化转型和高质量发展。是年，临海电信打造并持续优化公司智云护航网信安全体系①，为全市数十家部委办局和数千家企业提供智云护航。**信息化服务。**向市大数据局、经信局等单位派驻智云护航工程师6名，做好应急、防汛等重要通信保障。组建疫情防控通信保障突击队，承担市内隔离点位、卡口和重点保障单位的安装任务。

【客户服务】 **适老化服务。**营业厅针对老年人无智能机用户开设“无健康码绿色通道”，有智能机但不会使用的，营业员进行一对一或每周二“幸福学堂”辅导，教授智能机使用方法，方便进出公共场所。**“爱心驿站”专区。**7月以来，陆续在各街镇电信营业厅建成14家“爱心驿站”。8月13日，爱心驿站揭牌启用，巾山路电信营业厅“爱心驿站”获全国总工会2021年“最美工会户外劳动者服务站点”称号。每周一开展“免费贴膜”活动，每周二举办“幸福学堂”，针对中老年人开授“浙里办—社保查询”“疫苗接种预约”“出行指南—公交出行”“线上购物”“防诈小知识”等20余项特色课程。**节日特殊服务。**节假日、暑期，营业厅开展夏日送清凉活动，邀请小学生开展研学活动，了解5G电信知识，体验智家产品。

（撰稿　林佳娴）

中国移动临海分公司

【概况】 2021年，中国移动临海分公司围绕为构筑创世界一流“力量大厦”作出临海贡献的总目标，围绕政府中心工作，夯实网络基础，接应落实数字化改革，推进信息化创新应用，被评为2021年度中国移动浙江公司明星县。

【网络建设】 至年底，实现主城区、主要乡镇、工业区、主要景区5G网络全覆盖，84%的行政村实现5G网络覆盖。开展千兆网络改造升级，千兆用户覆盖比达100%。

【信息化建设】 参与承建数字国土空间、浙里好家政等数字化改革项目。承建全市旅游信息管理、智慧养老服务、智慧消防管理等数字平台；助力临海阳光厨房的建设与应用，叠加互联网、物联网等多维度实时数据，实现厨房环境实时把控，累计为近500家党政军及重要企事业单位客户

① 智云护航网信安全体系是浙江省内唯一拥有国家“计算机信息系统集成一级资质”和“通信信息网络系统集成甲级资质”的“双一级”资质体系，并拥有国家保密局颁发的“涉密信息系统集成资质”和“网络安全应急服务支撑单位证书”。

提供从网络到信息化建设的一站式全程服务。承建全市重点场所大数据疫情防控平台，大数据赋能疫情防控。

（撰稿 林 萍）

中国联通临海分公司

【概况】 2021年，中国联通临海分公司开展党史学习教育以党建引领中心工作。聚焦数字政府、数字民生和数字经济三大领域，参与智慧城市建设，助力打造产业智慧工业园区等标准化管理平台。聚焦通信基础设施建设，提升通信网络能力和网络质量，完善基础网络能力，打造有竞争力的、支持全业务发展的移动精品网络。开展“我的百倍用心愿您10分满意”活动，优化创新互联网+服务，实现年度经营目标。

【助力地方经济发展】 全年参与建设市卫生应急指挥平台项目、市人力资源和社会保障局指挥招聘、数字变妆探索化妆品经营社会共治新模式、市山体滑坡视频监测、市基层医疗机构管理信息系统硬件平台维保、头门港企业固废全流程管控服务、市动火作业可视化系统服务等项目。发力行业云，打造行业领先的云数据服务提供商，推广标准化自主云桌面产品，以“上云上平台”助力企业转型升级。

【通信网络建设】 **5G网络建设应用**。全年累计建成开通5G基站576个，完成5G三期工程基站开通数226个，提前完成5G四期工程基站开通数14个；完成杭绍台高铁沿线宏站开通数9个，室分RRU开通数83个，实现杭绍台高铁临海境内全线覆盖；完成5G室分台州医院新院区、台州学院、临海火车站等重点区域68个点位开通。**网络宽带建设**。对云水山庄、景莲家园、望江银座、国际汇晶城、春天华庭等25个LAN个小区升级改造，FTTH接入具备千兆带宽接入能力。原固网宽带未覆盖区域白水洋镇区、西洋苑小区、下沙屠村、怡江苑小区、珍园小区、桃源名府等28个小区开通宽带资源接入。

（撰稿 金柳涛）

财政·税务

Finance and Taxation

财 政

【概况】 2021年，临海市实现地区生产总值819.87亿元，按可比价格计算，增长8.3%。其中，第一产业增加值54.16亿元，增长5.7%；第二产业增加值363.18亿元，增长9.1%；第三产业增加值402.53亿元，增长7.9%。三次产业结构比为6.8∶43.9∶49.3。按户籍人口计算，人均生产总值达到68258元，增长10.7%。社会消费品零售总额269.53亿元，增长5.0%，外贸进出口总额358.39亿元，增长28.3%；全市城镇常住居民人均可支配收入62993元，增长8.0%；农村常住居民人均可支配收入为35367元，增长10.0%。全市财政总收入111.63亿元，增长9.6%；一般公共预算收入66.02亿元，增长11.0%，其中税收收入56.82亿元，增长14.1%；一般公共预算支出105.97亿元，增长0.6%。全市财政收支平衡，连续3年获得全省振兴实体经济试点示范市考核优秀，2021年度全省高质量发展示范市考核优秀。

【收支管理】 全市一般公共预算收入占地区生产总值的8.05%，占财政总收入的59.1%，税收收入占一般公共预算收入的86.1%。全市实现非税收收入110.92亿元，增长35.2%，其中纳入一般公共预算管理的非税收收入9.20亿元，下降4.9%。坚持"三保"支出在财政支出中的优先顺序，兜牢兜实"三保"底线。精准高效落实常态化直达机制。向上争取直达资金10.06亿元，出台直达资金实施细则和工作规范，为保就业、保民生、保市场主体提供有力支撑。全市新增债券资金10.75亿元，支持重大基础设施项目建设。

2021年度临海市财政收入执行一览表

表12

预算科目	一般公共预算收入	财政总收入						
	年初预算数（万元）	累计完成数（万元）	为年初预算（%）	上年期实绩（万元）	为上年同期（%）	累计完成数（万元）	上年完成数（万元）	为上年同期（%）
一、税收收入	540500	462175	85.5	498090	92.8	918254	921756	99.6
消费税						23614	30873	76.5

续表 12

预算科目	一般公共预算收入	财政总收入						
	年初预算数（万元）	累计完成数（万元）	为年初预算（%）	上年期实绩（万元）	为上年同期（%）	累计完成数（万元）	上年完成数（万元）	为上年同期（%）
增值税	248000	221764	89.4	241750	91.7	443528	483500	91.7
企业所得税	92200	108679	117.9	66972	162.3	271698	167430	162.3
个人所得税	35000	31788	90.8	33723	94.3	79470	84308	94.3
城市维护建设税	32300	25355	78.5	31242	81.2	25355	31242	81.2
耕地占用税	4000	3440	86.0	7096	48.5	3440	7096	48.5
契税	45000	71149	158.1	50683	140.4	71149	50683	140.4
其他地方各税	84000			66624			66624	
二、非税收入	93100	33641	36.1	96800	34.8	33641	96800	34.8
教育费附加收入	14000	13658	97.6	13628	100.2	13658	13628	100.2
其他专项收入	22000	19983	90.8	24112	82.9	19983	24112	82.9
其他收入	57100			59060			59060	
其中，国有企业计划亏损补贴	-500							
收入合计	633600	495816	78.3	594890	83.3	951895	1018556	93.5

2021 年度临海市财政支出执行一览表

表 13

预算科目	累计支出数（万元）	上年实绩数（万元）	为上年同期（%）	预算科目	累计支出数（万元）	上年实绩数（万元）	为上年同期（%）
一、一般公共服务	111341	103246	107.8	四、交通运输	31891	30309	105.2
二、国防	858	961	89.3	五、资源勘探信息等	14842	19984	74.3
三、公共安全	63703	63660	100.1	六、商业服务业等	3276	3241	101.1

续表 13

预算科目	累计支出数（万元）	上年实绩数（万元）	为上年同期（%）	预算科目	累计支出数（万元）	上年实绩数（万元）	为上年同期（%）
七、教育	250141	224256	111.5	十五、金融	242	444	54.5
八、科学技术	34363	29586	116.1	十六、自然资源海洋气象等	22016	14934	147.4
九、文化旅游体育与传媒	16945	26419	64.1	十七、住房保障	17930	17066	105.1
十、社会保障和就业	101854	101032	100.8	十八、粮油物资储备	1216	12514	9.7
十一、卫生健康	98176	113919	86.2	十九、灾害防治及应急管理	7613	19607	38.8
十二、节能环保	83833	47190	177.6	二十、债务付息及发行费用	31298	29037	107.8
十三、城乡社区	42315	71520	59.2	二十一、其他	2287	2093	109.3
十四、农林水	123544	122354	101.0	合计	1059684	1053372	100.6

【助力经济发展】 **减税降费**。2021 年，全市减免各类税费 48.66 亿元，兑现各类惠企资金 14.84 亿元，重点支持创新发展和产业升级，助力培育细分领域领军企业和专精特新“小巨人”企业。2021 年，全市实现规上工业增加值 248.03 亿元，同比增长 13.1%。**产业基金管理**。修订《临海市产业基金管理办法》，产业基金总规模 100.00 亿元，首期 30.00 亿元。

【保障民生支出】 全市民生支出 83.28 亿元，占一般公共预算支出的 78.6%。**支持卫生医疗事业**。全市卫生健康支出 9.82 亿元，成功组建三大县域医共体，台州医院东院区、市一医院病房大楼扩建工程建成投用。全年安排疫情防控专项资金 1.41 亿元，保障新冠肺炎疫苗接种工作。**支持教育事业**。全年教育支出 25.01 亿元，完成永丰镇中学、涌泉镇中心校、上盘镇城山小学等 26 个项目建设，推进幼儿园改薄扩容提升项目 20 个，新改扩建二级以上标准幼儿园 8 所，新增学位 2520 个。**完善社会保障制度**。全年社会保障和就业支出 10.19 亿元，城乡居民基础养老标准由 190 元 / 人 · 月提高至 235 元 / 人 · 月，城乡居民医疗保障财政补助标准由 860 元 / 人 · 月提高至 905 元 / 人 · 月。应对疫情导致物价上涨问题，拨付最低生活保障金 7831 万元，拨付特困人员集中供养经费 557 万元。深化“一事一议”，助推美丽乡村建设提档升级，全年安排财政资金 4163 万元，立项建设 61 个项目。

【深化财政改革】 全面推进财政电子票据改革，全市所有用票单位全部执收项目启用财政电子票据，104 家用票单位完成电子票据改革，开具各类电子票据 116 万份。深化国资国企改革，开启国有资产“唤醒”行动，全面理顺厘清国有资产现状，提升国有资本运营效率和投融资能力。开展乡镇内控指引试点，相关工作在全省乡镇内控现场会上做经验介绍。探索部门整体绩效、专项资金、事前绩效评价等方面改革，在台州市预算绩效管理优秀案例评选活动中成绩名列前茅。

【防范财政风险】 推进预算管理一体化系统建设，逐步形成预算全过程闭环管理的财政整体智治。健全事前绩效评估机制，对新增政府投资项目 5000 万元以上、其他新增项目或政策在 1000 万元以上的均开展事前绩效评估。防范财政风险，对照财政部最新化债口径要求，依法依规化解隐性债务。加强风险研判，全方位做好财政收支运行的分析研判。

（撰稿　潘心韵）

税　务

【概况】 2021年，市税务系统应对复杂经济形势和疫情下"六稳""六保"挑战，深化税收征管改革，建立完善"税费皆重"征缴体系，加强重点税源监控，贯彻依法征收、应收尽收，不收过头税费，精准完成收入任务。全年完成税费收入206.75亿元，减免税费46亿余元。市税务局获评全国税务系统文明单位、全国普法工作先进单位，局机关党委被评为全省先进基层党组织。

【税费收入】 全年共组织税费收入206.75亿元，同比增长45.59%。其中：税收收入110.22亿元，同比增长14.72%，其中地方财政税收收入56.82亿元，同比增长14.1%；社保费收入51.82亿元，同比增长21.2%；非税收收入44.7亿元，同比增长1307.81%。医保征缴速度首次扭转落后局面并跻身台州前二。

【服务发展】 **减税降费**。采用网络直播、"不打烊"在线咨询等模式，提升政策辅导效果，税费优惠直达市场主体。全年减免税金42.75亿元，同比增长33.18%；

2月28日，市税务局工作人员走访吉利汽车临海基地，辅导企业办税

（市税务局　供图）

减免社保费1.58亿元；减免地方水利建设基金、残保金等非税收入近2亿元。**助力外贸发展**。加大税收反哺地方力度，共办理出口退税(不含调库)25.96亿元，同比增长37.57%。落实税收协定和境内再投资递延纳税优惠2.80亿元，带动本地外商投资2.34亿元。**税银合作**。帮助2902户小微企业获得贷款28.19亿元。**税院合作**。与法院合作，避免1600多万元本地税款外流。

【纳税服务】 开展"我为办税人缴费人办实事暨便民办税春风行动"，以集成处理中心加速税费业务办理，有关做法在税务总局"学习兴税"平台展播；以"零滞留"流程管理将出口退税提速到"当日申报、次日到账"；开展税费现金征缴等专项整治，优化税收执法方式，加强风险内控；联合财政开展"财税+"多部门联动企业服务，合力解决制约发展问题；加强新媒体纳税宣传，税宣视频在台州市税务系统评选中跻身前列，擦亮"括苍税风"税宣品牌。推动3家龙头企业签订"税收遵从协议"。

【数字化改革】 在全省率先实现自营出口企业出口退税单证电子化备案并在台州市推广，获国家税务总局局长王军肯定性批示。联合供电部门构建"工业经济运行监测服务平台"，开展跨部门数据联动分析助推产业链供应链稳定，纳入全省数字化改革创新项目培育试点名单。探索"云调研""纳税人大数据画像""智能云呼"等数字化应用场景。

（撰稿　万佳音）

经济管理

Economic Management

发展和改革

【概况】 2021年，全市开展"十四五"规划编制，做好经济运行分析监测，谋划推动项目落地实施，为全市经济高质量发展积蓄动能。加强能源和价格监管，推进全市清洁能源发展，规范市场价格秩序。四季度，临海获全省投资"赛马"，被省政府通报表扬，系台州唯一。

12月18日，"古城崛起、突破跨越"项目擂台赛决赛现场（陈 耿 摄）

【发展规划】 开展"十四五"规划管理，编制发布《临海市国民经济和社会发展第十四个五年规划和二〇三五年远景目标纲要》，完成"十四五"规划编制目录和2021年市级专项规划编制目录。发布《临海市级专项规划管理办法》，推进使用浙江省规划管理数字化平台，确保所有规划纳入平台管理。编制完成《临海市重大建设项目"十四五"规划》《临海市服务业"十四五"发展规划》《临海市产业发展规划》《临海市能源发展"十四五"规划》等重点规划。完成2021年各季度经济形势分析报告，研究经济运行特点，为领导决策提供依据。

【项目投资】 举办"古城崛起　突破跨越"项目擂台赛，全市共谋划重大项目九大类275个，总投资1万亿元，其中百亿元以上项目22个，台州湾新材料产业园总投资1000亿元以上。纳入《浙江省重大建设项目"十四五"规划》单体项目5个，总投资达432亿元，数量和总投资均居台州第一。年内，新开工重点建设项目、集中开工项目开工个数33个，排名列台州第一，省"4+1"项目投资计划完成率191.7%，省重点项目完成投资34.1亿元，总量排名台州第一。华海制药科技产业园、臻城创业园等一批项目建设取得阶段性进展。

【能源管理】 印发《关于下达全市2021年度全市能源"双控"目标和新增光伏装机目标任务的通知》《临海市进一步推进清洁能源发展的实施意见》。年底，全市清洁能源总装机容量

30.395万千瓦，其中小水电总装机容量6.02万千瓦，风力、太阳能发电总装机容量24万千瓦（含括苍山风电场装机容量2.13万千瓦）。启动“台州1号”海上风电场项目建设，方溪水电站项目加快施工及安装，公共屋顶光伏、充电基础设施、临海市抽水蓄能电站等项目前期工作加快推进。

【价格监管】 对55个品种的价格每两周监测一次和9个品种的粮油交易价格每周监测一次，每两周向社会公布居民生活必需品价格。对全市公办幼儿园生均保育费进行成本监审，对大洋中心幼儿园等3家公办幼儿园成本进行审核，共核减成本358万元；对台州学院附属中学等7家民办中学的生均教育成本进行监审，核减成本898.6万元。完成2020年度污水处理成本定期监审，核减企业上报数据343万元，同时开展城镇瓶装燃气成本调查，核减企业上报数82万元。调整城镇燃气上下游价格联动机制；开展全市行政事业单位收费公示工作；核定头门港经济开发区公共停车场收费标准；参与全市行业协会商会乱收费清理整治专项工作。

（撰稿　李必会）

9月7—8日，台州市市场监管系统基层建设工作现场会在临海召开
（市市场监管局　供图）

市场监督管理

【概况】 2021年，全市着力优化营商环境，深化商事登记制度改革，培育扶持小微企业，维护公平市场环境，常态化开展进口冷链食品监管，切断病毒传播渠道，强化食品药品、特种设备安全监管，打造质量强市、标准强市、品牌强市、知识产权强市，实现国际标准零的突破，新增小微企业5009家、“浙江制造”标准9个、省创造力百强企业3家。市市场监督管理局围绕“争创一流、走在前列”的目标定位，创新监管执法体系，数字化改革等多项工作全省领先，承办国家药监局培训1次、台州市级现场会3次，获国家总局调研肯定3次，获浙江省市场监管系统目标责任制考核优秀，获全省市场监管系统“三比一讲”争先创优竞赛第六名。

【冷链食品防疫监管】 **专仓监管**。监管仓、核酸检测站进口冷链食品入仓总量居台州首位，成功阻断全省首例外省流入“阴转阳”进口冻虾仁、27吨阳性进口冻鸡爪流入市场。**专码溯源**。以“浙冷链”“浙食链”为依托，推动进口冷链食品“闭环管理、溯源倒查”。全市438家在营进口冷链食品企业、进口水果经营户全部上链，全年累计赋码9万余张，扫码29万余条。**重点防控**。做好药店、进口水果经营单位、农贸市场等重点场所疫情防控工作和新冠疫苗质量监管，累计关停整顿药店、进口水果经营单位30余家，实现疫苗接种单位、接种点全覆盖检查。

【优化营商环境】 **商事制度改革**。在全省率先推出商事登记“智办系统”，营业执照办理正式进入“5分钟时代”。在全省率先实现证照并销改革事项全覆盖，事项办理时间、办理手续压缩60%。开设“邮企通”便民服务点，发出全省首张邮政网点自助办理营业执照。**小微企业培育**。滚动实施“小微企业三年成长计划”，全年新增小微企业5009家、八大产业小微企业1327家，小微企业培育库（县级）企业2335家。打造小微云图2.0版，项目入选省局小微企业发展和“小个专”党建创新试点。获批台州唯一的2021年度省民营和小微企业金融服务综合改革试点。**公平市场竞争**。成立全省首个商业秘密保护科，出台全省首个商业秘密保护人才库文件，创建全省首个公益性商业秘密服务平台，创建省级商业秘密保护基地9家，数量居全省第一。持续开展转供电专项整治，清退相关费用96万元。加强公平竞争审查，全年清理有效存量规范性文件159件。

【质量技术管理】 **质量强市**。升级质量强市扶持政策，浙江省台州医院获2021年浙江省人民政府质量管理创新奖，临海彩灯行业被列入小微企业质量管理体系认证提升行动省级试点。**标准强市**。引导各类主体参与制（修）订国家标准、国际标准共30个，实现临海国际标准零突破。1个标准化项目被列入国家级试点，系台州唯一；发布全国首个农合联领域党建联盟标准；两项省级团体标准试点通过验收。**品牌强市**。承办“品字标”团体标准立项论证集中答辩会审台州专场，全年新增“浙江制造”标准9个，新增“品字标”企业10家。远洲国际大酒店入选省首批饭店业“品字标浙江服务”培育库。**知识产权强市**。办理全国首件公益型开放许可、全省首笔集体商标质押贷款授信、台州首笔国际商标注册保险、台州首笔知识产权服务业混合质押。发布全省首个知识产权服务类地方标准规范，吉利汽车研究院、伟星实业、华海药业入选2021浙江省创造力百强企业榜。

【安全监管】 **食品安全监管**。在台州实行落地食品领域错时监管，消除监管“盲区”。打造台州首个与景区深度融合的阳光餐饮街区，实现餐饮单位后厨100%阳光化。狠抓食品生产流通领域风险防控，推进食品销售风险分级分类靶向监管台州市试点。**药品安全监管**。以药品生产双码精密智控体系、省级柔性服务站，推进药品生产企业高质量发展，全面铺开药品流通、医疗器械、化妆品执法监管。全年12个品规制剂新取文号，8条制剂生产线、13个原料药通过GMP（药品生产质量管理规范）符合性检查，25个原料药品种通过出口欧盟原料药现场检查，建成民生药事服务站5家。**产品质量安全监管**。创新“专家诊断+随机抽检”监管模式，协助企业整改问题25个。加大产品质量监督抽查力度，完成350批次产品抽检。推进禁限塑工作，排查塑料制品生产经营单位105家，查封一次性发泡塑料餐具达200万个。**特种设备安全监管**。联合镇街开展特种设备安全风险普查工作，排查使用单位3527家，整改隐患562处。全市特种设备定期检验率、注册登记率均达100%。深化“厂厂受控”“处处规范”两大应用场景，打造14家制造单位“阳光工厂”。

7月6日，国家知识产权局商标局局长崔守东（前排右二）带队到涌泉镇调研“临海蜜桔”地理标志工作，国内30多个省、自治区、直辖市知识产权局相关处室负责人参加调研　　（市市场监管局　供图）

【数字化改革】 **省建系统**。揭榜省局“揭榜挂帅”5个应用试点项目，推进省建系统应用落地。在全省系统“三比一讲”竞赛中，31个系统应用指标居全省前10，26个指标居全省第一。特种设备制造企业赋码在全省率先实现100%覆盖。8月2日，省市场监管局党委书记、局长章根明到市局现场调研，对“浙江外卖在线”应用予以高度肯定。**特色项目**。推进药品生产智慧监管“黑匣子”工程，华海药业入选全省首批3家试点企业，获评台州市域社会治理现代化“最佳实践案例”。“数字辨妆”化妆品社会共治新模式被纳入台州市数字政府重点项目“台药链智治平台”，获评2021年数字药监“最佳应用”项目，承接国家药监局关于化妆品经营数字化监管的研究课题。

【执法维权】 **执法体系**。探索构建县域市场监管“大执法”

体系，全年累计查处各类案件1960件（不包含企业清调案件）、罚没款总金额1813万元，其中大要案325件，刑事移送42件。**执法质效**。应用食品违法案件“简案快办”执法模式办理案件368件，办结时间平均缩短20天。开展各类专项执法行动，23起案件入选国家、省、市典型案例，陈某等3.6亿元刷单炒信案入选2021年度全国重点领域反不正当竞争执法典型案例。**执法机制**。全省率先探索出台《“全员执法、统一办案”实施办法（试行）》，打破日常监管与执法办案壁垒，实现监管隐患与案件查处的高效流转。全省率先出台执法监督专项配套制度，规范行政执法行为，从源头减少行政争议。**消费维权**。全年共受理处置各类消费投诉举报6691件，为消费者挽回损失200余万元，消费投诉受理量较前三年平均量降幅居台州首位，消费投诉保持“零转访”。服务指导各类放心消费单位5024家，创建放心消费单位3263家。

（撰稿　朱绿漪）

统计管理

【概况】 围绕市委、市政府中心工作，开展各项常规统计调查，采用“监测早预警、调研作依据、服务走在前”的工作模式，提升统计服务效能，发挥全市经济发展核心智库的作用。开展防范和惩治统计造假弄虚作假专项行动，提升统计数据质量。开展统计法宣传进党校、进社区、进村居、进企业活动。

【统计服务】 **完善监测体系**。顺利完成农业、工业、建筑业、房地产业、服务业等近20个专业的统计报表上报及数据查询反馈工作。加强统计数据纵横比对和报表期内主要指标预警监测，形成统计监测报告近20份，其中问题类专报11篇。**“三为”实践活动**。以统计专业为单位，梳理工业、服务业、投资等近20个专业的培训科目供基层一线“点单”，开展应需辅导活动。年内共召开各类培训会15次，专项辅导38次，服务近1100人次。**统计服务产品**。在全市媒体平台发布全市第七次人口普查主要数据、分镇街道数据、姓氏信息等。在编发《临海统计信息》《统计简明资料》《临海统计年鉴》的基础上，开发《临海统计数据要情》供市领导参考。全年共撰写统计分析39篇，完成统计课题6个，方法制度论文1篇，《数据要情》15期。

【统计质量】 **数据质量**。编印包含14个统计重点领域的《统计数据生产流程图2.0》，全面规范统计数据生产全过程。强化报表审核力度，加强专业间沟通，重点核查数据异常点及数据匹配性，重点关注大企业、大项目，规范数据支撑材料。建立“四上”企业三色预警机制，按月将数据质量红、黄、蓝三色预警提示反馈全镇（街道），发挥基层统计中心管理职责。加强与电力、税务等部门数据的匹配性评估，及时开展查询或实地核查。**防惩统计造假**。年内对市住建局、市科技局和白水洋镇、涌泉镇、沿江镇进行统计巡查，采取查阅相关台账资料、个别谈话了解、“双随机”抽查企业数据质量等方式，全面检查统计工作要求落实情况。联合纪委等部门对8家单位开展执法活动。

【争先创优】 2021年，市统计局实施“数据临海”和“基层统计网格化管理改革”两个争先创优项目。**“数据临海”项目**是临海统计数据对外发布的平台和窗口，对接全省数据浙江平台，有各类表式236张，年内完成数据加载7.01万笔，实现临海五年来统计数据全部上线。**“基层统计网格化管理改革”项目**是承接省基层统计网格化管理改革试点工作的项目，明确一到四级网格13类网格人员的具体工作职责，建立包括企业网格定期活动机制、基层统计网格走访制度、统计业务培训、联审辅导工作制度等在内的14项网格管理工作制度。升级优化统计基层信息化管理平台，打通各层级网格管理通道，提升网格运行效率和工作成效。年内，完成江南街道的试点转入常态化运行模式，共组织开展9场统计网格活动，3场统计业务联审辅导，4次月度分析例会，完成159家次的入企走访和服务。

（撰稿　蒋玲玲）

应急管理

【概况】 2021年，全市形成安委会统筹、专委会牵头、各部门负责的工作格局，先后开展督导检查12轮，查处隐患4.67万处，其中重大隐患104处，约谈警示

52家，责令停产停业267家。全年发生各类生产安全事故12起，死亡12人。未发生较大以上生产安全事故，未发生亡人自然灾害。建成3家应急宣教体验馆；新建规范化避灾安置场所53家；创建省级综合减灾示范社区1家。

【安全生产管理】**危化品安全监管**。通过实施"园区监管智能化、重点环节可视化、项目准入本质化、车间生产自动化、队伍建设专业化"，通过国务院安委办第五轮指导服务专家组对临海的现场检查，在全国危化品重点县安全生产综合指数考评中排名第一。7月20日在全国危化品安全监管重点工作推进暨深化重点县专家指导服务视频会议上作经验交流。8月，相关工作先后在省委办公厅《浙江信息》、省政府办公厅《浙江政务信息》刊发，得到省委常委、常务副省长陈金彪批示肯定。9月，浙江头门港经济开发区入选国家"工业互联网+危化安全生产"建设试点，成为全国8家试点工业园区之一。**重点领域"遏事故"攻坚战**。实施"平安护航建党百年"安全隐患大排查大整治专项行动，推进安全整治三年行动，完成2021年项目66个，提前完成2022年项目60个。开展九大重点领域"遏事故"攻坚战，其中消防领域开展消防安全"铁拳"攻坚战和"五大领域"消防治理，排查各类场所5.51万处；道路交通领域开展"平安交通建设年行动"，完成11处交通事故多发点段整治，淘汰18辆客车，建成35千米农村公里安防工程，实现临水临崖和高落差安全设施全覆盖；渔业船舶领域开展异地挂靠渔船清零工作，转入80艘，转出15艘，在全省率先开展并完成87艘高风险出租渔船整治，被列为"浙渔好老大"示范创建单位，工作得到副省长刘小涛肯定；城市运行领域开展燃气隐患专项治理，检查燃气用户10万余户，查处隐患5000余处，立案15起，罚款25万元；特种设备领域推进"浙江特种设备在线"应用，在用的2.32万台特种设备100%赋码，在全省率先实现特种设备制造企业100%赋码。**日常监管**。强化工矿领域安全生产风险普查，三场所三企业完成普查694家，核验完成率100%，危化品使用企业完成普查546家，核验完成率100%，以中介机构协查解决小微企业事故隐患"不会查、不会改"的问题，共有2854家企业签订社会化服务。8月6日，《中国应急管理报》刊发《临海市中介协查筑牢安全屏障》。

【防灾减灾救灾】**基层防汛防台体系标准化省级试点**。投入410万元，实现行政村（社区）防汛责任人"四小件"全覆盖。新建53家规范化避灾安置场所；组建市、镇、村防汛抢险队813支9381人；举办各类防汛培训22期2900人次。完成浙江头门港经济开发区和19个镇（街道）的基层防汛防台标准化建设，通过省防指验收。8月19日，台州市基层防汛防台体系标准化建设现场推进会在临海举行。完成第一次全国自然灾害综合风险普查工作，摸清全市自然灾害风险隐患底数，查明重点地区抗灾能力。**台风洪涝灾害科学防控**。全面开展重要工程、涉水在建工程、山洪地质灾害危险区和隐患点、城乡危旧房、城镇低洼易涝区的排查整改，全年自查2537处，发现问题隐患753处。6月9日，临海参加2021年浙江省防台风综合演练，得到省防指的通报表扬。成功防御6号台风"烟花"和14号台风"灿都"，实现人员零伤亡。其中6号台风"烟花"影响临海时间长达6天，全市累计降雨量194.6毫米，28座小型水库水位超汛限。**森林防灭火源头管控**。开展森林防灭火巡查工作，清明禁火期间出动检查组1102组，参与检查人员2.73万人次，查处存在问题数量96个并全部完成整改，教育违规用火124人。全年完成扑火任务16次，累计扑救时间65小时、出动兵力234人次。组织开展全市首次森林火灾扑救联合演练。张贴通告4500余份、增设横幅标语3520余幅、投放朋友圈宣传植入50万条，禁火期间每日出动宣传车约60辆，举行宣传活动100余场。

【行政执法】**执法体制改革**。通过"互联网+执法""双随机、一公开"和联合执法等多种形式，集中开展安全生产主体责任、危险作业、燃气整治等安全生产专项整治活动。按照"关口前移、重心下移"的行动要求，将部分执法职权委托给镇（街道），推进安全生产执法向基层延伸。同时，结合日常执法检查、重点执法办案，对镇（街道）安全生产执法人员进行全流程带教，通过"理论+实训"提升基层安全生产监管执法能力。**执法检查**。根据行业风险隐患状况，以危化品企业、"三场所三领域"为重点，加大对安全管理基础薄弱、安全风险较高、易发生有影响事件企业的执法检查，对存在安全生产违法行为的企业进行重点打击。全年查处安全生产违法行为11类38项，办理安全生产行政处罚案件234起，罚款819.39万元。办理重大行政处罚案件41起，其中事故行政处罚1起，责令停产停业5起；打击非法经营危险化学品4起，办理行刑衔接案件非法经营罪2起。

【应急管理】 **应急预案编制**。完成《临海市应急管理“十四五”规划》和临海市总体应急预案的编制，确定57项需制（修）订市级专项应急预案。**应急演练**。投入111万元，组织全市各单位开展89场应急预案演练，参与人数3394人次。**应急指挥数字化**。建成市应急指挥中心视频融合平台建设，汇聚市水利、港航、气象、公安和头门港园区等视频监控，实现应急视频一张图管理。完成市应急指挥中心大厅音箱升级改造及研判会商室视联网改造。**应急储备**。制定《临海市应急物资储备基本标准（试行）》，明确市、镇、村三级物资储备标准和市级部门物资储备职责。制订2021年度物资采购计划，投入400余万元，采购行军床、棉大衣等应急物资4万余件，同时增加冲锋舟、橡皮艇、头灯等抢险救灾物资储备。**应急救援队伍建设**。按照“谁主管谁建设”的原则，完成防汛防台、地质灾害、道路交通、建筑施工、森林火灾等5类应急抢险专业队伍建设。依托现有乡镇专职消防队，整合民兵、半专业森林防火队员、水上救援队员、企业专业救援队员和医务人员，完成19个镇（街道）的乡镇综合性应急救援队伍建设。8月3日台州市乡镇综合性应急救援队伍建设现场会在临海举行。完善应急救援队伍联动机制，基本建成城镇建成区、工业园区“135快速救援圈”，城郊和人口密集农村基本完成“15分钟快速响应救援圈”。**全民应急意识**。线上线下多样宣传，先后举办“防灾减灾宣传日”、“安全生产月”、森林防火演练、防灾减灾专题讲座等主题宣传活动36场，受教育5万余人次。开展安全生产进企业、进农村文化礼。深化企业员工安全技能提升大培训，线上培训2.4万人，线下培训5000人。新建3家应急宣教体验馆。

（撰稿 杨 寅）

审 计

【概况】 2021年，全市审计工作立足“审计监督首先是经济监督”定位，依法完成审计项目21个，审计查出主要问题金额43.09亿元。其中违规金额1935万元，管理不规范金额42.89亿元；审计处理处罚金额1935万元。市审计局被评为省优秀县级审计机关，获浙江省优秀审计项目一等奖1个，信息工作位列全省县（市、区）第一，得到省长郑栅洁批示1次。

【专业审计】 **财政预算审计**。开展2020年度本级预算执行情况审计、19个镇（街道）2020年度财政决算全覆盖审计，收回财政资金2.19亿元、追缴非税收收入2.35亿元；加大对部分项目支出预算执行率偏低、财务管理不到位、绩效评价工作有待加强现象的揭示力度，规范定编定额和资产管理，建立和完善规章制度33项，确保财政资金真正用在“刀刃上”。审计“三个报告”全面反映7大类问题258个明细事项，得到市委、市人大常委会、市政府的肯定。**国有企业审计**。对市水务集团、市文旅集团等6家市属国有企业财务收支情况作为一个项目进行全覆盖审计，反映出6家企业在经营管理、资金资产管理、工程项目管理及企业用工管理等10个方面32个问题，

1月8日，市审计局举行新人入职宣誓仪式 （市审计局 供图）

查出管理不规范金额10余亿元。推动各市属国有企业出台和完善规章制度18项。**政府投资项目审计**。开展对临海市看守所（拘留所）迁建工程、临海市方溪水库工程等11个政府重大投资项目跟踪审计，推进项目建设按期实施；开展伏龙大桥工程预算执行情况审计，揭示项目管理、合同管理、资金管理等5个方面14个问题。**民生支出审计**。社会保险基金运行风险专项审计聚焦“老有所医”求实效，审计查出“紫阳老年医院以诊疗项目内含重复收费方式违规收取诊疗项目费用139万元”问题被审计署报告采用；基本养老保险基金查出困难人群、死亡人群应发未发、应退未退、重复参保等问题金额149万元；就业优先政策执行专题审计有效推动高校毕业生就业创业补贴、小额创业担保贷款、人才引进等政策发挥实效。**内审工作**。将全市镇（街道）、市级单位和国有企业内部审计工作开展情况纳入全市工作目标责任制考核范围，推进各单位健全内部审计机构。协助省内部审计协会在华海药业总部举办“走进华海药业——内部审计护航高端制造科技创新”专题会议。

【经济责任审计】 根据市委组织部建议，对4家市级行政事业单位、1个镇街及1家国有企业7名领导干部开展经济责任审计及自然资源资产责任审计。配合市委组织部办理29家单位、57人次主要领导干部离接任经济责任事项交接工作，同时完成市供销社、大洋街道等5个非集中交接单位经济事项移交的审计监督工作，形成“有权必有责、用权受监督、违法要追究”的审计监督问责机制。

【政策跟踪审计】 通过对新增财政资金直达市县基层、直接惠企利民落实跟踪审计，规范资金“点对点”支付，补正发放小微企业和个体工商户的纾困补助资金2.94亿元；抗疫特别国债资金安排的5个基础设施建设项目已全部支出并形成实物工作量。通过政策落实跟踪审计，督促全额清退多收城镇基础设施配套费1823万元，多收水电费174万元，清退法院涉企案款1.16亿元，维护企业权益，优化营商环境。

【审计管理】 **工作机制**。出台《中共临海市委审计委员会成员单位工作协调制度（试行）》《中共临海市委审计委员会办公室审计工作重大事项督察督办办法（试行）》，优化市委审计办与审计委员会其他成员单位的沟通协作机制，形成全市“一盘棋”工作格局。**审计智治**。开展大数据审计科研，审计工作应用各种新技术。在自然资源资产责任审计中应用斑点图对比分析技术，工程项目审计中应用指纹考勤数据分析技术。《数据审计显成效，揪出“揩油”十年硕鼠》获浙江省审计厅大数据审计优秀案例。作为全省6个县市区之一参加省审计厅组织的审计整改系统赛马机制开发。**审计成果利用**。加强与执纪执法部门和组织部门联系，全年移送市纪委监委等部门处理的案件线索14件，推动台州、临海市级层面出台8项管理制度、被审计单位出台或修订34项制度。3篇问题信息被《浙江政务信息（每日要情）》录用。省部级以上宣传媒体录用18篇次，《中国审计报》录用12篇次。

（撰稿　郑志华）

海　关

【概况】 2021年，共受理报关单通关1.11万份，同比下降21.9%；征收两税8867万元，同比下降31.6%；办理加工贸易手（账）册100本，备案保税金额2.06亿美元，同比下降0.1%；签发各类原产地证书1.47万份，签证金额7.04亿美元，同比增长18.7%；企业备案543家。支持台州综合保税区申报创建工作，12月9日成功获批。

【跨境电商】 依托产业大会、行业协会等平台，开展跨境电商政策宣传讲解。梳理跨境电商卖家在出口海外仓过程中遇到的堵点问题，指导企业出口备案、海外仓备案、后台数据与海关单一窗口的数据对接等各操作环节，成功实现（9810）项下“跨境电商亚马逊FBA仓＋散货＋一体化报关”台州首单货物出口。

【特色农产品出口】 全年出口杨梅19.5吨，金额21.07万美元；克服年初低温影响，柑橘出口1122吨，金额198万美元。2021—2022年冬春产季，出口西兰花352批3365.1吨，金额576.76万美元。**出口原料种植基地**。指导企业建立农药等投入品使用管理制度，健全自检自控体系。**安全风险监控和疫病监测**。根据“一场一品一案”制订方案，定期开展基地农药普查和成品农

出口西兰花的日常监管　　（丁灵卉　2021年/摄）

残、重金属等项目抽检，果蔬出口前提前采摘抽检，确保产品质量安全；开启农产品出口快速通道，建立24小时报关服务机制，增设查验专窗灵活安排查验，帮助谋划最佳运输方式和出运口岸，保证新鲜度。

【出口产品监管】 **供港蔬菜专项检查。**重点关注蔬菜基地西兰花的生长情况，对照总署监督抽检计划，确定取样方案，抽样检测后实时上传数据。全年抽取西兰花检测样品20份，每份样品检测项目216个，检测项目总计4320个。无不合格样品检出。**危化品进出口安全监管。**进行辖区进出口危化品风险评估，针对性地开展监管，定期抽样检测危险货物包装生产企业。全年检验出口危化品237批、进口危化品6批；出口危险货物包装性能检验673批，使用鉴定536批。

【进出口企业服务】 **户外休闲用品行业。**通过即报即签、自助打印等方式，全年为户外休闲用品签发各类出口原产地证书6620份，货值14.12亿元。针对跨境电商海外仓备案、优化进出口通关模式开展休闲行业专题业务培训。**医化行业。**因新冠肺炎疫情不可抗力原因导致的退运货物，主动联系企业申请退还已缴纳的关税及增值税。开展加工贸易企业一对一政策辅导32家次。**出境竹木草制品生产企业换证。**梳理出境竹木草制品生产企业注册登记到期换证企业106家，换证工作与核查工作相结合，剔除“僵尸企业”，按季度完成换证工作。**税政调研。**全年上报并被海关总署关税司采纳税则调整建议2条，为辖区特色行业争取到优惠：进口原料N-甲基吲哚酮关税由9%到5%，进口原料金鸡纳啶取消监管条件Q（进口药品通关单）。邀请台州海关RCEP业务专家为辖区33家企业解读RCEP协定，做好关税统筹。

（撰稿　王　媚）

海事管理

【概况】 临海海事处为台州海事局派出机构，实施水上安全监管扁平化管理，内设灵江片区和头门片区，本部设临海市区，头门片区驻地头门岛。全年辖区船舶进出港艘次1.11万艘次，货物吞吐量1110万吨。全年未发生等级以上交通事故和险情，接市应急联动中心警报警情31起，出动海巡艇28艘次，及时救助落水人员。

【执法检查】 全年实施水上巡航133次、出动执法人员281人次、巡航里程6210海里；陆上巡查503次、参与巡查执法人员1120人次、巡查里程1.24万千米。船旗国监督检查船舶124艘次，现场监督检查船舶592艘次，违法移送人员2人次。行政处罚411艘次、罚款300万元，促成拆解船舶2艘。实施海事执法领域突出问题专项整治行动，公正文明执法，对首次发生轻微海事违法行为不予处罚，对首违不罚相对人进行普法和警示告诫，并指出违法事实、性质、情节、可能造成的危害，责令及时整改。

【营运船舶安全监管】 **危险品船舶监管。**开展船载危货运输保障与安全监管，全天候进行危货审批，全年保障危险品运输船舶进出港635艘次，危货吞吐量287万吨，其中成品油吞吐量约76万吨、煤炭211万吨。现场检查危险品船舶132艘次。**客渡船安全监管。**2021年，灵江营运客渡船3艘，牛头山水库客渡船3艘。坚持每周至少一次的现场监督检查，落实客渡船“六不开航”“五项制度”，对春运、节假日等客渡运“重点时段”进行重点监管，开展安全检查及客渡船应急搜救及消防演习，保障渡运群众平安出行。**恶劣天气预警。**综合运用VTS（船舶交通服务）、VHF（高频无线电）、AIS（船舶自动识别系统）、短信、微信、传真等方式，向辖区航运企业、造船厂、码头业主、水工单位船舶及其代理等单位发布大风、能见度不良等恶劣天气预警信息，督促做好相关工作。每次台风来临前，全面排查辖区船舶，上报相关数据给市防指。**防碰撞安全教育。**开展商渔船长面对面等活动，组织临海辖区渔船船长、轮机长开展沿海公共航路调整、商渔船防碰撞安全警示教育等，讲解雷达、电子海图、声号等助航设备的作用，尤其在交叉会遇时对遇航行安全的重要作用。

【新建船舶出港】全市有4家船舶修造企业营运生产，业务稳定。由于灵江水域航道、桥梁通航等级低，新建船舶尺度、吨位大，与桥梁、航道通航能力的矛盾突出。为保障新建船舶下水、停泊、出港安全，严格执行新建船舶的报备、评估、现场监管等制度，实行新建船舶下水、港内安全作业、出港等现场全程监管。

【服务地方建设】对接重大涉水工作项目，配合伏龙大桥、余温公路灵江大桥等工程的进程，采用协同监管模式，保障在建水利工程安全。助力头门港港区码头、航道、桥梁等配套设施建设，保障港区水上物流顺畅、高效，全年保障头门港区进出港船舶770艘次，货物吞吐量613万吨，同比增长63%，进出港船舶801艘次，同比增长190%。

（撰稿　李　腾）

邮政管理

【概况】2021年，全市共有快递分拨中心7家，快递法人企业20家，快递末端网点311个。快递业务年收入突破21亿元，居台州首位，快递业务量累计完成2.69亿件，同比增长27.44%。推进行业党建、群团组织建设，

【快递进村】推行“邮快合作”“快快合作”“交邮合作”、邮政与菜鸟驿站合作增加村级服务点等方式，推进“快递进村”。邵家渡“1+1+N”进村入选全省快递进村样板目录库。该模式依托中国邮政驿路网络系统，委托1家第三方经营主体，多品牌民营快递企业共同参与末端共配。建立一个快件处理中心，在主要城区和辖区内行政村，以“中心驿站”“委办驿站”两种形式构架快递自提网络，统一分拣、统一数据、统一收派、统一管理，提升派件质量和效率。同时，便利店、日用小超市等成为农村委办驿站，试行“快递带动实体、实体支撑快递”的新型经营模式。

【行业监管】**“十二分制”行业安全监管模式。**编制《临海市快递行业“一企一档”十二分制考核方案及细则》，围绕日常管理、安全生产、服务反馈、检查通报等23条项目进行考核打分，每年度以12分为原始分，根据积分情况对寄递企业实行分级分类管理。全年累计检查网点325家次，发现隐患214处，根据积分情况约谈警告企业11家次，关停企业13家次，行政处罚14家。**常态化监督检查。**联合公安、政法、消防等部门不定期开展安全监管综合督导和专项执法检查行动，组织开展“扫黄打非”专题授课1次，举办寄递渠道禁毒工作培训1次。**“绿盾”工程监管系统。**建成“绿盾”工程监管系统，实现对邮政快递分拨中心、营业网点视频实时巡查。**疫情防控。**坚持常态化疫情防控与行业安全生产同部署同落实，严格“三件套”（戴口罩＋亮码＋测温）管理，推进新冠病毒疫苗接种，实现邮政

2021年11月，“双十一”网络购物节来临之际，“红色速递”联盟成员开展关心关爱快递小哥活动　（市邮政管理局　供图）

快递行业一线工作人员接种率100%。结合市防疫指挥部暗访组通报及日常巡查，关停整改防疫措施落实不到位的企业13家。

【党团建设】 5月12日，中共台州市中通快递永锦达包装有限公司党支部成立，实现全市快递行业非公党组织"零"的突破。10月13日，市快递物流行业党委成立，以"区域+品牌"模式建立6个快递企业基层党支部，党员72名。打造"红色速递"党建品牌，在快递企业网点、菜鸟驿站、快递车辆上设置"党员先锋快递服务站""党员先锋快递车"等标识，发挥先锋模范作用。成立共青团临海市快递行业工作委员会、临海市快递行业妇女联合会，建立共青团组织14个、妇联组织15个、行业工会18个，实现共青团组织、妇联组织、工会组织全覆盖。

【快递员关爱】 **暖心驿站。**依托社区、城管驿站、银行网点、工业园区、快递网点、外卖配送站等打造"鹿路同心"服务驿站网，形成市区"5分钟服务圈"，为快递小哥提供电瓶换电、饮水配餐、临时休息等场所。**专属贷款。**联合临海农商银行，向快递企业及其员工推出"共富暖蜂贷"，综合授信3亿元。**精神文明建设。**挖掘宣传行业从业人员先进典型事迹，传播社会正能量。杜桥顺丰快递小哥见义勇为合力救援车祸被困人员，获评市"周周正能量"和6月"浙江好人"。"独臂鸿雁"郑小平投递先进事迹被央视新闻等报道。

（撰稿　王弘扬）

文化建设

Cultura Development

教育

Education

【概况】2021年，全市有幼儿园185所，省三级及以上幼儿园176所，等级幼儿园占比95.14%，在园幼儿3.26万人，学前三年毛入园率97.54%；义务教育学校121所，在校生10.94万人，其中小学84所，在校生7.05万人，初中37所，在校生3.89万人，九年义务教育完成率100%，初升高比例99.12%。特殊教育学校1所，在校生128人，“三残”儿童少年入学率100%。进城务工人员随迁子女在义务教育学校就读10350人，其中在公办学校就读占比90.04%；普通高中11所，在校生1.85万人，其中省一级特色示范高中2所、二级特色示范高中3所。职业学校9所，在校生2.17万人，其中国家级和省级中职教育改革发展示范学校各1所，省中职名校1所；成人文化技术学校19所，建成省现代化成校2所，完成社会培训成果信息存入学分银行信息数20.26万人。

【办学条件】**教育投入**。2021年全市教育经费35.18亿元，国家财政性教育经费25.99亿元，一般公共预算教育经费25.01亿元，教育事业费23.86亿元。一般公共预算教育经费占一般公共预算支出比例为23.61%。**经费扶持**。加大农村教育投入力度，小学、初中生均公用经费分别达到2255.19元、3511.72元，发放农村爱心营养餐3518人次、228.67万元。**办学设施设备**。投资7.2亿元推进“百校达标”工程，全年实施教育建设项目87个，完成永丰镇中学、涌泉镇中心校、上盘镇城山小学等26个项目建设，大洋三小、临海小学东校区、白水洋中心校东校区和灵江中学（初中部）改建、台州中学扩建等项目加快建设；推进幼儿园改薄扩容提升项目20个，其中列入民生实事项目8项，完成新改扩建二级以上标准幼儿园8所，新增学位2520个。添置计算机1526台、多媒体550套、图书25万册，新建成自动录播教室（含同步课堂）25个，创新实验室49个，新型教学空间26个。**办学水平**。新增省义务教育标准化学校4所，全市标准化学校比例96.8%，

涌泉镇中心校　　（2021年/摄　市教育局　供图）

新增省现代化学校7所，新增二级以上等级幼儿园7所，通过复审15所。实现公办普通高中特色示范学校全覆盖。推进“互联网+义务教育”结对帮扶民生实事工程，结对学校55所。

【教师队伍建设】 **教师学历**。全市中小学教职工14570人，其中专任教师11837人。小学专任教师4154人，学历达标率100%，高一层次学历比例达99.45%；初中专任教师2935人，学历达标率100%，高一层次学历比例达98.33%；普通高中专任教师1355人，学历达标率99.63%；职业高中专任教师1097人，学历达标率92.81%。**师德教育**。全面实施中小学（幼儿园）教师师德专题教育“三大工程”，落实违反师德一票否决制，评选市第二届教师楷模10人、优秀教师90人、优秀班主任50人、优秀教育工作者22人。开展“教书育人、创新育人、管理服务育人”岗位评比活动，选拔第九届临海市最美教育人55人。**队伍建设**。引进教师174人，其中通过提前签约形式引进应届本科优秀生和硕士生54人。提拔校级干部12人，交流9人，免职12人，实现教职工带编交流162人。完成教师资格注册354人，教师资格认定712人。全市新增正高级教师2人，评审高级教师143人、一级教师288人。选送名骨干教师和优秀管理干部参加市级及以上各类培训1200人次。**教师荣誉**。新增国家“万人计划”教学名师1人、浙派名师名校长培养人选11人、省教坛新秀6人、台州市名师名校长名班主任7人、台州市教坛新秀12人。

【教育质量】 **职业教育**。新增省中职教育质量提升行动计划项目3个、台州市9个，在省级及以上大赛中获奖50多人次。**义务教育**。全面实施义务教育“公民同招”政策，随迁子女公办学校就读率被列入“蓝天行动”，公办学校就读率超80%。全面实施“公参民”学校转制规范工作，台州学院附属中学等6所“公参民”学校全部改制为公办学校。全市各小学全面推行放学后托管服务，推进综合素质“绿色评价”。**学前教育**。完善“以县为主、镇（街道）参与”的学前教育管理体制。新增省二级以上幼儿园7所，全市二级及以上在园幼儿占比55.09%，同比提升2个百分点，关停“低小散”民办幼儿园7家。**德育工作**。培育和践行社会主义核心价值观，开展“三爱”教育活动，以庆祝中国共产党成立100周年为契机，开展社会主义核心价值观“三进”活动，11所学校获全国青少年爱国主义读书教育活动组织优秀奖，市教育局获全国第28届青少年爱国主义读书教育活动组织特等奖；《月光下的中国》获教育部国家语委举办的第三届中华经典诵写讲大赛小学组一等奖。**体艺工作**。举办临海市第二十七届中小学生文艺会演，获台州市第十四届中小学生艺术节艺术表演类一等奖11个，二等奖13个，三等奖7个（其中小学组舞蹈专场第一名；小学组戏剧专场第一名；小学组声乐专场第一名），市教育局获2021年台州市中小学生艺术节优秀组织奖。在浙江省中小学生艺术节比赛中，获一等奖14个、二等奖10个，市教育局获优秀组织奖。深化“戏曲进校园”活动，开展教师集体培训讲座2次。推进阳光体育活动。紧紧围绕学生体质健康，做好“两体一艺”“两操一课”活动，开展有效的“1+1”大课间模式。承办台州市第十七届中学生田径运动会，举办临海市第四十七届中小学生田径运动会，回浦中学获浙江省高中男

古城街道中心幼儿园　　（2021年/摄　市教育局　供图）

子篮球联赛冠军，全年各校在全国、省级各类体艺比赛获奖100多项。台州初级中学连续第五次被确定为全国奥林匹克跳高高水平训练基地。**校园文化。**承办浙江省第17届青少年电脑机器人竞赛和台州市德育工作暨少先队工作会议。《协约式德育：转变育人模式的校本探索》获评浙江省“一校一案”落实《中小学德育工作指南》典型案例。获台州市第六届学生“学宪法讲宪法”演讲比赛一等奖1人，知识竞赛一等奖2人。

（撰稿　蔡晓锋）

文 化

Culture

【概况】 2021年，健全公共服务网络，广泛开展文化惠民活动，举办庆祝建党百年系列文艺活动，推进书香临海建设，新建台州府城系列展馆7个、图书馆分馆4家、农村文化礼堂88家。市博物馆获评国家二级博物馆，完成市山东大塔修复工程和桃渚城城墙修缮工程。开展“非遗”传承进校园等活动，增强“非遗”传承活力。9月，临海在2021年长三角城市更新论坛，作题为《以活化古城赓续千年台州文脉》的典型经验介绍。

【公共文化】 **公共文化设施。**全年新建伟星城、括苍镇、涌泉镇、观澜书院4家自助图书分馆。建成紫阳苑、朱自清纪念馆、台州市硬气馆、纪效堂等7个台州府城系列展馆。新建农村文化礼堂88家，累计建成数552家。试点公共文化服务数字化工程，开通时空Live码小程序。**庆祝建党百年文化活动。**6月22日，举办“永远跟党走”临海市庆祝中共成立100周年主题文艺演出。举办“红心向党·礼赞百年”临海市机关职工合唱大赛。开展庆祝中国共产党成立100周年临海非遗献礼和“永远跟党走”临海非遗专场戏曲晚会。累计举办庆祝中国共产党成立100周年群众文化活动104场，参与人数近40万人次。**文体惠民活动。**复兴传统艺术，扶持“在地艺术”，打造“15分钟品质文化生活圈”。推进书香临海建设，全年开展“送书下乡”活动127次，送书6.56万册，举办阅读推广活动184场次。

10月，朱自清纪念馆开馆　　（市文广旅体局　供图）

【名城保护】 **保护规划。**《紫阳街府前街历史文化街区保护规划》《西门街历史文化街区保护规划》通过专家评审，《历史城区风貌控制导则》通过评审，启动《三井巷历史文化街区保护规划》《历史城区消防专项规划》编制工作。**文物保护。**承办全国文物修复研讨会，完成市山东大塔修复工程和桃渚城城墙修缮工程，梁佩书故居修缮工程完成验收，桃渚城文物建筑修缮工程扫尾工作。台州府城墙修缮工程二

5月28日，第二届府城公共文化艺术节临海词调表演
（市文旅集团　供图）

期施工，下沙屠马氏庄园修复工程进入招标。**城墙申遗**。举办台州府城墙保护日活动，完成台州府城墙军事价值和防洪功能研究课题的后续工作。**历史建筑保护**。完成历史建筑测绘建档8处，首次使用矢量测绘、无人机倾斜摄影等新技术为历史建筑建立矢量模型，与武汉理工大学共建“历史建筑保护和测绘基地”。完成历史建筑修缮2处，老三楼饭店、方同受和茶食铺旧址的活化利用为台州府城传统文化的展示空间。

【“非遗”传承】 打造台州府城迎宾仪式、“非遗”手工市集和音乐擂台剧“戚家军·鸳鸯阵”等临海非遗品牌，做好“文化艺术传播空间”、非遗集市及紫阳街各非遗馆工作。首创非遗研学线上活动，和市中等职业技术学校、临海市警备育才学校合作，开展黄沙狮子、戚家军鸳鸯阵、大石车灯戏、台州府城传统小吃等非遗项目进校园工作。

【文化市场管理】 **行政审批改革**。实现证照分离全覆盖，窗口进驻率、签批率100%，电子证明共享核查率100%以上，网上办结率100%。全年受理部门行政审批事项40件。**文化市场监管**。至2021年11月，市文化市场综合行政执法队共出动检查643次，检查各类文化经营场所643家次。办结行政处罚案件13件，罚款9.13万元，没收违法物品3305件，停业整顿2家。

（撰稿　陈乐怡　唐慕宁）

体　育

Sports

【概况】 2021年，坚持城乡体育均衡发展，以省、市民生实事基层体育场地设施建设为重点，优化群众体育设施，补足群众体育“硬件”短板，城区和建制镇建构“10分钟健身圈”。广泛开展文体惠民活动，营造全民健身氛围，实现镇、社区、行政村和常住人口百人以上的自然村实现公共体育健身设施全覆盖，获评浙江省运动休闲基地。5月27日至6月4日，第十四届全运会空手道项目资格赛在临海举办。9月8日，“赛上江南　安全惟先”浙江省路跑及越野跑产业发展研讨会暨浙体产业沙龙第六期在临海举办。

【体育设施】 年内，建成1个社区多功能运动场、1个体育公园、7家百姓健身房和11个微型便民体育公园。把百姓健身房作为全民健身的基础性工程，与文化礼堂、新时代文明实践中心相结合，由社会组织和村内团体管护，进行重点建设，实现文体融合。优化城乡体育资源配置，完成11家市区新建小区体育设施验收。开展“送体育下乡”活动，按照“2+1”（2套健身路径和1副篮球架）的配置，向19个镇街投放60套健身路径和25副篮球架。

5月2日，“百年大庆、百里毅行”百公里毅行活动举行

（白水洋镇　供图）

【全民健身】 发挥体育社团力量，全年组织开展各类全民健身活动50余项，包括2021临海市第十二届百公里毅行、2021临海白水洋第四届“桃花癫”马拉松活动、2021年中国小篮球系列浙江省小篮球联赛、中国体育舞蹈俱乐部联赛（浙江临海站）、台州市农村文化礼堂运动会乒乓球比赛等。

【国民体质监测】 9月10日起，在全市全面开展为期两个多月的国民体质监测工作，从企事业单位、幼儿园、街道、乡村抽取有效样本3487人，其中幼儿882人、成年人2245人、老年人360人。测试结果合格率95.15%，优秀率12.27%。

（撰稿　陈乐怡）

新闻传媒

News media

【概况】 2021年，全市坚持“引导舆论、守正创新”，开展建党百年、党史学习教育、共同富裕、常态化疫情防控、优化营商环境、AAAAA级景区创建等主题宣传报道活动，成功对接、保障央视跨年晚会录制，全媒联动，紧扣中心、服务大局，传递临海好声音。全年在央视综合频道、新闻频道、中文国际频道，央广《新闻与报纸摘要》《中国之声》播发稿件20篇。浙江卫视《浙江新闻联播》录用稿件217篇，《浙江日报》21篇，浙江之声109篇。新媒体平台方面，浙江卫视“中国蓝新闻”App头条和视频号录用286篇，浙报集团“天目新闻”App首屏推荐35篇，“学习强国”App录用69篇，魅力台州抖音视频号17篇，“美丽浙江”抖音号24篇，浙江日报新媒体端2篇，新华社新媒体端3篇，《人民日报》新媒体端6篇，中央广播电视总台新媒体端1篇。市新闻传媒集团获《浙江日报》报业集团融媒共享联盟（台州）传播力奖，被评为年度优秀支站、省县级融媒体中心十佳天目号。

【媒体融合】 建立全媒体集群，将电视端《临海新闻》、报纸端《今日临海》、PC端浙江临海新闻网、移动端“临海发布”微信公众号和“掌心临海”App等主流舆论平台深度融合，开通视频号、抖音号、微博等平台，形成传统媒体与新媒体融合发展的新格局。媒体平台联动、大小屏联动、多平台融合采编、新媒体直播、短视频传播成为常态，全年举办新媒体直播活动146场。成立短视频工作室，制作推送339篇短视频，其中“救鲸行动”系列短视频共获得近500万人次的点击量。

【新闻宣传】 4月，“奋斗百年路　启航新征程”百年逐梦大型融媒体新闻行动在郭凤韶烈士故居启动。开设“学党史　悟思想　办实事　开新局”“重走红色路线　寻访红色印记”“向党说说心里话·一把手访谈”“向党说说心里话·党员群众寄心语”“党史学习教育‘三为’专题实践”“党史回眸”“习近平新时

4月，市新闻传媒集团举办百年逐梦大型融媒体新闻行动启动仪式
（市新闻传媒集团　供图）

代中国特色社会主义思想‘大讲堂’”等专栏，各媒体平台刊播和推送报道500余篇。新开设“留在临海过大年”“新春走基层”“攻坚破难抓落实　争先创优促发展”“数字化改革　赋能高质量发展”“优化营商环境促发展”“高质量建设共同富裕示范区”“再创民营经济新辉煌”“脱贫攻坚答卷”“文明城市　你我共建”等30余个专栏。围绕中心工作，推出《守住疫情防控防线，静候春暖花开》《让林场拓荒精神在临海大地竞相迸发》《在学习党史中汲取奋进力量》《强化顶层设计，为共同富裕定好基调》《让正能量成为临海永续传承的城市品格》等评论、系列评论40余篇。《营救瓜头鲸行动》报道全网观看阅读量达8亿多人次，短视频全网播放量达500万+;《涌泉橘农捐橘助力科研》经全媒体中心推出后，关注量达15亿人次。

【媒体经营】　将活动、直播、晚会、比赛、短视频等宣传方式以立体打包的形式融入各镇（街道）、部门的政务合作中，实现镇街合作全覆盖。以中国共产党成立100周年为契机，策划开展一系列迎建活动，举办演播室大型晚会13场，策划执行各类有奖竞答、线上直播活动18场次，参与政府类文化产业项目的搭建和宣传，深度融入全市各类数字化项目建设，拓展各类节庆活动会展业务，承办大型会议策划活动。打响少儿春晚、嘉年华等栏目品牌，拓展微电影、短视频等新业务，提供定制化、个性化服务，全年完成各类专题片、微电影、红色百年视频25部。

【项目建设】　组建“雪亮”攻坚红战队，圆满完成2020年雪亮工程的验收及杜桥天网业务的承接。完成国道线路移改、新小区地埋建设等大小工程近百个，完成项目预决算123个，完成省广电主干传输网改造项目的验收与结算。

（撰稿　吕菁菁）

图书发行

Publication

【概况】 2021年，市新华书店实现网络书店和实体书店融合发展，年初完成3000平方米崇和新华书店卖场装修，融入临海“千年府城”特色文化元素，集图书、阅读、休闲、咖吧、数码、文具、临海特色的文创产品为一体。同时，拓展天猫网购、政采云网、云台购线上业务，扩大市场，提升销售额。围绕“大雅临海　书香之城”建设，策划各类阅读活动，做好全民阅读推广工作。全年实现全店总销售额10909.40万元，天猫销售额700.5万元。获评第28届全国青少年爱国主义读书教育活动新华书店系统发行先进单位，广文书院被中国书刊发行业协会评为“年度社区书店”。

新装修开放的崇和购书中心　（2021年/摄　市新华书店　供图）

【教材征订发行】 2021年，春秋两季发行教材493.80万册，教辅81.75万册。全年发行《大雅临海·经典诵读》9册学前至八年级读本10.43万册、《家乡临海》2.47万册。

【政治读物征订发行】 结合全市党史学习教育，成立专门的党史发行小组，在卖场主要位置设党史专台，展陈推广。累计发行《论中国共产党历史》《毛泽东邓小平江泽民胡锦涛关于中国共产党历史论述摘编》《习近平新时代中国特色社会主义思想学习问答》和《中国共产党简史》5.9万多套。征订发行《中华人民共和国简史》《改革开放简史》《社会主义发展简史》和《中国制度面对面》（2020理论热点面对面）、十九届六中全会辅导读本等政治读物。

【全民阅读活动】 **全国爱国主义读书教育活动。**配合市委宣传部、市教育局在全市中小学校开展以“百年光辉历程　全面建成小康”为主题的第28届全国爱国主义读书教育活动，发行读本10余万册，举办各类活动11场次。下半年，发行从“百年潮涌·红星闪闪放光彩”为主题的读本6万余册；开展全市第五届学生读书月暨“阅读伴我成长”读书活动，精选推荐书目，通过到校流动供应、线上云台购、纸质订单三种模式，提供送书上门服

4月27日，“晓敏姐姐讲故事”阅读活动现场（市新华书店　供图）

务。“七进”系列活动。邀请作家桃子姐姐走进哲商小学、临海小学等5个学校开展青少年红色文化课堂；助力全市“四千工程”活动，开展“乡村图书驿站”系列活动；与临海监狱联合举办“大墙书市”活动，为服刑人员提供种类丰富、涵盖面广的书籍。**“云分享”系列阅读活动**。12月，与市委宣传部、市教育局联办“灵江书声·文化润富”21天临海全民阅读计划，第一周就有2000余人参与打卡。读者阅读微信社群，全年累计线上分享40余场。以崇和购书中心为背景进行天猫线上直播会。利用临海新华书店公众号平台发布信息、新书好书推荐、组织线上活动、微信赠书等。店内阅读方面，组织开展“关机一小时，阅读好时光”行动、“书香谜趣”猜灯谜、“你借书，我买单”“新华约读”“晓敏姐姐绘本讲故事”等各类丰富多彩的阅读活动。

（撰稿　朱鲸颖）

史志工作

Work on Local Chronicles

【党史编纂】**《中国共产党浙江临海历史》第二卷（1949—1978）出版发行。**全书分为4编22章，共计38.7万字，全面系统客观地记述1949年5月临海解放至1978年12月中共十一届三中全会召开这29年间，临海人民在党的领导下进行社会主义革命和开展社会主义建设的光辉历程。6月29日，市委举行首发式，市四套班子领导出席。全年向市直各单位、镇（街道）、村（社区）各级党组织赠阅3000册。**《中国共产党浙江临海历史》第三卷（1978—2012）编纂启动。**6月起，市委党史研究室成立编写组，组织人员学习解读党的十九届六中全会精神、《中共中央关于党的百年奋斗重大成就和历史经验的决议》及第三卷编写要求，掌握编纂方法，初拟编写计划、大纲等。12月21日，市委办印发《关于组织开展临海改革开放新时期党史专题编写工作的通知》《〈中国共产党浙江临海历史〉第三卷（1978—2002）编写工作方案的通知》，从指导思想、目标原则、体例规模、进度安排、工作保障等方面对党史三卷和专题的编写作出明确部署，正式从全市层面启动三卷编写工作。

【志鉴编纂】**《临海市志（1986—2012）》出版发行。**《临海市志（1986—2012）》是临海撤县设市以来第一部地方综合性志书。该书为1989年版《临海县志》的续志，全面系统客观地记述了1986年至2012年间，临海市域自然、政治、经济、文化、社会的历史与现状。全志共2册40编211章，315万字，全彩印刷，由浙江古籍出版社出版发行。12月，入选临海市"文化精品工程"。**《临海年鉴（2020）》获奖。**《临海年鉴（2020）》是全市第一部公开出版发行的年鉴，由市地方志编纂室编纂。12月，获评2021年度浙江省精品年鉴。**《临海年鉴（2021）》出版发行。**全书58.7万字，由卷首、正文、卷末三部分组成。卷首设彩插、特载、大事记、市情概览、专辑等；正文分政治建设、文化建设、社会建设、生态文明建设、镇街道等类目，各类目事务属性设置分目；卷末设附录，收录2020年临海市统计资料、规范性文件选目、荣誉表等。12月，由中国文史出版社出版。

【史志宣教】**党史学习教育和建党百年纪念活动。**到各单位作《人间正道是沧桑——回首百年路　启航新征程》《传承红色基因　赓续精神血脉——图说临海党史上的第一》《追寻"真理的味道"》等主题宣讲，《深入挖掘宣扬郭凤韶烈士事迹，合力打造精品党史教育基地》被确定为省党史宣教创新案例；指导市青年宣讲团、镇（街道）宣讲分团等开展党史学习教育巡回宣讲；会同多部门开展"百名干部读党史""学党史　迎百年"党史知识竞赛，制作《中共临海县特别支部》《中共台州中心县委》《营救中共台属特委书记刘清扬》《东海战浪——白沙岛战役》《一江山岛战役》等5部短视频，录制中国共产党成立100周年系列访谈节目，参与拍摄的《郭凤韶：且向百花头上开》短视频在求是网播出；为各单位提供党

6月29日，临海市委书记梅式苗（左二）和台州市委党史研究室主任李欠梅（左三）为中国共产党临海历史馆揭牌（陈 耿 摄）

史宣教资料及做好审查把关工作，助力开展红色寻迹活动。**“临海史志”微信公众号开通**。3月，公众号开通，设“红色百年·临海记忆”“胜迹遗址”“历史人物”“临海旬记”等专栏，全年推送51期。

【红色资源保护与利用】 **中国共产党临海历史馆建成**。展厅面积648平方米，投资468万元，分为新民主主义革命时期、社会主义革命和社会主义建设时期、改革开放和社会主义现代化建设新时期、中国特色社会主义新时代四大板块，以图片、文字、实物、影像等多种形式，展示中国共产党临海党组织的百年历程中的重大事件、重要人物、重要会议等。6月29日，市委举行中国共产党临海历史馆开馆仪式，市四套班子领导参加活动。同年，列为台州市党史学习教育现场教育基地。**革命文物保护**。6月24日，郭凤韶烈士故居旧址、“一江山岛战役”头门岛指挥部旧址、林炯烈士故居、临东办事处驻地旧址等4处革命文物被列为市级文物保护单位。

（撰稿 钟肖鸣）

社科工作

Social Science Work

【概况】 2021年，市社科联积极参与全市党史学习教育，立足社科本职，发挥联的优势，深化与市社科联会员团体、社科普及示范基地的合作机制，联合开展党史知识普及教育，做深社科研究，做活社科普及，做好社科基地，推进社科事业取得新进展新成就。浙江省“全民阅读·为地球朗读”主场活动在临海举行。张秀娟剪纸博物馆献礼建党百年剪纸作品《东方红——光辉历程》入选浙江工艺美术精品展，并在台州市举办专场剪纸作品展。

【社科研究】 **课题研究**。年内，获省级课题立项11个、台州市级立项课题19个，其中《台州文脉——台州文化世家的家国情怀和人文贡献》被列为省社科普及重点课题，《浙江宋代墓志碑刻集成·台州卷》入选浙江文化研究工程立项课题。两篇论文获第五届大陈岛垦荒精神理论研讨会二等奖，23篇文章获得省委、台州市委党校理论文章奖项。**资政服务**。围绕市委、市政府年度中心工作，报送《关于府城宋韵文化传承与活化的建议》等6篇社科要报。做好省“重要窗口”社科基地调研工作，配合浙江工业大学浙江省舆情研究中心、浙江工商大学浙商研究院完成民营经济高质量发展、外向型经济研究、“重要窗口”建设等调研活动。“推行企业注销‘一件事’迭代升级便利化全覆盖”案例入选第三届浙江省高质量发展智库论坛政府数字赋能高质量发展创新案例。**地方文化研究**。开展临海林场精神研究，举办临海林场精神论证会，举办“红船精神铸魂、垦荒精神立心、拓荒精神励志”庆祝建党百年理论研讨会，提炼总结“艰苦奋斗绿荒山，忠诚敬业守青山，改革创新拓金山”的林场精神，临海林场“红色接力”事迹得到省委副书记黄建发批示肯定。推进宋韵文化研究，举办“千年府城·三台宋韵”座谈会和“宋韵文化在临海”座谈会等学术活动，策划编写《三台宋韵——临海“宋韵文化”系列读本》。《鲞经》点校本、《洪颐煊父子小停云山馆考藏兰亭述略》获台州市第十九届哲学社会科学优秀成果奖，《洪颐煊父子小停云山馆考藏兰亭述略》获台州市第十二届文化曙光奖。《临海市志（1986—2012）》《唐诗临海》等5部作品被列为“2020年度市文化精品工程”获奖项目。

【党史学习教育】 **党史知识宣传普及**。在“今日临海”微信公众号推出《红色百年·临海记忆》栏目，以线上微讲座形式讲述临海党史。4月20日，“永远跟党走”群众性主题宣传教育启动仪式暨庆祝中国共产党成立100周年大型朗诵会在崇和门广场举行。全年举办“人间正道是沧桑——临海党史回眸”主题宣讲、临海林场精神宣讲会、“学党史　不忘初心，讲垦荒　牢记使命”巡回宣讲、“学党史·迎百年”党史知识竞赛等党史知识宣传普及活动上百场，受教育干部群众5万多人次。**庆祝建党百年活动**。主办“守初心·颂党恩”红色藏品展，展出《革命理想高于天》油画、红军军旗和军服等各类红色藏品近2000件。举办“建党百年颂华诞·不忘初心永向前”大型系列活动，开展红歌快闪、文艺晚会和红色故事宣讲、红色记忆画展等活动。举办临海拓荒精神史料影像展，以线上线下、图文影像结合的形式，展现林场精神、羊岩精神、洞港精神等临海特色的拓荒精神。举办临海市青年宣讲课件大赛、“永远跟党走——红色记忆·百年临海”专题访谈会、“百年潮涌　红星闪闪放光彩”临海市中小学演讲比赛等活动。

4月20日，2021年浙江省“全民阅读·为地球朗读”主场活动在临海举行（市社科联　供图）

【社科普及】**浙江省全民阅读主场活动**。4月20日，省“全民阅读·为地球朗读”主场活动暨“诗路明珠·古城古镇”启动仪式在临海举行，省社科联与浙江卫视合作的《文化浙江大讲堂》“诗路明珠·古城古镇”系列节目在台州府城文化创意街区开拍。推出“灵江书声　文化润富”21天临海全民阅读打卡行动。**民生政策基层宣讲**。会同市人民法院开展《中华人民共和国民法典》精准普法周周讲活动，组织普法宣讲团到农村社区宣讲《中华人民共和国民法典》11次。结合农村文化礼堂“四千工程”建设，开展“安全宣讲进文化礼堂”活动近60场。**社科普及基地**。台州府城文化创意街区入选第十批浙江省社会科学普及基地，省级社科普及基地张秀娟剪纸博物馆“非遗艺术流动课堂”项目被评为浙江省社科普及创新项目。

（撰稿　许　勰）

档案工作

Archival work

【概况】 2021年，编制发布《临海市档案事业发展“十四五”规划》，以规划引领档案事业高质量发展，推进依法治档、档案归集利用、档案数字化等工作，实现长三角地区内查档“最多跑一次”。充分挖掘档案史料，开展党史学习教育，完成浙江卫视《“跟着档案去旅行”台州府城临海篇》节目录制，举办临海市拓荒精神史料影像展。推进民营企业档案规范化建设，浙江豪情汽车制造有限公司创成台州市级档案工作示范点。浙江临海经济开发区成功创建省级规范化数字档案室。12月27日，市档案馆新馆启用。

12月27日，临海市档案馆新馆启用仪式举行　（市档案馆　供图）

【依法治档】 对市级机关、国有企事业单位档案工作开展常态化监督和指导，结合档案“双随机、一公开”[①]执法检查，对全市13家单位开展档案专项督查并发放督查反馈单，以督促改。完成市历史文化名城保护中心等6家单位《文件材料归档范围和档案保管期限表》的行政审批。结合“6·9”国际档案日，加强民营企业档案法律法规宣传，发放《企业应了解的法律法规政策》宣传册2000余册。

【档案服务】 **档案查阅。**全年共接待社会各界档案查阅人员1157人次，调阅档案653卷件、572件次。其中接待市民查阅婚档、知青、二轮土地承包权证、山林、土地证等977人次，调阅档案236卷件；接待法院债务查档105人次，提供依据凭证96卷件；为各种工作查考提供利用138人次，258卷件、496件次。实现长三角地区内查档“最多跑一次”，台州内联动查档接待105人次，调阅82卷件；省内联动、网上查档、长三角地区民生档案查档接待192人次，调阅122卷件。**档案利用。**配合浙江卫视新闻频道完成《“跟着档案去旅行”台州府

① “双随机、一公开”，即在监管过程中随机抽取检查对象，随机选派执法检查人员，抽查情况及查处结果及时向社会公开。

城临海篇》节目录制，5月在新闻频道、学习强国、浙江档案网等平台播出；弘扬拓荒精神，挖掘临海林场、洞港农场和羊岩茶场3家单位史料档案，7月1日在市政广场举办“临海市拓荒精神史料影像展”，此后在崇和门广场、巾山广场、灵湖广场和各镇街巡回展出4个月；挖掘张崇文将军的生平事迹，编写《少将张崇文制作的象棋》被省“红色文物故事”专题录用，并在“学习强国”刊登。

【档案归集】 做好脱贫攻坚和疫情防控档案归集工作，全年累计接收26家单位疫情防控档案，共3862件；17家单位脱贫攻坚档案，共1328件，基本完成两类档案的专题数据库建设。开展建党百年红色档案征集活动，征集到实物1件，书籍18册，照片、音视频等相关资料600余份。常态化开展档案备份工作，全年共完成7家机关单位文书档案的接收工作，数据合计35.34G，文件数量7551件；备份重点建设项目1家，数据合计26.53G。

【档案数字化】 档案信息化试点持续推进。推进电子公文单套制试点工作，完成市党政信息网预归档模块的开发，接口成功通过测试，4家试点单位开展试运行。在政务网环境下成功部署临海市馆室一体化系统，为其他机关企事业单位建设虚拟档案室及档案线上移交接收提供支持，同时对接省数据交换平台，将各单位行政权力事项办件数据包推送至系统。

（撰稿　金晨希　卢逍月）

社会 建设

Social Development

城乡建设

Urban-Rural Development

城镇建设

2021年末，城市建成区面积50.29平方千米，城镇人口41.36万人，乡村人口78.54万人。城镇居民人均住房建筑面积40.36平方米，农村居民人均住房建筑面积64.52平方米。是年，城市污水处理厂扩（迁）建二期、城市垃圾焚烧发电厂二期等一批基础设施项目建成投用。尤溪镇获评省级美丽城镇样板镇，7个镇（街道）获评省级美丽城镇达标镇。城建部门结合党史学习教育，建立15个“红色工地”，被列入省级党史学习教育巡回指导点位。开展“三为”专题实践活动，建成绿道15千米、停车位450个，完成4个老旧小区的雨污管线改造。

【基础设施】 **桥梁道路。** 2021年，东港路道路桥梁工程、台州医院新院区周边道路改造工程等一批项目建成通车。全市第一座特大桥、第一座双塔斜拉索桥——伏龙大桥从桥下部结构施工转入上部结构施工，引桥施工转入灵江上主桥施工阶段，工程进度过半。工程主线长度约为1.9千米，宽40米，双向六车道。**环保设施。** 建成城市污水处理厂扩（迁）建二期、杜桥污水处理厂二期，提标括苍等4座镇级污水处理厂，新建污水管网25千米。完成89个生活小区污水零直排改造。城市垃圾焚烧发电厂二期扩建项目投产使用，总投资3.1亿元，生活垃圾处理能力由每日700吨提升至1450吨。**便民设施。** 建成临港新城启动区智慧停车场等公共停车位1187个，全域新增停车位4335个。新增海绵城市建设2.5平方千米，头门港白沙湾公园等绿地15公顷，省级绿道15千米。

城市垃圾焚烧发电二期工程建成运行（2021年/摄　市建设局　供图）

【城乡建设】 灵湖“城市客厅”城市风貌区、尤溪—江南“峡谷秘境”县域风貌区入选全省首批创建城乡风貌样板区试点。尤溪镇历史文化名镇保护规划，紫阳街府前街、西门街历史街区保护规划编制有序进行；86处历史建筑测绘建档全部完成。“名城智安”项目入围县域社会治理现代化“十百千”项目库。尤溪镇获评省级美丽城镇样板镇，江南街道等7个镇街获评省级美丽城镇达标镇。实施11个国家级传统村落保护项目，“传统村落数字化服务”应用场景被列为省厅试点。尤溪镇坪坑村和小芝镇大来岙村美丽宜居示范村项目完工。

【民生实事】 完成白塔四区、银山花园、江韬公寓、东升公寓4个老旧小区改造工程，共投资2300多万元，惠及1279户、43栋、11.49万平方米。发放租赁补贴167.76万元，发放人才房票26张，发放房票金额871万元。排查城镇既有房屋建筑6697幢，991.35万平方米，排查出城镇非住宅类危房6处，排查农村房屋28.5万户，完成整治农村危房309户。制订《临海市城市回迁安置问题专项治理工作方案》，实现货币补偿资金和安置房源“双到位”。临海市拆迁领域数字化改革应用场景系统（拆省心）在浙里办App上线运行，提供征收、安置、租房、政策等信息查询服务。

（撰稿　朱利波）

美丽乡村建设

【概况】 2021年，全市坚持以新时代浙江“三农”工作“369”行动为总纲领，推进新时代美丽乡村建设，优化提升农村人居环境，巩固脱贫攻坚成果，与乡村振兴有效衔接，搭建农民增收平台，促进共同富裕。是年，全市实现农村居民人均可支配收入35367元，获评全省农村生活垃圾分类处理工作优胜县市。

【新时代美丽乡村】 **美丽乡村**。推进4条精品线和48个精品村建设，牛头山、小芝镇、尤溪镇3条精品线一期项目完工。汇溪镇孔丘村通过中国历史文化村落保护利用重点村规划评审。全年创成省级新时代美丽乡村达标村167个、特色精品村6个，汛桥镇被评为台州市美丽乡村示范镇、汛桥镇利丰村，尤溪镇汇龙村、永丰镇留贤村被评为精品村、尤溪镇江南峡谷区块被列为精品示范区。**美丽庭院**。丰富庭院建设模式，坚持“洁、齐、绿、美、景、韵”六美标准，结合三改一拆、农房改造、房前屋后整治等工作，整治农村住宅乱搭、乱建、乱堆、乱

四好农村路X916车义线　（2021年/摄　市交通局　供图）

挂，治理庭院环境、家庭卫生，解决许多村庄遗留的环境问题，全年创建美丽庭院1.2万户。**美丽公路**。以争创省级“四好农村路”示范县为契机，完成镇级农村公路管理站规范化建设，夯实路长制管理，新改建公路37千米，危桥改造9座，安防工程40千米，路面维修108千米，精品路线维护提升62千米，港湾式停靠站30个。

【农村人居环境】 **推进“三大革命”**。累计建成投用镇级农村生活垃圾“三化”处理中心10个、生态堆肥房15座。建立健全农村生活垃圾分类投放、分类收集、分类运输、分类处理的常态化运行体系，完成省定资源化站点技改提升任务1个和汛桥镇农村生活垃圾资源化站点提升技改工作。全市10个资源化站点全面推行站长制，运行有序。是年，全市农村生活垃圾分类处理行政村覆盖率90%以上，创建省垃圾分类高标准示范村3个、台州市级垃圾分类示范村8个。**农村人居环境整治**。在全市开展人居环境“三清三整三提升”①活动，每季度开展农村人居环境和农村生活垃圾分类工作督查，临海电视台设置农村人居环境红黑榜，通过临海发布、掌心临海等平台在全市范围曝光。排摸全市1972座农村公厕并对相关问题及时整改，统一编号管理，落实所长制管理，把农村公厕日常保洁工作纳入村庄环境综合整治工作，落实农村公厕保洁管理专项经费，结合村庄保洁专人维护。开展星级厕所评定，评出星级公厕40个。在全面完成全区农村生活污水治理工作的基础上，健全完善“五位一体”运维管理体系，充分发挥农村生活污水处理设施的作用。全年新建10个污水处理设施，改造20个污水处理设施，标准化运维350个点。

【农村经济管理】 **巩固脱贫攻坚成果**。启动省低收入农户帮促数字化应用系统。19个镇（街道）设立总规模为1750.1万元扶贫救助基金，结合“低收入农户帮促数字化应用系统”建立的绿、黄、红三色管风险动态监测预警机制，做到帮促工作全流程监管、全方位监测、全链条预警处置。**农村居民增收**。出台《临海市农业农村系统高质量发展推进共同富裕行动计划（2021—2025年）》，全年培训农村实用人才和高素质农民4850人；核发粮油生产补贴3769万元，耕地地力保护补贴2338万元。**巩固提升村级集体经济**。出台《临海市村级集体经济巩固提升三年行动计划》，在资金、用地指标、物业项目等方面进行重点扶持，巩固提升“消薄”成果。全市142个相对薄弱村完成转化102个，年经营性收入50万元以上的行政村253个，占比40.3%。**宅基地审批管理**。健全完善宅基地管理体系，开展农民建房“一件事”办理，全年完成宅基地审批3280宗。**“三资”智能管理**。实现阳光“三资”管理系统628个行政村全覆盖，搭建“电脑＋手机”双平台，实现村级财务网上审批、网上支付、网上公开，配套出台《关于进一步加强村级财务管理“十项”暂行规定》等制度，推动村级“三资”管理智能化、阳光化、长效化。

（撰稿　官玲红）

住房改革

【概况】 2021年末，全市有1890家单位87920人建立住房公积金制度，住房公积金归集总余额395979.51万元；住房公积金贷款余额406003.99万元；向在职人员发放住房货币补贴4298.15万元，审批全市机关事业单位退休人员住房货币补贴9872人，补贴金额17493.75万元。

【住房公积金管理】 **公积金归集**。1—12月，归集住房公积金160649万元；住房公积金归集余额395979.51万元；净增单位302家；净增人数8199人。**公积金提取**。1—12月，提取住房公积金130668.83万元。**公积金贷款**。1—12月办理住房公积金贷款2074笔，发放贷款71406万元。住房消费额107182.15万元；个贷率达到102.53%；逾期贷款率0。

【房改工作】 住房分配货币化及经济房相关工作稳步推进，审核全市机关事业单位退休人员

① “三清三整三提升”即清理废弃杂物，清理村域河沟，清理农业生产废弃物；整治乱堆乱扔，整治乱贴乱画，整治乱搭乱建；提升垃圾治理水平，提升厕所管护水平，提升公共场所管理水平。

住房货币补贴321人，补贴金额510万元，审核在职职工住房货币补贴43人，其中住房公积金补贴33人，补贴金额18.61万元(不含住房公积金补贴)。

【资金运行管理】 **资金日常运作管理。**严格按照单位内控制度和资金管理制度，以及资金管理层级、权限，进一步规范公积金资金使用；组织开展资金竞争性存放招标，在保持资金充分周转的前提下提高资金的增值能力和运作效益。**骗提骗贷整治。**优化公积金提取、贷款审核流程，规范公积金提取贷款行为；落实每季度公积金贷款、提取业务常态化自查工作，加大骗取骗贷行为打击力度；加强部门合作，实施失信联合惩戒和依法惩治。**信贷风险防范。**加强对贷款楼盘的贷前风险评估、控制和贷后跟踪管理；实行贷款三级审批制度，严把调查、审批关；做好逾期贷款催缴，降低逾期率。

（撰稿　周晏羽）

城市管理

【概况】 2021年，贯彻习近平总书记“像绣花一样精细”的城市管理理念，围绕全市“六大争先、十百创优”行动，沿着“六化六战”工作路径，重点推进城市管理智慧化、和合街区人文化、垃圾分类常态化，提升城市环境品质，维护城市安全，精细民生服务，成为省级数字化改革项目——执法证据共享应用的首批试点，智慧城管中心获评浙江省城市精细管理先进单位，获台州市城管委、垃圾分类评比“双优秀”。

【重点工作】 **城市管理。**优化城市管理“智联网”，新增高清摄像头、执法单兵设备、车载云台等智能设备100余套，通过信息技术发现问题占比20.12%，成为省级数字化改革项目——执法证据共享应用的首批试点。推进“鹰眼”工程，成立台州综合行政执法系统首支“空中执法队”，推行“无人机、地面监控、队员巡逻”三位一体巡视管理新模式，全年累计出动无人机56架次，拍摄照片1万余张，视频100余个，巡查范围150平方千米。**和合街区。**将和合文化融入街区治理，设置爱心驿站15个，升级塘头路、洗菜桥路段综合服务站点2个，创成“三城两云”(府城、郎城、花城，云棠、云水)和合街区5个，依托街区为群众提供矛盾调解、民事代办、政策宣传、纳凉取暖等多重服务。“和合街区”创建工作在台州市年度系统考核中获得第一名。**垃圾分类。**建成生活垃圾焚烧发电厂二期、餐厨垃圾处理项目等，总焚烧能力达到1450吨/日。实施“撤桶并点”专项行动，完成全市106个小区217个点位招投标和选址工作，完成主次干道24条、25个点位建设，设点率100%，开展7场大型培训，7000人受训。雍怡广场垃圾分类投放收集点改造升级项目列入住建部“我为群众办实事”实践活动。

【环境品质】 **市政设施。**开展市政设施普查，建立数据库，完成道路普查600余千米，桥梁检测60座，内涝点改造12处。深度监管市政设施运行，全年累计维修道路12万余平方米，改造柏叶西路等道路3万余平方米，整治桥头跳问题25处、窨井跳问题300余处。**市容环境。**以“美丽临海”建设为抓手，按照“分期改造、串点成线、连线成片、整体提升”的思路，落实有机更新改造项目17个，完成崇和门广场、崇和路、台州府路更新改造工程，展现临海独特的“山、水、城、路”融为一体的城市风貌。改造生活垃圾中转站5座，完成城市公厕更新工程6个。市容环境第三方评价

6月3日，古城中队在江城里小区建筑工地开展高考前“消音行动”
（市综合行政执法局　供图）

得分率位居全台州第一。**多彩园林**。突出"一路一景一街一品",升级城防、靖江山等公园景观,采取植物造景、花境提色等措施,打造四季有花的城市风景。2021年,公园绿地累计种植彩色树种5300余株,创成省级园林式居住区、园林式单位、绿化美化示范路等3个。

【城市安全】 **燃气监管**。通过"打造三条线、织密三张网、落实三篇文章",架构起燃气行业生命全周期监管新模式。牵头开展城镇燃气隐患大排查大整治行动,累计检查居民用户9万余户、商户近9000家,整改问题隐患5000余个,查扣涉案气瓶300余个,查处燃气案件19起,罚没金额22.92万元。**防台排涝**。完成老城区排水管网清理,推动北固山截洪与巾山西路排水改造。建立"一点一策"方案,实施清单式管理,全年组织应急演练5次,参与浙江省防台风综合演练。**疫情防控**。建立"局班子靠前指挥、科室点对点包干、属地中队全面排查"三级联防制度,通过即查即改即通报的模式,层层压实责任。开展疫情防控环境卫生专项整治,坚持生活垃圾日产日清和市政公用设施消毒消杀,守住109个物业小区小门。

【民生服务】 **打响"零次跑"**。整合街道、社区、网格员"三级街长"与代跑员,四级联动,将审批窗口前移,干部下沉一线,建立36人代跑员队伍,推出审批许可事项代跑、代办服务,覆盖4个城市管理领域11个涉企审批事项,服务企业123家、居民544人,政策答疑2000余件次。**绘制"民生地图"**。整合更新便民疏导点9个,推出"自摆摊攻略"卡片,介绍疏导点的数量、位置和功能,指导农户有序经营,鼓励群众在疏导点内进行采购。**推出"城市合伙人"**。邀请属地街道、社区、群众代表、相关部门工作人员参与恳谈会,通过"与群众坐一张方凳",听取各方意见,现场解释与答复问题,提前沟通、达成共识,让群众充分参与城市管理工作。全年围绕环境整治、垃圾分类等主题开展恳谈活动15次。

(撰稿　全敏佳)

6月20日,市政中心在灵江大道开展夜间强降雨紧急排水作业

(市综合行政执法局　供图)

城市创建

【概况】 2021年,以全国文明城市创建"十大提升行动"为抓手,破解创建重点难点,提升全国文明城市建设常态长效化水平。全年交办创建问题4903个,下发督查通报22期,整改率100%,顺利通过2021年度全国文明城市复审。

【项目建设】 全年下达巩固提升全国文明城市创建成果项目计划188个,投资7828万元。其中工程类项目14个,投资1120万元;整治维修类项目30个,投资904万元;宣传类项目79个,投资2077万元;设备添置类项目14个,投资228万元;工作经费类项目51个,投资3499万元。

【专项行动】 **市容市貌整治**。探索建立"科技+执法+群众工作"街面治理模式,全面实施"片长街长制",组建街区微信群、部门工作沟通群,实时处置反馈各类街面问题1000余件。同时,推行"定点值守+机动巡查""常态管理+突击整治"模式,实行错时管理制度,延伸管理时间,堵塞管理漏洞和盲区。贴合不同街区需求融入和合文化,打造5个"和合街区"。全年开展占道经营和马路市场专项整治行动100余次,查扣物品350余件。**交通秩序整治**。全年查处行人、非机动车闯红灯8681余例,机动车斑马线未礼让行人2.62万例,开车打手机5.51万例。发布《全市机关企事业单位交通违法行为的通报》12期,约谈连续5个月交通

4月14日，全国文明城市建设常态长效工作推进会召开

（市创建办　供图）

违法人员8人。**五小行业整治**。市监、卫健等部门开展多频次联合执法，检查餐饮店、小超市、小作坊、农贸市场等1.1万余次。

【督查整改】 **日常督查**。共梳理交办问题4903个，整改率100%。**专项督查**。开展农贸市场、物业小区专项督查，梳理问题856个，整改率100%。**网格督查**。开展全市网格排名督查，梳理问题782个，整改率100%。

（撰稿　吕　玲）

三改一拆

【概况】 2021年，全市先后开展治危除患促安全专项治理工作、漠视侵害群众利益问题专项治理工作、燃气领域违法建筑排查整治工作、无合法场所企业排查整治工作等专项行动，全年累计拆除各类违法建筑面积143.21万平方米，完成三改总面积81.44万平方米，其中实施旧厂区改造11.39万平方米、旧住宅改造11.49万平方米、城中村改造58.56万平方米。拆后土地利用率96.33%。古城街道、尤溪镇、汛桥镇、涌泉镇、括苍镇获评年度创先争优示范乡镇，11个村通过台州市农村违法建筑专项整治验收。

【老旧工业区块】 全年完成台州市级的老旧工业区块改造项目9个：古城街道方圆造船厂、大洋街道吉利区块（锦绣时代）和曹家区块（锦湖苑）、江南街道台州胜兴铸造材料有限公司、邵家渡街道钓鱼亭区块、杜桥镇瑛鹏眼镜工业区块、白水洋镇通宇工艺制品股份有限公司、东塍镇万盛灯饰工业园和临亚股份工业园。

【四边三化】 开展“两路两侧”全域整治，排摸出“四边三化”问题点位1069个，其中国省道363个、县道706个，所有问题点位在10月底前全部完成整治。小芝镇境内的溪胜线争创省级精品示范路，以台州初评第一名的排位申报省级验收。

【违建防控治理应用场景】 7月30日，全省违法建筑防控治理应用场景台州试运行在临海召开。临海作为试点单位率先开启违建数据采集工作，19个镇街共上报采集数据15333宗，合计370.33万平方米。试行过程中，临海探索现代化精密智控模式，建成“监测一个库、研判一张图、执法一工具、管控一指数、监督一张网”的拆违数字化应用场景。

（撰稿　王良都）

“全国文明城市建设”雕塑小品公益广告

（2021年/摄　市创建办　供图）

基础设施

Infrastructure Construction

水 利

【概况】 2021年，全市水域总面积121.41平方千米，其中河道（含沟渠）2809条，总长3367.42千米。水库89座，万立方以上山塘249座，一线海塘17条总长43.16千米，水电站86座，名录内沿塘、沿堤各类水闸66座。水利事业贯彻习近平总书记“节水优先、空间均衡、系统治理、两手发力”治水思路，编制《临海市“十四五”水安全保障规划》，以高质量编制水利规划推动水利改革发展，加快推进方溪水库等重大水利工程和民生水利建设，持续完善防洪排涝挡潮体系，推动水旱灾害防御数字化转型，深化水利管理体制改革，全年完成水利投资5.7亿元。6月，临海被省水利厅列为水旱灾害防御数字化样板县。12月，市水利局被评为浙江省年度水旱灾害防御工作成绩突出集体、小型水库系统治理和水利工程管理“三化”改革成绩突出集体。

12月29日，方溪水库工程通过下闸蓄水阶段验收（市水利局　供图）

【重点工程建设】 年内，方溪水库工程大坝主体工程完工，通过下闸蓄水阶段验收，管理房及发电厂房开始施工。大田平原排涝二期工程（外排工程）2号隧洞上台阶、中台阶贯通，下台阶完成1590米；张岙河、双桥溪、1号截洪沟、2号截洪沟、三峰溪等河段施工。东部平原排涝工程（一期）杜下浦内河节制闸、东风闸、南洋塘排涝闸等3座水闸和南洋护塘河、南洋坝脚河、南大河、北大河等4条河道清淤工程完工，加快建设大跳闸、达岛闸、杜下浦北闸、蒲兰头闸等4座水闸和新开河道。12月20日，市海塘安澜工程（桃渚、涌泉片海塘）开工建设。是年，灵江治理工程（临海段）可行性研究报告获省发展改革委批复。尤汛分洪工程项目、海塘安澜工程（南洋海塘）项目建议书获省厅批复。

【水旱灾害防御】 全年完成54个水文站点升级及15个高位监控、15个智能预警点建设，提

8月26日，市委副书记、代市长蔡建军（左二）带队督查城市防洪排涝工作　（市水利局　供图）

高水、雨、工情等数据分析能力，实现区域防洪风险精准监测、科学研判、及时预警。3月15日，临海市水旱灾害防御综合协同应用上线运行。

【民生水利建设】 **巩固农饮水达标提标三年行动成果。**落实全市139座水站运维管护；推进饮用水一户一表改造，完成19个村供水管道改造；完成杜桥至小芝供水管网延伸工程前期工作。**美丽河湖建设。**以最新水域调查为基础，严格水域岸线控制和保护，推进河湖"清四乱"常态化规范化，确保水面率不降低。实施河道综合治理工程，全年治理3.8千米。大田港被评为省级"美丽河湖"，白沙湾被评为台州市级"美丽河湖"。**小型水库、山塘除险整治。**出台《临海市小型病险水库（山塘）除险整治三年行动方案（2021—2023）》《临海市加快推进小型水库除险加固项目建设奖（惩）办法（试行）》，完成23座水库、14座山塘除险整治，开工整治22座水库。

【水利管理】 **在建水利工程标准化管理。**率先在全省实行合同约定人员履约情况"云监督"，与公安、行政执法等部门合作，形成监管合力。全年完成安全文明标准化工地创建考核3次和面上水利工程质量安全巡查5次，发出约谈通知74份，涉及3家建设单位、50家施工单位及监理单位。**小型水库系统治理和水利工程管理"三化"[①]改革。**制定《临海市水利工程管理"三化"改革方案》《临海市水库系统治理方案》《临海市水库综合评估报告》，完成全市86座小型水库综合评估和228座山塘安全评定。颁发白岙水库等41座水库的不动产权证书，数量为全省县（市、区）之最。白岙水库成为全省首个将库区一并纳入产权范围的小型水库。**水资源管理。**7月26日，市水利局被省水利厅列入第一批水利数字化改革试点单位，"区域取用水情况动态分析"被列入多跨应用场景类试点，上线试运行。1个校园、4个小区、1家企业被列为2021年度节水标杆单位。**小水电清理整改和农业水价综合改革。**水利、发展改革、环保三部门联合出台《临海市小水电绿色可持续发展长效管理办法（试行）》，巩固小水电清理整改成果，健全水电站生态泄流长效监管机制，完成农村水电清理整改省级回头看并获肯定。完成牛头山灌区八期调整项目竣工验收。临海2021年度全省农业水价综合改革工作绩效获评优秀。

【依法行政】 **水政执法。**加大水事违法案件的查处力度，全年执法巡查180余次，立案查处4起，移送综合执法局20起，移送公安部门11起。**水土保持。**完成牛头山水库上游生态清洁小流域水土流失治理项目15.3平方千米建设；完成小芝镇石溪、乌石头等两条小流域水土流失综合治理项目，治理水土流失面积3.67平方千米；完成金坑片上游小流域水土流失综合治理项目。加强水土保持事中事后监管，完成审批31个，登记备案112个，自主验收25个。**行政审批。**按照"最多跑一次"要求，继续推进"标准地＋承诺制"改革，全年办理行政许可审批164项。

（撰稿　陈楚楚）

① "三化"即水利工程产权化、物业化、数字化。

交 通

【概况】 2021年末，全市公路通车总里程2409.817千米，其中5条高速公路134.148千米；3条国道176.912千米，3条省道118.386千米；农村公路1980.371千米（40条县道447.818千米，77条乡道432.308千米，838条村道1096.85千米，1条专用公路3.395千米），占总里程的82.18%，实现全市100人以上自然村通硬化路，农村公路行政村或自然村覆盖率100%。全市公路密度以国土面积计算107.06千米/百平方千米，以人口计算20.03千米/万人。此外，建成铁路3条，正在规划的沿海高铁1条。

【重点工程】 全年完成综合交通投资35.54亿元，年度计划完成率113%。杭绍台高铁、金台铁路项目、临海西高速出口接线拓宽改造工程、头门港区二期码头后方堆场4个项目建成完工；104国道临海江南至尤溪段改建工程、余姚至温岭公路临海汇溪至沿江段改建工程、临海站停车场及配套工程等项目持续推进；金台铁路临海东站货站（物流仓储中心）和351国道临海邵家渡至白水洋段改建工程（邵家渡至永丰段）开工建设；临海至台州市区快速路、351国道临海头门港疏港公路二期工程、104国道临海河头至江南段改建工程等19个项目前期工作有序推进。

建设中的杭绍台铁路　　（高　波　2021年/摄）

杭绍台铁路临海段 杭绍台铁路是中国首条民营资本控股的高铁PPP项目，全长226.6千米，设计时速350千米。临海段长约47千米，总投资约80亿元，途经河头镇、汇溪镇、东塍镇、邵家渡街道、涌泉镇5个镇（街道）37个行政村，2018年4月开工建设，2021年底完工。

金台铁路临海段 6月25日，浙江自主建设、自主运营的第一条电气化铁路——金台铁路建成通车，全长234.923千米，客货共线。临海段总长78千米，经括苍、永丰、古城、江南、汛桥、沿江、涌泉、杜桥、桃渚、上盘十个镇街和头门港开发区，设临海南、杜桥及头门港三个客站及临海东和头门港两个货站，2016年5月开工，投资60余亿元。8月，开通临海南至头门港市郊列车。

【公路管养】 2021年，全市公路养护总投资2.75亿元，完成国省道干线公路大中修13.187千米，沥青路面灌缝3.4万米，水泥路面灌缝15万米，病害路面铣刨处置670平方米，排水沟修复2000米，挡墙、碎板修复730平方米，桥梁伸缩缝修复170米，隧壁清洗3万平方米。推进“四好农村路”建设，完成新改建农村公路37千米，路面维修111千米，安防工程45千米，改造危桥病隧

道路养护　　（2021年/摄　市交通局　供图）

社会建设

9座，普通公路服务站1个，港湾式停靠站40个，实现农村公路优良中等路率全面提升，四、五类桥梁全面消除，临水临崖4米以上落差段安防全面覆盖。全力推进路域环境整治工作，累计出动管养工人4万人次、机械2500台次，清理垃圾1000吨，清洗隧道130座次、护栏3500千米，整治桥下空间48处。

【道路运输】 全年新增新能源客车86辆；新增港湾式停靠站40个；新增普通公路服务站1个；新增临海南站、杜桥火车站、头门港火车站公交班线3条，优化改造微公交线路2条；开展车辆站点大数据录入，累计录入港湾式停靠站点8个、公交首末站2个，录入任务完成率266%。加快多式联运建设，以“台州湾区公铁水多式联运示范工程”项目为牵引，构建组织方式、运营网络和信息化系统，推动全市大宗货物及中长途货物“公转铁”“公转水”“水铁联运”，推进金台铁路临海东站物流中心和金台铁路头门新区站物流中心建设。年末，全市共有危险品运输企业16家，危货运输车辆634辆；普货企业1402家，普货运输车辆3215辆；客运企业6家，客运车辆164辆；公交企业6家，公交车491辆。一类机动车维修企业12家，二类机动车维修企业76家，三类机动车维修企业301家，一类、二类维修企业与交通运输部汽车电子健康档案系统完成数据对接，数据上传率100%。

【综合行政执法】 **运输管理执法**。围绕交通运输安全生产专项整治三年行动、“平安交通建设年”活动、交通运输系统“平安护航建党百年”安全隐患大排查大整治专项行动等系列工作要求，全面落实各项管控措施。加强联网联控系统平台应用，对客运、危险品运输企业进行重点监管，共抽查车辆1029辆，其中客运车辆213辆，危险品车辆797辆，完成整改269起，生成工单任务6个。全年查处违法违章案件748件，其中公路超限治理215起，公路安全保护110起，道路货运193起，出租客运98起，其他132起。**路政执法**。联合各镇街对国省道干线公路沿线两侧开展专项整治，全年清理利用公路附属设施悬挂横幅897处，拆除非公路标志标牌187块，清理堆积物520立方米。办结各类行政案件269起，各类政务服务事项6939件，办理正确率100%，服务满意率100%。整治车辆挂靠、异地经营、外籍车辆驻点经营，重点打击超限超载、客运车辆站外组客等违法行为，查获“百吨王”[①]34辆，查处超限车辆87辆次，超载车辆424辆次，查获并向交警移交超载车辆313辆，查处公路污染131起、货运经营者擅自改装车辆6起。

【疫情防控】 **联防联控**。协同各部门对动车站、客运站等重点位置及行业人员开展测温、验码等防疫工作，配合市监、公安、卫健等部门对冷链监管仓库、冷链运输车辆按照“全受控、无遗漏”管理要求，实行“逢车必检”，开展天网监控系统网上巡查及流动卡点检查，严厉打击入临进口冷链食品“三证一码”不全行为，有效防控和阻断进口冷链食品传播病毒风险。**疫情防控宣传**。推进货运物流、危险化学品道路运输企业疫情防控宣传，督促货运物流企业加强实名制台账登记、健康码查验和体温检测等安全防疫措施，帮助货运物流、危险品道路运输人员切实提升防疫政策知识水平。

（撰稿　袁少琪）

供　电

【概况】 2021年，全社会用电量61.37亿千瓦时。完成《临海市“十四五”电网发展规划》《临海市电力设施布局“十四五”规划》等规划修制，“启航2022”央视跨年晚会、建党百年活动期间等重大保电任务，取得迎战台风“烟花”“灿都”保供电胜利。市供电公司在台州率先启动客户“零证办电”业务，实现营业厅“刷脸办”全覆盖。获评省电力行业统计先进集体，夺得台州市电力行业安全生产应急救援技能竞赛团体第一名，下辖巾山、江南、大田、杜桥、括苍、头门港、桃渚、白水洋等8个供电所，推进数智化供电所试点3个、全能型供电所试点1个，头门港供电所创

① “百吨王”指严重超限、载重超过百吨的车辆。

抗冻保电 （2021年/摄 市供电公司 供图）

成五星级乡镇供电所。

【“双碳”示范】 5月，在括苍山国家森林公园高标准建成全省首个森林公园“零碳”智能微网，实现山顶用户清洁能源供应100%。智能微网通过在山顶新建35千伏变电站，接入括苍山风电场清洁电，改变山顶迂回供电模式，减少线路损耗。同时，建设分布式电源储能设备，搭载智慧储能“数智微网”云平台，形成风储互补、高度自愈的区域能源互联网。台州首个0.4千伏储能装置并网运行。绘制临海全域电网消纳能级图。组建综合能源“1+1+8”虚拟团队，与桃渚镇签订台州首个镇（街）级光伏电站开发建设合作意向书，为全市最大单体屋顶分布式光伏发电项目。以“能耗双控”为重点，出台《临海市能源双控执行管理办法》。扩大工业数据平台效能，主动服务企业疫情防控、能耗双控期间实时电量监控，获浙江省企业管理现代化创新成果一等奖。

【电网建设】 编制新型电力系统示范区实施方案2个。投运220千伏临海变整体改造等3个工程，开工建设220千伏珊瑚变、110千伏汇丰变、35千伏华海变。其中，临海变电站历经18个月的原址复建，于4月19日重新并网投运，使用全省首套自主可控“国产芯＋国产协议”变电站自动化设备。打响配网管理提升攻坚战，消除19条负面清单线路，入选省公司6家配网防雷试点，制定18条山区线路“一线一策”。提前完成19个村“五好”配电网改造民生实事工程。上线城市智能照明管理系统。义城岭脚金村公变台区获评国网公司2021年配网工程质量评价百佳工程。建成头门港二期全电码头，形成“以电代油”电能替代典型案例。

【安全管理】 结合新一轮反装置性违章行动和“反违章学习季”活动，同步推进“百日零违章”专项行动。编制《防汛防台实用操作手册》，立足“防水淹、防山洪、防倒杆、防触电”策略，梳理全市118个水涝隐患小区、245处灾害点位，实行“网格化”责任制管理。6月15日，联合白水洋镇在110千伏梅园变电站组织开展全省首次集群式大功率发电车接入保供电演练。历时6个月，完成居民漏电保护器“拉网式”排查“义诊”47万余户。

（撰稿 包正刚）

4月19日，全省首套自主可控“国产芯+国产协议”变电站自动化设备在临海变电站投运 （市供电公司 供图）

医疗卫生

Medical and Health

卫生健康

【概况】 2021年，全市有各类医疗卫生机构677家，其中医院、卫生院39个，实有医疗床位7009张，每千人床位数5.30张（含台州医院）；各类卫生技术人员11316人，执业（助理）医师3359人，每千人医师数3.01人；注册护士4092人，每千人护士数3.67人。人均期望寿命达82.58岁。深化医疗体制改革，全市公立医院医疗总费用、门急诊均次费用、住院均次费用等指标控制在省定目标内。连续两年获评省公立医院综合改革优秀县市区，入选首批累计三年健康浙江建设考核优秀县市区。

【抗击疫情】 **网格化管理。**严格落实各级疫情防控工作部署，建立"市级网格、二级以上医院、镇（街）网格"三级网格化管理监督体制，每周开展一次全覆盖拉网排查行动，全年完成全部医疗机构排查6轮，出具监督意见书148份，责令停业整顿并立案查处34家。**应急管理。**编制《临海市镇村疫情应急处置工作手册》，于11月1日和12月13日在桃渚镇、大洋街道启动大规模核酸检测实战演练，开展应急处置推演3场。**疫苗接种。**全年累计完成接种新冠疫苗227.51万剂次，全程和加强针接种任务均超额完成，无严重接种不良事件发生。**支援外地抗疫。**全年派出支援宁波、绍兴、杭州、上海等地疫情防控290人次，其中宁波北仑区、鄞州区各50人，杭州6人，嘉兴3人，上海2批分别101人、30人，金华金东区50人。

11月1日，全市大规模人群核酸采样演练在桃渚镇举行

（市卫健局　供图）

【健康临海】 实施健康临海"1+26"项行动，《健康影响评价评估手册》2.0成为全省模板。4月27—29日，省公共政策健康影响评价试点工作现场会在临海召开。全年累计创建健康社区（村）214个、健康家庭946户、健康主题公园3个、健康步道3条、健康食堂9家、健康餐厅/酒店11家、健康企业7家、健康促进医院（二

4月，省公共政策健康影响评价试点工作现场会在临海召开
（市卫健局　供图）

级医疗机构及以上）6家，创建率100%，健康促进学校金银铜牌创建率97.89%。

【**医疗卫生体制改革**】**区域医共体**。完成省定医共体建设39项重点任务，医共体内人力资源、财务、医保、公共卫生和信息化五大管理中心实体化运行，牵头医院CMI值（病例组合指数）稳步提升，成员单位门诊和住院病种分别超过100种和60种。门急诊人次数、开展住院服务数同比增长15.25%和20.66%。县域就诊率92.54%，基层就诊率71.25%。实施妇幼保健机构机制创新国家级试点，获全省妇幼保健机构绩效考核A等级。**中医药传承发展**。实现基层中医馆全覆盖，所用镇街中心卫生院（社区卫生服务中心）、社区卫生服务站和91%的村卫生室能提供中医药服务。**医疗业务**。全市医共体、公立医疗机构实现业务年收入15.01亿元，同比增长18.89%；累计门诊量591.23万人次，同比增长10.48%；累计出院66533人次，同比增长12.09%；门诊每人次费用141.88元，同比上升2.58%；出院每人次费用8314.39元，同比增长4.96%。

【**人才与重点学科建设**】实施新一轮卫生医学人才培育工程，编制临海籍卫生人才地图，采集本土人才（藏亲图）506人，市外人才（寻亲图）136人。新引进高层次、优秀卫生紧缺人才38人，建立宋震亚、张茂名医工作室。全市共有省级以上知名专家工作站1家、台州医学重点学科（共建学科）2家，临海市名医工作室3家，医学定向培养本科生26名。全年发表论文96篇，其中SCI收录2篇，二级杂志61篇。继续医学教育项目获批16项，其中浙江省级继续教育项目4项，台州市级继续教育项目12项。组织5名医疗专家赴四川省南充市嘉陵区开展医疗帮扶。

【**公共卫生服务**】**慢性病管理**。推进医共体下“两慢病”全周期健康管理，通过省级慢性病综合防控示范区复评，全市高血压、糖尿病、精神障碍等三大慢病规范管理率分别为75.15%、75.22%、98.63%。**免疫规划**。全年基础免疫报告接种率95%，报告法定传染病发病率577.04/10万，发病数较2020年（4955例）上升22.86%。**艾滋病综合防治**。推进第四轮全国艾滋病综合防治示范区建设（2019—2022年），全省首家艾滋病主题科普教育基地——临海市艾滋病科普教育基地启用。**家庭医生签约服务**。

8月27日，浙江大学医学院附属第二医院临海分院签约揭牌暨临海市第一人民医院新住院大楼启用仪式举行　（市卫健局　供图）

全年累计签约55.06万人，规范签约率45.76%，老年人、孕产妇等10类重点人群签约31.35万人，重点人群签约率85.6%。**民生实事项目**。启动县域全覆盖的胃癌筛查“三年行动”，完成3岁以下婴幼儿照护服务，高危人群大肠癌筛查，60岁以上老人肺炎疫苗、流感疫苗免费接种等民生实事项目，惠及群众超过35万人。

【计生服务】 全年发放生育登记服务卡5722例，其中通过网上办理5706例，生育登记审批网上办理率99.72%。全市上报出生6949人，同比减少1615人，出生人口性别比112.12。推进生育服务转型，全面贯彻落实“三孩”政策。加大计生家庭帮扶力度，向全市1.16万名计划生育家庭奖励扶助对象、986名特扶对象发放资金1936.912万元。深化公共场所母婴设施建设与管理，全市母婴设施配置率达100%。

【卫生健康保障】 **重大项目建设**。8月27日，市第一人民医院新病房大楼建成投用，核增床位340张。10月25日，市第二人民医院新病房大楼开工建设。全年建成公办村卫生室22家，推进大芬中医医院、怡宁医院等2家民营专科医院建设，核增床位100张。**专项整治**。落实“双随机、一公开”制度，开展医疗行业乱象、医疗废物整治等专项行动，全年累计抽取国家、省级双随机32次750家次，执行率100%，完成双随机行政处罚案件251起，罚款75.78万元。

（撰稿　包娅娅）

医疗保障

【概况】 2021年，全市有医保定点医疗机构161家，定点零售药店127家，定点医药机构288家。出台《临海市国家公务员医疗补助试行办法》，实现公补医疗一站式结算。全市医保基金预分配总额20.6亿元，按月拨付总额90%，增长率定5%。所有定点医药机构纳入总额预算管理，全面实施长期慢性病按床日付费，住院按疾病诊断相关分组（DRGs）付费，门诊按人头付费。年末，户籍人口基本医保参保119.82万人，台州利民保参保率50%以上。医保电子凭证激活率89%，结算量居台州首位。市省医疗保障局获评省医疗保障先进县（市、区）单位。

【医疗保险】 2021年末，临海户籍基本医保应保119.87万人，参保119.82万人。其中职工医疗保险参保28.58万人，城乡居民医疗保险参保85.09万人，临海户籍在外参保6.15万人。户籍参保率99.96%。全年职工医疗保险基金收入12.52亿元，支出10.58亿元，期末滚存结余16.97亿元，基金支付能力19.3个月；城乡居民医疗保险基金收入12.38亿元，支出12.12亿元，期末滚存结余7.78亿元，基金支付能力7.7个月。

【临床诊疗行为规范化】 7月起，在全市医共体推开临床诊疗行为规范化示范点工作，定点医院平均药品费用同比下降11.66%，平均住院日同比下降6.67%，住院均次费用下降2.72%，其中，医疗救助群体人均自费费用由3382.24元降到2910.44元，降幅13.95%，临床入径率提高6%。9月，在国家医疗保障局举办的医保精细化管理专题论坛作经验交流。

【药品集采】 全年完成5批次国家药品集中带量采购和1批次省集中药品带量采购，其中国家集中带量采购品种223个，约占药品总数的10%，省集中带量采购药品10个，“集采”药品平均降价50%，全年共采购药品6550万片（粒、支），采购金额3330万元，节省药品支出8200余万元。

【医疗救助】 印发《临海市高质量做好精准服务推进医疗救助工作办法（试行）》，发挥签约家庭医生作用，为困难群众建立专门档案，定期上门服务，建立困难群众转诊备案机制、高额自付费用倒查制。全年资助困难群众参保1.24万人，财政补助保费644万元，救助困难对象12万人次，救助金额1353万元，实现资助参保率、医疗救助政策落实率100%。

【基金监管】 联合市场监管、卫健等部门开展跨部门双随机、全市定点医疗机构专项治理“回头看”等检查，全年现场检查定点医药机构205家次，查处违规定点医药机构61家次，取消定点协议资格5家，暂停协议34家，告诫22家，查处欺诈冒领医保待遇370人次，追回35.48万元。通过智能审核平台追回286.22万元，自查自纠退回130.27万元，飞行检查追回592.82万元，合计追回违规费用1044.79万元。

（撰稿　刘华健）

消防救援

Fire and Rescue

【概况】 2021年，临海市消防救援大队围绕“锻造山海消防铁军，争当临城红门卫士”队建目标，全体指战员勠力同心，一举打赢消防安全专项整治三年行动攻坚之年、“五大领域”消防安全整治、大型商业综合体整治等重大攻坚战役，成功处置“5·5”临海市头门港东海翔泡沫厂火灾、“8·2”临海市东塍镇馨聚灯饰有限公司火灾、头门港瓜头鲸救援等重大应急救援任务，圆满完成护航中国共产党成立100周年消防安保、“启航2022”央视晚会安保等重大安保任务，彰显“临城卫士”的初心和使命。大队被省消防救援总队评为全省“先进大队”，江南站党支部通过全省“基层示范党组织”复评。3名指战员荣立三等功，7名指战员荣获嘉奖，3名指战员分别被表彰为全省消防救援队伍“优秀党务工作者”“优秀共产党员”“优秀团员”。

【火灾防控】 围绕“五大领域”整治，全市共排查居住出租房37387家，发现隐患23153处，整改22862处，合格率98.7%；全市21处高层建筑启用物业维修基金，维修完成率91.2%，全市高层建筑自动消防设施完好率83.19%；检查生产企业2030家，其中规上企业502家，规上企业标准化建设达标率93.6%，多业态企业整治合格率87.1%；排查“九小”场所19967处，发现隐患18024家，整改15877家，整改率88%；排查人员密集场所2027家，发现隐患1286家，整改1192家，整改率92.7%。推行消防安全重点单位等级化管理，综合运用公开告示曝光、分类监督抽查、定期警示约谈、纳入诚信管理等措施，强化社会单位主体责任意识，提升消防安全自主管理水平。

【应急救援】 坚持向实战模拟要战斗力，严格执行每周三“熟悉演练日”制度，全年组织开展多部门应急救援联合演练11次，完成224家单位数字化预案制作和16家三维数字化预案制作。坚持向战例研讨要战斗力，针对高层建筑、医药化工、

8月3日，台州市乡镇综合性应急救援队伍建设现场会在临海举行（汛桥镇　供图）

交通隧道等火灾事故扑救难题，全年召开战评会、研讨会、微课堂30余次。坚持向岗位练兵要战斗力，严格落实体能不达标人员对账销号制度，建立实行每周四“全员岗位练兵日”制度。坚持向专业队伍要战斗力，组建水域、绳索、化工救援班组，全年选派30余人次参加各类专业救援培训，依托移动泳池建立水域救援技能训练场所。

【消防执法】 制定出台《临海市消防救援大队“为群众办实事”工作任务清单》，分3类15项内容，挂图作战、逐项落实。出台“优化营商环境、提升服务效能”7项举措，走访服务规上企业36家，对接解决行业性问题109个，窗口共计受理消防开业检查项目36件。

【消防宣传】 全年开展各类宣传培训、演练750余场，组织“红门体验游”活动50余场，消防宣传车外出宣传150余次，受教育群众18万余人次；通过微平台发布安全提示1200余期，提示短信5万余条；推广消防蓝码、志愿者平台，2万余人参与扫码答题；“我是小小消防员”消防主题绘画作文大赛和优秀消防安全教育课征集展示活动收到1306幅绘画作品、305篇作文和43份消防课件。

社会事务管理

Social Affairs Management

民　政

【概况】 2021年，全市民政工作以数字化改革为总牵引，搭建3个省级试点场景应用，申领4个台州“揭榜挂帅”试点项目，提高整体智治水平，做好社区治理、社会兜底保障、养老服务、社团管理、婚姻登记等工作，推进实施市殡仪馆改扩建、中央山公墓等重点项目，第二批台州市市域社会治理现代化重点项目通过省级中期评估。全年发放低保户等群体供养经费557.14万元、临时救助资金277.18万元，完成559户困难老年人家庭适老化改造，实现困境儿童、低保家庭儿童纳入儿童福利保障体系100%。获批成为第三批省级城乡社区治理和服务创新实验区。“九项服务措施”破解特殊儿童群体“学、养、医、乐”难题入选省高质量发展建设共同富裕示范区典型案例。市民政局被评为省先进市（县、区）民政局。

【数字化改革】 **省级多跨场景应用试点。**“养老服务智慧监管”场景应用试点，居家上门服务过程监管、机构安全监管、助配餐、照料中心日常监管等模块投入试运行；6月21日，全市“集中补领婚姻登记证”应用试点动员部署会议召开。至年末，全市办理补领补办婚姻登记证3万余件，工作经验在全省会议上作交流发言；拟定“主要负责人政治联审”多跨场景应用试点项目方案，拟依托省社会组织业务应用系统和省民政厅联合审批平台，以数据代跑的方式解决事件办理分头多跑的痛点，各联审单位打破壁垒，协同办公，精简办事程序，实现社会组织主要负责人资格联审工作的“一单申请、一网联办、一次不跑”。**台州市“揭榜挂帅”项目。**围绕台州市民政局开展的数字化改革“揭榜挂帅”活动，成功申领“社会组织联审联办”“儿童码（儿童智慧探访关爱服务应用）”“社会协同治理数字化集成应用场景”“智慧养老院”

11月25日，市民政局开展民生政策进万家“老临家”宣介活动

（市民政局　供图）

场景等4个试点项目。

【兜底保障】 **社会救助**。开展社会救助专项治理，确定保障对象。至年末，全市低保在册人员6460户9698人，累计发放低保金7830.7733万元，最高标准950元/月·人；认定低边家庭525户1387人；特困人员316户319人，发放供养经费557.14万元；临时救助1082人次，发放临时救助资金277.176万元。**儿童福利**。全市建有61家儿童之家，困境儿童、低保家庭儿童全部纳入儿童福利保障体系，1379名留守儿童全部落实监护。7月，临海实施“九项服务措施”破解特殊儿童群体“学、养、医、乐”难题成功入选省高质量发展建设共同富裕示范区典型案例。

【幸福颐养】 **养老设施**。推进敬老院改造提升，出台《临海市敬老院撤并整合实施方案》，撤并全部入住老人数低于30人的敬老院，完成白水洋、括苍、沿江、涌泉、小芝、河头、古城、江南、大田等镇街特困人员转移。**居家养老**。7月，启动临海市养老服务助配餐体系建设，构建城市社区15分钟、农村地区30分钟的智慧助餐服务圈，全市年内激活147个助餐点，提供送餐服务2万余次。采用政府购买服务形式，对全市70%的照料中心及所有镇（街道）居家养老服务中心进行托管，为5200多名养老服务补贴对象提供家政、主动关爱等16项居家养老服务，全年服务11万多人次。**民生实事**。完成全市559户困难老年人家庭适老化改造。整合医疗、养老、残疾康复等资源，探索建立康养联合体，新建市老年乐园、大田健力养老院2家康养联合体。

【社会现代化治理】 **创新实验区建设**。10月，临海以“构建城乡社区服务共同体建设标准，助推共建共治共享新格局”为主题，成功申报并获批浙江省第三批城乡社区治理和服务创新实验区，编制《城乡社区服务共同体建设标准》并启动试点应用。**社区治理**。以台州市“邻距里”建设标准，建成鹿城、人民、六角井社区、金都、头门5家社区服务综合体。建成13家镇街社会工作站，实现19个镇街全覆盖，动员4212名考生报名社工职业资格考试，人数列台州市首位。**婚登服务**。完成杜桥婚姻登记场所3A级标准改造。推进跨区域婚姻登记工作，推广婚姻登记全省通办和婚育户“一件事”联办。**社会组织登记**。开展年度“双随机”抽查工作，抽查64家社会组织。对全市登记在册的1182家社会组织进行筛查，排摸涉嫌非法的组织线索，引导合法登记。

【殡葬改革】 **殡仪馆改扩建项目**。市殡仪馆改扩建项目开工建设，总投资9500多万元，完成年度投资1200万元。**中央山公墓建设**。完成推进总投资3.5亿元的中央山公益性生态公墓建设，完成道路路基建设，启动综合服务楼建设，首开区墓区2000穴建成并对外投入使用，完成年度投资2000万元。**全域公益性生态公墓**。统筹推进全域公益性生态公墓建设，计划在2025年前投资5亿元实现镇（街道）公益性生态公墓全覆盖目标，建成公益性生态墓穴约6万穴。出台《临海市公墓布点专项规划》，完成全市公墓的选址工作，各镇（街道）开展前期报批手续办理工作。

（撰稿　孙青青）

退役军人事务

【概况】 2021年，古城街道、江南街道等4个镇街服务站和大洋社区、六角井社区等52个村（社区）服务站被评为新时代枫桥式退役军人服务中心（站），河头镇姚宅村退役军人服务站获评省红色服务站。市退役军人服务中心被评为省退役军人服务保障体系建设先进单位。

【权益维护】 **军休干部服务工作**，2021年，市退役军人事务局抓中心完成军休干部年度定期增资，足额落实各类福利补助，举办“智慧养老”心理辅导专题讲座等活动。搞好**宣传教育**。组织开展退役军人保障法有奖知识问答和“以案释法”活动，4.5万人次参与。推进党史学习教育，开展“百年百人百场”英烈故事专题宣讲，邀请抗美援朝老兵董承恩、一江山岛战役老兵杨齐通、对越自卫反击战老兵杨亦友等赴镇街、机关、学校开展宣讲12次。

【志愿服务】 2021年，临海市成立“灵江老兵”志愿服务团队，其中市级志愿服务队4支，镇级19支，村级662支。通过走访慰问，协调资源、结对帮扶等方式为退役军人提供法律援助、心理服务、调解纠纷等服务。与市民防志愿队、拥军帮扶中心等5个社会组织合作，对有突出贡献退

9月30日，全国第8个“烈士纪念日”，市四套班子领导与社会各界到东湖烈士陵园向革命烈士敬献花篮　　（市退役军人事务局　供图）

役军人实施“五项关怀”①，浙江卫视新闻频道《焦点一线》栏目对该项工作进行专题报道。

【安置创业】 2021年，市退役军人事务局举办2021年度退役军人返乡欢迎仪式，组织自主就业退役士兵适应性培训，参训率100%。开通退役军人就业创业绿色通道，全年举办退役士兵专场招聘会4场次，提供就业岗位800余个。在临海退役军人公众号发布招聘信息21期，提供岗位1135个，帮助解决就业。选派5家退役军人企业参加“建行杯”创业创新大赛，获得省级优胜奖1家；组建退役军人导师团，戴虎斌获评省退役军人就业创业导师。

【优抚褒扬】 2021年，市退役军人事务局全面落实抚恤政策，为义务兵家庭发放优待金；进疆兵按普通义务兵的2倍计发，进藏兵按普通义务兵的3倍计发，定期抚恤补助由每季度发放改为按月发放。组织开展第二届“最美退役军人”、首届“模范退役军人”宣传评选活动，评出市“最美退役军人”“模范退役军人”各10名，台州市“最美退役军人”2人。举办“百年庆华诞•军休永向党”文艺会演活动，为党龄50周年以上的老党员颁发纪念章。举办“9•30”烈士纪念日活动，对173处烈士纪念设施进行全面整修，增设烈士英名墙。贯彻落实《立功受奖军人家庭送喜报工作办法》，向31户三等功家庭送喜报。做好优抚对象基本医疗保险、大病保险、医疗救助、优抚医疗补助等报销结算联办工作，实现“一站式”办理、一体化服务。

【双拥工作】 2021年，春节和“八一”期间，各级政府和社会各界走访慰问驻临海部队官兵，送去慰问金、慰问品。“七一”前夕，对全市烈士遗属、因公殉职（含因公牺牲）党员干部家属进行走访慰问，为93名烈士遗属、5名因公牺牲家属送去关怀和温暖。开展“情系边海防官兵”活动，上门走访慰问官兵。挂牌成立第二批双拥志愿服务站52家，涵盖酒店、餐饮、零售等行业，提供免费、打折、折上折等优惠。

（撰稿　林　瑶）

水库移民管理

【概况】 2021年，全市有水库移民村503个，水库移民后期扶持34007人，其中直补到人24871人，项目扶持9136人，移民主要来自市域牛头山、溪口、童燎等3座大中型水库及市外长潭、滩坑、福溪等28座大中型水库。农村移民年人均可支配收入33998元，参加新型农村合作医疗23024人、新型农村养老保险14795人，纳入失地农民社会保障3260人、农村低保194人。

【方溪水库移民安置】 方溪水库顺利通过下闸蓄水阶段移民安置及工程蓄水省级验收，移民安置工作圆满完成。完成方溪水库移民后期扶持人口登记工作，共核定登记方溪水库工程农村移民后期扶持人口2497人，其中搬迁安置的后期扶持人口2485人，不搬迁只进行生产安置的后期扶持人口12人。

【移民后扶项目建设】 全年分3批次安排水库移民后扶项目72个，项目总投资5288.9万元，涉及全市16个镇（街道）69个移民村、移民专项资金3773.8万元。其中，基础设施建设项目39个，新建机耕道路47.1千米，新增耕地灌溉面积500亩；产业升级项

社会建设

① “五项关怀”即为老兵提供“生平记忆、节日慰问、生日祝福、平时关怀、归队礼遇”五项特色服务。

目33个，围绕发展物业经济和特色农业、乡村旅游，实施塘里洋村物业购置，八份村西兰花种植基地、牛头山村农田设施提升，竹家山村旅游配套设施建设等项目。

【直补人口管理】 全市共核减因死亡、纳入财政供养、服刑等原因退出移民后扶直补人口172人，项目扶持人口转直补人口5人，累计发放直补资金24935人，金额1496.44万元。

（撰稿　马圣宇）

新居民事务管理

【概况】 2021年末，全市流动人口登记在册数24.77万人，居住出租房屋3.77万间，流动人口平均居住登记率96%。完成全市应征青年进行政治考核，未出现政治责任退兵。

【新居民管理】 **“台州码”申领**。年末，全市申领12.15万张台州码，申领总数居台市第一，亮码25.17万人次。**流动人口管控**。开展流动人口专项行动，完善系统信息，实现案前管控、案发精准跟踪。全年共登记流动人口34.21万人次，注销33.88万人次，信息变更73.63万条；共排查流动人口14.57万人，排查矛盾隐患1982起，化解1970起，流转外单位处理12起。

【新居民服务】 **居住证申领**。开通“浙江省居住证”、浙里办、支付宝、微信等自主申报平台，简化程序，至年末累计受理居住证申请11.77万张，发放11.73万张。**积分制管理**。3月，印发实施《临海市流动人口积分制管理实施细则（2021年修订）》。至5月31日，全市共2266人申请积分入学，最终安排2113人入学，其中小学1304人、初中809人。**流动人口志愿服务**。新居民志愿队全年开展全国文明城市、AAAAA景区创建、治安巡逻、无偿献血、助力高考、关爱未成年人等志愿活动3592人次，获浙江省志愿服务优秀项目奖。

（撰稿　周　聪）

人力资源与社会保障

Human Resources and Social Security

【概况】 2021年，全市以人社数字化改革为引领，统筹做好就业创业、人才引育、社会保障、劳动关系、人事管理等工作。保障企业用工，帮扶高校毕业生等重点群体就业，全年发放高校毕业生就业补贴2097.34万元。创新引育模式，引进台州市“500精英计划”人才6人，创建省级博士后工作站2家，培育“浙江大工匠”1名、“浙江工匠”8名。构建和谐劳动关系，全年为职工追回欠薪3534.52万元。

【稳就业】 **保障企业用工。**完成全市3.4万家企业用工情况调查，到安徽、江西、贵州开展“驻点招工”工作，新招引务工人员1415人，引导老员工返临949人。推进中小企业降本减负工作，免征中小微企业社会保险费单位缴费部分，失业保险单位缴费费率从1.5%降至0.5%。全年发放新员工交通补贴、就业补贴380多万元。**重点群体帮扶。**创新就业服务模式，依托“重点群体就业帮扶在线”应用平台，确保所有帮扶对象“底数清、情况明、帮扶到位”。全年开发公益性岗位114个，实现困难人员再就业943人，为4047名高校毕业生发放就业补贴2097.34万元。**鼓励创业带动就业。**实施高校毕业生就业创业助飞行动，增设高校毕业生就业见习基地12家，在临就业见习722人；举办5场乡村振兴创业带头人培训和16场专家助力乡村振兴活动，发放创保贷贴息491万元，一次性创业补贴17.5万元。

5月11日，临海市桃渚镇创业带头人乡村振兴中小微企业创业技能培训会举办 （市人力社保局 供图）

【人才引育】 **高校毕业生招聘。**创新“小规模、多批次、精准化”引才模式，以医药化工、机械制造等专业为招引重点，确定黑龙江大学、延边大学、贵州大学等30多所高校为引才重点对象。全年举办“2021智汇台州·百校引才”活动线下系列招聘会28场次，线上专场校园“空中双选会”10场次，提供就业岗位2.18万个，达成就业意向8100人。**高层次人才引进。**举办第三届高层次人才创业创新大赛，聚焦新材料领域“以赛引才”。组织申

10月15日，第三届国际高层次人才创业创新大赛决赛举行

（市人力社保局　供图）

报“500精英计划”42人，直接认定台州市“500精英计划”人才6人，创建省级博士后工作站2家。**“浙派工匠”培育。**全市92家企业完成技能等级认定备案，通过技能提升行动培训2.8万人次，职业技能等级培训1万余人。开展“台州技工”星级评选活动，1347人参与，评出四星以上“台州技工”54名，居台州首位。入选“浙江大工匠”1名、“浙江工匠”8名。

【社会保障】 **扩面征缴。**采取下企业宣传、举办培训会等措施，推进全民参保扩面，年末全市企业职工基本养老保险参保缴费38.75万人，全市养老保险参保率97.09%。**被征地农民基本养老保险。**出台《临海市被征地农民参加基本养老保险或基本生活保障经办流程》，全年办理到龄延长期一次性缴费业务253笔，城乡养老增设档次缴费业务1334笔。“快办行动”。推行社保业务“线上＋线下”“网办＋政务服务”办理，实现提速办、精简办、就近办、网上办、自助办。全年办理社保政务服务事项40.27万件，线上受理率达到85.95%；5个“一件事”全流程跨部门网上联办，办理5.25万件。

【劳动关系】 **欠薪预警。**依托欠薪预警指挥平台、企业工资支付监管平台，构建全方位预警监管体系，无死角掌握欠薪隐患，从源头上遏制拖欠工资行为。全年共检查企业1900余家次，受理投诉1057件，“110”联动933件，为1924名职工追回工资3534.52万元。**工程监管。**以重大工程建设领域为切入口，开展“地毯式”排查、跨部门联合抽查、重点领域核查，实现全市179个500万元以上在建工程项目纳入工资监管支付平台全覆盖，在线发薪超21.62亿元。**仲裁服务。**入驻市社会矛盾纠纷化解中心，利用浙江数字人社工作台、省仲裁网拓宽线上受理渠道，打造“快立、快调、快审、快结”化解模式，实现劳动纠纷“一窗式”即接即办、“一站式”闭环审结。全年调解仲裁案件立案569件，结案率98.8%，调解成功率86.2%。

【人事管理】 全年完成事业单位改革后人员转隶和岗位设置8家单位725人，组织临海市各级机关录用公务员考试1次，事业单位公开招聘工作人员考试2次，社会工作者职业水平考试1次，二级建造师执业资格考试1次，均没有出现违规现象。完成4010名公务员以及1.49万名事业人员在职基本工资调整审批。

（撰稿　周慧晔）

慈善事业

Charity

【概况】 2021年，市慈善总会被评为AAAA级社会组织，拓展募捐增值渠道，实施助医、助困、助老、助学等慈善救助项目，发挥慈善在“扩中提低”中的作用。新增村级联络站19个。全年累计慈善资金收入8897.24万元，其中捐赠收入8311.43万元，慈善资金支出8596.42万元，累计救助困难群众4467人次。年末，全市有注册义工6600多人（其中少儿义工2750人），各类义工服务队22支。

【慈善募捐】 通过冠名定向、专项基金、开展“慈善一日捐”、慈善信托等方式募集善款善物，全年募集善款8311.43万元（含分会收入1047.37万元），其中限定性收入7997.06万元，非限定性收入314.37万元，资金增值515.82万元。“慈善一日捐”活动募集善款147.08万元。探索慈善资金增值新方式，与万向信托签订协议，首批50万元慈善资金委托信托公司运作。

【慈善救助】 春节期间，开展“心手相连·慈善暖冬”活动，拨付73.8万元，慰问困难群众1028人。拨出5万元，为全市19个镇街的357位敬老院老人举办“慈善年夜饭”，慰问全市养老机构2.92万元。全年救助困难老人475名，拨付救助金133.8万元；救助困难群众2987人，拨付助困资金342.43万元。实施“恩泽医疗救助”“福彩儿童大病救助”“低保尿毒症患者救助”等助医项目，累计拨付救助金160.67万元。开展“圆梦助学”项目，资助贫困学生756名，累计发放助学金197.98万元。开展“慈爱小屋”项目，资助9万元，为15名低保适龄学子改善学习居住条件。拨付142.96万元和115万元分别用于东塍镇屈家村文化活动中心和白水洋镇岩头王文化礼堂建设。通过《临海市慈善总会“银丝幸福食堂”项目管理办法（暂行）》，资助68.33万元用于银丝幸福食堂建设和运行。伟星集团捐资40万元，购买送餐车38辆，为全市有需求的老人提供配送餐服务。公益项目建设支出

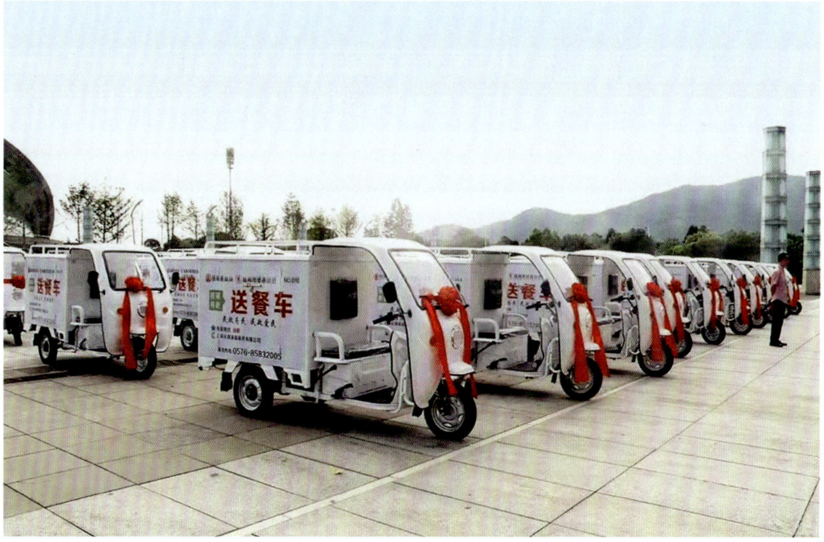

送餐车　　（2021年/摄　市委宣传部　供图）

7755.56万元，其中：资助台州医院新院区项目建设6250万元，拨付550万元分别用于东西部协作结对帮扶项目、嘉陵区精准防贫保项目、残疾人帮扶项目、扶贫车间项目、乡村振兴项目。开展黄坦蓝莓慈善扶贫基地建设，全年投入30万元用于基地浇水管网铺设。年末，扶贫基地种植总面积385亩，共16个村269户种植蓝莓11万株。

【慈善宣传】 4月17日，“乐和弥勒·慈爱人间”王纬百福弥勒精品展在市博物馆开展。9月4日，“汇聚慈善力量·助力共同富裕”中华慈善日活动在永丰镇沿岸村举办，举行“临海市银丝幸福食堂”揭牌仪式，30多名义工提供送教、义诊、理发等服务。12月，总会建成开放台州市首家慈善展厅，通过实物、图片、多媒体等形式，展示临海慈善历史文化和慈善事业成就。

（撰稿　顾薇薇）

生态文明建设

Ecological Civilization Construction

自然资源管理与规划

Management and Planning of Natural Resources

【概况】 2021年，全市自然资源规划系统围绕以“绘好一张蓝图，实施两大争先、六大提升行动”为抓手，较好完成国土空间规划编制、土地要素保障、全域综合整治等年度工作任务，全年完成14家基层所基础设施建设，供地5066亩，保障台州综合保税区启动区等重点项目落地，助力经济高质量发展。数字国土空间改革走在全省前列，拆迁领域数字化应用场景全省推广，“地灾智治”应用场景和“三维立体一张图”空间组件两项工作入选省厅首批试点。市自然资源和规划局获省林业工作考核优秀。

【要素保障】 实施“土地优供”工程，保障重点项目建设，向上争取新增建设用地指标2622亩。全年累计供地5066亩，其中供应工业用地1622亩、出让商住用地664亩，出让金总额66亿元，康宁医院、综保区启动区、鲲宝物流等一批重点项目落地。盘活存量用地，提高节约集约用地水平，出台《临海市工业厂房临时改变用途兴办第三产业操作办法（试行）》，推进批而未供和闲置土地大清查大处置，消化批而未供土地2294亩，盘活存量建设用地2685亩，低效用地再开发1805亩。

【生态修复】 启动实施新一轮全域综合整治行动，加大生态保护和修复力度，3个省级全域整治项目完工验收。落实“一矿一方案”要求，完成废弃矿山治理2个。深化新增百万亩国土绿化行动，完成绿化造林1.2万亩、森林抚育1.7万亩，永丰镇创成省级森林城镇，创建“一村万树”示范村4个。推进美丽海洋建设，推进北洋涂历史围填海生态修复、白沙湾滨海湿地修复。

【国土空间】 编制新一轮国土空间规划，开展工业用地、综合交通、蓝绿线等专项规划研究。探索推进“多规合一”村庄规划，新一轮15个试点村村庄规划编制全面完成，沿江镇桩头村和邵家渡街道前湾村、江南街道小溪

6月25日，“地灾智治”应用场景在第31个全国土地日浙江主场活动暨全省“数字国土空间”建设推进会上发布

（市自规局　供图）

村分别获台州市评比一等奖、二等奖。优化城市空间形态，完成临海总体城市设计和灵江两岸城市设计。谋划城市重点区块开发，佩弦湖科技城、浙东健康城完成前期策划研究，启动城市设计工作。

【耕地保护】 提高土地整治补助标准、严格种植管护要求，调动国有企业、村集体等主体垦造积极性。“零”容忍执法督察，推进2020年度卫片执法和农村乱占耕地建房、“大棚房”清理整治“回头看”、耕地“非农化”、设施农用地等专项整治工作，全市违法占用耕地比例0.67%，守牢耕地保护红线。

【地灾智治】 “地灾智治”应用场景基于三维地质模型、人工智能、大数据、数字孪生等新一代技术，构建“1372”框架体系，包括“一库”（地灾智治数据库）、“三核心”（精细三维地质模型、实时感知监测模型、综合预测预警模型）、“七场景”（风险识别、源头管控、监测预警、协同处置、安置选址、工程治理、复盘评估）和“两个应用端”（治理端、服务端），形成“人防＋技防”地灾智治模式，实现全天候、全区域、全方位、全过程管控地质灾害风险。2021年，场景上线后累计发布预警信息65次，发送预警短信21条，气象预警140次、设备预警86次，预警通知率达100%，实现闭环处置35余次，核查管控切坡道路、全域综合治理等工程项目272项，共影响1851户5958人。同时，在全省复制“地灾智治”数字化改革成果，推广三维地质等工具组件。形成全省可复制推广的《工程建设项目涉及地质灾害隐患风险管理实施办法》（临海版）、《县域地质灾害防治协同工作机制》（临海版）等理论制度成果。

市不动产登记服务中心企业服务区（2021年/摄　市自规局　供图）

【民生实事】 **不动产登记改革。**5月18日，市不动产登记服务中心设立企业服务区（办事专区），全面推行不动产登记“全流程无纸化”改革，实现“网办”“掌办”全覆盖。**风险隐患防控。**完成全域1：2000高精度地灾风险调查评价，基本形成全市地质灾害风险“一张图”，核销地质灾害隐患点24处。**森林消防。**连续17年实现低发可控、无人员伤亡。

（撰稿　翁冰芯）

【概况】 2021年，全市气温偏高，雨量、雨日、日照均较常年偏多。年平均气温18.9℃，高于常年（18.1℃）；高温日数26天，酷暑日2天，极端最高气温37.3℃（7月8日）；极端最低气温-7.0℃（1月9日）；年降水量1908.5毫米，较常年（1671.7毫米）偏多14%；雨日175天，较常年多12.9天；全年日照时数1928.8小时，比常年（1690.5小时）偏多14%。台风、暴雨、寒潮、低温冷冻等灾害影响偏强，气候年景总体偏差。开年降雨偏少，旱情持续发展，进入5月暖湿气流活跃，暴雨频次增多，雨量由偏少转偏多态势；梅汛期降雨不典型，间有短时暴雨，梅雨量充沛；8月极端性午后雷阵雨多发，雨频雨强历史罕见；台汛期先后有3个台风影响，台风"烟花""灿都"紧擦临海海域北上带来较强风雨；秋冬季雨水减少，但较往年仍偏多。暖冬、暖春明显，入秋创最晚纪录；气温变化幅度大，年初寒潮连袭刷新有记录以来最低气温纪录；年末寒潮早发频发，气温骤降次数多。

【主要气候事件】 **年初寒潮双连袭，最低气温创新低。** 年初两轮寒潮先后影响，低于0℃的低温冰冻持续长达103小时。1月1日早晨临海城区最低气温-6.3℃，仅次于1977年的-6.9℃；1月6日再现强降温和雨雪天气，过程最低温出现在1月9日，城区及周边早晨最低气温普遍降至-6℃～-8℃，山区-8℃～-10℃，临海国家气象站跌至-7.0℃，刷新1961年建站以来最低气温纪录。低温冰冻造成山区封路，部分客运班线停运，农作物受灾成片，平原柑橘多数受冻。

秋冬春旱情持续，晴多雨少供水紧。 2020年秋季以来，全市持续干旱少雨，2020年10月至2021年2月9日全市降水仅66.6毫米，不及常年平均的四分之一，刷新历史同期最少雨量纪录。各镇街雨量51.2～133.9毫米，空气干燥、土壤墒情持续走低，出现不同程度旱情，牛头山水库水位持续走低，小型水库干涸见底，白水洋、沿江、小芝、永丰等地供水紧张。市人影办组织人工增雨9轮，发射火箭弹30枚，最大化开发空中水资源。

5月副高异常强，现罕见降雨集中期。 5月中下旬副热带高压迅速西伸北抬，相较常年偏早偏强，出现类似"梅雨"的降雨集中期，俗称"迎梅雨"，极为少见。其间对流性天气多发，降雨强度大，持续时间久。10日、12日、13—14日时有雷阵雨，17日夜里到24日更有突发性强降雨接连发生。据统计，10—24日全市累计面雨量262.7毫米，最大杜桥355.7毫米，对作物生产、公众生活影响较大。

梅期降雨不典型，短时暴雨却频现。 6月10日入梅，7月5日出梅，入出梅时间接近常年，梅雨天数25天，与常年持平。梅雨形势虽不典型，降雨集中期呈现阶段性，但短时暴雨频发，并表现出明显局地性和极端性。梅期内共有3轮强降雨，累计面雨量281.6毫米，接近常年略偏多7%，降雨空间分布不均，大值区主要位于白水洋、河头、汇溪和尤溪、沿江、涌泉一带，最大沿江 447.6 毫米。影响最强的降雨过程出现在 6 月 12 日午后到夜里，全市普降短时暴雨，局部短时大暴雨，城区部分路段积水较深。

“烟花”“灿都”近海过，携风带雨影响大。6 号台风“烟花”7 月 18 日凌晨 2 时生成，25 日 12 时 30 分前后以台风级别在舟山市普陀区登陆，登陆时近中心最大风力 13 级（35 米 / 秒），中心最低气压 965 百帕。“烟花”个头大，移速慢，路径复杂，给全市带来较长时间的风雨影响。21 日 20 时至 26 日 20 时全市累计面雨量 194.6 毫米，较大的有括苍山 417.1 毫米、东塍桐坑 311.6 毫米；沿海海面出现 12～13 级大风，沿海镇 8～10 级，内陆平原 7～9 级，最大东矶 39.1 米 / 秒（13 级）。恰逢天文大潮，风暴潮导致涌泉、沿江部分地区潮水上岸，强风还引发东部三镇未收割早稻大面积倒伏，部分果树倾倒。

第 14 号台风“灿都”于 9 月 7 日 8 时生成，13 日在临海同纬度近海北上至长江口。9 月 11 日 12 时起始现台风外围分散性阵雨，至 15 日 8 时累计过程面雨量 115.0 毫米，降雨强中心位于桐峙山区，最大东塍桐坑 197.3 毫米；沿海海面出现 10～11 级大风，高山和沿海镇 7～8 级，内陆 5～6 级，最大雀儿岙 29.0 米 / 秒（11 级）。

8 月中旬暴雨频，红色预警次数多。8 月 9—17 日临海处于副高边缘，水汽足，不稳定能量高，连续 9 天午后出现强雷阵雨天气，降水效率高，短时雨强大，尤其 10 日、11 日、14 日、15 日短时暴雨异常偏强。8 月 9 日 8 时至 17 日 23 时全市面雨量 182.0 毫米，降雨大值位于城区及以西，较大的站点为括苍山 293.3 毫米、黄家寮 282.3 毫米、古城北固山 276.0 毫米，最大小时雨强汇溪上西辽 89.7 毫米。极端性短时强降雨造成城市内涝、山区道路塌方、山溪暴涨，气象部门共计发布暴雨红色预警信号 4 次，为同期历史最多。

中秋假期飑线临，大风冰雹齐登场。9 月 20 日正值中秋假期，下午 4 时左右突有飑线过境影响临海市，大部分镇街出现短时 8～10 级大风，最大古城街道两桥村 25.0 米 / 秒（10 级），白水洋、括苍、尤溪山区局部有 1 厘米左右小冰雹，大风造成安基山露营区帐篷大量吹翻，所幸无人员受伤，无作物严重受损。

入秋纪录创最晚，秋桂迟开飘香晚。冷空气来得晚，“秋老虎”横行。9 月 1 日至 10 月 15 日平均气温高达 26.5℃，较常年同期偏高 2.7℃，属历史同期最高纪录；直至 10 月 17 日临海才进入气象学意义上的秋季，比常年偏迟 16 天，为 1961 年有气象记录以来入秋最晚的年份。气温高，降水少，物候异常，秋季桂花姗姗来迟，于 10 月 15 日少量初放，10 月中下旬才盛放飘香，更有错季的樱花、桃花、梨花等。

“圆规”南海向西行，东部海岸大暴雨。第 18 号台风“圆规”10 月 8 日下午在菲律宾以东洋面生成，后趋向华南沿海。“圆规”虽距离台州市较远，但体型庞大，云系覆盖范围广，水汽充沛，其外围东风和冷空气交汇引发多日大到暴雨。10 月 11—14 日全市面雨量 86.2 毫米，降雨大值区集中在桐峙山区及以东区域，陆地最大上盘镇白沙 128.3 毫米，海岛最大头门岛 166.4 毫米。

拉尼娜再度显现，秋冬寒潮早频强。拉尼娜现象终于 4 月，再现于 10 月，中高纬度冷空气强势南下，11 月上旬开始即有寒潮来袭，至年底共有 5 次寒潮。11 月 7—9 日全市平均气温下降 10.7℃，48 小时最低气温下降幅度 11.4℃，沿海海面出现 10—12 级偏北大风；11 月 21—24 日全市最低气温降温幅度达 11.9℃，沿海海面和高山区持续 8～10 级大风；11 月 30 日至 12 月 2 日全市最低气温降温幅度 10℃，沿海海面和高山区持续 8～10 级大风；12 月 16—18 日全市最低气温 48 小时降温幅度达 13.1℃，沿海海面和高山区出现 7～9 级大风；12 月 24—27 日的日平均气温降幅达 11.5℃，沿海海面和高山区出现 8～10 级偏北大风，其中高山区有降雪，括苍山雪深 2 厘米。

2021年气象要素一览表

表14

月份	平均气温(℃)		极端气温(℃)		降水总量(毫米)		降水天数(天)		蒸发总量(毫米)		日照时数(小时)	
	历年	2021年	最高	最低	历年	2021年	历年	2021年	历年	2021年	历年	2021年
1	6.9	7.0	23.3	−7.0	65.7	12.5	11.8	9	43.8	45.2	104.9	172.4
2	8.5	12.4	25.3	−0.1	60.2	73.3	12.4	9	45.9	48.5	102.6	119.5
3	11.9	13.9	27.8	3.5	127.1	124.7	16.6	21	57.2	56.2	120.6	112.9
4	17.1	17.7	32.5	5.3	112.1	80.8	15.2	14	76.3	78.1	140.3	141.3
5	21.8	22.7	35.0	10.2	145.4	284.6	16.2	18	90.2	66.8	139.5	137.6
6	25.1	25.5	35.8	15.1	245.6	352.1	18.8	20	80.1	71.1	111.6	144.5
7	28.9	28.9	37.3	23.9	200.0	244.6	14.3	17	128.0	112.4	210.3	204.2
8	28.4	28.0	36.2	22.4	326.4	379.6	16.7	18	122.0	97.9	199.0	209.9
9	25.0	27.3	37.2	19.6	183.6	90.3	13.0	10	101.0	113.3	157.2	223.9
10	20.1	21.0	32.7	10.8	80.9	105.3	7.7	16	91.0	78.9	163.0	154.2
11	14.8	13.7	27.0	1.4	69.2	114.1	10.0	15	61.3	59.8	119.0	128.5
12	9.0	9.0	21.6	−1.6	55.4	46.6	9.4	8	50.4	52.2	122.5	179.9
全年	18.1	18.9	37.3	−7.0	1671.7	1908.5	162.1	175	947.0	880.4	1690.5	1928.8

【气象防灾减灾】 围绕“监测精密、预报精准、服务精细”要求，加强灾害性天气的跟踪监测、滚动预报、有效预警和灾害实时评估。在“烟花”台风预报服务中，精准分析雨量水情，为牛头山水库拦蓄预泄提供决策依据。在8月10日安基山大暴雨过程中，及时叫应镇村防汛责任人，成功转移丁公园村灾害隐患区群众，避免人员伤亡和财产损失。年内共启动应急响应13轮次，呈送服务材料243期，发布气象灾害预警信号216次，联合发布灾害风险预警24次，发送预警短信1505万余条，开展重大气象灾害叫应99次。气象灾害综合风险普查稳步推进，完成全市台风、暴雨等九大类气象灾害致灾危险性数据调查，初步形成气象灾害致灾危险性评估区划图。建成省级气象防灾减灾标准化村(社区)76个。

3月1日，气象服务专家现场指导高山茶叶防御气象灾害

（蒲　哲　摄）

【气象能力提升】 **气象监测设施建设。**完成县域气象监测预报能力提升工程年度建设任务，新建自动气象站25个，升级改造18个，新增全天空仪13套、辐射观测设施1套。**预报预警能力建设。**提高重大灾害性天气预报准

3月21日，世界气象日宣传活动（金 瑛 摄）

确率、暴雨和大风预警信号准确率、强对流天气预警时间提前量，暴雨预警信号发布精细到镇街，实现全市浙政钉用户预警信息全覆盖。发布《临海市气象发展“十四五”规划》《临海市气象观测站气象设施和气象探测环境保护专项规划》。

【气象服务】 助力乡村振兴战略，在涌泉“了不得蜜橘基地”创建农业特色产业气象服务示范基地，做好柑橘生产全产业链气象保障服务。试点开展柑橘气象指数保险，深化杨梅、茶叶气象指数保险，年内触发杨梅、柑橘理赔各1次。服务生态文明建设，完成国家站太阳能观测要素扩充，开展桃花、杜鹃花、桂花等花期预报，建成杜桥溪口水库人影标准化作业点。年内成功实施人工增雨作业9次，受到央视等主流媒体报道。深化涉海涉渔部门合作，面向“定人联船”责任人和“渔老大”开展点对点气象服务。建设高速交通气象站2个，开展精准化团雾预报预警和重要时段降雨预测。圆满完成“《启航2022》——中央广播电视总台跨年晚会拍摄录制活动”气象服务保障任务。

【气象体制改革】 融入数字化改革，全面应用投资项目在线审批监管平台3.0版，落实企业投资项目审批竣工验收前“最多80天”改革，实行雷电防护装置竣工验收许可部分证明事项告知承诺制，行政服务事项“气象证明”上线浙里办App，持续优化营商环境，让企业和群众办事更便捷。年内共完成行政许可办件73个，气象证明服务办件25个。深化气象安全体制改革，完成全市117家易燃易爆危化品企业的防雷安全检查和“一企一档”建设，防雷安全码应用达100%，开展行政执法1次。推进综合行政执法改革，完成升放气球管理2项行政执法划转事项职权交接。

【科技创新】 年内，1人入选2021年浙江省气象局青年英才，1人获评“台州技能大师”。临海预报团队获第六届台州市气象系统天气预报技能竞赛暨全省竞赛选拔赛团体总分第二名，个人单项奖5个。完成科技项目验收3个、立项3个，参与灾害天气国家重点实验室项目1个。

（撰稿 金 瑛 周邦敏）

环境保护

Environment Protection

【概况】 2021年，城市空气环境质量优良率99.7%，PM2.5均值为22微克/立方米，3个国控断面水质达到二类考核要求，15个县控以上地表水断面功能区水质达标率93.3%，牛头山饮用水源水质达标率100%。全市实行最严格的生态环境保护制度，获批开展环境损害调查与行政执法检查“一案双查”省级试点、头门港医化园区减污降碳协同试点等省级试点项目，获评美丽浙江建设优秀县（市、区）。

【规划和审批】 2021年，编制发布《临海市“十四五”生态环境保护规划》，设定17项重点指标，列出76个重点项目。全年共审批环评项目163个，完成建设项目环保设施竣工验收151家，发放排污许可证129本；推进“区域环评+环境标准”改革，41个改革区域内的企业环评报告表项目降级为登记表项目；依据《建设项目环境影响登记表备案管理办法》，对168个项目实施网上登记表备案，其中42个辐射类项目。65个项目进行排污权交易，新增总量化学需氧量36.066吨，氨氮5.118吨，二氧化硫22.237吨，氮氧化物143.378吨。

【污染防治】 **大气污染防治**。推进VOCs（挥发性有机物）减排，升级改造VOCs低效治理设施13个，完成燃气锅炉低氮改造50台；开展柴油货车路检路查和入户检查，累计道路检查143辆、入户检测44辆，15辆重型汽车完成排放诊断系统终端安装并联网；加强扬尘监管治理，完善秸秆禁烧部门联动机制，在全市安装高空瞭望视频监控设施8个。**水环境污染防治**。推进工业园区“污水零直排区”创建，完成上盘湖西工业园、永丰镇蚕种场等10个区域“污水零直排区”建设验收；实施《临海市灵江流域水环境综合治理方案》，排查出100个各类排污（水）口，完成登记审批30个，76家涉氮磷企业完成总氮总磷排放整治。22家修造船企业，停产8家，关停拆除10家，整治提升4家。**净土清废保卫战**。成立专班，推进“无废学校”“无废工厂”等7类“无废细胞”创建工作，完成“无废城市”建设指标29项。推进固废污染防治，完成德长环保二期刚性填埋场、京圣药业液体焚烧炉等8个危废利用处置设施项目年度建设任务；完善工业固废收运体系建设，开展小微企业危废集中收运，覆盖企业585家，处置危废1512.15吨。推进土壤污染防治，完成受污染耕地及晚稻镉超标区域“源解析”工作，受污染耕地安全利用率99.8%；加强建设用地风险管控，完成用途变更地块调查项目28个、疑似污染地块调查项目3个，污染地块安全利用率100%，**环保督察整改落实**。按照“即知即改、立行立改”原则，从严从速进行系列生态环保督察问题整改。第一轮中央环保督察反馈的10个问题和第一轮省环保督察反馈的24个问题全部整改完成；第二轮中央生态环境保护督察交办的114件信访件，办结销号108件；第二轮中央生态环境保护督察反馈的12个问题完成1.3个问题整改，剩余问题整改按序时推进；受理第二轮省

11月17日，市委书记吴华丁（右一）到医化园区电镀区废水集中处理中心，了解整治整改情况　（浙江头门港经济开发区　供图）

委生态环保督察交办信访件27件并全部完成办理。**综合行政执法**。全年受理群众各类环境信访投诉880件，立案处罚123件，罚款1551.46万元，行政拘留11人，刑事拘留9人。

【医化园区环境问题整治销号】 经过两年多时间的专项整治，59家实施“一厂一策”整治管理措施的企业，除5家停产企业不进行验收外，其余54家企业全部通过验收，2538条整治措施完成整改2506条，停产、推倒老旧车间39个，新建车间15个。园区地下水水质各项指标明显改善，杜下浦河水质达到V类水质标准，公共区域总挥发性有机物浓度稳定在300微克/立方米，较整治前下降50%以上，顺利通过台州市级和省级现场验收。数次在全省推动长江经济带发展领导小组会议上做经验介绍，2021年长江经济带生态环境警示片将临海“环保倒逼转型，以转型促进问题解决”作为正面典型案例，全面展示园区整治成效。

【环境监测】 投入800多万元，新建7个镇（街）环境空气站，实现镇（街）环境空气自动监测站全覆盖。开展临海城市环境空气质量预报预警省级试点、医化园区土壤污染（地下水）在线监测预测预警和医化园区水质指纹监测溯源工作，推进生态环境监测从现状监测向预警溯源监测转变。

（撰稿　王　官）

牛头山水库管理

Management of Niutoushan Reservoir

【概况】 牛头山水库是全市骨干水利枢纽工程和重要清洁水源地之一。水库位于灵江支流逆溪上，是一座以防洪、灌溉为主，结合供水、发电、养殖等综合利用的大（2）型水库。2021年属丰水年，水库库区平均总降雨量2512.8毫米，是建库以来平均总降雨量的1.37倍，总入库来水量32778.65万立方米，发电用水量12005.52万立方米。年最高水位45.64米（8月5日8时），最低水位33.18米（3月19日4时）。获2020年度县级以上集中式饮用水水源地安全保障达标评估优秀等次。

【工程管理】 2021年，通过对大坝安全观测数据分析，渗漏管渗漏量最大值每秒0.183毫升；大坝垂直位移累计最大值16.5毫米（D2测点），水平位移累计最大值-14.72毫米（向上游，D4测点）和9.55毫米（向下游，D29测点）。自动化观测设施，更换4支渗压计后，86支渗压计均运行正常，自动采集模块及数据整编系统运行正常，综合观测数据分析，大坝总体运行平稳。

【防汛防台】 全年主要经历一次6号台风“烟花”带来的洪水。台风来临前下泄水量约568.44万立方米，把水位降至42.57米，低于台汛限水位2.43米，确保把“烟花”带来的水量全部拦蓄。7月28日15时，水库开启溢洪道泄洪闸泄洪，泄洪闸共泄洪1025.64万立方米的水量，发电和锥形阀共下泄2250万立方米的水量，确保水库安全度汛。

【供水发电】 **城乡供水。**全年为两大灌区供应灌溉、环境用水约12005.5万立方米，其中椒北平原灌区8003.7万立方米，大田平原灌区4001.8万立方米，确保水库下游22.6万亩农田保收。**电力生产。**全年发电量1070.95万千瓦时，是计划（1000万千瓦时）的107%，其中峰电903万千万时，峰电率82.8%。实现发电生产安全无事故，累计连续安全生产天数11693天。

【库区管理】 **林业管理。**加强生态公益林建设和防火管理力度，发放“入库须知”及防火手册2000余份，与护林员签订责任状，划分区块，责任到人。清明防火期间（3月21日起至4月15日），300多人参与防火，连续26天开展森林防火专项集中整治行动，划分4个片区，设4个检查站，13个防火检查、巡查卡点，8个重点区域、地段，进行全天候、全覆盖、全过程监管，实现连续21年安全无火灾。**水质管理。**宣传水法、水污染防治法等法律法规，在库内显眼的位置设立宣传、警示标牌。开展清洁水库行动，常态化巡查与夜间突击检查相结合，重点打击偷捕、偷钓、电鱼等不法行为。全年出动3289人次、426批次入库检查，收缴各类违禁网具85口、钓具156根、电瓶8只、竹排6张、橡皮艇8只，劝离钓鱼人员2330多人。**渡口渡运。**全年渡船安全航行42航次，接送乘客2369人次，其中清明期间8航次，接送乘客353人次。

（撰稿　陈琼瑛）

五水共治

Five Water Treatment

【概况】 2021年末，全市15个县控以上断面水质优良率93.3%，3个国控断面水质达到Ⅱ类考核要求；2个省控交接断面全部达标，水质评价良好。是年，医化园区环境问题整治顺利通过省级现场验收，2021年长江经济带生态环境警示片将临海作为正面典型案例，全省推动长江经济带生态突出问题整改现场会在临海召开，临海作经验介绍。灵湖公园入选第一批浙江“五水共治”实践窗口，大田港被评为省级“美丽河湖”。临海夺得2020年度“五水共治”（河长制）工作“大禹鼎”，尤溪镇获评全省“五水共治”工作考核优秀乡镇，市治水办获评省“五水共治”工作先进集体。

【污水零直排区】 年内，“一盘棋式”推进“污水零直排区”建设，创新“基投注资+国企融资”模式，出台“污水零直排区”建设项目管理细则，争取农发行政策性贷款9.6亿元，发行专项债3.8亿元，吸引社会资本投入2.6亿元，节约财政资金3.4亿元；组建专家团、业务骨干“百人团”，做好技术服务保障，累计发现并整改问题1800多个；建设项目列入市政质监范围，开展施工现场巡检，实行“红黑榜”制度，发布红黑榜8期，其中监理红黑榜2期，实行末位淘汰。11月2日，在全省城镇“污水零直排区”建设和农村生活污水治理工作推进会上作典型经验介绍。是年，投资6.93亿元，完成江南、大田、东塍、桃渚、上盘、涌泉等6个镇（街道）和浙江头门港经济开发区等8个工业园区创建任务；投资3000万元建成台州首个“供排一体化”数智管网平台，全市4580公里管网、130个在线监测点位、7个污水处理厂、5个泵站数据入库，实现远程控制，污水收集、输送、处理、排放全流程闭环管控，厂、站、网实时信息共享；新建、改造污水管网20.5千米，新增污水处理能力6.5万吨/日，完成4座污水处理厂清洁排放技术改造。

【河（湖）长制】 将全市48条县级河（湖）按流域分为五大水系，制定“一河（湖）一策”，明确河（湖）治理保护重点工作任务。开展“绿水币”推广活动，发动群众注册成为“公众护河员”，注册率达到全市常住人口3%，发现问题1109个。在尤溪镇、汇溪镇开展河（湖）“微网格”试点，发动网格员、志愿者、保洁员充当基层巡河助手。大田港成功创建省级“美丽河湖”，白沙湾创成台州市级“美丽河湖”，江南街道建成“水美乡镇”。全面推进流域综合治理，完成河（湖）“四乱”整治19处，完成率100%；完成农村池塘整治16个，完成率114%；完成中小河流整治2.5千米，完成率125%。完成全市48条县级河（湖）“生态健康码”识别系统建设，推进河（湖）健康评价业务化、规范化。

【治水督查】 开展“迎新春水环境大巡查大整治”“泥浆水直排专项督查”等专项行动，发现问题127个；率先召开县级“五水共治”“找寻查挖”专项行动部署会，创新推行每周“集中行动日”活动，共向台州市报送自查问题周报13期，自查问题398个，特色亮点20篇。组建治水专家服务组赴重点镇街调研指导，开展帮扶活动13次。畅通信访投诉渠道，42件交办信访件全部完成。建立交办问题动态数据库，确保问题交办有记录、过程有跟踪、结果有反馈，推动全市1072个(含各级交叉检查613个)问题整改落实，全年完成问题整改1014个。发挥曝督联动叠加效应，交办临海市警示片曝光的36个问题，倒逼镇街整改；在《临聚焦》栏目曝光各类涉水问题5个，落实整改5个；开展环保督察和“找寻查挖”问题整改大督查行动，现场督导各类问题222个，验收销号“找寻查挖”一般问题165个，落实整改57个。

【治水宣传】 市、镇、村三级联动，以世界水日、中国水周等节日为契机，通过政策宣讲进文化礼堂、灵湖巡河生态行、增殖放流等方式，全年开展各类治水宣传活动76场。启动“线上+线下”双联动模式，通过微信、LED屏、电影映前广告、出租车(公交车)车身广告等渠道，投放治水公益广告。全年在“水秀临海”微信公众号发布信息180篇，在省级和台州市级微信公众号发布信息59篇，各级各类新闻媒体报道150余篇，浙江新闻App、无限台州App等新媒体客户端累计报道86篇，省治水简报录用1篇。

(撰稿　董雨露)

镇·街道

Towns and Subdistricts

街　道

Subdistricts

古城街道

【概况】 古城街道地处临海城市中心区，地域面积81平方千米，城区面积22.8平方千米，下辖14个社区，17个行政村，户籍人口11.86万人。

实体经济 古城街道工业以休闲工艺品、机械制造、汽摩配为主导，共有工业企业336家、服务业重点企业84家，其中规模以上企业30家，主板上市企业1家。工业产值5亿元以上企业11家，其中10亿元以上1家、20亿元以上2家、50亿元以上1家，集聚形成两水工业园区。2021年，街道实现工业生产总值49.59亿元；其中规上产值26.2亿元，实现自营出口8.8亿元，完成限上批零住餐销售额48亿元。

全年累计完成工业性投资8153万元，同比增长24.5%。伟星实业临海金属制品分公司、市宏业砂浆有限公司等企业千万元以上工业技改项目累计投入4600万元。新增国家高新技术企业3家、省技术型企业12家，力高泵业被评为省“小巨人”企业。引进5亿元以上项目1个、1亿元以上项目2个、市千万元工业项目2个，总投资1亿元的香港荣家厨餐饮管理有限公司外资项目完成注册。

农业农村 农业生产以水稻、杨梅、柑橘、蔬菜种植为主。有农业从业人员1.42万人、农民合作社16家、市级农业龙头企业4家。2021年，街道全面整治粮功区内“非粮化”现象，紧抓农业保供工作，全年大户种植单季稻1645.22亩，双季稻57.49亩，小麦218.3亩，油菜834亩，发放生产补贴47.38万元。经济薄弱村全面消除，133户低收入农户人均收入巩固在9000元，19个村集体经济收入均超10万元。特色景观项目相继建成投用，乡村美丽经济初显成效。灵江右岸“脏乱差”河滩蝶变成“四季花海”，累计吸引游客50余万人次；振兴村建成研学游营地，为村集体经济增收20万元；龙潭岙党建“杏”福林种植银杏1000多株，成为网红打卡地。许墅美丽乡村项目建成验收，松一新农村建设和合利、龙潭岙等村农民建房有序推进；完成3个村级排水排污项目，利用“一事一议”项目开工建设松一、合利道路建设工程；农村生活污水治理工程、西北片农村饮用水安全提升工程加速推进，坑尾巴水库除险加固工程顺利完工。

城镇建设 2021年，街道共安排实施城镇建设项目38个，其中“双百”项目16个，全年完成非工投资10.29亿元，靖江商务区整体成型，伏龙大桥、十伞巷区块改造、靖江壹号·江语城、花街、谢里王城中村改造、351国道等重点项目有序推进。开展垃圾分类工作，完成63个点位垃圾分类撤桶并点。统筹推进污水零直排、老旧小区改造、低洼地段工程性改造、“三改一拆”等工作，拆除违法建筑10.86万平方米，整改四边三化点位40处。两水山东侧工业园区排水提升工程完工，

建设中的伏龙大桥（2021年/摄　古街街道　供图）

勾山区块排水提升工程和檀香公馆污水零直排小区试点工程有序推进。

民生实事　年内，古城街道中心幼儿园钰龙湾分园投入使用，许墅分园启动建设；回浦实验小学运动场建成投用。在全市率先成立物业工作站，完成公厕改造43座，新建1座。建成台州式硬气主题馆、朱自清纪念馆、府城人家等一批主题文化展馆，建成街道新时代文明实践所和松一村文化礼堂，东湖村文化礼堂被列为省公共文化场馆服务功能拓展先行先试单位和台州市“跟着红色地图学党史”现场学习教育基地。全年完成适龄妇女免费“两癌”筛查1675人次，接种新冠疫苗30万剂次。累计发放低保、临时救助65.4万元。

社会治理　推进社会治理向社区、村居延伸，建立府城基层治理联动工作站（府城联勤警务驿站）。开展扫黑除恶专项行动、“无盗抢城市”创建和反诈工作，查处“十类”案件23起，刑事案件同比下降20%，盗抢骗案件实现断崖式下降。安全生产、消防、燃气、食品安全等重点领域专项大排查大整治工作贯穿全年，实现工矿商贸零事故零死亡。街道矛调中心实现实体化运作。共排查、调处各类矛盾纠纷1221起，成功率100%，开展疫情常态化防控工作，累计排查10万余人，整改防疫漏洞场所200余家。

【党建工作】　高质量推进党史学习教育，成立党史巡回宣讲团，实现村社区党史宣讲全覆盖；设立“1+X”党史朗读点，举办党史知识竞赛、微党课大赛、红色小品大赛。机关干部自编自导自演的郭凤韶事迹情景剧《彼岸的船票》展演10余次，9月29日代表台州参加浙江省青年宣讲暨微型党课大赛情景式决赛并获二等奖。形成2所（新时代文明实践所、纪检规范化场所）2家（同心之家、民兵之家）3中心（街道机关党群活动中心、府城旅游区综合党群活动中心、矛盾调解中心）党建阵地新格局。

【历史遗留问题突破】　2021年，古城街道一批历史遗留问题得到有效解决。4月10日，停工6年的春雨府上项目重新开工；搁置10年的城防二期府城村（巾山自然村）房屋拆迁安置工作得到落实，涉及房屋汛期前完成拆迁；搁置7年的下桥村江下渚桃花苑住宅小区动工建设；花街旧村改造一期项目完成安置房分配，二期安置房工程顺利推进；谢里王旧村改造一期完成交付使用。

【台州府城文化旅游区】　2021年，台州府城文化旅游区接连拿

12月，古城街道党员干部圆满完成央视跨年晚会“启航2022”节目录制保障工作（古城街道　供图）

下省高品质步行街、省级示范智慧商圈、省级夜间文化和旅游消费集聚区三个“省”字号招牌；中央电视台“启航 2022”元旦晚会在旅游区全程录制，并于 12 月 31 日在中央电视台播出；6 月 1 日，成功举办世界围棋巅峰对决赛，世界冠军常昊、罗洗河参赛。旅游区亮化工程、背街小巷改造提升等周边基础配套工程不断完善；建成开放府城人家、朱自清纪念馆等 6 个主题展馆，吸引故宫文创江南赞等高端业态入驻，全年共计接待游客超 700 万人，景区营业额增长超 5 倍。

（撰稿　王　乾）

大洋街道

【概况】 大洋街道是临海城市发展的核心区，新城东扩的主战场。辖区面积 42 平方千米，辖 21 个行政村、13 个社区（含 6 个改制村），户籍人口 6.70 万人，外来人口 7.6 万多人。2021 年，获浙江省五星级食安办、弘扬新时代台州城市精神争先创优工作先进集体等多项台州市级以上荣誉称号。

实体经济　工业以休闲工艺品、建材、机械、汽摩配为主导，有规上企业 51 家，其中上市企业 6 家、新三板挂牌企业 3 家。2021 年，实现规上工业产值 119.22 亿元，财政总收入 21 亿元。完成自营出口 87.53 亿元，限上批发业销售额 121.58 亿元。新增“浙江制造”企业 1 家，“浙江制造”标准 1 项，小升规 5 家，高新技术企业 8 家，科技型企业 19 家，伟星新材获评省大数据应用示范企业和智能工厂，永强集团荣升省级工业设计中心。

城镇建设　市一医院住院大楼建成投用，大洋卫生院、市老年乐园扩建工程基本建成，双林北路断头路动工建设，大田平原排涝二期政策处理全面完成。大洋三小、临海小学东校区、大洋中心幼儿园第二分园加快建设。新建农村文化礼堂 11 家。“五水共治”、“三改一拆”、垃圾分类等专项工作统筹推进，创建台州市垃圾分类示范片区，污水零直排区建设进度 85%，全年拆违 13.92 万平方米。

社会治理　落实城乡居民医疗保险、养老保险、最低生活保障等兜底政策，全年发放低保金 83.7 万元、社会救助资金 154.8 万元。实现“两不愁三保障”突出问题、年家庭人均收入 9000 元以下情况、集体经济薄弱村“三个清零”。建成街道矛盾纠纷调处化解中心，统筹抓好安全生产、消防安全、扫黑除恶等工作，全年无重大安全事故，火灾起数下降 25%。

【城中村改造】 年内，省级重点项目——六角井未来社区一单元开工建设。启动国庆片区二期征迁工作，实现首日签约率 70% 以上，11 天完成全部 122 户村民签约，10 天完成腾空拆迁 90% 以上，创造全市征迁新速度。是年，停滞 7 年的临海宾馆区块 3 天完成 100% 签约，庄头社区 200 多户集体土地 30 天完成签约清表。拆除桑园老爷殿、办公楼和塘里 31 户已签约住房，完成 9 户遗留户签约。

（撰稿　周冰洁）

江南街道

【概况】 江南街道位于临海市区南部，区域面积 87 平方千米。2021 年，辖 20 个行政村、1 个居委会、1 个农场，户籍人口 2.96 万人，流动人口 1.48 万人。全市清廉民营企业建设工作会议和全市“扫黄打非 · 护苗 2021”暨进基层工作现场推进会在江南街道召开。

实体经济　2021 年，工业以医药制剂、机械汽摩配、智能制造为主导，全年完成财政总收入 6.61 亿元，固定资产投入 22.12 亿元，自营出口 16.06 亿元。完成规模以上工业产值 75.34 亿元，有规模以上工业企业 57 家。完成工业性投资 8.28 亿元，新增国家高新技术企业 6 家、省隐形冠军企业 1 家、省“专精特新”中小企业 6 家，“浙江制造”产品认证企业 2 家。拓卡奔马机电科技有限公司入选全省专利百强企业名单。临海国际医药小镇加快建设，联东 U 谷 · 临海智能制造产业园落地开工，贺家等老旧工业园区改造提升有序推进，“一镇两区三产业”的工业格局基本形成。

农业农村　辖区 20 个行政村实现集体经济年总收入 4090 万元，其中经营性收入 3401 万元，消除集体经济相对薄弱村 2 个。粮食产量稳定在 5000 吨以上，形成宿仙茶叶、上江香瓜、三姓年糕等特色农业。实施后阳山山塘综合整治、章家溪水库除险加固等4个水利设施改造提升工程，实施汇丰等5个村高标准农田建设，农村基础设施更加完善。

城镇建设 全年推进实施市、街道两级重点项目57个，完成非工业性投资22.12亿元。金台铁路全线贯通，临海南站投入使用，迈入“铁路时代”。江南派出所建成投用，临江上城、山海麓园等地产项目加快建设，“拥江发展”打开新格局。方溪水库配套水厂完成供地，华润燃气次高压调压站、汇丰变等基础设施项目有序推进，义城港流域清障工程全面完成，灵江建闸引水扩排尤汛分洪工程获省发展改革委批复。

民生实事 实现医疗保险全面覆盖，累计发放各类救助金550万元。新建新时代文明实践所1家、新时代文明实践站20家、村文化礼堂3座，公共文化服务体系更加健全。完成新冠疫苗全程接种3.46万人，推进“两癌”筛查、65周岁以上老人健康体检等工作。创成省“新时代枫桥式退役军人服务站”3家。圆满完成庆祝中国共产党成立100周年等重要节点维稳工作。

【联东U谷·临海智能制造产业园】 1月4日，台州市重大项目集中开工活动暨联东U谷·临海智能制造产业园项目开工仪式举行。项目开工建设，总投资20亿元，建成后有望成为台州乃至浙江产业形象最佳、业态功能最全、招商质量最好、服务体系最完善的现代化产业综合体。至年末，项目一期10幢厂房全部结顶，建筑面积5万多平方米，入园企业12家。二、三期工程完成总评和方案报批。

临海南站　　（2021年/摄　市创建办　供图）

【基层统计网格化管理改革试点】 5月26日，召开基层统计网格化管理改革工作动员会，在台州率先启动基层统计网格化管理改革试点工作，构建系统完备、科学规范、运行有效的统计网格管理体系。同日，四川省德阳市统计局考察组到江南考察统计工作规范化建设情况。6月9日，杭州市萧山区统计局考察组参观江南街道统计之家，并就统计工作规范化建设进行座谈。

【台州市数字经济暨“亩均论英雄”改革现场推进会】 6月17日，台州市数字经济暨“亩均论英雄”改革现场推进会在江南街道召开，台州市委副书记、市长吴海平出席会议并讲话，与会代表实地考察永恒汽配科技有限公司。

【金台铁路临海南站】 6月25日，金台铁路全线通车，临海南站正式投用。南站是金台铁路临海境内的3个客运站之一，也是江南历史上第一个火车站。

（撰稿　许鹏程）

大田街道

【概况】 大田街道地处临海市东城区，辖区面积65平方千米，建成区面积8.8平方千米，户籍人口4.42万人，外来人口2.48万人，下辖27个行政村、2个居委会。

实体经济 工业以户外休闲用品、彩灯、机械为主导，共有工业企业332家，其中规上企业67家。2021年，街道实现规上工业产值88.40亿元；财政收入6.29亿元；自营出口46.41亿元。

工业产值1亿元以上企业25家，其中10亿元以上1家。全年累计完成工业性投资2.48亿元，新增国家高新技术企业3家、省级科技型中小企业17家。引进5亿元以上项目2个。亘古电缆摘牌白石工业地块，下沙居工业地块围墙填土施工作业完成，铜盘山智能制造产业园项目顺利实施。东方永安(浙东)电商产业园获评第四批省级创业孵化示范基地。

农业农村 农业生产以黄

桃、水稻、杨梅、柑橘种植为主。有农业从业人员2.3万人、农民专业合作社37家。全年大户种植早稻1486.5亩，单季晚稻804.97亩，连作晚稻1476.08亩，小麦367.76亩，发放生产补贴93.13万元。经济薄弱村全面消除，9个村集体经济经营性收入达50万元以上。2个水库移民后期扶持项目竣工验收，“一事一议”项目、高标准农田建设项目、杜齐坑山塘工程加速推进。

城镇建设 深化“百大项目、百团攻坚”行动，实施14个“双百”项目，全年完成非工投资9.73亿元。基本建成台州医院新院区北出口通道改造工程，推进351国道邵家渡至白水洋一期改建工程政策处理工作、大田桥城中村改造、10号商住地块交地工作和金桥郡、伟星·诚园、伟星·云庐花园等房地产开发项目建设。

民生实事 通过国家卫生城市病媒生物防制中期检查，金色朝阳、万象国际、景莲家园3个物业小区实现“撤桶并点”，巩固“基本无违建街道”创建成果，通过“污水零直排区”验收。新建文化礼堂9家，新增浙江省五星级文化礼堂2家。大田刘村文化礼堂成为浙江省公共文化场馆服务功能拓展先行先试单位、浙江省特色文化礼堂建设试点单位。大田街道中心幼儿园白石分园建成开园，合景分园进入内部装修阶段。大田中学学生宿舍楼、大田初级中学南大门工程加速建设。大田街道文学艺术界联合会成立，街道文化站被评为省特级综合文化站、台州市首批最美公共文化空间。

社会管理 深化“最多跑一次改革”，矛调中心实现实体化运作，安全生产、消防、燃气、食品安全等重点领域专项大排查大整治工作，平安护航建党百年。“金钟罩”推广注册全市排名前列，获台州市全面反诈大擂台活动优秀组织奖。

【小微企业创业园】 年内，大田成妤科创园、临海光电产业园、临海臻城创业园3个小微企业创业园建成投用。

大田成妤科创园 地处沈海高速（G15）临海北高速出入口，由浙江东海翔集团开发建设，园区总占地面积3.53万平方米，由9幢生产性用房与1幢非生产性用房（综合宿舍楼）组成，总建筑面积9.92万平方米，可容纳60余家企业。

临海光电产业园 位于临海大道与福民路交叉口，由伟星集团开发建设，园区占地5万平方米，由10幢4~5层建筑组成，总建筑面积约14万平方米，可容纳60余家企业。

臻城创业园 位于方家弄村，由市城投集团开发建设，总投资5.04亿元，占地5.5公顷，由5幢厂房、1幢倒班楼、1幢研发楼以及1幢综合楼组成，总建筑面积14万平方米，其中厂房面积近10万平方米，同时建设2万平方米综合配套服务设施，包括会议中心、员工宿舍、平价餐厅、商业网点等。

（撰稿 夏玲芳）

成妤科创园 （2021年/摄 大田街道 供图）

邵家渡街道

【概况】 邵家渡街道位于城区东部，辖区面积88平方千米，辖30个村，户籍人口4.39万人。是城区的重要交通枢纽，甬台温铁路、杭绍台铁路、甬台温高速、351国道、83省道纵贯全境，设有临海高铁站。2017年以来，累计完成近40万平方米土地征用、30余万平方米房屋征迁，保障杭绍台铁路、大田平原排涝、佩弦湖区块城中村改造等重大项目无障碍推进。2021年，创成省美丽城镇。

实体经济 2021年，实现工业总产值21.27亿元，其中，规上工业产值18.88亿元，工业企业利润总额1.83亿元。有规上企业20家，涵盖光学、机械、化工、纺织、休闲用品等行业。年产值亿元以上企业8家，新增小升规3家、省级科技型中小企业9家。伟星拟上市集聚区持续扩容提升，钓鱼亭2400亩工业用地纳入国土空间规划城镇边界线内，完成首期160亩土地征用。区域粮食种植面积1.48万亩，粮食总产量5385吨，有三文鱼、胖头鱼、草莓、蓝莓、柑橘等特色农（渔）产品。全域旅游格局持续完善，牛头山村获评长三角放心消费美丽乡村。

城镇建设 推进临海站新站房、余温公路临海段工程、佩弦湖区块城中村改造等重点项目建设。补齐水利短板，大田平原排涝二期（外排工程）关键性工程许安2号隧洞第一层成功贯通。推进垃圾革命，垃圾分类覆盖率90%以上，农村生活污水治理基本实现全覆盖。东塘整治、牛头山田园综合体、浙医专办学旧址展示馆等一批美丽城镇项目有序实施。推进道路两侧专项整治，实施甬台温高速公路、铁路，新、老83省道，铁路站场及临牛线等主要道路沿线20个村的村庄整治工程。街区河道全天候保洁，完成建成区“污水零直排区”深度排查1.5平方千米。

民生实事 邵家渡中心校入选省现代化学校，改造提升街道综合文化站，建成新时代文明实践所。完成“两癌”检查1428人、国免检查132人。完成新冠疫苗第一针、第二针接种任务。落实低收入农户“一户一策一干部”帮扶，全年发放各类民政补助约670万元。推进“平安邵家渡”建设，预防“民转刑”工作获省委政法委、省妇联领导肯定。扎实开展消防、工业企业、道路交通、建筑工地等领域安全隐患大排查大整治，年内未发生重特大安全生产事故。

【重点项目建设】 临海铁路站新站房按期投入使用总建筑面积2.69万平方米，综合服务台和人工售票系统安装完毕，各项旅客服务系统完成安装调试并通过静态验收，杭绍台铁路建成。余温公路临海段工程涉及的辖内125户全部完成房屋评估，签订拆迁协议81户，拆除房屋23户，红线内无房地块全部清表交地。佩弦湖商住地块挂牌出让，启动佩弦湖区块城中村改造二期，7天内完成888户房屋测绘。14天内完成溪边村整村迁建一期41户房屋拆迁协议签订；钓鱼亭区块2400亩工业用地被纳入国土空间规划城镇边界线内，国际时尚产业园项目3天时间完成184亩土地征用村民代表签字。

（撰稿 夏康珲）

镇

Towns

杜桥镇

【概况】 杜桥镇地处临海东部沿海，是全国发展改革试点镇、省级中心镇、省首批小城市培育试点镇。全镇陆域面积186平方千米，辖107个行政村、4个社区，户籍人口22.00万人，流动人口8万多人，是台州人口第一大镇。2021年，全镇实现地区生产总值205.66亿元，三次产业比4.2∶58.3∶37.5，完成财政总收入18.88亿元；实现城镇居民人均可支配收入72578元，农村人均可支配收入43986元，城乡常住居民收入比缩减至1.65。获评省数字生活新服务特色镇、省商贸特色镇。

实体经济 2021年，实现工业总产值326.3亿元，其中规上企业107家规上工业产值279.45亿元，医化、机械、眼镜、休闲用品等主导产业产值突破270亿元。东海翔集团、华星光学等12个工业项目建成投产，累计完成千万元以上技改项目6个，新增规上工业企业5家，产值亿元以上企业9家，“新三板”挂牌企业2家。实现服务业增加值73.8亿元，社会消费品零售总额64.4亿元，电商销售额突破36.9亿元，金融机构存贷款余额407.5亿元。

农业农村 完成粮食播种面积3.5万亩，荒地复耕30.8亩，遏制耕地“非农化”、防止“非粮化”。实施全域土地综合整治，全年完成补充耕地项目12个，整改面积2650亩；完成园林地还耕和建设用地复耕项目3个，净增耕地160亩。推广早稻—西兰花轮作制度，省西兰花新品种大会连续三年在杜桥召开。全面完成农村饮用水达标提标三年行动，西湖水厂改造提升（二期）工程完工，日供水能力达到80万吨。“厕所革命”“垃圾革命”全面推进，新建、改造厕所5座，探索全域垃圾清运及保洁一体化，建成省、市示范村2个。福岙整村搬迁（一期）工程顺利实施。

城镇建设 城市更新持续推进，103个重点项目加速落地，其中实施类项目64个，前期类项目33个，累计完成投资56.77亿元。**重大项目**。南工业城眼镜小微企业创业创新园（一期）、东部物流中心建成投用，中国·杜桥眼镜城基本建成，城市商贸综合体（宝龙广场）加快建设。柴爿巷历史古街修复（一期）、龙浦湖公园（一期）等一批生态休闲项目即将完工。农业服务大厅、农业养殖培训基地、综合服务站等项目加速实施。杜桥镇综合服务楼通过立项评审。**商住旧改项目**。天玺华府、金港名苑相继建成，彩虹一号、西岸村村民公寓式安置房、金色学府交付使用。杜南小蟾洋项目挂牌出让，杜东岙里、良种、杜前、横楼旧改工作顺利推进。**基础设施**。金台铁路、市郊铁路建成通车。外环西路、外环东路加快建设。**启动建设**。“美丽城镇”创建。投入1.53亿元用于小城市项目建设，完成龙浦湖公园、环城南路、杜前公路、步行街立面整治3.95千米，道路亮化1.5千米，疏导恢复步行街秩序。统筹推进“两路两侧”“四边三化”专项整治，完成台金高速、沿海大道、杜前公路等5个景观绿化提升工程。推进"无违建乡镇"创建，全年拆除违章建筑26.3万平方米，整改"两路两侧"点位14个，下达"责令停工通知书"203份，立案250起，罚款53.24万元。**生态环境保护**。坚决落实中央环保督察和长江经济带生态环境问题整改，持续开展眼镜行业整治、挥发性有机气体整治行动，退出和转型高耗能、高污染、低效益企业34家，全年空气质量优良率提升至95.1%。"五水共治"推进，镇域市控断面水质恢复至四类水标准。污水处理厂提标扩容工程（二期）建成投用，污水零直排（一期）工程、污水一级主管线基本完成。南工业城、汾东、汾西、半洋4个工业园区通过市级"污水零直排区"创建验收。

社会治理　统筹推进疫情防控和经济社会发展，完成约23万人、47.5万剂次新冠疫苗接种工作。重点实施消防、交通、安全生产、危化品、渔业船舶、食品药品等领域专项整治，全年交通事故亡人数、火灾事故发生数同比下降30.43%、24%。完成镇级应急指挥中心数字化改造，新建镇村规范化避灾安置场所15处。创新"两站两员""农村大喇叭"等交通安全宣传模式，重点开展工程车、变型农用拖拉机、电瓶车等专项整治，报废变型农用拖拉机22台。推进扫黑除恶专项斗争、发票违法犯罪整治、电信网络违法犯罪整治等专项行动，刑拘犯罪嫌疑人170人。办结群众投诉件2580件，化解矛盾纠纷3534起。

民生实事　全年投入民生资金2.03亿元。**教育**。杜前幼儿园、碧桂园幼儿园建成开园，杜桥中学扩建、知溪小学迁建工程建成交付，新建、扩建、改造和提升学校13所；杜桥实验中学完成转制，公民同招顺利实施，杜桥中学本科上线率稳定在33%左右；发放203.9万元乡贤教育奖励基金，表彰奖励优秀师生442名。**卫生**。做优区域医疗服务共同体，市二院、杜桥中心院提质扩容加快推进，镇村家庭医生签约服务覆盖率提升至100%，就近就医格局基本形成。"两癌"筛查、农民健康体检等医疗下乡服务持续开展。**文化**。新建村级文化礼堂19家，村级图书馆、农家书屋19家，镇村新时代文明实践站所实现全覆盖。**社会保障**。城镇登记失业率降至1.65%。被征地农民基本生活保障与职工基本养老保险衔接并轨工作有序推进，城乡居民基本养老保险覆盖率95.97%，农医保全民参保覆盖率100%。杜桥敬老院基本建成，新增床位421张。"一户一策"精准帮扶全面落实，低保标准由每月692元提高到880元。全年发放低保善款1239.46万元，临时救助163人，发放救助金63.98万元，改造维修危房27户，实现脱贫攻坚"三个清零"。

【南工业城眼镜小微企业创业创新园】　3月30日，南工业城眼镜小微企业创业创新园（一期）项目交付使用，占地2万平方米，建筑面积56万平方米，总投资16亿元。厂房全部出售，134家企业入园，其中实驻企业100家，62家投产。

【旧村改造】　4—10月，杜南小蟾洋旧村改造项目完成集中拆除工作，改造总用地面积约94亩，总投资9亿元，累计拆除房屋259间1.94万平方米、厂房4家1.51万平方米，涉及94户515人。12月31日，项目土地挂牌出让。

（撰稿　金建敏）

白水洋镇

【概况】　白水洋镇地处临海、天台、仙居三县市交界处，为临海西大门。镇域面积217平方千米，下辖3个办事处、60个行政村、1个社区，人口10.23万人。

实体经济　全镇形成塑料日用品、医疗器械、纸箱包装、建筑材料等四大工业产业；以东魁杨梅为主的现代生态观光农业；以运动休闲旅游为主的第三产业。全年完成规上工业产值11.31亿元，实现工商税收1.13亿元，完成外贸自营出口3.84亿元。持续建设临海市西部创业创新园，新进驻企业3家，完成一期300亩开发，产值达7.3亿元。培育小升规企业2家、高新技术企业5家，引进2个亿元以上项目。实施"商贸兴镇"战略，培育新型服务业，总投资5亿元，成功引进耀达城市综合体。

农业农村　坚持统防统治，探索杨梅销售政商共建新模式，杨梅种植面积突破33333.33公顷，产值5.7亿元。完成1.33平方千米高标准农田改造，界岭水库工程开工，紫龙桥、外塘、磨石岩、渭溪等水库除险加固工程基

3月18日，桃花源乐队表演　　（白水洋镇　供图）

本建成，并通过省、台州市民生实事验收。举办2021浙江·临海白水洋云上桃花节，策划开展“梦里芳华、云上桃花”抖音短视频大赛，微信公众号阅读量达300万次，微博直播和抖音话题关注度各达2000万人次。加强安基山滑翔伞基地建设、乌岩春茶园建设及丁公园村AAA级景区提升等工作，景点接待游客超过20万人次，带动农副产品销售、民宿经济发展超10亿元。

城镇建设　临海至仙居天然气管线基本完工，杭绍台高速公路全面开通。启动白水洋镇美丽宜居项目，白水洋村、斋坦村完成项目建设，埠头村项目、永安公馆项目有序推进。改造提升“四好农村路”，镇区主干道基本实现亮化，综合交通立体网络逐步形成。建设了公园、上吴、塘田王等美丽乡村，大泛村中国传统村落保护项目稳步开展。积极推动美丽城镇创建全域化、常态化，有序推动生活污水治理、垃圾处理、农村公厕等改造提升，进一步加强主镇区的卫生保洁和垃圾清运，着力提升城乡人居环境。

社会管理　社会矛盾纠纷调处化解中心实体化运行，完善社会治安防范体系，常态化开展扫黑除恶专项斗争，严厉打击电信网络诈骗。健全各种应急预案，提高对自然灾害、事故灾难等突发性事件和危机管理能力。落实安全生产主体责任，强化危化品、道路交通、建筑施工、消防等重点领域治理，遏制重特大安全事故发生。

民生实事　民生支出占一般公共预算支出比例稳定在65%以上。城乡居民医疗保险、养老保险覆盖率逐年提高，参保意识明显增强。义务教育均衡发展，校网布局合理优化，中小学教育质量稳居全市农村前列；健全医疗卫生服务体系，临海市第四人民医院新院区有序运行；文体事业蓬勃发展，镇新时代文明实践所运行体系逐步完善，农村文化礼堂全面覆盖。举办乡村篮球联赛、半程马拉松、百公里毅行等体育赛事，全民健身氛围浓厚。

【党史学习教育】　深入挖掘区域红色资源，结合群众体育、乡贤等优势，开展“白话百年”系列纪录片拍摄以及“学家乡党史、学身边典型”“党史村村学”“我为后辈上一课”等系列特色主题活动。挖掘红军挺进师第一纵队在白水洋活动的红色资源，组成由坑口红军桥、龙泉兵工厂、大平袭弹药库组成的“白水洋红军路”，举办以“重走红军路、永远跟党走”为主题的百公里毅行活动，获“红动台州”大型融媒体行动专版报道，红军路被列入台州红色地图。

【临海西部创业创新园】　临海市西部创业创新园是全市打造共富高地十大标志性工程首个项目，共规划3期，总用地面积0.7平方千米，总投资18亿元。2021年，一期0.2平方千米建成投用，新进驻企业3家，年产值7.3亿元。

（撰稿　钟馨仪）

东塍镇

【概况】　东塍镇位于临海城区东面，是省级中心镇，镇域面积165平方千米，辖33个行政村，户籍人口6.44万人，岭根村为国家历史文化名村。2021年，获评浙江省美丽乡村示范乡镇。

实体经济　工业形成节日灯、休闲用品两大支柱产业，是全国最大的节日灯生产基地和重要的休闲用品出口基地之一，2021年，实现规模以上工业总产值44.77亿元，新增规上企业7家，规上企业总数52家。新增“品字标”企业1家、“品字标”标准1项，新认定高新技术企业5家，通过评定1家，新增省级科技型中小企业15家。完成自营出口21.28亿元，限上批发业销售额3903万元，完成工商税收3.38万元。全年完成工业性投资12129万元，非工业性投资4840万元。对临亚股份等5个老旧工业厂区的改造，腾出74.6亩工业用地再开发。

农业农村 农业以豆面、茶叶为特色，有福禄豆面、桐坑绿壳、白岩香茗等知名品牌。2021年，落实耕地保护制度，建成前岩等三村7个高标准农田项目，完成区域内农田“非粮化”调查。洞桥豆面集聚区纳入台州市乡村振兴项目，年产量4500吨，产值约7000万元，利润近1460万元。岭根、桐坑茶叶总产值2500余万元，提供就业岗位1500余人次。推进白箬村、麻山村美丽乡村建设，“民宿＋旅游”融合发展，岭根民宿群项目第一期完成投资1500万元，前四庄点位主体建筑基本完工。

城镇建设 开展遥感卫片执法专项整治行动，立案处置点位3个，整改点位88个，总面积7.11万平方米，其中拆除复耕点位52个，清理点位36个。完成总投资4471万元的污水零直排区项目建设，创建总面积2.09平方千米，包括4个生活小区、11家公建单位、115家工业企业以及91家六小行业。统筹推进“五大革命”，完成镇区垃圾中转站扩容改造1个，规范建成村级垃圾收集点16个，月处理垃圾量约2400吨，年收集处理累计2.6万余吨。

民生实事 发放乡贤教育奖励金48.43万元，完成东塍镇中心幼儿园大房分园园址土地政策处理。新建镇级VR学习窗口2个、农村文化礼堂3家、省级微型体育公园2个，东塍镇综合文化站获评省特级综合文化站。全年发放低保金346.534万元、各类救助资金4.219万元。完成新冠疫苗接种11万余剂次。完成镇便民服务中心规范化建设，打造高效、便捷的便民服务体系。

社会治理 推进“法治东塍”“平安东塍”建设，开展预防道路交通事故“百日整治”集中行动，常态化开展安全生产和消防安全检查。建成镇级矛盾调解中心，发挥吴世良调解工作室作用，排查各类矛盾329件，化解325件，化解率98.78%。

【慈孝之乡】 12月9日，东塍镇入选第十届“浙江孝贤”推选活动组委会发布的慈孝之乡榜单。近年来，东塍镇探索构建“乡贤＋慈孝文明”的乡村治理新模式，发挥乡贤的资源优势，发扬慈孝文化，建设百姓戏台、慈孝文化广场等基础设施，实现乡村善治。东溪单村设立慈孝基金会，坚持每年为80周岁以上的老人发放生活补贴和节日礼品，举办慈孝日活动和重阳节祝寿宴。白箬村开办老年食堂，每周供餐六天。下街村老年大学推出慈孝课堂。

【项目攻坚】 全年安排市、镇两级重点项目67个，被列入市“双百”项目15个。把党史学习教育融入项目攻坚，统筹联动，杭绍台铁路临海段、余温岭路临海段等重点项目建设，保障隔溪村“旱改水”耕地质量提升、前岩等三村高标准农田建设、下坦溪水库等6个水库除险加固工程等项目顺利实施。

（撰稿　叶力玮）

东塍镇党群服务中心　（2021年/摄　东塍镇　供图）

桃渚镇

【概况】 桃渚镇是全国重点镇，位于临海东部沿海，陆域面积129平方千米，海洋面积600多平方千米，海岸线30千米。下辖5个办事处，55个行政村，户籍人口9.80万人。

实体经济 2021年，全镇完成工农业生产总值18.08亿元，实现财政总收入5223.7万元，其中地方财政收入3124.05万元，农民人均可支配收入43000元。被评为省现代商贸特色镇，四岔村列为省商贸发展示范村。区域有企业36家，其中规上企业1家。全年完成工业性投资1064万元，工商各税收入5219元。

农业农村 全镇完成8696.74亩高标准农田建设，耕地抛荒整治240亩。春粮种植面积456亩，早稻种植面积1.24万亩，晚稻种植面积2322亩，发放规模种粮补贴539余万元。牧原临海一场正常生产，年存栏5万头。临海三场完成基础设施建设，存栏能繁母猪3100头。按照人居环境"房前屋后无垃圾"的整治要求，完成55个村人居环境整治，完成率100%。建档立卡低收入农户739户1251人，结对帮扶机关干部175人，实现"两不愁三保障"突出问题、家庭人均年收入9000元以下情况全部清零。

城镇建设 改造提升海山步行街，增设亮化、绿化和文娱设施，建成占地3600余平方米的休闲娱乐广场。英雄桥竣工通车，建成低洼破损路整治、小镇客厅、特色标志标识等项目，通过"美丽城镇"建设省级验收。全年共拆除各类违章建筑12万平方米，完成两路两侧、四边三化等点位整治93个，桃渚污水处理厂建成投用并扩容提升，污水"零直排区"建设通过台州市验收；镇级垃圾"三化"处理中心投入使用，服务1万余人。

民生实事 成立乡贤教育发展基金。全面推广"新时代文明实践评议"活动，新建、改建村级活动场所8个，升级改造村党群服务中心13个，实现行政村文化礼堂全覆盖，创成省五星级文化礼堂2个、台州市文明村9个，永兴村村民入围中国好人榜。社会保障提标扩面，城乡居民医疗保险参保率达到99.5%。足额发放全镇739户1251人最低生活保障。

7月16日，全市镇（街道）便民服务中心星级创建现场会参会人员参观桃渚镇便民服务中心（桃渚镇 供图）

社会治理 开展道路交通、渔业安全隐患排查整治"百日攻坚"行动，常态化开展平安大巡防、安全生产大检查等行动，圆满完成3000人大规模核酸检测实战演练。双淮村获评省民主法治村。

【桃江十三渚土地流转】 3月，为理顺区域旅游发展体系，解决桃江十三渚土地归属散乱、不利开发等问题，成立镇主要领导领衔的工作专班，以桃江十三渚旅游开发为突破口，对回租涉及的4个行政村开展土地流转工作，仅用15天时间就完成涉及1496户农户、1042亩农田的土地流转。此后，提升优化景区配套设施，实施桃江十三渚水稻、油菜花科学轮作模式，全年吸引游客50余万人次，重现"中国最美田园风光"。

【五星级便民服务中心】 投入120多万元，建成占地近650平方米的便民服务中心，配以智能化的服务设施，实行精细化管理、亲情化服务，成功创建台州市五星便民服务中心。7月16日，全市镇（街道）便民服务中心星级创建现场推进会在桃渚召开。

（撰稿 陈绍翊）

尤溪镇

【概况】 尤溪镇位于临海市西南部，距市区12千米，镇域面积136平方千米，下辖18个行政村，户籍人口2.5万人。境内旅游资源丰富，有江南大峡谷、下涨村居两个国家AAA级旅游景区，素有"城市后花园"美称。获评全国市域治理现代化示范城市建设先进集体。

实体经济 新增1家规上企

业，全年实现规上工业产值23.23亿元，完成固定资产投资2632万元，其中工业性投资2246万元，非工业性投资386万元。实现税收收入1.02亿元，同比增长14.9%。伟星年产5.5亿粒天然真贝纽扣新建项目完成厂房建设，年产0.2亿个衣架、2.5亿粒塑料纽扣技改项目投产。伟星研发生产的特种纽扣、拉链跟随“神舟十二号”“神舟十三号”飞船再入“天宫”。茶叶、玉提、火龙果、铁皮石斛等特色农产品逐步实现产业化规模化。

村镇建设 加快补齐交通短板，率先完成104国道改建工程红线内房屋拆除工作，江南水街主线建筑全部拆除，义城路西延段道路建成通车。创新开展人居环境品质晋级赛，提升村镇人居环境，全面推进垃圾分类、撤桶并点工作，评出一星、二星村12个。持续推进美丽乡村建设，获评台州市美丽乡村精品示范区和台州市美丽乡村风景线。推进“五水共治”工作，获评台州市“污水零直排区”样板镇，连续2年获评省“五水共治”工作考核优秀乡镇。开发智慧城镇系统，提升整体智治水平。

民生实事 尤溪中心幼儿园通过省二级幼儿园复核评估。11月12日，全市首家乡镇青少年宫建成启用，建筑面积2200平方米，能够同时容纳100名青少年儿童学习和活动。镇卫生院基本实现医疗检查项目全覆盖。建成尤溪居家养老坎头中央厨房，提供外卖点单式养老送餐服务。

党的建设 开展党史学习教育，挖掘本地红色资源，“追寻尤溪红色印记”系列获浙江卫视报道。累计投资近千万元建成镇村企三级党群服务中心。全域覆盖党建联盟，与临海农商行共同筹建创富基金、设立“领航贷”，为党建联盟集体授信2亿元。镇便民服务中心获评台州市五星级便民服务中心。

【新时代美丽城镇建设省级样板镇】 12月，尤溪镇获评浙江省第二批新时代美丽城镇建设省级样板镇，并入选省县域风貌样板区试点。尤溪在创成小城镇环境综合整治省级样板镇的基础上，着力提升城镇品质，修复尤溪老街，重点打造小镇会客厅、邻里中心、老街三寻图书馆、小镇人文展示馆等项目，建成入镇口公园、街心公园、滨水公园、音乐广场等户外休闲场所。邻里中心入围文旅部第四届中国设计大展，“老街三寻”图书馆入选台州首批最美公共文化空间。

【全域旅游】 年内，建设游客服务中心、小镇会客厅、小镇人文展示馆等旅游配套设施项目，开发打造七折潭景区，修复提升义城古道。全域推进景区村建设，紫升、汇龙、义城获评省AAA级景区村，实现全镇A级景区村庄全覆盖。举办首届丰收美食节，现场设置农产品展示区、寻乡味美食区、义诊区、反诈骗宣传区等，进行民俗表演、农耕农事体验、猜字谜等活动，弘扬农耕文明传统文化。“悦动”尤溪休闲精品线路入选全省百条精品线路名单，以尤溪为代表的政府支持的景区镇村联动发展模式入选台州市乡村旅游“共富八景”。

【全国市域治理现代化示范城市建设先进集体】 2021年，尤溪镇获评全国市域治理现代化示范城市建设先进集体。通过聘请7位省市专家，系统梳理项目清单和任务分解清单，共完成项目入库28个，其中台州市结项1个，2项入围临海市县域社会治理现代化十大标志性项目。探索开发智慧城镇系统，搭建台州市首个防溺水预警系统，开发智慧消防、防汛预警、AI防疫等综合应用平台，打造具有临海特点、尤溪特色的社会治理工作体系。

（撰稿　马亦喷）

老街三寻图书馆　　（2021年/摄　尤溪镇　供图）

汛桥镇

【概况】 汛桥镇位于临海东南，距市区7千米，因临海至黄岩古道上有一桥，每逢汛期潮水由灵江涌入桥下而得名。行政区域面积53平方千米，辖14个行政村，户籍人口1.97万人。成功创建省文明镇，通过省文化强镇复评，被列为全省社会治理创新第一次现场推进会参观考察点。

工业商贸 2021年，全镇实现工业生产总值65.2亿元，完成税收收入6.40亿元。形成医药化工、休闲用品、船舶制造三大支柱产业，有规上企业15家。2021年，实现规上工业产值59.90亿元；批发业总额26.3亿元。累计实施市镇重点项目41个，工业性投入同比增长30.2%，非工业性投入同比增长97.5%。

农业农村 有农业专业合作社34家，形成枇杷、葡萄、茭白、食用菌等特色产业。2021年，举办第二届白玉枇杷节暨“枇杷树香汛桥有福地”定向赛活动。蒋山溪、下宅溪水毁修复工程、上白露头水库除险加固工程等一批水利项目完工，利丰村美丽乡村精品村建设、“四好农村路”建设有序推进，被评为全市农村公路路域环境整治月活动优秀单位。

城镇建设 入镇口景观提升工程、生态停车场、小镇客厅主体建筑等建成投用，城镇功能得到完善。率先在全市启动垃圾分类全域“撤桶并点”工作，是台州市镇（街道）生活垃圾分类工作综合评价绿榜单位，为临海唯一。“三改一拆”纵深推进，超额完成年度拆违任务，排名居全市第一。持续开展生态环境问题大排查、大整治，着力打好生态文明巩固提升持久战。

民生实事 坚持教育优先发展，汛桥中心幼儿园主体工程结顶。新建峙下村文化礼堂。健全完善大救助体系，发放各类补贴补助，提升民生兜底保障能力。基本实现城乡居民养老保险、医疗保险全覆盖。

社会治理 深化“最多跑一次”改革，推进四星级便民服务中心建设，在全市镇（街道）便民服务中心星级创建现场推进会上作典型发言。深化综合应急改革工作，建成台州市首支乡镇综合应急救援队伍。台州市乡镇综合应急救援队伍建设工作现场会在汛桥举办。推进安全生产、消防安全大排查大整治行动，联动抓好矛盾纠纷排查调处、社区矫正等工作。4月20日，2021年全省社会治理创新第一次现场推进会在临海召开，汛桥被列为参观考察点。12月19日，汛桥镇综合行政执法队挂牌成立，整合原有的站所、中队以及“四个平台”执法力量，推动“大综合一体化”行政执法改革。

【全国先进基层组织——华海药业党委】 华海药业贯彻习近平总书记关于非公企业党建“十八法”的指示批示精神，推行“融合式”党建模式，实施“管理共融，提升凝聚力、队伍共融，提升生产力、发展共融，提升竞争力”的“三融三力”工作法，推动党的领导与企业治理、党员人才工程与企业人才培养、党组织作用发挥与企业生产经营“三个深度融合”，以党建引领企业发展。5月21日，在温州举行的全国非公企业党组织“发挥实质作用”研讨会上，华海药业党委《“三融三力”工作法引领企业高质量发展》获评全国非公企业党组织发挥实质作用“最佳实践”。6月28日，浙江华海药业股份有限公司党委在全国“两优一先”表彰大会上获全国先进基层党组织称号。

【浙江省文明镇】 1月15

5月15日，第二届白玉枇杷节活动现场　　（汛桥镇　供图）

6月24日，华海药业举办建党100周年主题党会 （汛桥镇 供图）

日，汛桥镇被省委、省政府公布为浙江省文明镇。全镇广泛开展精神文明创建活动，完善公共文化服务设施，建立“镇、村、单位”三级联动文明实践网络，打造知心陪护、贴心代办、爱心助教、用心帮教、暖心送医的“五心”服务品牌，深化婚丧改革，培育文明乡风，努力推动文明建设惠民、利民、乐民。2021年，创新打响“打赢卫生镇、文明城、人居美专项行动持久战”，实现环境整治全域化、品质化。

【基层综合应急体系改革】 以构筑“全灾种、大应急、广协同”应急救援新格局为目标，全面深化基层应急体系改革，投资110万元建成占地2000平方米的综合应急救援营区办公场地，配备约500平方米的救灾物资储备库。整合民兵应急、森林灭火、消防救援、水上救援、企业消防等各方资源，成立台州市首支乡镇综合应急救援队伍。8月3日，台州市乡镇综合应急救援队伍建设工作现场会在汛桥镇召开。

（撰稿 孙娇萍）

沿江镇

【概况】 沿江镇地处临海市南部，距临海市区约23千米，因沿灵江而得名。东南与台州市区毗邻，距台州市区约10千米，素有“临海南大门”之称。镇域面积88平方千米，辖30个行政村，4.96万人口。新兴村被评为全国善治示范村。

实体经济 2021年，全镇共有规模工业企业41家，实现规上工业总产值38.27亿元，双马塑业、朵纳家居位列全市50强工业企业，顶立新材料、盛田机械获“浙江制造”产品认证。新增台州汇力普模塑有限公司、台州市欧创塑业有限公司、台州市伊田五金机械股份有限公司、台州市鑫鹏电动工具有限公司、浙江浙通汽车零部件股份有限公司、台州世海塑业有限公司、台州市超繁仓储设备有限公司、临海市迪安模具有限公司等8家规上工业企业；新增国家高新技术企业6家，累计18家；新认定省级科技型中小企业19家，位列全市各镇街之首。

村镇建设 建成水洋至马头山绿道、马头观海主题公园、水洋文化长廊、高速互通桥下公园，基本完成乡贤馆主体建设。打造104国道、马上线美丽公路，实现镇内主干道全域亮化。全面开展人居环境大整治，拆违4.23万平方米，打造新兴、桩头等新时代美丽乡村建设项目，推进沿溪、外王、浦东、双洋等村全域土地综合整治。

民生实事 建成中心幼儿园长甸分园、沿江镇中小校体艺馆、西岑中学运动场，新建农村文化礼堂5家，创建省五星级、四星级文化礼堂各1家。举办“我们的节日”、庆祝中国共产党成立100周年等特色文化活动。推进新冠疫苗接种工作，完成3~17周岁未成年人累计接种1.03万人次，18周岁以上累计接种8.41万人次，其中完成加强针接种1.03万人次。

社会治理 推进矛盾纠纷化解，累计调解矛盾纠纷160多件。

【百日破百难】 5年来，物流总部基地、装配式建材基地、智能家居制造基地、公铁水多式联运枢纽基地等建设项目相继落地沿江，土地征收成为全镇中心工作，累计实施省、市、镇重点项目109个，征地近3000亩，拆迁房屋9.21万平方米，完成固定资产投资38.72亿元。2021年10月底，发布3个工业地块土地征收公告，涉及6个行政村、417户农户，征地总面积424.17亩。全镇党员干部组成6支调查队，逐户走访摸排征收户，汇总梳理、集中研判，开展重大项目社会风险评估，按照“先易后难、稳扎稳打”的原则，排定顺序、逐一攻坚，对23户重点户每天上门宣讲政策，算好发展账、家庭账、经济账。同时，发挥镇、村两级矛盾调解中心、乡贤调解室作用，做好户签“后半篇文章”，化解因征地产生的矛盾纠纷。经过40天攻关，顺利完成21-1等3个工业地块征地工作。攻克征地难题，是沿江速度、力度与温度的缩影。

【红色速递党建联盟】 5月12日，中通快递全资直营公司在沿江成立台州市首个民营快递企业党支部。8月27日，全市首个“红色速递”党建联盟在沿江镇揭牌成立，联盟由邮政、中通、申通、圆通、顺丰、韵达6家快递企业网点和沿江镇商会党支部等两新党组织为主体构成。“红色速递”党建联盟成立后，发挥党组织战斗堡垒和党员先锋模范作用，通过创建红色车间、红色分拣站、红色车队、红色先锋等活动，推动解决快递行业交通不文明、规范约束少、服务态度不佳、配送安全隐患等问题，实现党建工作与速递行业融合发展。

（撰稿　朱柯科）

汇溪镇

【概况】 汇溪镇地处临海市中北部，北面与三门、天台两县毗邻。镇域面积57平方千米，户籍人口1.99万人，下辖15个行政村。

汇溪镇古建技艺展览馆　（2021年/摄　汇溪镇　供图）

实体经济　2021年，实现规上工业产值2.69亿元，财政税收实现3226万元。辖区有30家工业制造企业，外资企业近10家，其中规上企业3家，以休闲用品为主导，年自营出口额1.01亿元。全年完成工业性投资9784万元，非工业性投资4294万元。以“中国古建筑工匠之乡”为切入点，深挖古建文化内涵，建成古建精品一条街、古建名匠工作室等项目，古建文化广场项目主体建筑结顶，推动古建+文旅融合发展。

农业农村　区域有耕地面积9596亩，园地面积978亩，林地面积6.49万亩，形成油茶、黄桃、高山大米、高山西瓜等特色农业。年内，推进两头门、浚头村美丽乡村建设，打造浚头农耕博物馆、荷花仙子桥等重要节点项目，完成成山安（安坑）—河头道路路面硬化，善家洋（溪王）—孔丘道路改线工程路基挡墙建设。

城镇建设　推进全镇首个安置小区——浚头公寓（一期）工程、镇敬老院、汇溪镇综合功能站等项目建设，投资525万元建成全长约3千米的两头门—浚头绿道，开展美丽河湖、美丽庭院等系列创建工作，通过新时代美丽城镇建设基本达标镇验收。建成10千伏浦仙—浦汇延伸新建工程，结束汇溪单电源供电的历史。完成11座5G基站建设任务。实施普惠性公共服务提升工程，实现污水收集处理、垃圾分类全覆盖，城乡客运公交一体化。统筹推进农村人居环境整治、五水共治、三改一拆等专项工作，开展农村人居环境整治网格竞赛，集中开展整治八大行动，全年拆除各类违章建筑1.14万平方米、乱搭建130余处。

民生实事　境内有初中、小学、幼儿园各1所。年内，汇溪中学通过浙江健康学校（铜牌）验收，学生作品《对花》获2021年中小学生文艺会演曲艺奖一等奖。在全市率先实现农村文化礼堂全覆盖，15家文化礼堂全年开

6月25日，汇溪镇庆祝建党百年主题晚会举行　　（罗婷婷　摄）

展党史学习教育主题活动30余场，举办庆祝建党百年主题晚会。新冠疫苗全程接种8169人，接种完成率全市排名第1。发放低保、特困、困境儿童、残疾人及临时救助等各类困难人群政策性兜底保障资金390余万元。深化“最多跑一次”改革，完成15个行政村便民服务场所改造提升，创新推出便民微信小程序——“汇宁通”，破解1万余名在甬村民回乡办事两头跑、多次跑难题。

社会治理　建立健全镇村网格三级防控管理体系，常态化开展安全生产大排查大整治行动，防范各类安全事故发生。镇“书记联合体项目”被列入第二批市域社会治理现代化B类项目，镇联勤警务站成立运行。

【汇甬飞地联盟】　6月4日，联合宁波市鄞州区中河街道、海曙区高桥镇成立“汇甬飞地联盟”，打造流动党员共建共管新平台。签署“流动党员‘飞地’管理协议书”，以原籍为主、属地为辅，两地衔接共管，实行定期联系通报制度，使220余名流动党员“流动不流失”。同时，创新党员学习教育模式，村党支部书记直播上党课，解决流动党员学习难题。

【余温公路改建工程】　1月以来，推行“书记领办项目，党员齐力攻坚”模式，设立重点项目三色预警公示图，倒逼工作进度，34个市、镇两级重点项目全部完成既定目标，其中余温公路项目至年底完成红线内61户民房拆迁任务，在全市镇街中率先实现红线内拆迁工作清零。

（撰稿　吴舒静）

小芝镇

【概况】　小芝镇位于临海市牛头山水库源头，下辖21个行政村，户籍人口3.59万人，辖区总面积90平方千米，素有台州市“后花园”和“绿谷氧吧”之美誉。

实体经济　2021年，共有规上工业企业5家，完成规上工业总产值2.11亿元，自营投资7106万元。工业以机械铸造、工艺品加工为主导，有工业企业62家。全年完成工业性投资880万元，盘活闲置工业厂房5000平方米，新增省级高新技术企业2家。

农业农村　农业以水稻、柑橘种植为主，特色产品细米面年产量超13万吨，从业人员0.8万人，农民专业合作社99家，家庭农场16家，其中台州市示范性农民专业合作社6家，市级龙头企业3家。大户种植小麦732亩，早稻5275亩，油菜118亩，单季晚稻1721亩，连作晚稻5608亩，发放生产补贴320万元。柳溪村美丽乡村项目建设完成，启动和合村美丽乡村建设。年内新增民宿2家，共计16家，其中白金级民宿1家。

城镇建设　8月，首个房产项目阳光珺府全面揭顶。胜坑、石牛坑传统村落保护开发项目开工建设。实施小芝岭脚、大岩、高塘、十八田等4座水库的除险加固工程及中岙村水毁修复工程，完成龙岙跨园区污水零直排项目建设。全年拆违面积2万平方米，完成栖凤村、罗上宅村土地整治33.3公顷。

社会治理　有序组织开展疫苗接种工作，接种率居全市前列。平安建设扎实推进，强势开展电信反诈工作，全面深入排查涉诈人员，走村入户开展“金钟罩”安装推广工作，抓好安全生产工作，开展消防、道路交通、危化品、食品药品等重点领域隐患整改。

民生实事　发放永强共同致富教育基金120万元，向小芝中心卫生院捐赠资金80万元。完成镇级社会工作站建设，“一中心四平台一网格”基层治理格局基本形成。

【全域彩化】 累计完成投资1500余万元，种植各类彩色树种2万余株，美化乡村道路32千米，“彩化”面积3000余亩，完成南入镇口、岙胡樱花园、南丰红枫园等30个美丽节点的打造。

（撰稿　蒋雨希）

上盘镇

【概况】 上盘镇位于临海东部沿海，是台州湾经济技术开发区的所在地，辖区面积99平方千米。辖30个行政村1个社区，户籍人口5.93万人，外来人口近3万人。2021年，完成财政收入11.8亿元，固定资产投资额17.8亿元。镇综合文化站获评省级二级综合文化站。镇退役军人服务站获评全省“新时代枫桥式退役军人服务中心（站）”。上盘商会成为全市首个“浙江省亲清直通车站点第一批试点单位”。

实体经济 全镇工业以汽车机械、眼镜为主，集聚在里岙工业园区。有规上企业67家，实现规上工业年产值218.04亿元。完成工业性投资16.3亿元，同比增长135%。完成税收收入11.82亿元，增长66.61%。配合台州湾经济技术开发区，完成重点项目政策处理等工作。9月，收回白沙、新建自然村国有建设用地土地使用权。10月，启动短朱北搬迁项目，用时3天时间完成进场评估工作，比原计划提前半个多月。

农业农村 推进外岙村、长沙村美丽乡村建设，山根、劳动等23个村农村饮用水改造工程，涂岙、塘后等15个一事一议项目以及横歧路、金杏灯等8个移民项目。完成新城、下畔等4个村1130亩高标准农田以及沙基等3个村1600亩西兰花种植基地产业提升工程的招投标。

城镇建设 全域打造美丽城镇样板，里岙自然村“立改套”基本完工，小镇客厅和邻里中心、传统建筑修缮再利用项目竣工，白沙保卫战革命烈士教育基地完成招投标。做好“四好农村路”养护工作，推进老塘岸桥、沙基岗头桥施工，实施金港大道、下畔至山建自然村、磊石坑至杜建自然村、新城至大跳自然村等路灯亮化工程。以小城镇环境综合整治行动为抓手，基本完成集镇区“污水零直排区”建设，3个物业小区完成垃圾分类屋建设，镇区道路完成6个撤桶并点投放，实现村级垃圾收集点全覆盖。

民生实事 贯彻落实“双减”政策，城山小学教学楼迁建工程投入使用。新建标准化村级卫生室1家，推进免费孕前检查、“两癌”筛查、胃癌检查、肠癌检测及60岁以上免费接种流感疫苗等实事，提升城乡居民养老保险、农医保覆盖率，推广台州利民保，参保率居全市前列。建成旧城、长沙等2个村级乡贤馆，水路张、旧城等7个村级五星级党群服务中心，新增民间信仰场所和村文化礼堂一体化场所16处。

社会治理 开展风险隐患大排查大整治，强势推进扫黑除恶、“民转刑”、全民禁毒等专项行动，统筹抓好治安防控、信访等工作，全面打赢建党百年维稳安保硬仗。巩固“一打三整治”工作成果，依法打击涉渔“三无”船舶77只，建设“平安上盘”。

【国家级农业产业强镇】 4月29日，上盘镇被农业农村部、财政部公布为国家农业产业强镇。上盘镇是全国规模最大的冬春西兰花生产基地，有西兰花合作社130余家、家庭农场32家，

8月，上盘镇组织党员志愿者在劳动村助力西兰花育种工作

（上盘镇　供图）

注册“翼龙”“碧畅”“洞林”“亚宝”“勤日”等商标。是年，打造西兰花交易一条街和西兰花展览馆。

【台州市基层武装工作“四个基本”规范推进会】 6月18日，台州市基层武装工作“四个基本”规范推进会在上盘镇召开。是年，上盘镇落实党委议武制度，编实建强基干民兵力量，圆满完成全年新兵征集工作。开展“走渔村、访渔民”活动，镇武装部被省军区表彰为先进基层武装部。

【营救瓜头鲸】 7月6日，12头瓜头鲸搁浅头门港海域北洋坝滩涂，镇政府和公安、港航渔业、消防救援等部门赶到现场紧急救援，500余名干部群众参与联合救援行动，经过10余个小时的营救，搁浅的瓜头鲸全部得到妥善安置，演绎一场人与自然和谐相处的暖心故事，引发全国关注，各级媒体报道1.3万余篇。

【浙江省文化礼堂建设示范镇】 10月11日，上盘镇获评浙江省农村文化礼堂建设示范镇。上盘镇坚持“一村一特色、一堂一品位”，建成29家海洋元素彰显、文化特色突出的农村文化礼堂，集学教、礼仪、娱乐于一体。

（撰稿　吴晓迪）

涌泉镇

【概况】 涌泉镇位于临海市东南部，全镇行政区域面积112平方千米，辖32个行政村，户籍人口5.43万人。获评台州市制造业高质量发展强镇竞赛优秀乡镇。

实体经济　年内，全镇有规上企业18家，亿元企业9家，规上工业产值30.47亿元，实现自营出口6.25亿元，完成工业性投资1.2亿元、非工业性投资6320万元。利民化工有限公司、浙江沙星科技有限公司、台州市星光真空设备制造有限公司入选市工业企业50强，浙江先锋科技有限公司获省科技进步二等奖，新增省级中小型科技企业8家。

农业农村　农业以柑橘产业为主导，农民专业合作社377家，全镇直接和间接产业从业人员2万余人，种植户人均年收入10万元。完成11.67亩低效用地再开发，用于建设市柑橘采后处理中心；完成危岩整治及“三改”征地45.63亩；拆除柑橘大棚及农用房共6.26万平方米。举办第12届橘花节暨首届电商文化节，涌泉成为台州市网络文化节主要打卡点之一。

城镇建设　“污水零直排区”建设通过台州市验收，兰田水厂投入运行，陈士华水库、张岙水库完工验收；杭绍台铁路通车，完成涌泉至东林、西浦路农村公路大中修项目建设，大山公路全线7.67千米硬化，解决拖延10年的历史遗留问题。启动涌泉公交车站项目建设，全面完成绣衣旗袍市场项目政策处理和管岙小学幼儿园50亩土地征地及清表工作，拆除老粮站主体1.5万平方米。

民生实事　全年发放低保、临时救助、特困老人、普惠型儿童、残疾人两项补贴、民政救助等各类救助资金829万元，惠及1.88万人次。成功创建省四星级食安办。

【第一批全国种植业“三品一标”基地】 12月，涌泉镇柑橘入选第一批全国种植业“三品一标”基地名单，是台州市唯一一家入选基地。是年，全镇蜜橘种植面积6万余亩，年产值6亿元。有农民专业合作社580家，省农业龙头企业1家、台州市级农业龙头企业8家，联结种植户8000余户。拥有驰名商标1件、省著名商标9件、省名牌产品6个，远销45个国家。全省第一条6通道柑橘数字化分选线在市柑橘采后处理中心投入试运行，平均每小时分选15余吨，相比人工选果效率高出5倍，减少人工成本2/3以上。

【全国特色产业亿元村——梅岘村】 梅岘村位于涌泉镇西南部，沿83省道而建，全村280户1078人，是省级全面小康建设示范村。全村以种植柑橘为主，总种植面积2000余亩，年产量2000吨，年销售额650万元。在全镇率先建起4100平方米的标准厂房，引进服装、食品、造纸、船舶修造等企业。全村道路、场地硬化率和路灯亮化率100%，绿地面积85%以上，建有生态公园3个。投资100万元新建村民中心，建筑面积880平方米；完成梅岘水库的除险加固工程；开通小学生安全接送车。

【基层党建】 2021年，涌泉镇农合联党总支先后获评台州市先进基层党组织与台州市示范性两新组织党组织。涌泉镇农合联党总支成立于2016年5月，是全省首家农合联党组织，下辖9个党支部。成立以来，将支部建在产业链上，打造红色家园、红色信贷、红色代办和红色智囊团等助农惠农平台，为实现共同富裕、乡村振兴提供精准服务。**电商协会党支部**。是年，成立电子商务抱团发展党建示范联盟，打破电商零散发展现状，重塑农村电商模式。联盟牵头与各快递物流企业进行新一轮物流价格谈判，为会员争取到5~8折的优惠，每年为会员减少近500万元的物流成本。7月，涌泉镇电商协会党支部被评为临海市先进基层党组织。

（撰稿　蔡亚希）

永丰镇中学　　（2021年/摄　市教育局　供图）

永丰镇

【概况】 永丰镇距市中心7千米，全镇人口6.12万人，地域面积156平方千米，下辖39个行政村。获省森林城镇、省粮食增产保供成绩突出集体等称号。

实体经济 2021年，实现工业总产值15亿元，规上工业企业13家，规上工业产值9.35亿元，新增“小升规”5家。2021年，完成财政税收8562万元，完成固定资产投资2885万元，研发投入1730万元，引进创新型人才1人、领军人才1人。浙江朗杰电子有限公司建成省级研发中心，创成省博士后工作站。

农业农村 全镇有耕地4.73万亩，其中水田3.51万亩，旱地1.21万亩，园林地面积15.35万亩。全面排查整改涉粮问题，遏制耕地“非农化”，防止耕地“非粮化”，创成省级单季晚稻百亩攻关方、省级连作晚稻千亩示范片，斯敏家庭农场入选省“百佳”家庭农场典型案例，农合联创成省农民田间学校。打响“中国特色休闲小水果之乡”品牌，深化与省农科院合作，实现小水果产业年产值逾4亿元。

城镇建设 以“活力永丰，山水画乡”为主题推进美丽城镇建设，全年实施8个项目，总投资950万元，创成新时代美丽城镇建设基本达标镇。污水主管网工程（二期）、滨溪北路工程（一期）等项目顺利推进，污水零直排区工程“两比两赛”评分排台州第三。统筹推进“五水共治”“三改一拆”“三大革命”等，累计拆除违法建筑4.76万平方米，完成遥感卫片执法点位整改99个，处置面积约16.8亩。

民生实事 完成312户427人低收入农户脱贫工作，成功转化9个相对薄弱村，完成满塘自然村13户移民拆迁工作，获评台州市扶贫开发工作成绩突出集体。凤凰桥等3个村与市级部门、社会团体等结对共建，助力强村富民。永丰镇中心幼儿园第一分园建成开园，发放补助金、乡贤教育金等100多万元。新建农村文

同心共工坊　　（2021年/摄　永丰镇　供图）

化礼堂5家。深化医共体建设，连线14家上海三甲医院举办名医义诊，为群众提供一流医疗资源。全年发放低保金、各类救助金等940万元。

社会治理 依托“一中心四平台一网格”模式，妥善处理各类矛盾纠纷，全年受理来信来访404件，同比下降28.9%，初信初访受理率、办结率达到100%。推进综合行政执法改革试点工作，整合原有的站所、中队以及“四个平台”执法力量，挂牌成立综合行政执法队。开展面上车巡、段上步巡、点上固守及错峰执勤、联合执法，加强“六乱”治理，维护镇容秩序。全年未发生较大及以上安全生产事故。

【“党员赶市”】 将党史学习教育的落脚点放在学史力行上，结合农村集市日，创新开展“党员赶市”活动，将便民服务下沉到集市上，打造“移动服务窗口”，为村民提供流动式、一站式、跟踪式和零跑路、零距离、零障碍的“三式三零”服务。全年举办6场活动，提供纠纷调解、春风送岗、医疗义诊等服务，覆盖25个村及周边2万名群众，相关做法被新华网、《人民日报》报道。

【同心共工坊】 6月，凤凰桥村利用村办公楼空闲场地开设“同心共工坊”，在统战部门协助下获赠35台缝纫机，与工艺品企业达成缝纫业务合作，邀请专业人士承包加工点，解决启动资金、生产设备、专业管理等难点问题，推动产业进村、村民就业，探索政府牵头、企业带动、村集体组织、农户参与的共富发展新模式。

【省森林城镇】 12月6日，永丰镇获浙江省森林城镇称号。永丰围绕“山水一体、景观优美、人文融合、独具特色”等目标，投资2600余万元，实施9个重点工程，建成慈孝永丰公园、渡头村口公园等一批综合性公园，实施辖内住宅小区、交通要道两侧、主干河流河岸绿化。全镇森林覆盖率73.4%，建成区绿地面积1806亩，林木覆盖率31%。

（撰稿 郭世挺）

括苍镇

【概况】 括苍镇因境内括苍山而得名，主峰米筛浪为浙东南第一高峰，是21世纪中国大陆第一缕曙光首照地。镇域面积156平方千米，辖27个行政村，户籍人口4.37万人。2021年，全镇生产总值6.0亿元，财政总收入5874万元。

实体经济 工业以户外休闲用品、木制工艺品为主。2021年，工业规上工业企业7家，实现规上工业总产值4.40亿元，自营出口3.08亿元，完成限上批发业销售额1.22亿元。新引入外贸公司1家，新培育小升规企业1家，新增科技型企业4家。完成年工业性投资969万元，非工投资3408万元。万新工艺品厂投入1000万元，建设占地3000平方米新厂区。新改建5G基站46个，筹办成立电商协会。

农业农村 年内，旺人墩村141.3亩、钱徐村二期119.9亩土地整治项目通过市级验收。岩竹峰水库除险加固工程完工，阵车、景山及尚山的三处地质灾害点整治工程基本完工。26处农村危房全部完成整治。29个村全面完成消薄任务。成功举办第二届高山蜜露桃节等节庆活动。

城镇建设 方溪水库顺利通过蓄水安全鉴定、下闸蓄水阶段移民安置省级终验。杭绍台高速（括苍段）竣工通车，台金铁路通车，构建起外联内通的交通体系。投资6000万元推进美丽城镇项目，建成公园3座、停车场2个、绿道4.6千米。挖掘括苍历史文化内涵，创建AAA级

4月2日，括苍镇“党团队”三旗传递，开展百里毅行大寻访活动

（括苍镇 供图）

景区镇，镇史馆、许绍棣故居、白象书院和铁艺馆建成投用，游客服务中心、立本书斋顺利完工。小海门、陈应新、山头许、小岭等村连接镇污水处理厂排污管网工程基本建成。坚持“有违必拆、应拆尽拆”，共拆除各类违章建筑1.57万平方米。系统推进人居环境综合整治、清洁家园、“厕所革命”和垃圾分类工作，共清理陈年垃圾500多吨，垃圾分类体验馆顺利开馆。

民生实事 括苍中心卫生院迁建主体工程完工，镇中心幼儿园林家分园建成开园。完成新冠疫苗接种48662剂次，其中接种第一剂次24545人，接种完两剂次24117人。审批办理农民建房9批76户，完成24户困难老年人家庭选址和适老化改造，269户423名低收入农户实现脱贫。深化殡葬改革，全面推行节地安葬，完成镇级公益性公墓选址和方案设计，村级公益性公墓实行“一墓一号”，共批村级公益性公墓30处。创设信访“四度工作法”，在台州市信访工作会议上作经验交流。

【红色书房】 年内，通过老旧场馆改造、宣讲模式乡土化、艺术精品创作等，以张家渡老街为中心，打造“红色书房”，建成镇史馆、老街图书馆“立本书斋”等文化阵地，形成“百年老街红色定向赛”、“百里毅行大寻访”、青年宣讲集市、“乡贤讲党史”电台栏目、《林炯传》漫画、《寻访革命烈士林炯印记》微纪录片等形式新颖、内涵丰富的红色文化载体，依托曙光青年宣讲团进行红歌、快板、三句半等形式多样的宣讲，营造实现文化共富的良好氛围。

【方溪水库】 2021年12月，方溪水库顺利通过下闸蓄水阶段移民安置省级终验。水库移民涉及里程、车口溪两个移民村792户2554人，历经125天的持续攻坚，圆满实现自愿签约率、房间腾空率、宅基地抓阄率“三个100%”，创造大中型水库移民史上的新纪录，锻造“方溪精神”。

（撰稿　杨辉辉）

河头镇

【概况】 河头镇地处临海西北部，镇域面积100平方千米，辖30个行政村，人口4.23万人。

实体经济 2021年，全镇实现工业总产值4.03亿元，其中规上工业产值4246万元；限上非公固定资产投资3692万元。年内，弘康塑胶工艺股份有限公司成功申报高新技术企业，实现河头高新技术企业“零”的突破。海世达机械有限公司产品获省级“首台套”认定。发展茶叶、葡萄优势主导产业和区域特色产业，举办2021年羊岩山茶文化节，羊岩茶厂列为省农业示范园区。开展农业技术培训5次。

城镇建设 深化“百大项目、百团攻坚”行动，6个“双百”项目稳步推进，邻里中心、家宴中心等重点基础设施相继建成使用。完成32个5G基站建设，基本实现集镇全覆盖。实施人居环境整治，镇区污水零直排工程通过市级综合验收，全年拆除违法建筑1.17万平方米，拆后土地利用率96%，创建“无违建”村18个。

民生实事 基本完成河头中心卫生院迁建工程。新建农村文化礼堂5家，大石垂面制作技艺列为台州市“非遗”项目。落实基本生育免费服务，超额完成胃癌筛查、妇女“两癌”筛查、流感疫苗接种等惠民实事。城乡居民养老保险、医疗保险基本实现全覆盖，全面消除集体经济薄弱村。

社会治理 加强初信初访和矛盾纠纷排查化解，信访案件同

5月10日，台州市清廉家庭建设现场会在殿前村召开

（河头镇　供图）

比下降20.25%。推进电信反诈、禁毒等专项行动，加强安全隐患排查整治，创建台州“九小场所”消防示范乡镇。

【共同富裕发展基金】 9月20日，在全市率先成立“共同富裕发展基金”，联合乡贤筹资近3000万元，全年用于教育、扶贫救困、产业帮扶等280万元。以基金为着力点，凝聚更多力量参与河头产业发展、美丽乡村建设、民生保障上来，为全市推进共同富裕提供示范样板。

【美丽党建】 实施“美丽党建”行动计划，夯实基层党建基础，成功创建台州市基层党建示范乡镇，建立4个区域乡村振兴党建联盟，实现强村带弱村共同发展。建成“双强”示范村11个，五星级党群服务中心3个，完成1个后进村整转。羊岩茶场党支部被评为浙江省先进基层党组织，台州市“红领英才”工作室在羊岩茶场挂牌成立。

【全国村级议事协商创新实验试点——殿前村】 12月10日，殿前村被民政部确定为全国村级议事协商创新实验试点单位。殿前村位于河头镇区中心，是国家级传统村落，省美丽宜居示范村，有706户2130人。该村深化“以贤助调”协商新方式，在实践中让议事协商深入民心，推动乡村治理模式实现由“堵”向“疏”转变，在完成全市第一座镇级海绵公园建设（鹳溪公园）、道路白改黑工程、罗氏民居修缮、古树公园建设、小城镇环境集中整治等项目中开展议事协商10余次。推进清廉村居建设，成功创建“清风朴树、古韵殿前”清廉村居样板，2021年5月10日，台州市清廉家庭建设现场会在殿前村召开。

（撰稿　丁陈宇）

2021年临海市国民经济和社会发展统计公报

2021年，面对更加复杂的严峻形势和繁重任务，全市在市委、市政府的领导下，坚持以习近平新时代中国特色社会主义思想为指导，全面贯彻党的十九大和十九届历次全会精神，忠实践行“八八战略”、奋力打造“重要窗口”，主动适应新常态，积极展现新作为，高水平全面建成小康社会，经济发展迈入“百亿百强”高质量发展新阶段。

一、综合

据初步核算，2021年全市实现生产总值（GDP）819.87亿元，按可比价格计算，比上年增长8.3%，其中第一产业增加值54.16亿元，增长5.7%；第二产业增加值363.18亿元，增长9.1%；第三产业增加值402.53亿元，增长7.9%。三次产业结构由上年的6.8∶43.9∶49.3调整为6.6∶44.3∶49.1。按常住人口计算的人均生产总值达到73465元，比上年增长7.7%，按人民币对美元年平均汇率（1美元≈6.4515元）折算为11387美元。

二、农业

全年实现农林牧渔业产值88.74亿元，按可比价格计算，比上年增长7.4%，其中农业产值42.70亿元，增长2.0%；林业产值2.02亿元，增长3.7%；牧业产值9.22亿元，增长65.3%；渔业产值34.40亿元，增长3.2%。

全年经济作物播种面积21.00千公顷，增长2.7%。粮食作物播种面积19.09千公顷。粮食作物与经济作物播种面积的比例为52.4∶47.6。全年油料产量1612吨，下降0.7%；棉花产量11吨，下降76.1%；甘蔗产量4881吨，增长4.9%；蔬菜及食用菌产量42.90万吨，增长3.7%；瓜果产量7.20万吨，下降1.0%。全年茶叶产量1390吨，增长4.9%；园林水果产量40.29万吨，增长1.7%，其中柑橘产量27.70万吨，增长0.9%。

全年完成营造林面积165公顷，其中人工造林面积88公顷，退化林修复面积5公顷，人工更新面积72公顷。森林抚育面积1056公顷，四旁零星植树27.23万株；全年木材产量2.10万立方米，竹材42.3万根。

全年肉类总产量2.94万吨，比上年增长41.3%，禽蛋产量3463吨，增长20.6%，牛奶产量538吨，下降14.5%。生猪出栏11.72万头，增长191.5%，年末生猪存栏 9.79 万头，下降 22.4%；家禽出栏 1208.95 万只，增长 19.3%，年末家禽存栏 322.59 万只，下降 6.7%。

全年水产品总产量 12.37 万吨，比上年增长 2.7%。其中海洋捕捞产量 9.14 万吨，增长 17.4%；海水养殖产量 1.22 万吨，下降 21.6%。

全年完成水利总投入 5.7 亿元。年末全市拥有水库 89 座，水库总库容 3.9 亿立方米，堤防总长度 70.14 千米。全年农村用电量 7.67 亿千瓦时，下降 66.4%。

三、工业和建筑业

2021 年全市实现工业增加值 306.78 亿元，按可比价格计算，比上年增长 11.1%。主营业务收入 2000 万元及以上工业法人企业（以下简称规模以上工业企业）家数为 564 家，实现工业增加值 248.03 亿元，增长 13.1%。分经济类型看，股份合作制企业 2.39 亿元，比上年下降 4.7%；有限责任公司 33.71 亿元，增长 11.6%；股份制企业 49.95 亿元，增长 16.4%；私营企业 148.71 亿元，增长 18.2%；港澳台投资企业 6.24 亿元，增长 17.7%；外商投资企业 7.03 亿元，下降 44.9%。

全市规模以上工业增加值总量排在前五位的行业中，医药制造业实现增加值 75.12 亿元，比上年增长 4.0%；家具制造业增加值 22.50 亿元，增长 35.8%；橡胶和塑料制品业增加值 20.88 亿元，增长 8.3%；化学原料和化学制品制造业增加值 19.35 亿元，增长 30.2%；其他制造业增加值 17.60 亿元，增长 40.0%。轻工业增加值 162.45 亿元，比上年增长 14.0%，重工业增加值 85.58 亿元，增长 11.3%。轻重工业比例为 65.5：34.5。高新技术产业增加值 175.14 亿元，比上年增长 12.0%，装备制造业增加值 53.12 亿元，增长 11.0%，战略性新兴产业增加值 90.13 亿元，增长 10.7%。

全市规模以上工业企业产品产销率为 97.3%，新产品产值 440.11 亿元，比上年增长 1.7%；实现利税总额 107.77 亿元，增长 5.5%，其中利润总额 81.80 亿元，增长 8.9%；亏损企业亏损额 7.90 亿元，增长 24.6%。

全年实现建筑业增加值 56.51 亿元，按可比价格计算，比上年下降 1.0%。102 家建筑企业全年完成建筑业总产值 230.87 亿元，其中竣工产值 107.04 亿元。全年房屋建筑施工面积 2348 万平方米。

四、固定资产投资和房地产业

2021 年全市固定资产投资比上年增长 13.7%。其中，第一产业增长 53.4%，第二产业增长 43.3%，第三产业增长 3.6%。从分类别看，工业性投资增长 43.5%，基础设施投资增长 19.2%。从投资主体看，非国有投资增长 8.7%，国有投资增长 33.9%。全年房地产开发投资下降 13.6%，其中住宅投资下降 15.5%。全年房屋施工面积下降 8.8%，房屋竣工面积下降 60.3%，商品房销售面积和销售额分别增长 13.6% 和 43.3%，待售面积增长 119.7%。

五、交通和邮电业

2021 年全市各种运输方式完成的货运量 3967 万吨，比上年增长 26.8%，其中公路货运量 2809 万吨，增长 28.1%。货物周转量 189.5 亿吨千米，增长 36.5%，其中水上货物周转量 150.3 亿吨千米，增长 34.5%。客运量 369 万人，下降 20.2%，其中公路客运量 140 万人，下降 49.3%，铁路客运量 229 万人，增长 22.9%。公路旅客周转量 1.84 亿人千米，下降 13.7%。全年港口完成货物吞吐量 907 万吨，增长 26.7%。2021 年末全市通车公路里程 2409.82 千米，其中高速公路 134.15 千米，村道里程 1096.85 千米。全市现有铁路 3 条，临海段通车里程共 159.6 千米，其中甬台温铁路临海段全长 33.7 千米，金温铁路临海段全长 78.2 千米，杭绍台铁路临海段全长 47.7 千米。年末全市汽车保有量 29.33 万辆，其中私人汽车 27.25 万辆。

全年完成邮电业务收入 13.60 亿元，比上年增长 27.2%，其中邮政业务收入 1.75 亿元，增长 14.4%，电信业务收入 11.85 亿元，增长 29.4%。年末固定电话用户 11.54 万户，比上年末下降 4.0%；年末移动电话用户达 138.23 万户，比上年末增长 4.0%。固定电话普及率由上年末的 10.8 部 / 百人下降到 10.3 部 / 百人；移动电话普及率由上年末的 119.2 部 / 百人上升到 123.8 部 / 百人。年末全市互联网宽带接入用户数达 45.39 万户，增长 8.6%，移动互联网用户 118.76 万户，增长 4.5%。

六、国内贸易和旅游业

2021 年全市实现社会消费品零售总额 269.53 亿元，比上年增长 5.0%。按经营地统计，城镇社会消费品零售额 235.97 亿元，增长 4.8%，乡村社会消费品零售额33.55亿元，增长6.1%。

在限额以上企业中，粮油食品类实现商品零售额1.75亿元，比上年增长7.5%，中西药品类实现商品零售额3.03亿元，增长5.9%，家用电器和音像器材类实现商品零售额1.80亿元，增长8.4%，汽车类实现商品零售额35.93亿元，增长3.1%，石油及制品类实现商品零售额20.98亿元，增长28.5%。

年末拥有各类商品正常经营交易市场51个，其中消费品市场45个，生产资料市场5个，服务市场1个，年成交额超亿元的市场11个。

全年居民消费价格总水平（CPI）比上年上涨2.0%，其中服务项目价格水平上涨2.7%，消费品价格水平上涨1.6%。分类别看，教育文化和娱乐类上涨6.6%，生活用品和服务类上涨5.8%，医疗保健类上涨4.1%，交通通信类上涨3.9%，衣着类上涨2.1%，居住类上涨0.8%，食品烟酒类下降0.5%，其他用品和服务类下降2.0%。

全年共接待国内游客473.30万人次，比上年增长6.5%；接待海外旅游者524人次。全年实现旅游总收入57.84亿元，比上年增长11.3%，其中国内旅游收入57.83亿元，增长11.3%，海外旅游收入10.97万美元。

七、对外经济

2021年全市完成外贸自营进出口总额358.39亿元，比上年增长28.3%，其中自营出口332.88亿元，增长29.6%，进口25.51亿元，增长13.4%。2021年有自营出口实绩企业939家，比上年末增加73家。其中自营出口超6000万元人民币的有78家，比上年增加8家。出口分企业看，自营生产企业实现出口305.34亿元，增长28.4%；外贸公司出口15.76亿元，增长66.79%；外商投资企业出口11.78亿元，增长21.9%。出口分大类产品看，户外休闲用品礼品类出口149.21亿元，增长45.4%；医药化工类103.48亿元，增长11.8%；光电产品类20.65亿元，增长30.6%；机电设备类17.93亿元，增长26.1%；日用品类9.47亿元，增长10.8%。其中机电及高新产品出口134.92亿元，占全市出口比重40.5%。全年实际利用外资3534万美元，外商直接投资合同项目10个。

八、财政和金融

2021年全市实现财政总收入111.63亿元，比上年增长9.6%，其中一般公共预算收入66.02亿元，增长11.0%。主体税种中，增值税完成44.35亿元，下降8.3%，企业所得税完成27.17亿元，增长62.3%，个人所得税完成7.95亿元，下降5.7%。一般公共预算支出105.97亿元，增长0.6%，其中节能环保支出增长迅速，增长77.6%，科学技术、教育、交通运输、住房保障、商业服务业、农林水分别增长16.1%、11.5%、5.2%、5.1%、1.1%、1.0%。

年末全市金融机构本外币各项存贷款余额分别是1512.32亿元和1484.51亿元，分别比上年增长12.9%和19.7%。金融机构人民币各项存款余额1490.36亿元，增长12.8%，其中境内住户存款924.52亿元，增长13.0%。年末金融机构人民币各项贷款余额1476.10亿元，增长19.9%。年末金融机构人民币存贷比为99.0%，比上年上升5.8个百分点。

九、科学技术和教育

列入省级科技项目2项；全年专利授权5326件，其中发明专利授权654件。全年共签订各类技术合同115项，技术交易额18.66亿元。年末全市共有上市企业8家。

年末全市地方国有企事业单位共有各类专业技术人员1.38万人，其中高中级职称人员7323人。年末拥有农民技术职称人员2.50万人。全年地方财政科技投入3.44亿元，比上年增长16.1%。

全市有普通中学48所，在校生5.74万人；普通小学84所，在校生7.05万人。全市普通高校录取5858人。义务教育普及得到巩固，小学入学率、小学巩固率、初中入学率和初中巩固率均为100%，初升高比例为99.1%。15年教育普及率98.5%。全市共有幼儿园185个，在园幼儿数3.26万人，特殊教育在校学生128人。全市共有中小学（幼儿园）专任教师1.06万人，幼儿园和普通小学专任教师大专毕业及以上达标率分别为98.9%和99.8%；普通初中、普通高中和职业高中专任教师本科毕业及以上达标率分别达到98.3%、99.6%和92.8%。

十、文化、卫生和体育

2021末全年送电影8252场次，送演出508场次，送讲座308场次、展览下乡120场次，送书下乡6.6万册。庆祝活动精彩纷呈，营造庆祝中国共产党成立100周年文化氛围，引领全市广大干部职工群众精神文化生活，累计举办各类庆祝中国共产党成立100周年群众文化活动104场，参与人数近40万人次。市博物馆获评国家二级博物馆，承办全国文物修复研讨会，文物守望工程获省里点赞，年末共接待国内外游客40万人次，其中未成年人12万人次，接待讲解团237个，免费义务讲解237场次。今年共新建88家农村文化礼堂，累计建成数552家，覆盖率达88%。年末拥有国家级非物质文化遗产项目2项，国家级2项，省级21项，台州市级50项，市级190项。拥有全国重点文物保护单位4处，省级文物保护单位14处，市文物保护单位95处，市级文物保护点19处，市级历史建筑90处，省级自然化石保护区1处。中国世界文化遗产预备名单1处，中国历史文化名街1处、历史文化名镇1处、历史文化名村1处、传统村落18处，浙江省省级历史文化名镇1处、历史文化名村1处、传统村落15处、历史文化街区3处。年末共有电影放映单位10个，其中电影院9个，剧院1个，电影放映10.7万场次，观众101.6万人次，票房收入3745.99万元。年末公共馆藏图书120万册，全年借阅书数量70万册。市博物馆年末文物藏品9538件，计5万余件，其中一级品5件（套），二级品124件（套）。全年公共广播节目播出时间6232.5小时，公共电视节目播出时间5283小时。年末全市拥有有线电视用户30.87万户，广播和电视人口综合覆盖率均达到100.0%。

2021年末全市有各类医疗卫生机构677个，其中医院、卫生院39个，实有医疗床位7009张。全市拥有各类卫生技术人员9726人，其中执业医生和执业助理医生3604人，注册护士4556人。年末每千人拥有卫生技术人员8.71人，其中每千人拥有执业医生和执业助理医生3.23人。全市婴儿死亡率1.91‰，5岁以下儿童死亡率2.95‰。全年有1.38万人次参加无偿献血。全市有卫生防疫技术人员165人，社区卫生服务站6个。农村自来水普及率100%，卫生户厕普及率100%。

公共体育设施日趋完善，以打造括苍智慧赛道为切入点，提升我市越野赛道安全性，提升赛道普及面。积极创建浙江省运动休闲基地，柴古唐斯括苍越野赛获评国家体育产业示范项目，括苍山蜂巢露营基地获评浙江省十佳露营基地。全市全年共夺得国家级银牌1枚；省级金牌13枚，银牌10枚，铜牌20枚。

十一、环境保护、能源消耗

全市共有环境监测站1个，环境监测人员41人。全市地表水满足水域功能达标率为93.3%，市级集中式饮用水源地水质达标率100%，城市环境空气PM2.5年均浓度22毫克/升，环境空气质量优良率为99.7%。全年全社会用电量61.37亿千瓦时，比上年增长12.6%，其中工业用电量41.54亿千瓦时，增长14.7%，居民生活用电量10.99亿千瓦时，增长2.7%。规模以上工业企业万元增加值综合能耗比上年下降6.91%。

十二、行政区划、人口、就业、社会保障和人民生活

2021年年末，全市总面积2251平方千米，其中城市建成区面积50.29平方千米。所辖5个街道，14个镇，628个村委会，9985个村民小组，37个社区居委会，695个居民小组。

年末全市户籍总户数36.98万户，比上年末净减少1660户，户籍总人口119.90万人，比上年末减少4349人。其中男性人口62.07万人，女性人口57.83万人，男女性别比为107.3：100。全年共出生7080人，死亡7671人，人口出生率和死亡率分别为5.89‰和6.39‰，人口自然增长率为-0.5‰，比上年下降1.16个千分点。总人口中城镇人口41.36万人，乡村人口78.54万人。全市当年加补报出生计划生育率为95.99%，上升2.76个百分点。根据测算，全市年末常住人口111.7万人，常住人口城镇化率51.0%。

年末全市有职业介绍机构27个。年末城镇登记失业率1.40%，比上年下降0.3个百分点。年末全市参加失业保险职工16.26万人，全年共发放失业保险金1111万元。参加职工养老保险38.75万人，其中在职参保26.50万人，离退休人数12.25万人；城乡居民养老保险参保人数达35.82万人，全年共支付养老金37.69亿元。工伤保险年末参保人数达29.84万人。年末全市有119.82万人参加全民医疗保险，全民医保参保率达99.96%。

年末全市共有社会福利事业单位12个，床位6389张，年末在院人数2942人。最低生活保障人数0.97万人，安排低保资金7830.8万元；五保供养306人，安排农村五保供养资金557.14万元。

据抽样调查显示，2021年全市居民人均可支配收入50329元，比上年增长8.5%，剔除价格因素实际增长6.4%。城镇常住居民人均可支配收入62993元，增长8.0%，剔除价格因素实际增长5.9%。农村常住居民人均可支配收入为35367元，比上年增长10.0%，剔除价格因素实际增长7.8%。城乡居民收入差距倍数为1.78。城乡居民居住条件继续改善。年末城镇居民人均住房建筑面积40.36平方米，农村居民人均住房建筑面积64.52平方米。

注：

【1】公报中生产总值、各产业增加值绝对数按现行价格计算，增长速度按可比价格计算。公报中所列各项数据为年度初步统计数据。部分数据因四舍五入的原因，存在着与分项合计不等的情况。

资料来源：

本公报中营造林面积、森林抚育面积、四旁零星植树、木材竹材产品产量、建成区面积等数据来自市自然资源和规划局；水产品产量数据来自市港航口岸和渔业管理局；水利总投入、水库数量和库容、堤防长度、农村自来水普及率等数据来自市水利局；公路里程数据来自市交通运输局；商品交易市场数据来自市市场监督管理局；货物进出口、实际利用外资、外商直接投资等数据来自市商务局；财政数据来自市财政局；货币金融数据来自中国人民银行临海市支行；科技项目、发明专利、技术合同交易等数据来自市科技局；上市企业数据来自市金融办；农民技术职称人员数据来自市科学技术协会；教育数据来自市教育局；旅游、电影、文化馆、公共图书馆、博物馆、广播电视、非物质文化遗产、体育等数据来自市文化和广电体育旅游局；卫生、计划生育等数据来自市卫生健康局；环境监测数据来自市生态环境局；用电量数据来自市供电公司；户籍人口数据来自市公安局；国有企事业单位各类专业技术人员、登记失业率、社会保障等数据来自市人力社保局；医疗保险数据来自市医疗保障局；行政区划、社会福利事业单位、低保、养老机构等数据来自市民政局；粮食播种面积、肉类产量、城乡居民收支、住房面积、物价等数据来自国家统计局临海调查队；其他数据来自市统计局。

临海市国民经济和社会发展第十四个五年规划和二〇三五年远景目标纲要

（节选）

目录

一、开启高水平现代化建设新征程

（一）高水平全面建成小康社会取得决定性成就。

“十三五”时期，我市牢记习近平总书记对台州提出“再创民营经济新辉煌”的政治嘱托，全面贯彻省委省政府和台州市委市政府决策部署，坚持“工业强市”不动摇，坚定“以人民为中心”的发展思想，聚力改革、主攻湾区、厚积动能、奋勇争先，基本完成“十三五”规划任务目标，如期实现高水平全面建成小康社会，为实现“千年古城新崛起”奠定坚实基础。

综合实力显著增强。全市地区生产总值和财政总收入分别达到738.5亿元和101.9亿元，先后入选全国县域经济综合竞争力百强县、全国投资潜力百强县、全国创新百强县、全国“两山”发展百强县等榜单，迈入“百强百亿”新时代。全市规上工业总产值突破920亿元，规上工业增加值达到210.7亿元，连续两年在省振兴实体经济示范市考核中获评优秀。湾区发展全面提质。2个5万吨兼靠7万吨级码头主体工程建成投用，头门港年货物吞吐量突破376万吨，规上工业企业达105家，头门港公铁水多式联运示范工程获批全国示范项目，“四区一开放”工作成效显现，浙江头门港经济开发区升级为国家级经济技术开发区，实现国家级对外开放平台“零突破”，口岸开放获国务院正式批复。改革开放稳步推进。“最多跑一次”改革获省政府专项激励，创成“无证明城市”，营商环境评价首次跻身全国前40。政府数字化转型走在台州前列，信贷“即受即审即放”模式领跑全省，企业注销工作获国办肯定。农村综合改革标准化被列为国家试点，“台联九”联合社发展模式成为全国典型。城乡建设富有成效。高分创成全国文明城市，连续12年获评国家卫生城市，创成“基本无违建市”。小城镇环境综合整治圆满完成，河头镇获评省美丽城镇样板镇称号。市域基础设施更加完善，台金高速东延段二期、杭绍台高速临海段、沿海高速临海段相继建成通车，金台铁路、杭绍台高铁、方溪水库、东部平原排涝、台州医院新院区等重大工程加速推进。生态环境品质提升。治水治气治土治废成效显著，创成省级生态文明建设示范市、省级海洋生态建设示范区，成功创建浙江括苍山国家森林公园。荣获省“五水共治”工作优秀市，成功夺得“大禹鼎”。民生福祉持续增进。全面建成小康社会，实现“两不愁三保障”突出问题、家庭人均年收入8000元以下情况、集体经济薄弱村“三个清零”，基本完成城乡同质饮水，实现村村通公交。社会事业全面进步。创成省教育基本现代化市、省健康促进市、省食品安全市。连续两年入选中国文化竞争力十强市，成功入选省文旅融合综合改革试点市，3条街巷被评为省历史文化街区。“一中心四平台一网格”基层治理格局基本形成，实现平安临海“十五连创”，获得全省首批星级“平安金鼎”。

对照“十三五”发展规划确定的25项指标，其中地区生产总值、自营出口总额、发明专利授权量等指标已提前超额完成，除城镇化率、R&D经费支出占GDP比重、全社会劳动生产率、战略性新兴产业增加值占规模以上工业增加值比重、居民人均可支配收入、每千人口执业（助理）医生数和单位生产总值能耗降低等7项指标完成情况与预期存在差距，其他指标均圆满完成，为“十四五”期间的发展奠定了良好的基础。

在取得成绩的同时，我市发展仍存在诸多问题，综合经济实力和竞争力与长三角地区先进兄弟县（市、区）仍有差距，数字经济发展水平不高，科技创新能力有待加强，发展不平衡不充分问题依然突出，中心城区辐射带动全域能级不高，东部区域与中部区域联系相对弱化，民生保障、生态环保、社会治理等方面仍然存在许多薄弱环节。今后一个时期必须坚持问题导向，深化改革创新，奋力攻坚克难，共建经济高质高效、生活富裕富足、环境宜居宜业、精神自信自强、社会和谐和睦、公共服务普及普惠的幸福美好新家园。

表一 “十三五”规划主要指标完成情况表

类别	序号	指标名称		2015 年	规划目标		完成情况		指标属性	
					2020 年	年均增幅（%）	2020 年	年均增幅（%）		
经济发展	1	地区生产总值（亿元）		464.84	665	7.5	738.48	6.3	预期性	
	2	服务业增加值占 GDP 比重（%）		46.9	48	—	49.5	—	预期性	
	3	自营出口总额（亿美元）		26.56	34	5.0	35.12	5.8	预期性	
	4	城镇化率	常住人口城镇化率（%）	53.6	68	1.8	49.5	—	预期性	
			户籍人口城镇化率（%）	34.29	38	—	34.24	—	约束性	
创新驱动	5	R&D 经费支出占 GDP 比重（%）		3.02	2.9	—	3.07	—	预期性	
	6	发明专利授权量（件）		216	360	11.5	716	27.1	预期性	
	7	互联网普及率（%）		—	45	[20]	—	—	预期性	
	8	全社会劳动生产率（万元 / 人）		7.47	11.5	9.0	11.01	8.1	预期性	
	9	战略性新兴产业增加值占规模以上工业增加值比重（%）		35.1	40	—	32.25	—	预期性	
民生福祉	10	居民人均可支配收入（元）		30547	48000	9.5	46388	8.7	预期性	
	11	新增劳动力平均受教育年限（年）		10.8	14	[0.2]	14.05	—	预期性	
	12	城镇新增就业人数（人）		14012	[50000]	—	[77671]	—	预期性	
	13	城镇保障性安居工程（万平方米）		7.13	[12]	—	[15]	—	约束性	
	14	人均预期寿命（年）		80.93	80	—	82.3	—	预期性	
	15	每千人口执业（助理）医生数（人）		2.74	3.5	—	3.07	—	预期性	
	16	每千名老人拥有社会养老床位数（张）		39.5	40	—	62.8	—	预期性	
	17	亿元生产总值生产安全事故死亡率		0.2	0.18	—	0.016	—	约束性	
生态文明	18	主要污染物减排指标（化学需氧量、氨氮、二氧化硫、氮氧化物）（%）		—	[21.2、20.3、15、15]	—	35.06、32.94、46.69、35.4	—	约束性	
	19	细颗粒物（PM2.5）浓度（微克 / 立方米）		41	≤ 35	—	22	—	约束性	
	20	地表水功能区达标率（%）		80	≥ 80	—	93.3	—	约束性	

续表

类别	序号	指标名称	2015 年	规划目标		完成情况		指标属性	
				2020 年	年均增幅(%)	2020 年	年均增幅(%)		
生态文明	21	单位生产总值二氧化碳排放降低(%)	12.99	—	[18]	2019 年 0.546	—	约束性	
	22	单位生产总值用水量降低(%)	—	—	[28]	—	[40.8]	约束性	
	23	单位生产总值能耗降低(%)	5.33	—	[15]	—	[5.72]	约束性	
	24	万元生产总值耗地量(平方米)	49.4	—	[-9.88]	28.93	[-20.47]	约束性	
	25	森林增长	森林覆盖率(%)	63.3	64.2	—	68.4	—	约束性
			林木蓄积量(万立方米)	432.7	750	—	2019 年 760	—	约束性

注：1. 常住人口城镇化率指标 2020 年完成数值按新口径统计，户籍人口城镇化率指标由于 2019 年政策因素出现下降；

2. 内数据为五年累计数；

3. 部分指标 2020 年数据未出。

（二）新发展阶段面临的新机遇与新挑战。

“十四五”期间既是我国由全面建成小康社会向社会主义现代化建设迈进的启航期，也是国内外形势发生复杂深刻变化的新时期。我市发展所面临的外部环境、机遇和挑战都发生了新的变化。

世界进入百年未有之大变局。以数字信息技术为引领的新一轮科技革命不断演进迭代，新产业、新业态加速涌现，“万物互联”的智能时代正在来临。人工智能、大数据、云计算、新材料、新能源正成为发展热点并持续催生新的生产生活方式。同时，新冠肺炎疫情持续在全球大流行，全球经济低迷。保护主义、单边主义上升，国际政治、经济、科技、文化、安全等格局发生深刻调整，世界进入动荡和变革期。

国内发展环境发生深刻变化。我国已进入高质量发展阶段，创新引领作用不断强化，智能制造成为加快供给侧结构性改革、带动制造业转型升级的新引擎。社会的主要矛盾已经转化为人民日益增长的美好生活需要和不平衡不充分的发展之间的矛盾。以国内大循环为主体、国内国际双循环相互促进的新发展格局正加速构建。区域一体化发展成为城市化发展的主要形态，绿色低碳成为新时代发展的重要主题。

浙江大力建设“共同富裕”示范区。2020 年 4 月，习近平总书记赋予浙江“重要窗口”新目标新定位；2021 年 5 月，中央下发文件，支持浙江高质量发展建设共同富裕示范区，从而为我省全面贯彻新发展理念、高水平建设社会主义现代化指明了新的方向。“十四五”时期，我省将坚持以满足人民日益增长的美好生活需要为根本目的，以改革创新为根本动力，以解决地区差距、城乡差距和收入差距等问题为主攻方向，更加注重向农村、基层、相对欠发达地区倾斜，向困难群众倾斜，在高质量发展中扎实推动共同富裕，加快突破发展不平衡不充分问题，努力成为共同富裕改革探索的省域范例。

台州加快打造“工业 4.0 标杆城市”。台州市正紧抓“工业 4.0 体系 +5G 技术”智能化转型机遇，通过数字赋能助推全领域跨越式发展。国内大循环新发展格局下国内需求将进一步释放，为台州市激发消费潜力、打造区域消费高地带来机遇。国家全面支持民营经济高质量发展，为台州市放大民营经济优势、再创民营经济新辉煌带来机遇。生态优先、绿色发展导向全面深入，为台州市发挥山海资源禀赋、历史人文优势，营造优越的山海水城、打造品质化山海大花园带来机遇。

“十四五”时期，我市发展面临着诸多新机遇新挑战。一是国内大循环新发展格局下重塑区域经济定位的发展机遇。目前，我国人均GDP突破1万美元，中等收入群体超4亿人，而长三角地区2019年经济总量达3.4万亿美元，将为我市今后消费产业发展提供市场体量红利。我市地处长三角经济圈南翼，“双循环”新发展格局的构建，必将更有效激发我市经济转化潜力。二是新一轮科技革命下提高经济产业发展动能的发展机遇。以5G、人工智能、云计算等为代表的新一轮数字信息革命，将在“十四五”时期实现核心技术突破和大规模商业化应用。新一代数字信息技术与我市工业产业的深度融合必将促进产业迭代升级，从而实现我市制造业竞争优势的重塑。三是长三角一体化背景下迎来更高水平开放的发展机遇。我市应在产业、人才、科创、资金等方面主动接轨上海、苏州、杭州、宁波等长三角核心城市，加快承接各项外溢高端要素资源，推进我市全方位全领域融入长三角一体化发展。四是区位条件优化带来的发展机遇。“十四五”期间我市将迈入省域1小时交通圈，到杭州50分钟，到上海1.5小时，有助于我市加快承接杭州、上海等地的溢出效应，推动自身优势产业进入国内国际市场。

同时也要正确认识我市在“十四五”期间面临的潜在风险和挑战。一是疫情常态化情况下，全球经济增速将持续放缓，国际贸易不同程度萎缩，导致我市外贸出口存在较大不确定性。二是全省经济中心加速向杭州、宁波等核心城市集聚，浙北大湾区区域一体化步伐持续加快，而我市对于重大战略的融入度还不够，有被虹吸和边缘化的风险。三是城市能级有待提升。2020年我市人均GDP为66530元，仅高于天台和仙居；常住人口城镇化率为49.5%，比省均水平低近22个百分点。户籍人口数连续2年负增长，机械增长率连续5年负增长，人口流出明显。四是创新能力有待加强。我市科技型企业占比偏低，每千家企业中省级科技型中小企业数32.91家（台州市41.67家，浙江省44.89家），而且创新能力主要集中在吉利、华海等头部企业（专利数头部企业占比95%以上）。特别是随着吉利汽车研究院外迁，我市急需加快探索“科研在异地、转化在临海”的协同创新模式。

综合判断，“十四五”及今后一个时期，我市发展环境面临深刻复杂变化，但仍处于重要的战略机遇期。必须要着眼于“两个大局”，深刻认识新发展阶段的新特征新要求，牢牢把握机遇，及时有效应对化解各项风险挑战，提高站位、找准定位、奋发有为、攻坚克难，推动各领域发展齐头并进，实现新跨越，为浙江“重要窗口”建设贡献临海力量。

（三）二〇三五年远景目标。

到二〇三五年，我市将基本实现高水平现代化，成为新时代全面展示中国特色社会主义制度优越性重要窗口的县域样板。实现全市生产总值、人均生产总值、居民人均可支配收入较2020年翻一番。

——经济实力大幅跃升。全市人均生产总值力争达到发达经济体水平，民营经济、湾区经济、城市经济、数字经济蓬勃发展，先进制造业蝶变发展，科技创新活力竞相迸发。新型工业化、信息化、城镇化、农业现代化基本实现，对外开放和区域发展齐头并进，头门港建成亿吨大港。临海特色现代化经济体系基本形成，建成新时代民营经济高质量发展示范市。

——市域治理成效明显。基本实现市域治理现代化，高水平构建社会治理新格局。社会矛盾风险防范和化解水平全面提升，政府法治建设和数字化转型全面完成。建成法治政府、法治临海、平安临海，成为法治浙江、平安浙江示范市。

——人民生活更加幸福。城乡区域发展协调性显著增强，现代公共服务供给体系更加优化，国民素质和社会文明程度达到新高度，建成文化名城、教育名城、健康高地。共同富裕取得实质性进展，幸福宜居美好生活全面开启，千年古城人文魅力活力全面焕发。

——生态环境更加美好。基本实现人与自然和谐共生的现代化，广泛形成绿色生产生活方式；推行生活垃圾分类制度，改善生活环境，推行绿色低碳发展；生态环境全方位提升，高质量建成“天蓝、河畅、水清、土净”的美丽新临海，成为美丽浙江示范市。

——党的领导全面高效。党的全面领导高效执行体系全面形成，全面从严治党深入推进，清廉临海全面建成，政治生态风清气正，中国特色社会主义制度优越性全面彰显。

（四）“十四五”经济社会发展的总体要求。

“十四五”时期我市经济社会发展的指导思想是：以习近平新时代中国特色社会主义思想为引

领，深入贯彻党的十九大和十九届二中、三中、四中、五中全会精神，忠实践行"八八战略"，奋力打造"重要窗口"，走深走实"三立三进三突围"新时代发展路径，深入实施"三引齐驱、五提并进"发展战略，坚持系统观念，统筹发展和安全，全力打造融入"双循环"新格局活力市、民营经济高质量发展示范市、港产城湾一体化发展开放市、改革创新样板市、美好生活标杆市，再创民营经济新辉煌，再展千年古城新活力，为高水平争创社会主义现代化先行市而努力奋斗。高水平争创社会主义现代化先行市："社会主义现代化"是新发展阶段，我市将在全面建成小康社会的基础上，开启现代化建设新征程。"先行"是坚决贯彻落实浙江"争创社会主义现代化先行省"和台州"建设社会主义现代化先行市"的要求，树牢争先意识、强化先行担当，持续干在实处，努力走在前列。"高水平"是指努力在全省同类城市中当标杆、作示范，综合实力跻身第一方阵，推动我市港口开发实现新突破、经济发展取得新跨越、城乡建设展现新面貌、改革创新迈出新步伐、民生福祉实现新成效，各项事业迈上新台阶。"十四五"时期我市经济社会发展战略是"三引齐驱、五提并进"。"三引齐驱"是解放思想强引领，开放融入重招引，改革创新增牵引。"五提并进"是以港口开发开放提升湾区经济发展水平，以先进制造业做大做强提升民营经济发展水平，以美丽临海系列建设提升城乡统筹水平，以社会事业重塑优势提升民生福祉水平，以平安建设永恒坚守提升社会治理水平。两者是紧密联系、相辅相成的。"三引齐驱"是战略的方法论，主要是从发展理念、发展格局、发展活力三个层面来明确战略方向。"五提并进"是战略的支撑点，主要是从湾区经济、民营经济、城乡统筹、社会民生、社会治理等区域发展的重点内容层面明确战略路径。实施"三引齐驱、五提并进"发展战略，就是要建设开放融入、创新驱动、统筹协调、绿色生态、共建共享的现代化经济体系，实现更高质量、更有效率、更加公平、更可持续、更为安全的发展。

（五）"十四五"经济社会发展的主要目标。

锚定二〇三五年远景目标，科学把握国内外发展趋势，综合考虑我市发展条件，聚焦高质量、竞争力、现代化，再创民营经济新辉煌，续写千年古城新篇章，建成地区生产总值和规上工业产值"双千亿"市，全面构建区域发展新格局，高水平争创社会主义现代化先行市。建设融入"双循环"新格局活力市。在开放融入方面，加速融入长三角、接轨大上海，产业融入、科技创新、人才招引、基础设施互联互通、公共服务对接全面建立，我市成为长三角一体化发展的新节点。在产业发展方面，创新驱动、数字赋能有效强化，先进制造节点、现代流通节点、消费旅游节点、数字转型节点逐步建成，我市成为融入"双循环"新格局活力市。在经济形态方面，民营经济再创新辉煌，民营经济、湾区经济、数字经济、城市经济多点发力、互促共进的新格局加快形成。在空间布局方面，区域发展不平衡有效破解，东中西并举、山海城共进的新格局基本形成。建设民营经济高质量发展示范市。现代化经济体系逐步形成，全市地区生产总值突破千亿元，规上工业总产值超过1500亿元，成功迈入"双千亿"时代。经济结构更加优化，民营经济再创新辉煌。汽车机械、医药健康、时尚休闲成为千亿级产业集群，先进制造业跻身全省第一方阵。科技创新能力大幅提升，高端要素集聚不断强化，主导产业核心竞争力显著增强。新兴产业发展取得明显突破，数字经济增加值占全市生产总值比重达45%左右。

建设港产城湾一体化发展开放市。港口建设全面加快，集疏运体系更加完善，多式联运格局基本形成，到"十四五"末，年吞吐量突破2000万吨，集装箱10万个以上，台州港核心枢纽港地位突显，我市成为浙江中部通江达海的新枢纽。智慧港航建设加快，港口运营现代化水平不断提升，口岸实现全面开放，综合保税区、自贸区联动创新区、跨境电商综合试验区建设取得突破性成果。加快红脚岩区块产业发展，打造红脚岩新材料产业园，积极推进红脚岩渔港创建现代渔港经济区。以建成全省"万亩千亿"高能级平台为目标，促进港区产业集聚步伐加快、产业体系更加完善、产业创新能力不断增强。加快建设宜居宜业的现代化、智能化、生态化临港新城，不断完善城市功能，港产城湾一体化发展的格局基本形成。建设改革创新样板市。以数字化改革牵引全面深化改革，基本建成营商环境最优市、市场机制最活市，市场活力、社会活力充分激发，高质量发展、高效能治理、高品质生活的体制机制更加完善。民营经济、园区平台、资源要素、公共服务、社会治理、融入长三角一体化等重要领域和关键环节改革持续推进，成功获批一批新的国家级、省级改革创新试点，再造区域发展的体制机制新优势。创新驱动战略、人才强市战略深入实施，科技创新能力显著增强，基本形成符合我市产业发展的创新平台体系，成为区域创新发展样板市。建设美好生活标杆市。智慧城市建设深入推进，全国文明城市品质继续提升，“山水融建筑、文化流其中”的美丽宜居新临海基本建成。生态文明建设成效显著，人居环境明显改善。人民全生命周期需求得到更高水平满足，高质量教育体系、健康临海基本建成，公共服务均等化基本实现。文化事业全面繁荣，文化临海、书香之城形象更加鲜明。信用临海、法治临海、平安临海、清廉临海建设纵深推进，社会治理现代化水平全面提升，人民群众幸福感、获得感、安全感显著增强。

表二　临海市“十四五”规划经济社会发展指标体系

类别	序号	指标	单位	2020 年	2025 年	年均 / 累计	属性
经济发展	1	地区生产总值（GDP）增长	%	3.4	—	6.8	预期性
	2	制造业增加值占 GDP 比重	%	34.7	37	—	预期性
	3	全员劳动生产率增长	%	11.01	–	7 以上	预期性
	4	常住人口城镇化率	%	49.5	60 以上	—	预期性
科技创新	5	R&D 经费支出占 GDP 比重	%	3.07	3.5	—	预期性
	6	人才资源总量	万人	17.6	23	—	预期性
	7	每万人高价值发明专利拥有量	件	5.7	14	—	预期性
	8	数字经济核心产业增加值占 GDP 比重	%	2.72	3.5	—	预期性
改革开放	9	货物贸易进出口额增长	%	9.8	—	10	预期性
	10	实际使用外资额	万美元	4801	13000	—	预期性
文化发展	11	文化及相关产业增加值	亿元	2019 年 32.21	58	—	预期性
	12	居民综合阅读率	%	89.1	97	—	预期性
生态环境	13	单位 GDP 能源消耗降低	%	0.3125	按上级任务	约束性	
	14	单位 GDP 二氧化碳排放降低	%	2019 年 0.546	按上级任务	约束性	
	15	万元 GDP 用水量降低	%	40.8	—	15	约束性
	16	空气质量优良天数比率	%	98.6	96 以上	—	约束性
	17	细颗粒物（PM2.5）平均浓度	微克 / 立方米	22	20	—	约束性
	18	全市河流Ⅰ~III 类水质断面比例	%	93.3	≥ 93.3	—	约束性
	19	森林覆盖率	%	68.4	≥ 68.4	—	约束性

续表

类别	序号	指标	单位	2020 年	2025 年	年均 / 累计	属性
市域治理	20	依申请政务服务办件“一网通办”率	%	89.01%	90 以上	—	约束性
	21	综合行政执法事项占比	%	7.0	20 以上	—	约束性
社会民生	22	每千人口拥有 3 岁以下婴幼儿托位数	个	0.05	1.0	—	预期性
	23	居民人均可支配收入增长	%	6.0	—	与经济增长同步	预期性
	24	新增城镇就业人数	万人	3.2	—	[10]	预期性
	25	每千人口拥有执业（助理）医师数	人	2.9	3.3	—	预期性
	26	每千人口拥有医疗机构床位数	张	5.5	5.8	—	预期性
	27	基本养老保险参保率	%	96.59	97	—	预期性
	28	每万老年人口拥有持证养老护理员数	人	9.4	25	—	预期性
	29	人均体育场地面积	平方米	2.2	3.1	—	预期性
	30	人均预期寿命	岁	82.3	83	—	预期性
	31	儿童青少年总体近视率降低	%	—	—	5	约束性
安全保障	32	亿元 GDP 生产安全事故死亡率	人 / 亿元	0.016	—	-50%	约束性
	33	煤炭石油天然气储存能力	万吨标煤	38.1	47.5	—	预期性
	34	粮食综合生产能力	万吨	30.75	32.5	—	约束性

四、聚焦强链提能，加快构建现代产业体系

以创建全省制造业高质量发展示范市为目标，以实体经济巩固提升为基础，以迈向产业链、价值链中高端为目标，对标台州市工业 4.0 强市战略，强化创新驱动和数字赋能，全力提升产业链现代化水平，积极培育壮大未来产业，加快发展现代服务业，筑强高能级产业平台，持续提高经济发展的质量和效益。力争到 2025 年，全市规上工业总产值突破 1500 亿元，位居全省县域工业经济第一方阵。

（一）打造先进制造业集群。

培育三大千亿级先进制造业集群。抓住全省构建标志性产业链机遇，深入实施制造业产业基础再造和产业链提升工程，精准推进强链补链，重点培育汽车机械、医药健康、时尚休闲三大千亿级先进产业集群。汽车机械产业以吉利汽车为龙头，招引一批产业链上下游企业，力争规上工业产值 500 亿元以上，打造成全省节能与新能源汽车标志性产业链中的重要节点。坚持整零协同发展，重点吸引传动、转向、制动系统核心部件，以及动力电池、电机、电控等关键领域零部件企业落户，不断提高我市本地汽车产业链配套能力。加强与省内重点科研机构对接合作，积极推进智能网联汽车 V2X 通信及信息交互技术、智能辅助驾驶、复杂环境感知、车载智能设备等核心部件与前沿技术的研发与应用。以产业链关键核心技术科技攻关补链，积极引导企业、社会资本、各类基金集中投入，组织重点企业研究院、高校和科研院所等协同攻关。重点围绕动力电池、电机驱动、电动汽车智能化技术等创新链，组织新能源汽车多元化技术路线研究和关键技术攻关。

医药健康产业紧密对接全省生命健康创新高地和生物医药。

——化学药标志性产业链建设，做大做强化学

原料药、中间体，积极扩大生物医药、成品药市场规模，力争规上工业产值500亿元以上。加快从低附加值的大宗原料药向高附加值的特色原料药转型。积极发展重大疾病首仿药，由优势原料药向制剂领域延伸，形成“原料药–制剂”一体化优势。以仿制药为突破口，加强新靶点化药、化药制剂等优质仿制药研发。积极发展远程医疗服务平台，打造线上线下结合的智慧医疗新业态。加强基因诊断、影像诊断、智慧识别等智慧医疗技术研发，发展移动医疗等健康管理服务。

时尚休闲产业抓住全省构建智能家居标志性产业链契机，加强与杭州、宁波、金华、温州等地协作，不断优化产品功能，建成全省智能家居标志性产业链中的重要产业基地，力争规上工业产值达500亿元以上。巩固在户外家具、庭院用品、遮阳伞棚等领域的市场优势地位，积极培引时尚家居和休闲用品企业，延伸发展休闲家具、室内配饰和特色创意用品等室内休闲产品。眼镜产业积极推进太阳镜、眼镜及配件向品牌化、时尚化、高附加值方向发展，重点研发合金材料、新型轻质材料等新材料镜架。彩灯产业以品质提升、标准品牌建设为主线，加强彩灯文化创意设计，重点发展时尚化、高附加值的节日灯饰及衍生品。

专栏三　重大改革：临海现代医药产业争创国家外贸转型升级基地

充分发挥临海医药产业创新能力强、产业化水平高的优势，鼓励医药企业向现代医药、高端制剂方向发展；发挥华海药业等龙头企业制剂国际化优势，加大制剂国际化市场开拓。利用台州中美医药高端论坛等国际化平台，大力开展招商引资、引才，着力引进一批高端医药人才和医药企业落户。加大基础配套设施建设，加快建设医药产业技术服务、研发、检验检测、药品注册认证、药品大数据等创新服务综合体和创新药孵化园。努力建成产品国际化、品牌国际化、研发国际化、营销国际化和资本国际化的国家外贸转型升级基地。

全面推进产业转型升级。建筑建材产业积极培育具有科研、设计、施工、房地产开发等全产业链条的建筑业标杆企业。以工程总承包为龙头，整合优化全产业链，推动建筑业与制造业、交通运输业、金融业的跨界融合。依托伟星新材、忠信集团等龙头企业，重点发展PPR、PE、HDPE等各类管件管材和PC、ALC等各类新型材料，并在给水、排水、中水系统设计方面拓展，巩固给水管道的国内市场地位。聚焦三大先进制造业集群，分行业制定智能化改造、数字化赋能方案。积极推进“工业大脑”建设和应用，按照“一产业一平台”培育目标，打造一批高水平行业级工业互联网平台。深化企业“上云上平台”，推进“智能生产线”“数字车间”“智能工厂”等建设。以列入省级智能制造试点示范县为契机，全面开展重点产业数字化改造。确保到2025年，规上企业数字化改造实现全覆盖，成功争创国家智能制造试点示范项目。开展小微企业“数字化转型伙伴行动”，打造小微企业“上云用数赋智”服务中心，引进培育数字化智能化系统解决方案服务商。

（二）积极培育未来产业。

大力培育发展数字经济。坚持数字经济“一号工程”不动摇，以数字经济倍增计划为抓手，强力推动“产业数字化、数字产业化”，打造全省产业数字化赶超区。积极培引云计算、大数据、物联网、人工智能、5G等新兴产业以及集成电路、高端软件、网络通信、元器件及材料等基础产业，不断提升数字产业规模和能级。积极培育数字文旅、数字医疗、数字教育、智慧出行、在线办公等新模式新业态。面向装备制造、医疗、教育、家居等领域需求，大力发展新型智能终端、可穿戴设备、智能家电、智能机器人等产品。加快数字信息技术与制造业深度融合，鼓励和推动企业依托云计算、大数据、物联网平台，实施智能制造、协同制造和服务型制造等新型制造模式。

延伸发展新材料产业。积极布局可降解新材料、半导体材料、新能源材料、纳米材料、航空航天材料等前沿材料产业。依托永太科技、万盛股份等龙头企业，做强做深含氟精细化工品，重点发展高端专用化学用品。基于合成革产业基础，积极发展高分子新材料、可降解材料等，加快合成革产业绿色转型。围绕汽车机械产业优先发展机械强度高、耐热性好、电绝缘性优异的新型工程塑料。加强生物医用材料研究，大力发展高性能、低成本生物医用高端材料和产品。

积极引进新能源产业。依托已有汽车产业基础，加快壮大新能源汽车产业。鼓励新能源汽车、能源、交通、信息通信等领域企业跨界协同，围绕研发生产、使用保障、运营服务等关键环节构建新能源汽车全产业链。推动动力电池全价值链发展，加快突破关键制造装备，提高工艺水平和生产效率。完善动力电池回收、梯级利用和再资源化的循环利用体系，鼓励共建共用回收渠道。加快培育氢能、储能、智慧能源、海上风能等新兴产业。加快推进能源新基建，促进能源清洁低碳化转型。

提升发展光电产业。依托现有彩灯、光学镜片行业，汇聚伟星光学、台佳电子、金诺新能源等相关龙头企业，加快培育发展节能照明（含太阳能灯、LED灯）、太阳能光伏、高端镜片、电子元器件等领域。大力推动彩灯企业转型研发生产太阳能灯、LED灯、发光二级管、电子元器件等光电领域产品。大力培育专业从事太阳能光伏电池、组件、光伏发电系统工程及光伏应用产品的研发、设计、安装、制造、销售和服务的高新技术企业，积极应用各类光伏项目。加快推进临海光电产业园建设，着力引进LED照明、灯饰及相关联配套产业，形成年产3亿以上的生产能力，有效带动光电产业集聚发展。

（三）加快发展现代服务业。

推动生产性服务业融合发展。围绕先进制造业集群发展需要，瞄准带动力强、供需矛盾突出的关键领域，大力发展科技服务、现代物流、金融服务、总部经济、创意设计等生产性服务业。不断延伸产业链、提升价值链，促进现代服务业与先进制造业深度融合发展。加快利用新一代信息技术改造提升服务业，推动服务产品数字化、个性化、多样化。加强数据资源在服务领域的开发利用和云服务平台建设，推进政府信息、公共信息等数据资源开放共享，发展大数据交易市场。提升服务业服务供给能力和供给质量，推动制造企业服务化，发展集成服务、外包服务、专业化生产性服务等增值服务，打造先进制造业和现代服务业融合发展示范区。

加快发展商贸业。聚焦提升商贸流通效率，谋划建设未来商贸城，努力打造成为台州北部商贸核心区。依托现有的靖江路商圈、崇和门商圈、洛河商圈以及环灵湖商业圈，加快规划建设佩弦湖商业圈、未来商贸城和头门港商业中心等，构建布局合理的市级商业中心。推进商圈智慧商务、智慧设施、智慧服务、智慧营销、智慧环境、智慧管理等六大场景应用创新，构建中心区数字生活新服务标杆商业街区、未来商贸城智慧商业地标、紫阳街特色步行街区等一批智慧型商业。以建设跨境电商产业园为载体，引进跨境电商综合服务平台，引进和孵化跨境电商企业100家以上。推进休闲用品产业集群跨境电商试点发展，培育跨境电商国际品牌，深度孵化特色产业和农产品电商企业。推动建设电商公共直播间，探索“直播+产业集群”新模式。大力发展农村电子商务，完善市、镇、村三级农村电商服务网络的建设，推进农村电商示范培育工作。

专栏四　重大政策：关于促进电子商务高质量发展的扶持政策
政策将在建设电子商务产业园区和平台、扶持电商企业规范发展、跨境电商、人才培育与引进、农村电商、电商示范培育等方面给予重点奖励和扶持。

大力发展物流业。巩固提升我市作为台州物流中心的地位，以东西向台金高速公路、台金铁路和南北向甬台温高速公路、甬台温铁路等为骨架，打造“一极引领、两核带动、三区整合、多点联动”的物流产业空间发展格局。持续完善物流基础设施，加快形成以公路、港口为主，铁路为辅，多式联运、有效衔接、功能层次清晰的效率高、成本低、辐射力强的物流立体综合集疏运体系。加大物流企业扶持力度，鼓励物流企业加快引进现代化信息化的物流管理技术，加强物流新技术、新装备的开发和应用，加速物流企业向规模化、专业化的现代物流企业转型。打造“智慧物流”，加快推进物流信息平台建设，建成集运输、仓储、分拨、配送为一体的物流全方位多层面信息系统。

专栏五 “十四五”期间临海市物流业发展空间布局

一极引领：以头门港国际物流园、头门港综合保税区、临港产业物流园区、大宗商品交易中心等为载体，加快集疏运网络建设，大力发展港口物流业，着力打造成为台州港的中心枢纽港区、物流港和重要战略物资储备基地，形成引领我市物流产业发展的增长极。

两核带动：以浙江世通商贸物流园、临海城乡配送物流基地和金台铁路临海综合物流园、临海南部快递分拨区等为载体，引聚各类物流要素，重点建设临海北物流核心区和临海南物流核心区。

三区整合：以江南物流中心、杜桥临海东部物流中心等为载体，整合现有周边物流资源，建设江南综合物流区、杜桥综合物流区和临海城区物流配送点，形成区域性各具特色的专业物流功能平台，呼应物流核心区的发展。

多点联动：依托各地经济物产及交通流向，建设甬台温铁路临海站场、白水洋、汛桥、上盘、桃渚等多个特色物流节点，主要服务当地和周边地区物流产业发展。

融合发展文化旅游业。持续完善“一心两翼多极点”[①]的全域旅游发展格局，全力推进台州府城文化旅游区创建国家AAAAA级景区，依托桃渚国家级风景名胜区，重点开发东矶列岛海岛公园、武坑峰林等东部旅游核心区块；依托括苍山景区，重点开发安基山、括苍山名山公园等西部旅游核心区块。大力推进桃渚军事古城景区、羊岩山茶文化园等争创国家AAAA级景区。全面振兴文旅经济，大力推进市文化广场综合体、熊出没文旅小镇等重大文旅项目建设，做精做大柴古唐斯越野赛和安基山国际滑翔伞邀请赛，精心开发文化游、研学游、运动休闲游、海岛休闲游。深入挖掘山海文化、府城文化、抗倭文化、宗教文化和其他非物质文化遗产文化，积极开发新型文化体验产品。推动文化旅游与传统产业、科技创意产业、传媒影视产业和乡村振兴融合发展。加快发展“康养+旅游”，依托重点生态景区和乡村休闲景观，打造长三角地区重要的康养福地。大力推动文旅多方位、全产业链深度融合，努力建设成为全国文化和旅游融合发展新典范、浙江文化和旅游融合发展样板地。

创新发展金融业。大力实施“三个翻番”金融支持实体经济计划，力争到“十四五”末，全市各项贷款余额突破2000亿元，小微企业贷款余额突破1000亿元，涉农贷款余额突破1500亿元，较2020年均实现翻番。全面贯彻落实省“凤凰行动”计划，紧抓证券发行注册制和“新三板”转板上市制度等资本市场重大改革契机，推动更多的优质企业加快对接资本市场，争取实现新增上市企业10家，“新三板”挂牌企业10家，直接融资200亿元，我市上市企业数量、市值及融资总额均居台州市首位。引导银行融资总量保持合理适度增长，合理调整信贷投放结构，提高金融服务实体经济质效。健全政策性担保体系，解决企业融资担保难题。完善融资担保增信服务机制，提升小微企业和民营企业金融服务水平。逐步完善金融风险防范化解工作机制，以“天罗地网”金融风险网格化机制带动排查全覆盖，确保辖区内风险保持可控。推进线上金融创新，探索“码上金融”平台建设，构建银企信息面对面交互机制。深化科技金融创新，积极研发“小微易贷”等线上平台的移动端“掌上办”功能。

专栏六 重大改革：小微金融综合服务机制改革

加快金融科技创新试点步伐。依托省级财政支持深化民营和小微企业金融服务综合改革试点，建设基层特色综合性金融信息服务平台——“码上金融”服务平台，着力打造“金融信息面对面”交互机制。加强数据资源跨界融合，探索推动连接不动产登记系统等部门特色平台数据，加工整合平台数据实现“政银担企”高效快捷的信息交互，完善线上申贷、审贷功能，实现企业贷款“一键办理”。

① 一心：以台州府城、灵湖为核心。
两翼：以桃渚风景名胜区、东矶列岛为东翼；以括苍山、安基山为西翼。
多极点：浙东唐诗之路枢纽地、市文化广场综合体、熊出没文旅小镇等重大文旅项目建设。

健康房地产业发展。加强商品房住房销售及价格管理,支持刚需型和改善型购房需求。探索住宅用地供应方式,建立房价、地价联动机制,分区域加强住房及用地供应。加强房地产开发融资管理,加强购地资金来源监管和商品房预售资金监管。引导房地产企业开展产品升级和服务创新,改善居住密度、社区物业等软硬件配置,加强应急反应能力和医疗康养配套,推进未来社区、智慧社区、绿色社区建设。

(四)筑强高能级产业平台。

充分发挥重大平台的主阵地作用,着力构建两大开发区为引领、特色产业园为支撑、若干个小微企业园为补充的产业平台体系。浙江头门港经济开发区以吉利汽车临海产业园、头门港医化园区和红脚岩新材料产业园为抓手,全面构筑中高端产业链,打造具有较强国际竞争力的创新型产业集群。全力推进台州综合保税区、自贸区联动创新区、跨境电商综合试验区建设和口岸全面开放。加快推进红脚岩新材料产业园建设。力争把港区建设成为全省"万亩千亿"高能级平台。浙江临海经济开发区全力推进经济开发区整合提升,着力破解多头管理、多层级运作等矛盾,推进形成一个主体的实体化运作,切实提升开发区管委会的统筹开发建设管理水平。加快推进灵湖－佩弦湖－洛河商圈、城东先进制造业集聚区、钓鱼亭特色工业小镇和临海国际医药小镇四大平台建设,聚力推动高端医药产业、时尚休闲产业、特色机械产业集群发展,持续完善商贸业、物流业等布局,提升开发区基础设施水平和公共服务质量,促进产业园区由封闭性区块向城市综合功能区块转变,力争跻身全省十强开发区行列。特色工业产业园要以列入省小微企业园建设提升重点市为契机,以数字化、专业化、特色化先进制造业园区为目标,以"万亩千亿"产业平台为标杆,基于现有资源禀赋,集聚特色主导产业,加快打造"专、精、特、新"的特色化骨干平台。重点打造杜桥时尚眼镜特色小镇、东塍灯饰产业园、江南电动车产业园、沿江塑料制品产业园等特色产业园。高标准推进小微企业园建设,形成"一园一品",打造智慧园区。到 2025 年培育形成 5 个省级小微企业园、3 个智慧小微园示范园区。

专栏七　头门港、临海经济开发区和特色产业园发展方向

浙江头门港经济开发区	重点推进"三区一开放"建设,力争成为全省高能级战略平台之一,紧抓"交通强国"机遇,不断提升区域区位优势。加强对外经济合作,大力招商选强,加快临港新城建设。依托多式联运发展潜力和发展空间优势,建设临港型产业,培育具有国际竞争力的汽车、医药化工、新材料等产业集群。
临海经济开发区	灵湖－佩弦湖－洛河商圈统筹布局居住、商业、文体、医疗等功能设施,培育城市服务功能,提升城市品质;产业结构转向以现代服务业为主,加快商务服务、科技创业、商业综合体、文化旅游等项目的招商与建设。 东城先进制造业集聚区主动承接主城区和周边地区产业转移,推进数字化赋能,加快提升时尚休闲、机械、建材等产业从"制造"向"智造"转变;引进发展生物技术、新能源、新材料、数字创意等战略性新兴产业。 钓鱼亭特色工业小镇以引进省内外上市公司 IPO 或再融资募投项目、科创企业孵化项目等为发展主方向。按照特色小镇建设理念,推进生产、生活、生态融合发展,建设总量大、能级高、环境优的制造业高质量发展样板园区。 临海国际医药小镇以发展高端医药制剂产业为重点,大力开展引资、引智,招引高端医药人才和优质医药企业落户;加快建设融合新药研发、检验检测、供应链、衍生产业开发等环节的创新服务综合体,打造高能级高端医药产业平台。
特色产业园	杜桥时尚眼镜特色小镇要加快构建集创意设计、生产制造、贸易流通、时尚休闲、文化旅游等功能于一体的时尚眼镜全产业链;以东塍镇为主打造高水平灯饰产业园,开发高端灯饰产品,提升绿色化工艺水平,提高产品质量和区域品牌知名度;以江南街道为主打造电动车产业园,强化提升企业品牌建设,推动电动车产业向安全化、智能化、绿色化发展;以沿江镇为重点打造塑料制品产业园,着力引进一批新型绿色环保建材、新型工程塑料和高端医用塑料等高端材料项目。

五、坚持城乡一体，构建市域协调发展格局

深入实施“全域共建、品质立市”战略，坚持陆海统筹、城乡一体、产城融合，不断增强我市作为台州副中心城市的影响力和辐射力，构建“一带串联、双城驱动、三区协同”的市域发展新格局，全面推进新时代美丽临海建设。

（一）构建“一带三区”发展格局。

一带串联统筹东西部发展。依托灵江、台金高速和351国道，突出海湾特色，立足资源共享、优势互补、联动发展，统筹沿江、沿海、平原的优势资源要素，串联东部湾区、中部主城区、西部城镇，突出市域一体、陆海统筹，加快美丽城镇、美丽乡村、美丽海洋建设，推动头门港产业集群与海湾海岛蓝色生态屏障统筹协调发展，不断拓展我市发展新空间，打造成人海共生、海陆并进、特色鲜明的产业发展带、科技创新带、城镇生活带、旅游风光带、文化休闲带。东部湾区打造成为带动全市工业集约高效、转型创新发展的新引擎。以浙江头门港经济开发区为核心，充分发挥杜桥镇小城镇发展优势，联动桃渚、上盘、小芝等镇一体化发展。重点推进汽车、医药、机械、新材料、眼镜、西兰花等产业发展，整合提升桃渚风景名胜区、东矶列岛海岛旅游区等景区，完善基础设施，提升环境品质，打造临海副中心。

中部综合发展区打造成为引领新型城镇化、工业转型发展的市域发展核心。以中心城区为核心，联动东塍、尤溪、汛桥、沿江、汇溪、涌泉、永丰等镇。重点加快产业转型升级，强化产业的专业化分工和特色化定位，适度承接中心城区的生产性服务业及医疗、教育等功能，促进农村人口向小城镇有序集聚，打造支撑产业转型的创新服务设施，提升城市品质，加快融入中心城区。西部生态发展区打造成为向西对接北三县、衔接金义，并联系中心城区、浙江头门港经济开发区的关键区域。以白水洋镇为核心，联动括苍、河头等镇，加大基础设施投入，完善城镇功能，加快推动传统制造业升级发展，提升公共服务能力。加强大雷山生态保护区、括苍山生态保护区的保护，全力打造集生态保育、自然游憩、科普教育、文化体验、户外运动、宣传演艺等功能于一体的生态产业区。

（二）全面提升中心城区能级。

全面优化城市功能。优化“两带、四心、六组团”的城市空间结构，落实“东拓南进、拥江发展”战略，重点打造集休闲旅游、产业创新、城市景观功能于一体的灵江滨江发展带和产业集聚、商务休闲功能为主的大田—义城港平原发展带，拓展城市发展空间。完善城市综合服务职能，加大商业服务设施、公共服务设施、市政基础设施等建设力度，保障中心城区公共服务中心多层级覆盖，合理布局新区城市综合体。提升城市风貌品质和文化品位，串联融合城市绿道、公园布局与开放空间，构建5分钟步行可达的生活圈，把山海水城元素和生态底蕴有机融入城市建设，全面彰显“山水融建筑、文化流其中”的现代化宜居城市新气象。持续推进城市有机更新。推进中心城区二次改造，加快实施老旧小区提升与改造，持续推进老旧工业点改造工程。全力实施千年古城复兴计划，保护台州府城历史文化和山水城整体格局，推进紫阳街等历史街区改造，做好人口和非保护功能的疏解，提升古城整体环境和设施品质。完成六角井未来社区建设。加快公共停车、人行过街、人防工程、地下综合管廊等设施建设，推进城市地下空间开发。优化防洪排涝御潮设施布局，加快海绵城市建设。系统提升城市免疫能力，增强城市韧性。

大力提升城市集聚能力。开展城市赋能升级行动，不断提高中心城区首位度。加强资源统筹配置和重大基础设施统筹建设，增强城市高端要素、高端产业、高端功能集聚和人口承载能力，提升台州副中心的综合定位和能级。以浙江临海经济开发区为重点，打造高能级战略平台，以大平台吸引高端人才、工商资本、科技金融等高端要素资源向中心城区集聚。以龙头企业为引领，加快形成时尚、医药等高端产业集群。完善城市功能配套，加快一批高品质商务楼宇、高星级酒店、大型商业综合体、高品质科技文化体育场馆等设施建设。推动新增建设用地指标、能源“双控”指标等向城市重大平台、重大项目、重大企业倾斜。加大产业规模，吸引外来从业人口转为常住人口，优化城市服务配套吸引村民进城，提升空间容量加大人口密度。

（三）全面推进乡村振兴。

发展绿色高效现代农业。实施高标准农田建设工程，深入实施“藏粮于地、藏粮于技”战略，稳定优化粮食生产，切实加强粮食增产保供。实施生猪综

合生产能力提升工程,健全动物防疫体系,推进畜牧业绿色发展,大力创建美丽牧场。促进特色产业提质,围绕柑橘、杨梅、茶叶、西兰花四大主导产业和草莓、葡萄、桃、油茶、南美白对虾五大新兴产业,充分发挥资源优势,持续引进先进培植技术,加强区域公共品牌建设,提高品牌的知名度和附加值。发展生态渔业、特色渔业、设施渔业,加快推进传统渔业向现代渔业转变,打造国家级渔港经济区。全面加强农村实用人才和农业科技人才队伍建设。完善“三位一体”高质量为农服务体系,规范提升新型农业经营主体,加速科技成果转化,加快农机农艺融合,推进农业绿色生产体系建设,发展智慧农业,促进农业机械化水平提升。大力推进农业一、二、三产融合,鼓励农业全产业链建设,积极培育“互联网+”联新业态,深化农产品加工业、农产品电商发展,促进民宿农家乐转型升级,全力打造精品民宿示范点,加快乡村休闲旅游业发展。构建小城镇特色化发展梯队。全面落实美丽城镇建设“520”计划,分类引导小城镇发展,统筹推进中心镇发展、小城市培育试点和特色镇改革发展,增强新发展能力和服务能力。杜桥要深化小城市培育,推进强镇扩权改革,建立专项扶持资金和加大税费扶持、强化土地保障等,全方位提升城市化水平。白水洋、东塍、桃渚等中心镇要坚持强产业、优环境、聚人气齐头并进,成为承载城市拓展的卫星镇。其他镇(街道)要按照“差异发展、体现特色”理念,统筹抓好城镇基础设施和公共设施建设,全力打造一批“给人留得下美好记忆”的活力镇(街道)。

建设新时代美丽乡村。按照“生态优良、村庄宜居、经济发展、服务配套、乡风文明、治理有效”新时代美丽乡村建设的总体要求,全面实施新时代美丽乡村建设“六大行动”。加快创建美丽庭院,启动美丽乡村精品片区建设,推动乡村全域景区化,创建省新时代美丽乡村建设示范县(市)。深化历史文化村落(古村落)保护利用,积极推进历史文化名镇名村建设。巩固提升村级集体经济,强化农村集体“三资”管理。深化“千万工程”,推进乡村人居环境整治,实施农村基础设施提档升级,加快农村饮用水达标提标。深入推进农村“厕所革命”“污水革命”“垃圾革命”“田园革命”,高水平提升农村人居环境。深化文化礼堂“建管用育”长效机制,树立文明乡风,构建自治、法治、德治“三治融合”乡村。

加快数字乡村建设。培育数字乡村发展新动能,推进大数据、人工智能、物联网等新一代信息技术在农业领域的集成应用,开展农业生产环境、生产过程、流通营销、质量安全、生态保护等环节数字技术系统集成与综合运用,全面提升农村治理、农业发展数字化水平。培育数字乡村产业基地,推进规模化农业生产基地数字化设备改造提升,提升农业龙头企业、农民合作社、家庭农场等经营主体数字化水平,积极打造数字工厂、数字农场、数字牧场、数字渔场、数字直播间等一批新型数字乡村基地。创新数字乡村基地全产业链流通服务体系,全力贯通农资购销和农产品追溯等系统,促进农业线上线下渠道融合发展,激活数字农业细胞。

临海市“古城崛起、突破跨越”项目谋划擂台赛活动实施方案

中共临海市委办公室　临海市人民政府办公室

（2021年11月9日）

项目是地方发展的“生命线”，是经济工作的第一抓手，谋实、谋深、谋好项目对明年工作及“十四五”期间我市发展至关重要。为进一步激发活力，增添动力，强化“以项目论英雄、凭实绩分高下”的工作导向，增强项目谋划工作前瞻性、科学性、可行性，夯实项目前期工作基础，把项目谋划作为近期工作的重中之重，精心谋划上项目，蓄积动能增后劲，经市委市政府研究决定，在全市范围内开展“古城崛起、突破跨越”项目谋划擂台赛活动。特制定以下实施方案：

一、指导思想

以习近平新时代中国特色社会主义思想为指导，深入贯彻落实党的十九大和十九届二中、三中、四中、五中全会精神，坚持新发展理念，构建新发展格局，忠实践行“八八战略”，奋力打造“重要窗口”，立足新发展阶段，走深走实“三立三进三突围”新时代发展路径，把大抓项目作为加快高质量发展、高水平共富的关键招，依托浙江头门港经济开发区、浙江临海经济开发区等发展平台，加强项目储备，做实做深前期，为临海“古城崛起、突破跨越”提供强有力的项目支撑。

二、工作目标

新谋划提出重大前期项目150个左右，总投资1000亿元以上，其中100亿元以上项目2个以上，50亿元以上项目8个以上，20亿元以上项目15个以上、10亿元以上项目25个以上，1亿元以上项目80个以上。论证后列入市级储备库优质项目100个，其中筛选30个最具代表性的精品项目参加擂台赛，前期成熟的项目列入2022年全市项目投资计划。

三、谋划视角

始终以“经济效益高、产业类别新、政策导向准”总体思路贯穿项目谋划全过程，着眼战略部署、产业提升、两新一重、城市赋能、社会民生五个方面，突出谋划一批高效益、创新型、战略性项目，主要侧重于非财政性投资或短期资金能基本平衡的项目谋划，尤其是先进制造业、现代服务业项目的谋划。

（一）围绕战略部署谋项目。紧跟国家、省、台州市和我市重大战略部署、重大规划编制，重点聚焦“一带一路”“长江经济带”“长三角一体化”“共同富裕”“四大建设”“高水平争创社会主义现代化先行市”建设等方面，精准谋划，争取更多优质项目纳入国家和省级计划盘子，获得要素支持。

（二）围绕产业提升谋项目。聚焦培育汽车机械、医药健康、时尚休闲三大千亿级先进产业集群以及数字经济、新材料、新能源等战略性新兴产业，积极谋划一批龙头培育、平台开发、资源配置、产业补链项目。聚焦生产性服务业领域，深度谋划一批科技服务、现代物流、金融服务、总部经济等高端项目。

（三）围绕“两新一重”谋项目。聚焦新型基础设施、重大交通水利工程等“两新一重”建设，谋划一批对外开放、综合交通、能源保障、水利补短板、新型基础设施等重大基础设施项目。

（四）围绕城市赋能谋项目。以“全域共建、品质立市”为目标，立足现有要素资源以及未来发展方向、产业布局定位，聚焦片区开发、城市更新、宜居建设、环境提升、智慧管理、城市集聚等领域，谋划一批聚集资源要素、提升城市能级、加快转型升级、补齐功能短板的新项目。

（五）围绕社会民生谋项目。顺应人民群众对美好生活向往，合理分配公共资源，以实现公共服务均等化为目标，聚焦保障性基础设施、教育医疗、健康养老、文化体育、美丽乡村等民生热点，谋划一批惠及民生的社会事业项目，让人民群众享有更多的获得感和幸福感。

四、谋划方式

（一）聚焦主题，同项异谋。要贯彻系统谋划思维，结合上级政策导向和本地实际情况，围绕国家、省、台州市和我市重大战略部署和产业政策，聚焦我市发展优势和发展短板，确定谋划方向，根据单位职能特点选择主题，多角度、全方位进行思想碰撞和分析论证，形成较为完善、较有深度的项目谋划。

（二）立足职能，专班谋划。各单位要成立重点项目谋划专班。市四套班子领导要牵头总把关，做好研判分析工作，谋好谋深项目，提高谋划质量。单位主要负责人要落实主体责任，充分发挥本单位职能优势和专业特长，突出重点，发动全员参与谋划，提出本领域的专业项目；或由多个职能部门专业整合、优势互补，跨单位合作，共同谋划提出系统性项目、补短板项目、扬优势项目。

（三）借势借力，集智共谋。围绕创新能力提升，做大做强“社会谋划”品牌，构建大成集智机制，搭建多层次智库平台，充分听取企业家、专家学者意见，动员“国千”“省千”“500 精英”等高层次人才、知名企业家以及异地商会等参与项目谋划。

五、工作步骤

（一）部署启动阶段（2021 年 11 月上旬）。制定印发《临海市“古城崛起、突破跨越”项目谋划擂台赛活动实施方案》，明确目标任务和推进计划，在全市面上掀起新一轮项目谋划高潮。

（二）组织谋划阶段（2021 年 11 月上旬至 11 月中旬）。各单位按照工作方案，及时组织开展项目谋划活动，筛选一批质量相对较高的项目，认真填写项目谋划申报表（附件 2）和项目谋划汇总表（附件 3），于 11 月 19 日下午 5:00 前经单位主要领导签字盖章后通过浙政钉报送至市发改局重点办（联系人：卢双；联系电话：18858629261，659261）。

（三）联审选拔阶段（2021 年 11 月下旬）。由市发改局对上报的谋划项目进行初选，再由市分管领导牵头，相关部门和专家共同组成评审小组，对初选结果进行论证把关，筛选出 100 个项目纳入前期储备库，并在此基础上选择 30 个左右具有代表性的精品项目参加擂台赛。

（四）集中展示阶段（2021 年 12 月上旬）。举行全市项目谋划擂台赛活动，由参赛单位主要负责人上台现场演示项目谋划 PPT，邀请市领导及市内外专家组成评委会现场打分、集中点评，根据得分高低当场公布结果，评选一等奖 3 个、二等奖 5 个、三等奖 10 个。

六、工作要求

（一）提高认识、营造氛围。各单位主要负责人要对本单位谋划的项目负总责，并及时向市分管领导做好汇报；市分管领导要牵头对分管线申报项目进行把关论证。各单位要高度重视、精心组织，以重大项目谋划擂台赛为契机，开拓思路，深入挖掘，大胆科学谋划重大项目。要激发各项目参与主体的积极性，形成工作合力，营造比学赶超、争先创优的良好氛围。

（二）量质并举、谋实谋深。申报项目应符合国民经济和社会发展规划、土地利用总体规划、城乡总体规划、产业发展政策等要求。申报项目应为新谋划项目，已立项（核准、备案、项目建议书获批）不得申报，要注重项目质量，系统考虑项目的前瞻性、必要性、可行性和综合效益，做实做细前期基础，提高项目转化落地的精准度和成功率，真正谋划储备一批高质量、高效益的优质前期项目。

（三）强化监督、晾晒成绩。对各单位项目谋划情况进行晾晒排名。项目申报、初审、专家评审情况将通过“领导专报、督查通报”等方式进行活动信息更新、公布。

（四）紧扣节点，落实奖惩。项目报送截止后，未按时完成报送任务的予以全市通报。本次活动结果将纳入今年各单位目标责任制考核内容（加分项），擂台赛获奖项目将给予谋划单位一定的工作经费补助，并在明年项目财政预算安排上予以倾斜。

临海市巩固全国文明城市、国家卫生城市创建成果“十大提升行动”实施方案

中共临海市委办公室　临海市人民政府办公室

（2021年4月13日）

为深入贯彻中央、省关于全国文明城市建设、国家卫生城市管理常态化要求，不断巩固全国文明城市、国家卫生城市创建成果，按照《全国文明城市测评体系（县级）》《国家卫生城市检查评分标准》要求和市委、市政府关于全国文明城市建设、国家卫生城市管理常态化工作的总体部署，特制定本实施方案。

一、指导思想

以习近平新时代中国特色社会主义思想为指引，以“为民靠民、常态长效”为根本遵循，大力践行社会主义核心价值观，全面提升城市综合治理能力，高质量推进新时代文明高地建设，为我市高水平争创社会主义现代化先行市提供强大精神力量。

二、总体目标

严格对标《全国文明城市测评体系（县级）》《国家卫生城市检查评分标准》，按照建设“崇德向善之城、文化厚重之城、和谐宜居之城、人民满意之城”的工作要求，进一步查漏补缺，补齐短板，推动城市精细化管理，确保今年的测评排名继续走在全省前列。

三、主要任务

（一）市政设施管护提升行动

建立市政设施日常巡查管养机制，及时开展对城市道路、公园、广场、车站等公共设施的维护提升工作。建立健全主次干道、背街小巷基础设施常态维护管理机制，对破损路面、人行道板砖、窨井盖、路灯、路牌、交通设施、标志标线等市政设施及时维护修复。实现路面无破损、无坑洼积水、窨井盖无缺失，公共消防设施达标，消防通道畅通。加强绿化设施常态化维护，确保无缺株死株、泥土裸露、杂草丛生、毁绿种菜等现象，绿化带侧缘石完整、平顺、无破损，绿化带无垃圾积存、无杂物堆放。（责任单位：市综合执法局、市交警大队、市民政局、市消防救援大队、市建设局、各窨井权属单位、各街道）

（二）市容市貌提升行动

全面开展主次干道、公共广场、商业大街、公园景区、车站等公共场所市容环境卫生综合整治。更换一批破损、污损、内容不相符的公益广告，拆除未经审批的广告牌，加大整治各类影响市容的横幅、小广告；严格落实门前“三包”责任制，确保商家店铺门前环境整洁、秩序井然；加强对市场、酒店、医院、学校等周边及背街小巷违章停车、占道经营、流动商贩、乱扔杂物、随地吐痰等现象的集中整治；健全常态化清扫保洁制度，确保主次干道、背街小巷、公园广场、社区小区垃圾分类投放和日产日清，房前屋后、村居楼道等干净整洁、消防通道通畅；打造一批文明示范街、示范巷、示范小区。（责任单位：市综合执法局、市交警大队、市市场监管局、市交通运输局、各街道）

（三）市场环境提升行动

加大农贸市场硬件及周边背街小巷、居住小区基础设施的维护和日常管理力度；加强对农贸市场内部经营环境管理、周边停车秩序、公共厕所管理，消防设施设备完好有效；规范市场经营秩序、做好食品安全、环境卫生、公共秩序日常巡查管理；完善市场监督、投诉和处置机制，确保市场内经营商户证照齐全。全面提升大型商贸综合体文明服务水平，优化美化商业载体公益宣传，多种形式刊播提升市民文明素质的公益广告，确保各类公益广告标识显

著、内容准确、布局合理、更新及时；提升商贸综合体公共秩序管理水平，做好母婴室、公共厕所、无障碍厕所等各类便民公共设施管护；严格落实商贸综合体物防、技防、人防、消防等各项工作，确保公共安全；大力提升服务人员文明素养，健全行业规范和投诉处理机制，规范“一米线”使用管理。（责任单位：市商务局、市市场监管局、市综合执法局、市城投集团、临海经济开发区、各镇〈街道〉）

（四）社区环境提升行动

重点开展老旧小区和无物业小区的乱堆乱放、乱贴乱画、乱拉乱挂、乱停乱放、敞放犬只家禽家畜等集中治理行动。清理整治公共区域违规养殖、种植现象，完善社区综合文化服务中心、老旧小区道路、集中晾衣架、公共座椅等公共设施；优化小区内公益广告布局，确保各类公益广告标识显著、内容准确、布局合理、更新及时；规范化实施小区垃圾分类、完善生活垃圾定点投放、分类投放，装修垃圾、大件垃圾规范管理制度；整合小区各类公共资源，规范小区停车秩序；确保老旧小区、无物业小区干净整洁，楼道无乱堆放，墙面、玻璃无污秽破损，消防设施及楼道灯完好。（责任单位：市民政局、各街道）

（五）文明交通提升行动

全面实施文明交通行动计划。以文明出行、文明驾驶、礼让斑马线、拒绝车窗抛物、按方向停车为重点，大力倡导按序排队通行、礼让斑马线、按方向停放车辆等文明交通行为；以示范路口创建为抓手，打造一批有示范引领作用、宣传警示效果的文明示范路口。加快推进城市过街便民设施建设，继续开展对机动车交通违法行为及行人、非机动车闯红灯、乱穿马路、翻越护栏、逆向行驶等交通违法行为和交通指示牌规范化整治；加强对出租车拒载、拼车、不按计价器收费、不出具发票等行为的日常监管；加强快递、外卖配送行业车辆管理，规范快递、外卖骑手文明出行。完善交通设施，规范设置交通指示牌、信号灯、标志标线、交通护栏等；继续实行公职人员不文明交通违法行为曝光抄告制度。（责任单位：市交通运输局、市综合执法局、市交警大队、临海邮政管理局）

（六）文明素养提升行动

深入实施社会主义核心价值观培育工程，开展市民文明习惯养成计划，大力推进新时代文明实践提质扩面工作，结合数字化改革，打造新时代文明实践“云平台”。深入开展道德模范、“临海好人”“周周正能量”等典型选树宣传活动，完善道德模范关爱帮扶机制，进一步打响“大爱临海温暖之城”品牌。持续推进“厉行节约、文明餐桌”“礼让斑马线”“垃圾分类”“文明一米线”等文明好习惯养成。加大“公筷公勺”推广力度，落实餐饮企业“四有一提醒”。（责任单位：市精神文明建设指导中心、市交警大队、市垃圾分类办、市商务局、市市场监管局、市慈善总会、团市委、市妇联，各街道）

（七）行业服务提升行动

大力开展窗口行业文明创建活动，以诚信建设为抓手，全面提升各类窗口行业服务设施、服务环境、服务品质和服务水平。优化公益宣传，确保各类公益广告标识显著、内容准确、布局合理、更新及时；强化行业规范建设，进一步提升服务质量，推广从业人员文明用语、规范服务，建立高效投诉处理机制；优化环境秩序，规范“一米线”使用管理，做好母婴室、无障碍设施等公共服务软硬件设施维护，提供各类便民服务项目；广泛开展环境卫生、秩序维护、公共引导等学雷锋志愿服务活动。（责任单位：市审管办、市矛调中心、市交通运输局、市文化广电旅游体育局、市卫生健康局、市金融工作中心、市水务集团、市税务局、市供电公司、临海邮政管理局、电信临海分公司、移动临海分公司、联通临海分公司）

（八）志愿服务提升行动

建立健全志愿者注册培训、活动运行、服务记录、回馈激励等机制，推进志愿服务活动制度化、常态化、长效化。推行“点单－派单－接单－评单”四单制志愿服务运行机制，大力扶持优秀志愿服务项目和志愿服务组织建设。广泛开展扶贫济困、慈善救助、义务献血等公益活动，常态化开展邻里守望、关爱空巢老人、交通文明劝导、设立市民文明监督团等各类志愿服务活动。（责任单位：市精神文明建设指导中心、团市委、市慈善总会、市妇联，各镇〈街道〉）

（九）城乡统筹共建提升行动

积极构建“全域创建、全民创建、全面提升”的创建格局，结合乡村振兴战略，常态化开展环境卫生、社会秩序、美丽庭院和移风易俗等专项提升行动，加速推进城乡环境整洁、优美、文明、有序工程，全面实现城乡文明创建工作一体化。（责任单位：市精神文明建设指导中心、市农业农村局、市建设局、各镇〈街道〉）

（十）网上申报材料提质行动

严格对照《全国文明城市测评体系》《全国未成年人思想道德建设工作测评体系》，落实各项创建任务和主题实践活动，并及时做好会议、活动等图文资料的留档整理工作。建立网上申报材料工作“月度重点提示、季度汇总审核、半年度评估通报”制度，实行网上申报材料专人负责制和“一把手”审签负责制，提升网上申报材料的整体质量。（责任单位：市委宣传部、市教育局、市商务局、市民政局、市市场监管局，各镇〈街道〉，其他有关单位）

四、工作要求

1. 统一思想，提高认识。各单位要牢固树立创建永远在路上的工作理念，始终把文明城市创建作为“一把手”工程，当作优化营商环境的有力举措，根据测评体系的具体要求，融入日常监管中，全面提升全国文明城市丰富内涵。

2. 统筹推进，形成合力。各单位要按照市多城联创办的统一部署和文明城市创建常态长效机制的要求，严格落实属地管理责任制和部门分工负责制，各负其责，相互配合，形成条块结合、协同推进的工作格局。尊重群众的主体地位和首创精神，积极搭建群众便于参与、乐于参与的创建平台，不断提高创建活动的吸引力、影响力和覆盖面。

3. 强化考评，严肃问责。要进一步完善文明城市创建绩效考核机制，坚持督查交办、测评排名、工作专报、点评例会等制度，发挥市民文明监督团、媒体舆论监督等作用，推进问题整改，推动责任落实。对工作不力、作风不实，造成不良影响的单位和个人，依据有关规定进行问责。

2021年中共临海市委重要文件目录

表15

序　号	文件号	文件标题
1	临市委〔2021〕1号	中共临海市委关于印发梅式苗同志在中国共产党临海第十四届代表大会第五次会议上的报告的通知
2	临市委〔2021〕2号	中共临海市委关于印发中国共产党临海市第十四届纪律检查委员会向中国共产党临海市第十四届代表大会第五次会议的报告的通知
3	临市委〔2021〕10号	中共临海市委关于制定临海市国民经济和社会发展第十四个五年规划和二〇三五年远景目标的建议
4	临市委〔2021〕22号	中共临海市委　临海市人民政府关于印发《临海市攻坚破难抓落实争先创优促发展实施方案》的通知
5	临市委〔2021〕34号	中共临海市委关于纵深推进清廉临海建设的意见
6	临市委〔2021〕36号	中共临海市委、临海市人民政府关于全面深入推进西部建设发展的若干意见
7	临市委〔2021〕54号	中共临海市委关于表彰市优秀共产党员、市优秀党务工作者和市先进基层党组织的决定
8	临市委〔2021〕65号	中共临海市委　临海市人民政府关于深入实施乡村振兴战略争创农业农村现代化先行市的意见
9	临市委〔2021〕73号	中共临海市委　临海市人民政府关于印发《临海市新时代公民道德建设实施意见》的通知
10	临市委〔2021〕74号	中共临海市委　临海市人民政府关于印发《临海市贯彻落实第二轮中央生态环境保护督察报告反馈问题整改方案》的通知

资料来源：市委办公室

2021年临海市政府重要文件目录

表16

序号	文件号	标题
1	临政发〔2021〕2号	临海市人民政府关于印发《政府工作报告》的通知
2	临政发〔2021〕3号	临海市人民政府关于杭绍台铁路临海段线路安全保护区划定的通告
3	临政发〔2021〕5号	临海市人民政府关于发布清明期间森林禁火令的通告
4	临政发〔2021〕6号	临海市人民政府　临海市人民武装部关于印发《临海市大学生征兵工作实施办法》的通知
5	临政发〔2021〕7号	临海市人民政府关于印发《临海市妇女发展"十四五"规划》和《临海市儿童发展"十四五"规划》的通知
6	临政发〔2021〕10号	临海市人民政府关于印发临海市人民政府重大行政决策工作规定的通知
7	临政发〔2021〕16号	临海市人民政府关于给予尤祥方同志嘉奖的决定
8	临政发〔2021〕21号	临海市人民政府关于印发临海市国民经济和社会发展第十四个五年规划和二〇三五年远景目标纲要的通知
9	临政发〔2021〕25号	临海市人民政府关于进一步加强房地产开发项目管理和风险隐患预防的实施意见

资料来源：市政府办公室

临海争当台州制造之都“排头兵”的思考和探索

临海市委市政府政策研究室

制造业是立国之本、强国之基，区域发展必须依靠实体经济，抓实体经济首先要抓好制造业。3月16日，全省制造业高质量发展大会吹响了建设全球先进制造业的进军号角。4月30日，台州市制造业高质量发展大会提出了建设具有国际影响力的制造之都的目标任务。临海作为台州制造极其重要的板块，在当前疫情防控常态化下，如何以更积极的竞争性姿态抢抓战略机遇、化危为机，加速制造业优化升级，是摆在临海高质量发展面前的重大课题。本文系统梳理临海制造业发展的基础和条件，分析当前面临的困难和机遇，提出高质量发展的思路举措，以期为“台州制造”建设贡献更多临海力量。

一、临海制造业高质量发展的基础和条件

（一）区位优势明显。临海是台州几何中心，陆海空交通便利，距离温州、宁波、台州机场均在1.5小时以内，目前正在规划建设通用机场。拥有深水良港头门港，自2014年顺利开港以来，相继建成疏港公路，实现首座2万吨级兼靠3万吨级泊位投运，滚装码头首航，“公铁水多式联运工程”成为国家示范项目，年吞吐量近300万吨。沈海高速、台金高速、沿海高速、甬台温铁路贯穿全境，到“十四五”期间，将拥有四条高速、四条铁路，沿海高铁、杭绍台高铁贯通后，临海到上海的距离将缩短至1.5小时，迈入省域“1小时”经济圈。

（二）平台支撑有力。目前，已构建起以两个千亿级省级经济开发区为龙头、特色产业小镇为支撑、小微企业园为补充的产业平台体系。浙江头门港经济开发区，“三区一开放”（国家经济开发区、综合保税区、自贸区台州联动创新区临海分区和口岸开放）建设全面推进。临港产业加速集聚，现有工业企业295家，去年实现规上工业总产值89.47亿元。以吉利汽车为龙头的临海产业园，正在建设高水平全产业链的汽车城。以华海、永太、联化科技等一批国内知名药企入驻的医化园区，正在全力打造中国绿色药都。临海经济开发区，规划面积82.5平方千米，现有各类企业2000多家，形成了汽车及配件、时尚休闲、新型建材等三大优势产业。当前，正在加快推进复旦大学张江研究院临海科创园等重大平台建设，进一步构建现代产业体系。特色小镇，重点打造临海国际医药小镇、华强“熊出没”文旅小镇，杜桥时尚眼镜特色小镇、时尚休闲小镇正在谋划培育。其中，占地3.5平方千米的临海国际医药小镇，建成后将形成年产值上千亿、税收上百亿的医化产业创新基地，首期总投资100亿元的华海制剂产业园项目正在推进，建成后年产值将达420亿元、税收40亿元。小微企业园，以列入省小微企业园建设提升重点县（市、区）为契机，以临海大洋小企业创业基地为样板，全面开展小微企业园建设对标提升行动，鼓励和支持小微园应用“园区大脑”系统，打造智慧园区。全市小微园入驻企业共160余家，产值突破7亿元，成功孵化出2家企业产值达1.2亿元。临海大洋小企业创业基地入选省级数字化示范小微园区。

（三）产业基础扎实。临海拥有汽车机械、现代医药、时尚休闲三大主导产业，彩灯、眼镜等特色产业，是国家外贸转型升级专业示范基地，入选省首批制造业高质量发展示范市创建名单（2020年—2022年），跻身中国创新百强市和工业百强市，规上工业总量连续4年位居台州市第一。汽车机械产业：2020年实现规上产值364.39亿元，占全市规上工业产值40.4%，入选浙江省首批智能制造试点示范项目。吉利豪情30万辆产能达产，产品成功打入国际市场，并参与国内外汽车知名企业生产协作与配套。现代医药产业：去年实现规上增加值60.98亿元，占台州医药医化产业规上增加值比重40.3%；利润总额37.82亿元，占台州市医药医化产业利润总额

比重42.3%，增加值、利润几乎占了台州市半壁江山。时尚休闲产业：临海是中国休闲用品礼品生产基地、休闲和庭院用品出口基地、全球最大的休闲用品生产基地，也是浙江六个特色时尚产业基地建设试点之一。2020年规上产值突破180亿元，仅永强集团一家企业产量就占全球市场的2%。眼镜、彩灯等产业：临海是全国最大的太阳镜生产基地和节日灯生产基地。

（四）企业发展迅速。临海拥有工业企业8398家，其中，规上企业530家、上市企业7家、新三板挂牌企业17家，瞪羚企业12家，科技型企业494家，高新技术企业123家，形成了以上市公司为龙头、规上企业为支撑、科技型企业为骨干、小微企业为补充的企业成长梯队。近几年来，一批综合实力强劲的高成长型企业活力迸发。华海药业上榜国家技术创新示范企业，永太科技获国家专利金奖，伟星新材功能性高分子材料管道智能制造新模式应用项目入选工信部智能制造综合标准化与新模式应用项目，正特股份连续4年获德国红点奖，伟星股份、华海药业入选省级智能工厂（车间），拓卡奔马入选省级"隐形冠军"企业，万盛科技、海盛制药荣列全省亩均效益分行业"领跑者"20强。

（五）创新驱动强劲。临海全面开启科技新长征，持续深化"四换三名""两化"融合。近年来荣获"浙江省'腾笼换鸟'工作考核先进县（市、区）"称号，为台州市唯一；省级绿色安全制造信息化示范区建设通过考核验收，成为全省首家通过验收的专项类两化融合示范区。2019年，临海全社会R&D经费支出18.8亿元，占GDP比重2.8%，总量和占比均居台州首位。陆虎汽车、伟星新材、华海药业、吉利汽车研究院等4家企业入选2019年浙江省高新技术企业创新能力百强企业名单，上榜数连续三年居台州首位。2019年全市实现高新技术产业增加值141.27亿元，增长13.8%，占工业增加值比重达66.6%；实现新产品产值500.29亿元，增长19.1%，产值率达51.63%。

（六）营商环境优越。高度重视"招商引资""招才引智"工作，出台了《招商引资"黄金十条"》《人才新政三十三条》等系列政策，实行驻点招商和重大招引项目领导挂牌联系制度，为重大、重点招商项目落户、建设、投产搭建绿色通道。深入践行"三服务"活动，持续深化"最多跑一次"改革，开展优化营商环境"10+N"行动，打好减负降本、化解风险、入企帮扶等"组合拳"，实现一般企业投资项目"最多跑一次""最多30天"，从赋码到竣工验收全过程审批时间"最多90天"，企业注销一天办结得到国务院办公厅肯定，跻身2019年全国营商环境百强县第40位。深化"平安临海"建设，实现平安建设"十五连冠"，夺取了省首批一星"平安金鼎"。

二、临海制造业高质量发展面临的挑战和机遇

（一）制造业面临的挑战。从外部压力看：一是遭受疫情的严重冲击。在肺炎疫情的影响下，全市工业产值一季度低位开局，实现规上工业总产值181.39亿元，同比下降22.7%。制造业集中的三大主导产业汽车机械、时尚休闲、现代医药一季度产值151.08亿元，同比下降24.0%，呈明显回落态势。外贸出口大幅减少，规上工业企业实现出口交货值50.4亿元，同比下降8.7%。短期看，尽管国内已经全面复工复产，工业领域的供给能力迅速恢复，但疫情在全球范围内快速扩散、全球贸易接近休克，宏观经济的不确定性增加，以此导致的消费需要不足、订单下降和供应链断链等问题，对于临海这样外向型的制造业大市来说，面临的挑战十分严峻。二是遭受全球产业转移的挤压。全球政治经济格局正在发生深刻变化，制造业正在成为新一轮国际竞争和大国博弈的焦点。西方国家掀起"再工业化"浪潮，纷纷推动先进制造"回流"，发展中国家同步加快承接低端产能转移，给我市制造业带来产业转移的压力。从内部因素看：制造业本身存在短板。对照高质量发展的要求看，全市制造业层次整体还不够高，存在企业产业链不够完善、新兴高端产业缺乏、自主创新力不足等问题。具体表现为：汽车机械产业以中低端产品为主，整车带动优势尚未充分体现；医药板块已形成一定集聚效应，但多以生产中间体和原料体为主，缺少生物制剂等高端产品。时尚休闲板块涵盖行业较多，企业布局相对分散，大部分企业规模较小，产品生产经营模式和销售渠道趋同，缺少配套协作关系，导致品牌整体带动效应较弱。户外休闲、彩灯、眼镜等总体停留在劳动密集型、低附加值阶段，同质化竞争现象突出。新引入产业，缺乏数字化、智能化等高端项目，特别是缺少像新昌陀曼智造、康立科技、盛达物联等一批省级工业信息工程服务公

司，推动产业升级改造，引领行业智能化发展。此外，全市研发投入“点强面不强”，创新平台建设、成果应用、品牌建设、高层次人才主要集中在华海、伟星、永强等少数大企业。

（二）制造业面临的机遇。从疫情“危中求机”看，疫情已构成“全球性流行病”，国外疫情呈扩散趋势，国际产业格局将迎来大变动。而我国疫情已得到基本控制，复工复产全面推进，国内的制造业的活力和潜力将被逐步激活，将迎来抢抓制造业分工、产业链重构的良好时机。再者，此次疫情让人们对健康有了新的认识，让更多的人认识到医疗卫生与健康的重要性，将会进一步促进医疗与健康产业的发展，对我市现代医药这一主导产业及康养服务相关产业，带来了难得的发展机遇。从全球产业变革看，全球新一轮科技革命和产业变革正在爆发前夜，以5G为代表的新一代信息技术将对制造内容、制造形态、制造方式带来深刻变革，而中国正站在这场变革的最前沿，临海如果能乘势而上，抓住新业态的转移，必能迎来新一轮快速发展。从政策契机看，省、台州市先后召开了高规格的制造业高质量发展大会，推进制造业发展重视程度前所未有、力度空前，随之带来的系列政策红利必将激起制造业高质量建设的大潮。此外，宏观政策逆周期调节等都将为临海带来发展机遇。一是减负政策将充分激发市场内生动力。国家、省市密集出台了减税降费政策，临海加快税收优惠、阶段性减免企业社会保险费、国有资产减租等各项疫情相关政策资金落实，最大幅度压减政府开支，充分激发市场内生动力，为企业复产营造良好的环境。二是稳健的货币政策将提高临海制造业发展的韧性。3月26日召开的中国人民银行货币政策委员会2020年第一季度例会释放的信息表明，国家将进一步降低贷款实际利率，引导金融机构加大对实体经济特别是小微、民营企业的支持力度。此举将进一步降低临海民营企业融资成本，为民营企业复工复产“松绑”，促进国民经济整体良性循环。三是密集出台的消费新政将加快释放市场需求。近期部委及地方提振消费的政策不断，国家23个部门发布《关于促进消费扩容提质加快形成强大国内市场的实施意见》，省政府办公厅发布《关于提振消费促进经济稳定增长的实施意见》，这些政策将极大释放国内压抑的消费需求。

三、临海制造业高质量发展的思路和举措

临海制造业高质量发展的总体思路是：坚定“疫情防控和经济社会发展”两手抓、两手硬的总体战略布局，紧扣国家级民营经济示范城市和省制造业高质量发展示范市创建目标，把制造业高质量发展作为新时代民营经济高质量发展的一条主线，以制造业升级攻坚战为抓手，全面改造提升主导产业，培育新型产业，构建高端化、智能化、绿色化、服务化的现代产业体系，努力成为“台州之都”建设最富活力的窗口。

（一）全力打造高质量的企业梯队。企业是支撑制造业高质量发展的骨干脊梁。要把稳企业作为首要任务，坚持“抓大扶中育小推上市”并重，千方百计助推企业做大做强，加快形成龙头更强、板块更实、群体更多的企业梯队，打造“台州制造”主力军。一是抓好“2513”龙头企业培育工程。持续壮大一批亿元级企业，力争全年新增销售收入10亿元以上企业1家、亿元以上企业10家。二是抓好中小企业成长工程。深化“雄鹰计划”“瞪羚企业”等行动，分类推进行业“小巨人”“隐形冠军”等培育，力争全年新增“小升规”企业40家以上、“专精特新”企业180家以上。三是抓好企业上市培育工程。加大上市辅导支持力度，力争全年新增上市报会企业2家。

（二）全力打造高质量的产业集群。制造业高质量发展，核心就是体现在产业的优化升级、集群壮大上。一是推动优势产业优化升级。逐个优化汽车机械、现代医药、时尚休闲等产业培育方案，提升产业规模能级。现代医药要以医化产业园为载体，依托华海、奥翔等上市企业，做精原料药，发展成品药，做强先进制药的临海板块。汽车及零部件产业要以吉利豪情生产基地为纽带，强化提升汽车整零协同能力，将临海培育成为规模优势明显、协同创新能力较强的国内优势汽车制造业集群。时尚休闲产业要加快升级步伐，不断壮大产业规模。眼镜、彩灯、建材等特色产业要加大高新技术、先进适用技术的推广应用，不断提升区域特色产业发展水平。二是优化产业空间布局。加快推进“两区多园”的产业空间体系建设，统一规划、合理布局，明确各区块功能定位，推动产业发展集聚化、企业发展集群化。聚焦集群效应，推动现代医药、汽车机械、能源物流等产业向头门港集聚。聚焦龙头引领，以华海制药等医药

龙头企业为依托，重点推进临海国际医药小镇建设，做优做强制剂产业，打造制药设备行业品牌，构建引领中国医药产业转型升级的示范区、新平台。聚焦特色培育，以户外时尚用品、眼镜、高档工艺品、节日灯饰四大发展方向，加快推进南工业集聚区、江南新区等平台建设，建成一批极具竞争力的产业园区。三是积极培育新兴产业。立足两大省级开发区和台州湾区核心区块的区位优势，结合本地产业特色，全力推进临海制造"接轨大上海、融入长三角"，重点引进生物医药、新能源汽车及关键零部件等新兴产业。尤其要以城区20平方千米的十大特色产业园区规划为契机，按照"规划先行、净地等候、精准招商、狠抓落地"的要求，紧盯世界500强企业、央企合作项目以及回归优质项目，科学布局智能制造、数字经济、高端装备制造等未来产业，厚积临海产业发展新动能。

（三）全力打造高质量的平台支撑。平台是承载大项目、大产业的聚合载体，是制造业高质量发展的主战场。要充分发挥重大平台的主战场、主窗口作用，依托重大平台集聚重大项目、培育重大产业，形成核心竞争力。浙江头门港经济开发区，要全面推进"三区一园"建设，国家级经济技术开发区创建要全程紧密对接，综合保税区年内力争创成，口岸开放争取获国务院批复并启动监管区建设，要加快丰树产业园项目建设，争取引进新的外资项目落户中外合作产业园。临海经济开发区，要探索建立"高效规范、责权统一"的管理体制，加快区内各指挥部力量整合，实行实体化运行。要加速开发区东拓南扩步伐，加快收储低效工业用地，谋划传统产业转型升级集聚区，推动休闲用品、建材、机械、节日灯等现有传统产业向中高端产业链发展，实现由生产制造型向服务制造型升级。当前要重点推进华强"熊出没"文旅小镇、临海国际医药小镇等重大平台建设，强化科创中心、总部商务区一期管理，加快时尚休闲小镇、科创园等选址，加速杜桥时尚眼镜特色小镇培育，推进杜桥国际眼镜城建设。小微企业园，要以列入省小微企业园建设提升重点市为契机，健全入园企业管理和退出机制，2020年打造1个数字化示范园区，新投运2家小微企业园。力争到2022年建成32个小微企业园，总用地约4386.55亩，入园集聚小微企业800家。

（四）全力打造高质量的科创体系。科技创新是制造业高质量发展的源动力。要以科技创新攻坚战为抓手，充分发挥总规模为20亿元的政府产业基金的引导和撬动作用，鼓励引导企业加大研发投入，全力推动制造业数字化、智能化，实现"临海制造"向"临海智造"跨越。一是加快数字化转型。坚持数字经济"一号工程"不动摇，以数字经济四年倍增计划为抓手，强力推动"产业数字化、数字产业化"。面向临海医药化工、汽车机械、户外休闲、彩灯、眼镜等重点行业开展"企业上云"三年行动，嫁接5G等新一代信息技术，加快百亿产业集群企业工业互联网应用，打造一批"无人车间""无人工厂"示范项目，为提升临海产业竞争能力，保证经济持续发展打下基础。二是推动行业智能化。开展工业企业智能化技术改造咨询诊断服务，政府买单聘请专家为企业把脉问诊，引导和鼓励全市企业实施智能化改造，力争到2021年实现规上企业智能制造诊断服务全覆盖，确保实施智能化技术改造项目40项以上。三是构建创新平台体系。全面推进"公共平台＋企业载体＋异地研发"的制造业创新平台建设。积极与复旦大学做大做强复旦大学张江研究院临海科技创新园，加快推进省现代医药化工产业创新服务综合体建设，谋划临海高校研究院集聚园，围绕临海产业发展深入开展技术研发、人才培养和成果转化等服务。鼓励华海股份、永太科技、万盛股份、海翔药业等龙头企业联合科研机构、行业组织等，共建生物医药制造业创新中心，争创省级制造业创新中心。探索在沪杭甬等智力资源富集地区设立临海科创大楼等飞地模式，支持有条件的企业入驻，开展前沿技术研发。

（五）全力打造高质量的营商环境。营商环境是筑巢引凤的关键，是推动制造业高质量发展的"一号保障"。一是深化"三服务"工作。落实扶持政策，重点兑现好当前疫情影响期间支持民营经济渡过难关16条意见，谋划制造业高质量发展财政专项激励资金，确保拨付到位，确保全年减轻企业负担43亿元以上。破解融资难题，健全信贷引导机制，鼓励银行给予企业更多的金融支持，确保2021年全市新增银行贷款130亿元、直接融资30亿元以上。提升开发效益，全面排摸梳理低效闲散等可用土地，重点向零地技改、向工业园区"二次开发"要空间。二是深化“最多跑一次”改革工作。以《全面开展营商环境评价实施方案》为抓手，围绕国家、省营商环境评价体系核心指标，逐个出台相应举措，重点抓牢“10+N”联动核心指标的优化提升，确保一般企业投资项目审批竣工验收前最多80天改革年度完成率100%，政务服务事项网上可办比例达到100%。三是深化“法治临海”建设。企业发展离不开良好的法治环境。坚持把营造公平竞争的市场环境作为基础工程，设“路牌”、清“路障”，全力保护企业合法经营，依法打击违反市场秩序行为，特别是要结合扫黑除恶等工作，肃清市场上的黑恶分子，让广大企业家放下包袱、轻装前进、安心创业。

专记：让古城活起来，让文化添韵味

临海市委市政府政策研究室

文化是城市之魂。文化，给城市以格调，给生活以优雅。临海在台州府城建设发展中，依托深厚的历史底蕴、丰富的文化积淀和鲜活的原住民生活，大处着眼，小处入手，以建塑形，以文铸魂，在保持古城纯真原味的同时，引进新青年、新业态、新时尚、新文化，促进城市、文化、社会、空间多层面的碰撞融合共生，打造古朴、多元、鲜活的城市文化生活体系，形成了具有古城韵、文化味、历史感、时尚性的独特格调和魅力，成为人人向往的"诗与远方"，构筑了文化、旅游和城市、生活深度融合，形神俱美的美好家园样板。

一群青年，激活古城"年轻态"

临海大力实施台州府城复兴计划，吸引了一大批青年人回归临海、入驻府城。他们有的是临海人，有的是新临海人，因为被台州府城的文化魅力吸引，长留此城，创业立业。初步统计，两年来，35岁以下的年轻人入驻府城100余人，开设各类文旅小企业20余家，成为台州府城文化引领者和业态新潮流。余丰里民宿80后店主金勰，生于临海，毕业后在浙江卫视任职，在一次回乡考察后，被古城古街深深吸引，毅然决然地筹资1800万元开发高端民宿。即将开业的时候，遭遇"利奇马"超强台风，一楼全部被淹，损失严重。但他没有退缩、没有气馁，锲而不舍将余丰里做成了长三角地区网红民宿。五月工坊的店主王伟，山西人，也是一名80后，厦门大学新闻系毕业后，在全国到处旅行，到了台州府城后，喜欢上临海，创办了五月文创，专注于文创产业和文化活动策划，实施了临海百工、小城青年X计划、五月青年分享会、城市会客厅、在地文化研究与开发等一系列活动计划，建立了青年与城市长的链接，以一副全新的目光，打开了探索开发府城文化的新视野。近两年来，各类活动参与人次总计达10余万。因为年，古城正青春；因为年轻，古城很生动。这些青年人，从不同的切口进入，怀揣文化复兴和时尚生活梦想，用青春、时尚、现代元素赋予古城各种突破性与成长性，让古城既有人间烟火味，又充满了青春活力，使临海成为一座青年人喜欢的城市。

一杯咖啡，引领消费新风尚

18R咖啡，位于紫阳街南端，经营面积181平方米，总投资150万元，由世界咖啡师大赛（WBC）中国区评委杨林跃于2015年创办，是一家集合了SCA国际咖啡师认证中心、创意咖啡研发和咖啡豆烘焙

小城X计划　（2021年/摄　团市委　供图）

等为一体的“网红”店铺。杨林跃系台州第一个且唯一获得SCA国际咖啡师认证（全球认可度最高的咖啡职业资格证书）的教育官和考官。18R咖啡的最大特点是，将咖啡这个“西洋舶来品”与古城传统文化、本土特色小吃相结合，开发出草糊拿铁、桂花酒酿拿铁等“台州特调”创意时尚咖啡，抓住了年轻人的胃，打动了年轻人的心。小店成为年轻人最喜欢的“网红”打卡点，平均日销咖啡1000杯，高峰期当天销售咖啡4000多杯，业绩远超一门之隔的“星巴克”咖啡，开业仅半年就收回投资成本。18R咖啡团队一直不断探索咖啡与古城、时尚与本土结合的可能性，2020年，还成功将世界咖啡师大赛引到台州府城文化旅游区（该赛事要求为国内一线城市），同时在上海的HOTELEX展会，展示台州本土特色的创意咖啡，扩大了台州府城的知名度。

一家书店，打造城市文艺新名片

位于长城墙脚下的再望书苑，是一家城市独立书店，由85后青年谢然羽创办，2019年入驻紫阳街三抚基27号，总投资300万元。整个书店的设计理念是——阅读长城。80后店主谢然羽讲，“从地理位路上来说，书店和长城是互相面对的。在书店里，读者可以看到长城，而长城上的游客，也可以看到书店。从精神层面上说，书店跟长城的关系是互相阅读的。临海这座城市的文化积淀，包括历史遗留的许多东西，都凝固在长城上。我相信，在这片土壤中成长的书店，跟在别的地方是不一样的。书店吸收长城的养分成长，也会将文化反哺给这座古城。”书苑卖的是书，经营的是文化，是一个集合了书店、小剧场、咖啡馆、脱口秀厂牌、文创工作室、活动策划、美食教室、艺术展的综合性众创空间。以“书店+生活方式”为宗旨，以书店经营为基底，通过自营咖啡、文创产品、文化活动、社区共创等方式，跳出书店发展书店，进行小城市文化社区的共创实践。先后开展“再·地艺术家”计划、“再·剧场”话剧排演、“肚抖喜剧公社”脱口秀演出、“在地写作者计划”纪录片制作、特色文化演艺、城市会客厅分享会等系列活动，积极打造新潮精致、优雅普惠的文化创新发展平台，已成为台州乃至全省都有一定知名度和美誉度的网红文化地标。2020年，再望书店被评为“中国小城市独立书店百强”第五名。对于再望来说，台州府城是它赖以生长的丰厚土壤；对于古城来说，再望书苑是一张最为文艺的城市名片。

一个舞台，演绎文化新魅力

生活需要展示，文化需要舞台。2019年7月，台州府城景区投入500万元，按照原肌理结构对原“临海搬运工会”的数幢历史建筑进行改造，建成紫阳剧场台州府城文化综合体。紫阳小剧场，建筑面积692平方米，共2层，内设202个观众位，集“非遗展示、文化演出、休闲娱乐”为一体，深度挖掘临海特色文化，助推了古城夜游经济发展。小剧场与来自上海的乌镇戏剧节团队合作，定期安排传统民俗、话剧、脱口秀、音乐节、读书节等文化活动。2019年以来，举办各类活动90多场，吸引人流量超20万人。小剧场尤其注重台州本土非遗，如：临海评弹、上盘花鼓的演出，同时积极引入上海、杭州等地城市现代文化项目，如：实验话剧、街头艺术表演等。一个舞台虽小，却是府城生活的演绎，是城市与游客的互动，更是思想与文化的交流碰撞，正成为台州府城的文艺新地标。一座古宅，展现古城“形神韵”余丰里，位于台州府城赤城路23号，建筑面积近4000平方米，是一家由百年历史建筑“余同丰”当铺、六十年历史老仓库建筑群改建的高端目的地型城市民宿。由零壹城市建筑事务所从建筑、室内、软装到VI系统一体化设计，用现代设计来平衡古色古香，前院设书店和咖啡馆，后院备有各类客房42个。建成后，获得一系列国内外建筑和设计大奖，2021年获ArchDaily中国年度建筑大奖。开业以来平均入住率70%，每天营业额（含书店）约4万~5万元。余丰里是古城的一块金字招牌，最大的特色是历史感、文化味与现代性兼具，让古与新、传统与未来、时间与空间对话，创造了一种全新的居住体验。余丰里这个名字就很有年代感，前两字取自百年老当铺“余同丰”的首尾。“里”本义是居住之地，是古代地方组织，也指街坊、家乡。民宿设计以“时空回廊”为主线，串联起三个不同历史时代的建筑。这些老建筑是古城的缩影，虽已有些破败，但仍保留着那个年代对于建筑美感和空间功能的理解，诉说着不同的历史故事。设计还原并强化在同一天地中历史时空的碰撞，让每个不同年龄、不同背景的人来到这里，都能找到触动内心的属于一个时代的理解。比如，前院设书馆 + 咖啡吧，对内作为民宿的服务功能，提升居住的配套附加值，让旅客与万本好书同眠；对外向居民和游客免费开放，成为街坊生活的延伸和城市会客厅。四合院客房，打开一方天光，用新的方式创造人与历史空间的对话，营造“星空下”历史畅想的居住美感。对于台州府城来说，余丰里不仅是一家民宿、一个网红 IP，而是古城复兴形神兼备、独具韵味的一个案例示范。

一盏明灯，点亮城市夜经济

细节决定品味，细节展现温情。每当夜幕降临，紫阳街亮起流光溢彩的灯火，让古城古街比白天多了几分风情，让来到这里的每一个人多了一份温馨。为传承历史文化，做好节庆氛围营造，台州府城景区在紫阳街南端文化展示街区设路了 300 多盏灯笼，点亮府城夜经济，照亮传统文化味。这些灯笼两个特点：一是与传统节气相结合。如，2021 年立夏当天，府城就打出了“榴月”的灯笼主题。二是与台州的古诗词相结合。临海作为浙东唐诗之路枢纽地，台州府城的灯笼设计自然也少不了人墨客的诗词歌赋。“台州地阔海冥冥，云水长和岛屿青。”“海上仙子国，邂逅寄孤蓬。”这一首首诗词被人们写在灯笼之上，场景美轮美奂。灯火扮靓了古城，也点亮了夜消费、夜经济。以灯为牵引，古城安排了“一月一集市”、浙江民间巧女秀、传统小吃美食节等一系列活动，吸引大家夜游古街古城。灯火阑珊，让古城的夜也灵动起来。

城市与文化，是相辅相成、相得益彰的。城市是文化生长的土壤，文化赋予城市独特韵味。台州府城，统筹把握城市建设中的留与拓、古与新、形与神，让历史建筑、传统文化与现代时尚元素邂逅、碰撞，激发了全新的时代力量，展现了崭新的时代风采。

2021年临海市民生发展报告

临海市委市政府政策研究室

一、民生发展总体情况

2021年，临海市始终坚持以习近平新时代中国特色社会主义思想为指导，全面践行以人民为中心的发展思想，始终关注民生、保障民生、改善民生，扎实推进民生保障各项工作，不断满足人民日益增长的美好生活需求。全年民生支出83.28亿元，占财政总支出的78.59%，同比增长1.93%。

（一）收入就业稳步提升。2021年，全体居民人均可支配收入实现50329元，同比增长8.5%，快于全年生产总值8.3%的增速。其中，城镇居民人均可支配收入62993元，同比增长8.0%；农村居民人均可支配收入35367元，同比增长10.0%。城乡居民收入比持续缩小，由2020年的1.81变为2021年的1.78。居民人均消费支出34501元，同比增长15.6%。其中城镇居民人均生活消费支出39919元，增长15.2%；农村人均生活消费支出28099元，同比增长16.5%。全年城镇新增就业41426人，城镇失业人员再就业4577人，城镇登记失业率1.40%。通过乡村振兴活动帮扶创业企业749家，直接带动就业2975人。发放创业担保贷款6116万元，创保贷贴息491.15万元，创业类补贴52.22万元。完成14021家企业阶段性降费工作，涉及失业保险金额约7396.39万元。企业职工基本养老保险参保缴费人数265049人，比2020年末增加26519人，增长率为11.12%。

（二）社会保障日益完善。养老服务事业稳步发展，全市共有养老机构52家，约3000名老人入住，镇级示范型居家养老服务中心实现全覆盖。建成2家康养联合体、完成559户困难老年人家庭适老化改造；打造中心食堂21家、助餐点174个，50家照料中心开展示范运营。不断提升社会救助水平，新增低保对象728户1057人，发放救助资金7830.77万元。累计慈善资金收入8897.24万元，支出8596.42万元，救助困难群众4467人次。新建2家“残疾人之家”，通过省市两级验收并投入使用；超任务完成3家残疾儿童康复机构提升改造；困难残疾人生活补贴和重度残疾人护理补贴目标人群覆盖率达到100%，累计发放资金6157多万元，惠及20392人次；残疾人基本社会保险覆盖率100%，残疾人意外伤害和疾病补充商业保险覆盖率100%。发放助学金154.6万元，惠及818人。在台州市内率先试行为“低保、低边、特困供养”等三类参保人员意外伤害先予开通医保刷卡，再行调查核实的办事流程，予以124名困难群众开通先行支付，累计减少资金垫付90万元。

（三）教育事业优质普惠。以“优质、均衡”为理念，大力推进教育现代化，创成省规范民办义务教育发展先行市。全面实施义务教育“公民同招”政策，公办学校就读率超80%。推进办学体制改革。全面实施“公参民”学校转制规范工作，将台州学院附属中学等6所“公参民”学校全部改制为公办学校。深化教育共同体、“互联网+义务教育”等办学新模式，新组建城乡教育共同体55对。全面对标补短，加快教育事业发展，新增省现代化学校7所，省一、二级幼儿园7所。推进教育建设项目87个，完成永丰镇中学、涌泉镇中心校等项目建设26个，大洋三小、临海小学东校区等项目完成主体工程建设。推进幼儿园改薄扩容提升项目20个，完成新改扩建二级以上标准幼儿园8所，新增学位2520个。创成产教融合“五个一批”项目省级2个、台州市级6个，建成开放型公共实训基地建设项目2个，遴选并聘任产业教授（特岗教师）台州市级6人，临海市级22人。

（四）健康临海全面推进。全面推进健康临海“1+26”项行动。全市累计创建健康社区（村）214个、健康家庭946户、健康主题公园3个、健康步道3条、健康食堂9家、健康餐厅/酒店11家、健康企业7家、健康促进医院（二级医疗机构及以上）6家，创建率100%，健康促进学校金银铜牌创建率达97.89%，入选首批累计三年健康浙江建设考核优秀县市区。公立医院综合改革连续两年获评省优秀县市区，入选妇幼保健机构机制创新国家级试点。新引进高层次优秀卫生紧缺人才38人，新建立2家名医工作室。通过省级慢性病综合防控示范区复评，建成并启用浙江省首家艾滋病主题科普教育基地。健全完善家庭医生签约服务，累计签约55.06万人，重点人群签约率85.6%。市第二人民医院新病房大楼开工扩建，市第一人民医院新病房大楼建成投用。疫情防控科学精准，全民免疫屏障更加坚固。强化联防联控工作机制，启动大规模核酸检测实战演练2场，开展应急处置推演3场，累计完成接种新冠疫苗235.4万剂次，全程和加强针接种任务均超额完成。

（五）文化事业亮点纷呈。深入推进文旅强市战略，推动文旅事业蓬勃发展。全年累计接待游客473.35万人次，同比增长6.5%；实现旅游总收入57.84亿元，同比增长11.3%。跻身2021年全国县域旅游综合实力百强县，创成省全域旅游示范市，当选首批长三角高铁旅游小城，进入中国特色美食百佳县榜单第8名，入选省旅游业“微改造、精提升”行动试点市，紫阳文化街区被评为第一批省级夜间文化和旅游消费集聚区，紫阳街被评为浙江省高品质步行街、浙江省智慧商圈，入选“诗画浙江百县千碗”美食街区。公共文化服务不断夯实，新建农村文化礼堂88家，累计建成数551家，覆盖率达87.7%，居台州市首位。新增五星级农村文化礼堂8家，四星级农村文化礼堂15家。积极开展农村电影下乡，共完成放映8252场次。设立3000万元文化旅游发展基金。投资2000万元建设台州府城·诗路文化体验馆。柴古唐斯括苍越野赛获评国家体育产业示范项目。大力推进文旅体数字化改革，台州府城数字化文旅融合场景体验项目入选省文旅数字化改革试点项目名单。先后承办全国文物修复研讨会、“戚继光与南北长城暨明长城寻根研讨会”、“中国古城墙保护与申遗学术论坛”、2021年央视跨年晚会等高级别活动，全面展示和提升临海形象。

（六）居住品质不断优化。住房保障全面铺开。新增房地产投资92.68亿元，商品房年度销售面积约为107.04万平方米，同比增长30.3%，全市住宅均价涨幅控制在5%以内。竣工交付660套棚改安置住房，新开工棚户区改造4623套。全市1890套公租房全部配租，共发放租赁补贴167.76万元；发放人才房票22张，合计金额832万元。城市建设进一步展开。全面推进国庆片区、六角井未来社区、大洋小区未来社区、伏龙大桥工程等项目。完成4个老旧小区改造工程，惠及居民1279户、建筑43栋、建筑面积11.49万平方米。成立危旧房屋巡查小组，检查房屋1876幢；进行房屋安全全面排查，共计排查城镇既有房屋建筑6697幢；开展农村房屋安全隐患排查整治工作，共排查农村房屋28.5万户。签订白蚁预防联系单24份，涉及新建房屋面积111.21万平方米；灭治白蚁596户，发放药包近3000包，灭治面积共达6.74万平方米。

（七）生态环境持续改善。创成省级生态文明示范市。以壮士断腕、刮骨疗毒的决心，铁腕整治长江经济带生态环境突出问题，倒逼产业转型，医化园区实现生态环境和发展质量双提升，整治成效在国家推动长江经济带发展领导小组会上视频播放，经验做法向全国推广。“五水共治”全面深化，完成城市污水处理厂迁建，建成“污水零直排区”51.5平方千米，尤溪镇创成台州市“污水零直排区”建设样板镇，创成省级美丽河湖3条，两次夺取“大禹鼎”。城市空气环境质量优良率99.7%，15个县控以上地表水断面功能区水质达标率93.3%，牛头山饮用水源水质达标率100%。垃圾分类有序推进，建成伟明垃圾焚烧厂二期，生活垃圾实现总量“零增长”、处理“零填埋”。完成平原绿化3715亩、彩色森林建设1.8万亩，创成括苍山国家级森林公园。完成方溪水库工程大坝主体工程并通过下闸蓄水阶段验收，大田平原排涝二期工程、东部平原排涝一期工程建设有序推进。

（八）交通出行更加便捷。综合交通“343”战略深入实施，完成综合交通投资35.54亿元，沿海高速、杭绍台高速等项目建成通车，“四好农村路”三年行动计划圆满完成，实现村村通公交，成功创建“四好农村路”省级示范县。投入1.5亿元完成新改建农村公路37千米，路面维修111千米，安防工程45千米，改造危桥病隧9座，普通公路服务站1个，港湾式停靠站40个，更新新能源客车86辆。四、五类桥梁全面消除，临水临崖4米以上落差段安防覆盖率100%，行政村双车道比例达到71%。增设临海南站、杜桥火车站、头门港火车站公交班线，优化改造2条微公交线路。淘汰老旧车辆175辆，翻倍完成台州市布置的指标。制定出租车新能源车辆购置补贴政策，引导出租车行业向低碳、环保方向发展。

（九）平安建设卓有成效。成功夺取省首批星级“平安金鼎”，实现平安临海“十七连创”。创新“五查三改”机制，共检查7.63万个点位，发现12.35万个问题，整改率达95%。深入开展“十百千”项目管理行动，评选出59个优质“百”项目，37个项目入台州市重点项目库，入库数居台州市第一，3个案例被台州市评为最佳实践案例。全域推行“浙渔好老大”示范创建，在全省先行先试。火灾起数同比下降15.5%，抢劫、抢夺案件率同比下降50%，生产假冒伪劣商品案事件数同比下降65.5%，非法集资金额同比下降19.7%。在全省率先开展青少年儿童“心灵守护行动”，面向全市发放《青少年儿童“心灵守护行动”心理健康保护指南》18万余册，家长心理健康相关知识知晓率同比上升65%，青少年儿童自杀率同比下降33%。打造台州市首档电视法治节目《小刚说法》，切实加大全民普法力度。

二、推动民生领域共同富裕的实践和探索

（一）协调收入分配增富。一是扶持小微企业发展。临海被评为2020年度“小微企业三年成长计划”工作优秀县（市、区）；打造“小微云图”，对全市小微企业进行分层展示、标签化管理，精准推送惠企政策，同时实现5大板块功能，为政府决策提供依据，成功申报2021年度省民营和小微金融综合服务改革试点；临海灯饰行业列为全省小微企业质量管理体系认证提升行动试点。二是创新推出“临”掌柜残疾人电商创业平台，运行以来，共1215人在平台开店，平台总销售额达201.63万元，增加就业岗位1600多个。该项工作获副省长王文序批示肯定：“创建平台服务残疾人就业有成效，请省残联总结推广。”三是临海作为台州市唯一承建“浙系列”重大综合应用的县市，谋划建设的“浙里好家政”项目被省委改革办列入《全省多跨场景重大应用“一本账”S0》，成功上线浙里办，获评全省数字化改革“最佳应用”。四是构建本市低收入农户帮促数字化管理体系，对“一户一策一干部帮扶机制”全过程进行动态管理，利用大数据分析，对低收入农户帮促相关数据进行综合分析，由点式碎片化帮扶转向精准靶向立体式帮促，在解决发展不平衡不充分问题上有效突破。

（二）优化公共服务享富。《临海实施“九项服务措施”破解特殊儿童群体“学、养、医、乐”难题》入选省高质量发展建设共同富裕示范区典型案例清单。深化“三医联动、六医统筹”，聚焦聚力医共体管办分离、人事薪酬等重点领域改革，医改核心指标居全省并列第一，获评省公立医院综合改革评价优秀县市区、全国妇幼保健机构机制创新试点市。

（三）促进城乡统筹奔富。出台《临海市村级集体经济巩固提升三年行动计划》，加大了资金扶持、用地指标、创建物业项目等方面扶持，通过发展“两团”项目、开展村庄经营、深化结对帮扶等途径，发展壮大村级集体经济。臻城创业园项目“飞地抱团法”和羊岩茶厂“龙头带动法”成功入选台州共同富裕“36法”。

（四）打造美丽临海育富。着力将医化园区打造成“绿色药都”，创新建设集成国内领先的“洁净园区”空气质量监控体系、水质指纹监测溯源管理场景、“环保码”管理、危废“千里眼”等模块的智慧园区监管平台，相关经验在全省推动长江经济带生态环境突出问题整改现场交流活动上做推广。

三、推进民生发展的思路和建议

保障和改善民生没有终点，只有连续不断的新起点。下一步，临海将锚定建设“历史名城、制造强市、共富高地”发展的总目标，坚持“以人为本”的发展思想和“民生优先”的发展战略，持续加大民生投入，踏实办好民生实事，全面补齐民生短板，让群众的获得感、幸福感、安全感更加充实、更有保障。

（一）全面协调收入分配。民生大计重在收入分配。聚力提高收入分配质量，加快缩小收入差距，全力探索形成以中等收入群体为主体的橄榄型社会结构。一是提升收入水平。着眼居民收入十年倍增、中等收入群体规模倍增“两个倍增”计划，健全扶持中等收入群体后备军发展的政策体系，多措并举减轻支出压力，确保居民人均可支配收入增长与经济增长基本同步。推动更多资源要素向农村流动，让农民分享更多乡村产业增值收益。进一步加快低收入群体帮扶力度，确保有效增收。二是促进充分就

8月26日，浙江电视台共同富裕新征程从“浙”里出发圆桌会在紫阳茶楼录制　　（古城街道　供图）

业。实施更加积极的就业政策，探索零工经济、共享员工等新就业模式，支持劳动者以灵活多样形式实现就业，到2025年，力争累计城镇新增就业10万人，城镇登记失业率控制在2%以内。三是完善分配机制。突出“扩中”“提低”导向，建立完善资本、技术、管理等要素参与分配机制。用好税收、转移支付、社保等政策工具，保护合法收入，合理调节过高收入，取缔非法收入。

（二）大力优化公共服务。公共服务是老百姓的心头大事。围绕完善人的全生命周期服务供给，集中精力办好民生要事，提升人民生活质量。一是建设全龄友好包容社会。围绕打造幸福颐养样板区，积极发展嵌入式养老社区综合体，实施全市敬老院改造提升工程，全面建立老年人居家社会探访关爱制度，让老年人享受幸福晚年。积极完善生育支持政策体系，推动三孩生育政策有效落地。建立健全0~3岁托幼服务体系，到2025年，每千人拥有3岁以下婴幼儿托位数4.5张。实施学前教育补短提质攻坚计划，全力创建全国学前教育普及普惠市。进一步完善特殊群体福利保障政策，不断加强困境妇女、留守儿童关爱服务和残疾人保障服务。二是构建优质公平教育体系。围绕创建全国义务教育优质均衡发展市、省教育现代化市的目标，全面优化和完善中小学校网布局，深化城乡义务教育共同体建设，进一步提升教育教学质量，努力办好人民满意教育。实施职教“窗口”城市建设提质赋能专项行动，积极申报国家职业教育混合所有制办学试点和国家产教融合型城市建设试点。深入实施名师名校长工程，打造一批名师名校长队伍。大力开展“双减”专项行动，加强校外培训机构管理。全力支持台州学院在临海发展。三是优化全民健康服务体系。深入推进“健康临海”战略，加快建设健康浙江示范区。加大“三医联动、六医统筹”力度，加速推进市一医院迁建、市二医院扩建等项目建设，不断深化公立医院综合改革，全面加强公共卫生应急体系建设，持续提升城乡公共医疗服务水平。全力支持台州医院在临海发展。加快全民健身网络建设，到2025年，人均体育场地面积达到3.1平方米。四是打造公平普惠保障体系。严格落实房地产市场平稳健康发展长效机制，促进地价、房价保持在合理区间。持续推进全民参保、全民医保，落实低保对象应保尽保，不断扩大社会保障覆盖面，到2025年，实现基本养老保险参保率达97%以上、最低生活保障标准达13000元。统筹推进社会救助与社会福利、社会保险、优抚安置、扶残助残、扶贫政策配套衔接，确保共同富裕路上一个不少。

（三）持续改善人居环境。坚持“全域共建、品质立市”理念，构建“一带串联、双城驱动、三部协同”的城市发展新局面，不断提升人居环境质量。一是建设现代城市。强化中心城市引领作用，优化城市空间结构，高品质建设台州府城、伏龙、江南、洛河、开发大道两侧、铁路大道周边等重点区块，打造若干个城市新地标。严格按照20平方千米工业用地布局，加快落实一批工业净地，增强主城区发展能级。完善城市功能布局，加快商业服务设施、公共服务设施、市政基础设施等建设，提高生活便利度。深化城市治堵工程，促进智慧城市建设，提升城市管理水平。全面实施美丽城镇和美丽乡村建设行动，争创省新时代美丽乡村建设标杆市，到2025年，建成5个美丽城镇省级样板镇，实现新时代美丽乡村基本全覆盖，高水平打造一批未来社区、未来乡村。二是推动强村富民。全面实施乡村振兴战略，继续做大村级集体经济，鼓励建设跨村、跨镇“飞地抱团”“片区组团”发展项目，到2025年，实现集体经济年收入达20万元以上且经营性收入10万元以上的行政村全覆盖。深化农村土地制度改革，探索集体经营性建设用地入市配套制度和市域范围内建设用地指标调剂制度，稳慎推进宅基地“三权分置”改革，完善农村产权流转交易市场体系和规则。三是完善基础设施。实施综合交通“1234”工程，加快推进余温公路汇溪至沿江段、351国道邵家渡至白水洋段改建、甬台温高速改扩建临海段、金台铁路头门港支线二期等重大交通工程建设，积极谋划104国道河头至江南段改建、疏港公路二期、沿海高铁等项目，全面推进城乡公交一体化发展，积极构建对外连接交通大动脉、对内畅通城乡“微循环”的现代化交通体系。加快建设海绵城市，推进灵江治理、城防二期、海塘安澜、尤汛分洪、大田平原排涝二期、东部平原排涝一期等项目建设，全面提升防洪排涝御潮能力。

（四）着力构建文化高地。文化是民生之魂。立足“千年府城”文化优势，弘扬新时代社会主义先进文化，塑造“三大三城”城市文化品牌形象。一是赓续红色血脉。继承发扬伟大建党精神，深入开展党史学习教育，推动党的创新理论在临海大地落地生根。积极实施铸魂工程、溯源工程、走心工程，依托郭凤韶烈士故居、台州中心县委机关旧址等红色教育基地，传承红色基因、彰显临海印记。二是擦亮文明底色。巩固提升全国文明城市创建成果，统筹推进文明村镇、文明单位、文明家庭、文明校园创建，推动形成城乡一体的全域文明创建格局。高质量推进新时代文明实践中心建设，全面打响“万鹿同行追梦临海”文明实践品牌。三是发展公共文化。实施文化惠民工程，加快公共体育场、市级文化艺术中心等项目建设，办好古城文化节等节庆活动，大力推进农村文化礼堂建设，让文化产品走进寻常百姓家。四是促进文旅融合。全力实施“千年古城”复兴计划，推动台州府城墙“中国明清城墙”申遗工作。实施文化基因解码工程，提炼形成山海文化、府城文化、抗倭文化等文化品牌。深入推进全域旅游“五联创”，联动提升灵湖、括苍山、桃渚古城、羊岩山、白沙湾、江南大峡谷等旅游品牌，确保台州府城文化旅游区创成国家AAAAA级景区。围绕新设立的“朱自清文学奖”，扎实办好朱自清走进临海100周年系列纪念活动，将临海打造成人人向往的“诗和远方”。

（五）打造民生共富载体。坚持把“扩中”“提低”改革作为突破口，聚焦技术工人、高校毕业生、高素质农民、低收入农户等重点群体，突出打造三大载体，让更多共富成果惠及民生。一是打造共富工坊。立足休闲用品、彩灯、眼镜等特色产业优势，深入推动产业进乡村、农民大培训、农民大就业，确保实现“人人有事做，家家有收入”。力争推动100家企业与1万户家庭建立劳动合作关系，户均可支配收入增加1.5万元以上，把共富工坊打造成临海的品牌。二是打造职业教育示范基地。坚持以就业市场需求为导向，深化产教融合、校企合作，谋划建设占地千亩的浙东职教城，加快实施吉利临海教育中心迁建，建设中高职一体化的国际职业学校。三是打造共富飞地。加快土地全域综合整治，大力推进消薄飞地抱团项目、共富飞地工程建设，不断巩固提升村级集体经济实力。

（六）全域打造美丽生态。良好生态环境是最普惠的民生福祉。深入践行“绿水青山就是金山银山”理念，全域共建人与自然和谐共生的现代化生态环境体系。一是强化环境治理。突出高标准严要求，高质量完成中央、省环保督察、长江经济带警示片等反馈问题整改。持续打赢环境污染防治攻坚战，系统开展“五水共治”、清新空气、固废防治等重点领域专项工作。坚持陆海协同治理，加快建设全域“无废城市”。二是加强生态保护。强化“三区三线”管控，严守生态保护红线。实施生态系统保护修复工程，加强自然河湖、森林湿地公园保护，开展灵江等重点河流河滩和海岸线整治修复，打造山水林田湖草生命共同体。三是实施低碳行动。统筹推进碳和大气污染物协同减排，加快形成绿色低碳发展模式。加强能源消费总量和强度“双控”，大力发展太阳能、风能、光伏等清洁能源。深化多层级、多领域近零排放实践，推动能源、工业、建筑、交通、农业、居民等重点领域和重点企业的绿色低碳发展。

（七）提升平安建设水平。平安稳定是实现民生发展的基础。统筹发展与安全、富民与安民，加快推动社会治理体系和治理能力现代化。一是提升法治水平。强化法治建设，提升全民法治素养，更好发挥法治规范社会行动、引领社会风尚的作用。探索行政执法市域集成改革，构建“大综合、一体化”基层综合行政执法新格局。深入开展“八五”普法，推进多层次全领域依法治理。二是强化基层治理。坚持和发展新时代“枫桥经验”，导入“两智融合”理念，升级“一中心四平台一网格”基层社会治理体系，打造智慧社会创新示范区。积极探索“社会调解优先，法院诉讼断后”矛盾纠纷解决方式，建强市镇两级社会矛盾纠纷调处化解中心。深化“四个平台”建设，夯实“全科网格”基础，贯通基层治理“最后一公里”，实现群众信访和矛盾纠纷化解“最多跑一地”。三是建设平安临海。加快构建“大安全、大应急、大减灾”体系，推动更高水平“平安临海”建设。常态化开展扫黑除恶专项斗争及反电诈行动，严厉打击和惩治各类违法犯罪活动。坚决守住不发生区域性金融风险的底线，维护粮食、能源、资源、重要基础设施等领域安全。切实提高食品药品安全保障水平，积极创建国家食品安全示范城市。

大树底下好乘凉

“大树底下好乘凉。”我国古建筑界的后生们喜欢这样赞叹黄大树。

黄大树，临海人，1948 年生，现为临海古建筑公司董事长、高级工程师，中国科技史学会史学专委会副会长，中国建筑文化研究会传统委主任，中国民族建筑研究会副会长，中国建筑协会古建分会副会长。他，25 岁，携带泥水瓦刀与砖木结缘；31 岁，走出家乡，初露锋芒，被省文物考古所所长破例收为弟子；42 岁，班门弄斧，又成为梁思成的再传弟子。2020 年 10 月 30 日，新华每日电讯《“土专家”黄大树：我为古建续春秋》写道：“农民出身，初中学历，泥瓦匠起步，误打误撞入行古建领域，边学边干 40 余春秋。他大半辈子雕琢古建筑，也被古建筑所雕琢。”

黄大树传奇的故事从 40 年前开始。上世纪 70 年代，日本佛教团体通过日本首相几次向我国提出参拜日本佛教曹洞宗祖庭——宁波天童寺的请求。1979 年初春，国家拨出专款 120 万元，由浙江省省长挂帅，宁波市政府主持修复天童寺。同年 8 月，对古建知识一无所知的青年农民黄大树闻讯带了同村 27 名泥水匠赶去，争取到修葺寺庙围墙的粗工活儿。从“午研夜训、勤学苦练”，“搭积木”式的“偷”学技术，到获得“肯干好学、省工省本、节约原料、工程优质”的验收好评，于是，普通施工员黄大树接下了这座千年古寺的大雄宝殿、藏经阁、钟鼓楼修复工程。竣工验收时方丈对着黄大树合掌施礼：“天童寺的修复保护，你们出了大力！有你们这种精神，佛教中兴有希望了。”浙江省文物考古研究所王士伦所长赞誉之余破例收黄大树为弟子。黄大树顺势组建了临海县古建筑修建工程队，紧接着承担了元朝建筑阿育王寺西塔（下塔）的修复工程。黄大树打破了原有的修复常规，采用了由下而上的塔身加固，由上而下的屋面出檐、盖瓦，安全、顺利完成了建国以来宝塔的首次修复，被同济大学陈从周教授评为：“达到了国际水平。”

1985 年，黄大树接受了国家文物局交付的重任——修复湖州飞英塔。始建于北宋的飞英塔为国内罕见的“塔中塔”珍品。修复的最大难处在于斗拱的复原安装、五层以上的砖砌原貌保护、五层空鼓凸肚的塔体修复。黄大树创造性地发明了“压力注浆法”“檐口借调法”“塔体紧箍补砌法”“角梁预应法”。成功解决了斗拱补装、墙壁空鼓、角梁变形的常见难题，348 攒木质斗拱，外加许多丁头拱、砖刻扶壁斗拱，榫卯，紧密度连“千分垫”都插不进去，为古塔保护和修复树立了行业标杆。一年后，飞英塔跻身全国重点文物保护单位。

人物名片：黄大树，临海汇溪镇浚头村人，出生于1948年6月，中国建筑协会古建筑分会副会长、浙江临海市古建筑工程公司董事长、高级工程师。他带领团队修复古建筑500多处，包括马来西亚张弼士府邸、浙江湖州飞英塔、北京清华园等，被评为国家传统建筑文化保护功勋人物、传统建筑行业大工匠、最美浙江文物守望者和新时代中国古建行业杰出领军人物。

1990 年 11 月，全国古塔维修技术研讨会在江苏苏州召开。黄大树在会上宣讲和演示了《古塔修复中四个难题的解决方法》。“想都没有想到的”与会专家们被深深震动了！国家文物局古建筑专家组组长罗哲文、清华大学建筑学院教授郭黛姮、北京文物局古建筑研究所所长王世仁等大师当即“截”留下了黄大树……原本供古建人借鉴参考、学习运用的方法一下子成为国内乃至东亚地区木构、砖石古建筑修复的“葵花宝典”。黄大树的古建修复“四法”绝招也获得了中国实用科技大奖赛一等奖。

从此，这位中国最牛的“泥瓦匠”黄大树南征北战，留下了辉煌战绩：从深圳的世界之窗台州南峰塔、杭州宋城文化产业园、宁波奉化雪窦寺、吉林长白公园，到广州红楼、大钟楼，湖南安化黑茶博物馆，海南文化园；从苏州灵岩寺塔、松阳延庆寺塔、江西赣州慈云塔，温州宝胜寺双塔、江心屿塔，苍南钱仓双塔，到龙游壶镇塔，黄岩灵岩寺塔、九峰塔，仙居南峰塔、福应塔；从金华浦江郑宅江南第一家古建筑群，长兴陈武帝故居、天居寺，兰溪长乐及诸葛八卦村，到福建古田会议旧址、安徽凤阳朱元璋皇城、深圳鹤湖客家围屋，杭州、金华、温州、绍兴、湖州、台州等历史街区建设。还漂洋过海在马来西亚、尼泊尔、日本、韩国、新加坡，为中国古建增光添彩。

特别值得一提的有，1995年，黄大树在马来西亚槟城修复了南洋首富张弼士府邸。这座“不褪色蓝屋”建于1897年，是东南亚现存最大、最完整的清代中国园林式住宅，有38间房、220扇窗、5个庭院、7座楼梯的四合院式楼群。修复后的“蓝屋”于2000年获联合国教科文组织亚太区文化遗产保护奖之卓越项目奖，并被英国高校作为东方建筑学习案例。

1997年春天，黄大树受我国政府派遣，去尼泊尔蓝毗尼佛祖释迦牟尼诞生地修建建筑面积3000平方米的“中华寺”。“中华寺”是中国响应联合国开发署、教科文组织以及尼泊尔王国政府等的邀请，以国家名义在国外修建的唯一正式寺院。2015年4月25日，尼泊尔遭遇8.1级大地震，“中华寺”屹然不动，完好无损，被称为最安全的避害所。2019年10月，国家主席习近平访问尼泊尔，在署名文章中称赞中华寺工程是中尼佛教文化交流的标志，于是，黄大树的传奇被闻风而动的各大媒体又一次宣扬。

2000年，清华大学建校90周年前夕，校方决定修复清华园“二校门”内唯一保存着的、清代康熙年间的“工字厅”等古建筑群。黄大树自告奋勇地去“班门弄斧”。翌年春天，当浑厚古雅、意趣盎然的25幢古建筑重新出现在清华校方和师生们面前时，历史给予了黄大树特殊的奖赏。这位“非清华人”应邀以嘉宾身份参加了党和国家领导人江泽民、朱镕基、胡锦涛、李岚清等出席的清华大学建校90周年庆典，并在前排就座。

2011年，黄大树在日本福光町建造仿唐单沿歇山顶建筑“中日友好物产馆”，被誉为“古建筑的榜样”。

粗粗算来，至今已有600余处古塔、古寺庙、古建筑、名人故居、仿古建筑由黄大树主持修复、施工，其中宝塔120多座，国家级、省市级重点文物保护单位200余处，有2处被公布为世界文化遗产。绍兴仓桥直街历史街区、湖州南浔百间楼历史街区，于2003年获联合国教科文组织亚太区文化遗产保护奖之优秀奖。这是2000年联合国教科文组织设立该奖以来我国首度获奖。翌年，清华大学“工字厅”获该奖项之荣誉奖。台州府城紫阳街获评中国历史文化名街、“中国人居环境范例奖”。台州府城墙列入世界文化遗产预备名录。湖州飞英塔获“中国民族建筑保护与传承杰出贡献奖”。临海东湖樵云阁获“国家传统建筑文化保护示范工程”。温州净光寺塔获“优秀园林古建筑金奖”。

同时，许多工程成为全国第一：宁波天封塔是改革开放以后全国重建的第一座塔；阿育王寺西塔是我国第一座修复成功的元代古塔；湖州飞英塔是砖木结构中结构最复杂的宋塔；马来西亚槟城张弼士府邸是在国外第一个修复成功的清代使馆；武汉归元寺圆通阁是200年来我国最大的单体木构建筑，用材1万多立方米；福清黄檗山万福禅寺是我国目前仿唐木构最大的建筑群等。

另外还有两项前无古人的工程：我国政府在国外建造的第一寺——尼泊尔蓝毗尼中华寺；采用传统砖木蜊灰米浆材料建造、108米高的中华第一塔——南华寺日光塔。

黄大树有很深的恋乡情结，对家乡文物修复、保护、申报做出了跪乳反哺式的重大贡献。

1993年黄大树游说故乡主要领导，修复台州府城墙。翌年，在300米尝试性的修复取得很好社会效果的基础上，再次提议全面修复台州府城墙。1995年8月25日，临海市委市政府发起了“我为名城献一砖，万众修复古城墙”活动；而黄大树则主持设计、施工，并撰写了《姐妹城墙“八达岭”——临海台州府城墙与北京明长城同出一脉》的文章，轰动了古建筑界。

1999年4月，中国近代建筑之父梁思成的学生、中国长城学会名誉会长罗哲文应邀来临海实地勘察，第一个权威性地肯定了黄大树的观点。“你的文章，证据很充足，根据戚继光南北两座城墙的修筑实践看，临海台州府城墙与北京明长城的关系，不是姐妹城墙。应该说，台州府城墙是北京明长城的师范和蓝本。”“多层空心敌台确是戚继光在临海首创，真是‘江南八达岭’！”“平地沿江地带靠城墙凸出而建的敌台，叫马面或墩台，是侧击攻城之敌的工事，各地马面有方的或圆的，但临海江边是上边半圆、下边方形的马面，也是因地制宜结合防洪的创造。”也许是担心口说无凭，罗老又作序论文：“临海古城墙堪称北京八达岭等处长城的‘师范’和‘蓝本’。”2001年6月，临海的台州府城墙连同桃渚城一起，被国务院公布为“全国重点文物保护单位”。2004年6月，习近平登上了台州府城墙。

后来，黄大树又参与设计、主持修复或重建了临海的唐代龙兴寺，台州府城隍庙，浙江省现存最大单体建筑府文庙大成殿，郑广文祠，宋代东湖园林公园内的樵云阁、骆宾王祠、依水山庄，明代桃渚军事古城，紫阳街的大部分街区，王文庆故居。设计施工了小两山塔、靖江山白塔等众多的传统建筑和历史名村及文物保护项目，建造了灵湖景区的大部分仿古工程。

现在，临海还流传着黄大树的三个小故事：

在继光街房地产工地上，黄大树挡在推土机前，用手机请来了市长，保住了民国初年建造的、临海最完整的四合院；在临海中学一堵明代县城隍庙的影壁前，黄大树又一次拦住推土机，又请来市长，保住了这座古代城市地标；在中津古渡的三间老屋前，黄大树与负责拆迁的亲戚翻脸，再次找到市长，留下了历史上的台州府城与外界联系唯一的水陆交通要道标志。

2010年，黄大树又建议：下沙屠村马氏庄园列入“临海市文物保护单位”，岭根村上报历史文化名村评选。

2007年10月，国家文物局在南京召开中国古都学会暨城墙专业委员会成立大会。与会的黄大树在《保护中国古城墙南京宣言》上签名的同时，向南京文物局领导请求：把台州府城墙与江苏南京、陕西西安、湖北荆州、辽宁兴城四个城市一起捆绑，共同申报世界文化遗产。会议一结束，大树马不停蹄赶回临海，向市领导汇报，取得了坚定的支持。随即，他又请出罗老，罗老马上给南京文物局领导打电话：“临海的城墙价值极高，内涵丰富，结构特别，联合进去能增加很多内涵与分量。”说实话，这次“申遗”，一开始市里也有很多人认为是异想天开，不理解、不支持。当时的大树真是劳心又劳神，整天不停地游说。功夫不负有心人。最后，市委副书记出面带队去南京争取，黄大树陪同着忙前忙后，不断联系有关专家，甚至自己掏钱安排住宿和一些活动。台州府城墙的内涵与分量加上罗老的话语权，加上临海市领导和老百姓的真诚与努力，终于赢得了联合国教科文组织顾问、中国建筑史学会理事长杨鸿勋，中国长城学会专家们的一致同意和支持。2009年11月，台州府城墙作为“中国明清城墙”的代表之一，联合申报世界文化遗产预备名录。2012年9月，联合申遗排在了第10位。

大树是临海古建的创始人、名副其实的统帅和灵魂。他集接单、洽谈、设计、调度、监工、行家、专家于一身，名下的工匠几千人，木工、泥工、雕花（木、砖、石）、窑工一应俱全。尽管困难重重，活儿繁复，但大树始终能见招拆招、借力平衡，如斗拱交接。

黄大树知行合一。从初中生化身为古建高级工程师；从农民泥瓦匠、施工员、项目负责人升级为国内修复、建造古（仿古）塔数量最多的能工巧匠，享誉中外的东方古建营造大师；从田野幼苗，成为中国营造学、长城学、古建学泰斗的座上宾，享誉亚太地区的专家、学者，古建天地的参天大树；这些都与他十分的勤奋和努力有关。他白天在工地察东看西，脚手架爬上爬下；晚上回驻地静心屏气查阅资料，从网上的海量信息到随身携带的专业书。若是在家，则要把所订的十几种报刊都看一遍。初中毕业的他从1995年开始，忙里偷闲，用了3年时间硬是修完浙江广播电视大学工业与民用建筑全部课程，拿到毕业证书。而北宋《营造法式》、梁思成《中国建筑史》、罗哲文《中国古塔》，更是在大树手中不知翻了多少遍。

他朴实善良。尽可能多地招收故乡人进公司工作，带出了一批批工人、施工员、工程师，带富了洗脚离田的农家子弟，并培养出17名中国传统建筑名匠、35名古建筑高级营造师；为了故乡的文化遗产项目，他还常常自费做宣传、搞接待；多次出资架桥修路，为村里学校、文化礼堂捐资；作为董事长、总工程师，他始终不抽烟、斗酒、打牌、K歌、搓麻将，终年忙忙碌碌、四处奔波，吃、住、穿尽是农民本色，收入等同公司中层，唯一高档的用品是"坐骑"，最多的是办公室堆满的书刊。

大树厚道厚德，他唯一的儿子30多岁了，因为脑瘫，至今生活不能自理；胞妹在建筑工地遭受不幸，但他却常常为他人着想，有些工程款被拖欠也继续干活。2017年，凝聚他半生心血，且被国家文物局领导和专家一致认为的，国内收藏古床具艺术性最全、数量最多，有几件过不了几年就可以成为全国重点文物的"台州府城民俗博物馆"遭遇拆迁，他默默地在异地租房、存放藏品。研究成果、论文资料甚至名誉被他人所"借"，落选台州乡贤，他也都一笑了之。知情者说，黄大树德艺双馨的人格魅力和精益求精的工匠精神，有如他亲自搭建的几万件斗拱，每时每刻均榫卯巧合。

新世纪前，临海古建是可以进入故宫修缮的全国6家公司之一、北京市外的唯一。2015年被列为全国古建十强第2名，拥有国家文物局批准的文物保护一级资质，住建部批准的园林古建一级资质，是原外经贸部批准的具有国际经营权的国内四大古建园林企业之一。

2011年，黄大树和他的临海古建双双荣获首届"罗哲文奖"，他本人被评为"国家传统建筑文化保护功勋人物""中国民族建筑杰出贡献奖和企业领军人物"。2016年，黄大树被评为临海撤县设市30年30名最具影响力人物；2017年，浙江省教育厅授牌"黄大树古建大师工作室"；2018年，获评中国建筑文化优秀传承人；2019年，中共台州市委人才办、台州市人力资源和社会保障局授牌"黄大树技能大师工作室"；同年获评浙江最美文物守望者。用家乡原市委主要领导的话说：大树是古建"王（黄）"，他的人生，他的执着，他的建树，令人敬佩。

黄大树有句口头禅："大树我之所以能够茁壮成长，挺立风雨，全靠众人的浇水、除虫、修枝、呵护。"的确，这是大树的内心所想。作为老党员，他特别感恩党和政府、老百姓的理解支持，感恩专家、学者的指点和提携。他清晰地记得百般信任他的赵朴初先生有求必应；念念不忘杨鸿勋老师几次长途跋涉来临海帮他出谋划策；还有无数个无私帮助他的"贵人"：陆美玉、王士伦、陈从周、祁英涛、傅清远、吕舟、郭黛姮、王世仁、刘若梅、晋宏逵……

他永远不会忘记罗哲文先生。2001年，罗老主动提出收他为入室弟子。除了口传心授，以身示范外，这对师徒在实际生活中早已形成父子关系。大树对罗老悉心照料，虔诚问学；罗老对大树关爱不尽，无求自应。按中国传统，罗老于大树有三重身份：师傅、师父、父师。用清华大学教授吕舟的话说："罗老对你大树是最放心，也最相信，不说皮包让你背放心，就是有些事你说了，罗老也点头说对、对。"为了黄大树之"请"，罗老6次莅临浙江东南小城，3次为临海题词。此外，罗老还应邀为临海的书刊作序。2001年6月，台州府城墙连同桃渚城被国务院公布为"全国重点文物保护单位"，也是罗老听了黄大树汇报，亲临考察后一锤定音的。2011年2月，罗老抱病偕夫人来临海参加黄大树的"台州府城民俗博物馆"开馆仪式。2012年5月14日，罗老因病在北京仙逝，黄大树执弟子礼参加治丧小组，撰写了追思长文《呕心沥血育桃李，全心全意扶临海》。

近几年，黄大树又在追逐他的教育梦。在家乡开办"古建技艺学堂""古建文化展示馆"，与中职、高职学校合作培养实用型古建人才。

春天又来了。古建大树又在萌发新芽、长出绿叶、不断向上。

《今日临海》2021年3月12日3版（木　睦）

他是浙江“最美公务员”，他有一个持续了25年的工作习惯
——陈优林：天天巡街的“扫帚官”

凌晨4点多钟，一名身形挺拔的中年男子会准时绕着临海古城城区“轧马路”。跟遛弯儿的市民不同，他总是一丝不苟地埋头查看道路环境卫生，时不时跟环卫工人叮嘱交谈几句。

他是临海市综合行政执法大队二级主任科员陈优林，这样的工作习惯持续了25年。临海城区48条主街道、475个垃圾点位，哪个地方有问题，哪个路段由谁负责，他都一清二楚。

日前，在浙江新闻频道播出的颁奖仪式上，陈优林和全省其他98位公务员一道，被省委组织部、省委宣传部评为浙江“最美公务员”。

以身作则坚持“一线工作法”

即使是到杭州领奖的那几天，陈优林依然是在4点多钟起床，到宾馆附近的街道转一转，向杭州的环卫工人“取取经”。

“我从没见过哪个领导像他这样，工作时间比我们一线环卫工都要长，天天巡街，看到问题，马上通知我们第一时间解决。”蒋达亮是台州府路保洁组组长，他说，自己在环卫中心工作8年，常常看到陈优林拿起扫帚亲自上阵。

2020年，新冠肺炎疫情暴发之际，城区各隔离点位的垃圾清运，成了临海市市容环境卫生服务中心重要的“额外”工作。在最初防疫物资紧张的情况下，很多环卫工人，对工作产生抗拒，特别是重点隔离点，一些环卫工紧张到不敢碰垃圾。

时任环卫中心主任的陈优林了解情况后，当天就跟车到点位，戴上口罩、一次性手套，上手搬垃圾，并向环卫工示范如何做好防范，确保自身安全，很快打消了一线清运工人的顾虑。

“这个时候，我不上谁上。”那段时间，陈优林跑遍了城区各个隔离点。

城区道路保洁工作虽是日常，但也有让人头疼的地方。临海多条主干道行道树是樟树，大树遮阴是好，但从树上掉下来的树叶、樟树花，都是环卫工人颇难处理的路面垃圾。

每到樟树落叶季，陈优林就带着各片区负责人，穿上红马甲，拿上扫帚，带头上街扫地，“要把一线工人调动起来，就要自己带头上。”

制度创新带来市容“小清新”

去年11月，临海被授予“全国文明城市”称号，数年创建工作中，“古城换新颜”成了形容这座城市的高频词。

在众多参与创建工作的相关单位中，陈优林所带领的临海市市容环境卫生服务中心，却是从八九年前，就开始为这份清新的颜值，不断创新制度提升保洁品质。

2013年，陈优林最先在台州

人物名片：陈优林，临海市综合行政执法大队二级主任科员，原临海市市容环境卫生服务中心主任。从事环卫工作20多年来，他扎根一线，苦干实干，致力于扮靓城市的每条道路；他不畏艰难，甘于奉献，带领环卫全体干部职工打赢了一场又一场“保洁攻坚战”，曾被评为浙江省城建城管工作积极分子、台州市最美公务员等。2021年4月18日，陈优林获评浙江省最美公务员。

范围内创新推行垃圾“扫运分离”模式。“也就是改变环卫工人扫完垃圾再运到中转站的工作流程，让专门的车子运走垃圾，高效又安全。”他说，当年全省很少有环卫部门这样做。

2014年，陈优林再次创新工作思路，提出开展创建“环卫保洁示范街”活动。作为临海城区内两条重要的交通要道，崇和路和台州府路首先发挥了带头作用。

“按照国家标准，道路半小时循环保洁一次，而这两条示范街，15分钟就要循环保洁一次。”陈优林说，现在临海全市各条主街道都已达到示范街标准。

后来，精细化清扫、一周一路督查提升等机制，逐渐成为临海环卫工作新常态。这些机制让临海在全省甚至全国范围内获得诸多荣誉。

连续20多年和环卫工一起过春节

城市的风景不光有街道、花树、公共设施，从事保洁工作的一线环卫工人，也是这道风景的组成部分。

据临海市市容环境卫生服务中心消息，2020年临海市文明办通报，当地环卫工人不文明行为为零起，而2018年通报的数字则有四五十起。

“数字下降，是我们对不文明行为教育和惩处的结果。只要环卫工发生闯红灯、乱扔垃圾等行为，就会扣发考核奖。”陈优林认为，对环卫工人的文明要求应比普通市民更高。

记者在采访过程中了解到，很多环卫工人认为这样的高标准、严要求是应该的。

“陈主任平时对我们很关照，每次碰到，都会叮嘱注意自身安全，不要违反交通规则。”让环卫工们觉得温暖的“小事”还有很多，分布在城区各个片区的休息室，对中转站的提升改造，还有连续20多年陈优林都跟他们一起过春节。

对于自己所做的工作，陈优林在颁奖仪式上说：“我呀，就是一个‘扫帚官’，没做过什么轰轰烈烈的大事，踏踏实实做好城市环卫工作，是我生活的一部分。”

《台州日报》2021年4月24日头版

（章 浩 陈淑洁）

林场一线见担当 绿色发展再起航
——记浙江省临海市林场场长 屈卫明

他，自1986年从部队退伍后被安置到临海市林场工作，由此与山林结缘，来了就未曾离开。他，以林为业，以场为家，把满腔热血挥洒在了林场的高山峻岭上，使昔日的荒山变成绿洲，使往日不通道路的落后林区变成现在交通便利的美丽林区。他，曾被评为全国绿化劳模、浙江省国有林场改革先进个人、临海市道德楷模，35年风雨兼程，只为守护绿水青山。他，就是屈卫明，浙江省临海市林场场长、支部书记。

宁可人下岗不让树下岗

2003年，屈卫明拒绝了到乡镇提干的机会，毅然留在了林场，接任场长。当时的临海市林场风雨飘摇，经营急剧恶化、人员队伍不稳、职工工资难以保障，依靠木材采伐苦苦维持经营。看着逐日下降的森林蓄积量，屈卫明既揪心又忧心。“林场没有林就不是林场，林场没有优质的森林就不是合格的林场”，他拒绝了那些劝说他通过扩大采伐规模来提高林场收入的建议，力排众议作出“开源节流”的决定：降低以自己为首的总场职工工资标准，提高林区骨干待遇；少伐木，多造林，确保森林资源稳增长。国有林场改革后，林场经济好转，屈卫明又根据林场实际，制定营林方案。一定方向，明确林场经营方向和目标，科学编制林场经营方案。二建基地，建立珍贵树种、大树林基地。三配资金，加大人力物力投入，加快低产林和次生林改造修复。四明职责，建立培育森林资源项目责任制。通过以上举措，10多年里林场共计造林超1.5万亩，建立大树林7000亩，培育珍贵树种1600亩，森林抚育超3.7万亩，森林覆盖率从84.2%提高到93.52%，森林蓄积量从15.8万立方米提高到25万立方米。括苍山跑马坪林区的针叶林被评为“浙江最美森林”。

林场改革怎么改生态建设放首位

林子保住了，然而林场的出路在哪里？10多年的场长经验让屈卫明敏锐地意识到，林场要发展，就要把“卖木材”变为“卖风景”。然而当时林场的职能定位限制了林场往生态公益发展的脚步。到了2013年，浙江省政府出台《关于加快推进国有林场改革试点工作的意见》，屈卫明知道，机会来了。他连夜撰写改革报告，多方征求意见，多次召开职代会，明确表示“改革不是小事，不能为改革而改革，要符合林场和职工的利益，要抓准林场的发展方向，把生态建设放在首位”。由此，林场改革有了明确方向。经过2年时间的争取，临海市林场从生产经营性单位转为生态公益管理型，增挂“生态公益林保护站”牌子，林场正式开启了“木头经济”向“生态经济”转型升级之路。2016年报批括苍山国家森林公园，打造“国”字品牌的生态旅游区；2018年建设科普教育基地，强化林场森林科普教育功能；多年为柴古

人物名片：屈卫明，中国共产党党员，现任临海市林场支部书记、场长，扎根临海市林场三十余年，曾获“全国绿化劳动模范”“浙江省绿化奖章”“浙江省国有林场改革工作先进个人”“2021年度‘最美浙江人·最美自然守护者’”“临海市担当作为好支书”“临海市第六届道德模范”等荣誉。

唐斯·括苍越野赛提供赛道，成为全国“最美赛道”之一……现在，临海市林场已成为临海周边市县森林旅游的热门之地，游客接踵而来。在屈卫明的带领下，临海市林场留住了“绿水青山”，造就了“金山银山”。

落后不是代名词发展才是硬道理

“落后绝不是国有林场的代名词，林场要走现代化、高质量发展之路。”屈卫明是这么说的，也是这么做的。林区基础设施落后，急需加快基础设施建设。结合浙江省现代国有林场创建契机，屈卫明千方百计立项目、争资金，在5年内新建、提升林区道路21.2千米，硬化22.1千米，将林场从改革前20个林区、点只有1个林区通路到如今达到15个，其中5条道路得以硬化，万亩以上林区道路全部通达。新建护林房3幢、改造10处，落实国家电网3处，落实电信网络3处，在建信号基站6处，全面构建“数字”平台，夯实了现代国有林场建设基石。

林场发展需要人才，那就要加强队伍建设。按照林场发展需要，制定林场进人计划。自林场主体改革完成后新聘职工16人，其中硕士2人、本科9人，有效地解决了林场人员老化问题。同时加强职工技能和实践能力的培训，促进年轻干部成长，为林场高质量发展提供人才支撑。

在屈卫明的带领下，林场的森林资源培育不断加快，森林资源保护不断加强，产业发展不断增速，基础设施不断完善，人才效应不断凸显，林场工作迈上了新台阶。2018年成功创建“浙江省现代国有林场”，2020年荣获“全国十佳林场”“台州市模范集体”荣誉称号。

“我们做的这份工作是一份非常有意义的工作，是一份绿色、有生命的工作，是造福子孙后代的工作。”这是屈卫明和大家说得最多的一句话。他是这样说的，也是这样做的。郁郁葱葱的大山会记住屈卫明——用35年的坚守深刻践行了“绿水青山就是金山银山”。

《浙江林业》2021年4期

（张　科　郑　薇　秦　玫）

临海市林技站站长陈献志30年呵护培育——海岛荚蒾：从31株到蔚然成林

9月，临海田岙岛满目苍翠。一大早，在岛上的一处山岙，一个身穿迷彩服，拎着柴刀的中年人从树林里穿梭而出，他是临海市林技站站长陈献志。“看，海岛荚蒾已经结果了，这是我们这里独特的风景。”他指着身后这一片植被，向记者介绍道，嗓门响亮。

海岛荚蒾系常绿灌木，隶属于忍冬科荚蒾属，在中国大陆分布范围十分狭窄。“上世纪90年代初，我在岛上第一次发现海岛荚蒾，这里也是全国首个分布区。”作为一名痴迷的植物爱好者，55岁的他与这个植物打了半辈子交道，海岛荚蒾成为他生命中重要的“她”，备受呵护和照顾。

“濒危植物的保护、培育是一个漫长的过程，能挽救即将要从大自然消失的物种，是一件很有成就感的事。”30年间，眼看着小苗成林，陈献志也从初入行的小伙变成了即将退休的老同志，但对海岛荚蒾的热情，却和初次发现时一样，丝毫未减。海岛荚蒾也从发现之初的31株到如今成功培育一万多株。

不期而遇：敏锐觉察“她”的不一般

柴刀、修枝剪、小锯子，记者一坐上陈献志的车，这些工具便映入眼帘。“这些都是我的老伙计。”工作30多年，陈献志记不清换了多少把工具。

1988年，刚从宁波林业学校园林专业毕业的陈献志，来到临海市上盘区林业特产管理站担任技术员，他与海岛荚蒾的情缘也由此开始。“那时接到的第一项任务就是进行海岛植被调查，我和同事自带标本采集器具上岛，有一回台风季还被困在岛上！”陈献志眉飞色舞地讲起了刚入行的故事。

人物名片：陈献志，高级工程师，现任临海市林业技术推广总站站长。自参加工作以来，陈献志一直从事林业生产、科技推广和森林资源保护管理等工作，先后获得“浙江省绿化奖章”“浙江林业科技标兵”“临海市劳模”等荣誉奖项40余次，为临海的林业发展做出了突出贡献。2021年，陈献志获省农业科技工作先进个人、浙江省“最美林业人”称号。

海岛植被调查，需要将认识的植物登记在册，不认识的植物制作标本给省林业厅专家鉴定。这对于陈献志来说，是一件趣味丛生的事。1990年的一天，他带上干粮，坐船辗转3个小时来到田岙岛。藤灌覆盖之下，一株株结着红色果实的植物若隐若现，吸引了他的注意。小心除去覆盖物，只见植物叶片呈卵形，大而宽，果实亮度高，他敏锐地觉察到这个植物“不一般”。

陈献志随即剪下一根大约50厘米的枝条，保留完整的叶、芽、果等，用报纸和吸湿纸制成标本，送往杭州。大约半个月后，经鉴定反馈：该植物为海岛荚蒾，为海岛特有树种，属中国大陆新分布。

“我们竟然发现了一个新物种！”这个结果让陈献志兴奋不已。于是，他用铁丝围栏将这些珍贵的小生命围挡起来，防止被羊群踩踏破坏。但遗憾随之而来，由于条件受限，无法继续深入研究。他们的“恋情”就此按下了暂停键。

十年努力：让“她”的生命线不断延长

2011 年，海岛荚蒾被列入浙江省重点保护野生植物名录（第一批）和浙江省极小种群拯救保护物种。有了政策和经费支持，保护条件趋于成熟，陈献志决定重新登岛寻找。

当年 6 月的一天，陈献志来到记忆里的那处山岙，心里一咯噔，脚下的路不见了。随着岛民不断外迁，山上的植被肆意生长，已有两米多高。他一边举着柴刀开路，一边又探下身子从植物间隙里寻找海岛荚蒾的身影。随行的同事们笑称：“平日在办公室一副文质彬彬的书生样子，没想到下地干起活来有模有样的。”

找到被四周植被缠绕覆盖的海岛荚蒾时，陈献志难掩激动之情，当场跳了起来，仔细清点，一共 31 株。他同岛民签署管护协议，委托当地老百姓照料看护。植物保护了，下一步如何进行繁育，成了摆在他眼前的难题。“我翻遍书籍，找不到海岛荚蒾的相关资料。”没有可以学习的经验，没有可以请教的学者，陈献志陷入困境，但凭借着多年林业育苗经验和理论知识，他还是下决心一试，剪下枝条、采集种子带回去，一边尝试培育，一边了解海岛荚蒾的生长习性。

“首批扦插的 200 根枝条，成活率达到 90%！”陈献志指着电脑相册里一处开花的枝条，脸上写满喜悦。但翻开后一张图，望着光秃秃的土壤，他的眼里满是惋惜，原来，当年播下的第一批海岛荚蒾种子“全军覆没”了。“海岛荚蒾的种子需要储存一年才能播种、发芽，而且储存的环境也极为讲究。”第一次尝试失败后，陈献志和种子较上劲了，在他的办公桌上，整整一排的观察笔记，记录了每次育苗时的温度、遮光率、种子发芽率等数值。经过年复一年的对比试验，如今，播种出苗成活率已升至 50%。

“还是太低了！”陈献志叹了口气。为了获得种子繁育的各项精确条件，他决定借助更专业的力量，将目光瞄准科研院所，与浙江理工大学、浙江省林业科学研究院达成合作，研究出海岛荚蒾繁育的最佳遮阴率、扦插温度、激素浓度、种子储藏深度等。按照该标准，陈献志探索出海岛荚蒾专属生长环境，已成功培育实生苗和扦插苗 1 万多株。

如今，在田岙岛上，回归种植的海岛荚蒾已经结出红色的果实；扦插苗结实的二代海岛荚蒾已培育成功，并完成小范围天然更新。不仅如此，在温岭三蒜岛、椒江大陈岛等迁地保护种植也获得成功。一晃 10 年，陈献志充满韧劲地钻研，让海岛荚蒾的生命线不断延长。

美好愿景：让更多人领略“她”的美

和大多数人一样，陈献志喜欢在办公室的窗台上放些绿植，这些植物都是他从即将被改造的低产林里捡回来的。每每望着它们，陈献志也期盼着，有一天，海岛荚蒾也能成为盆景，出现在大众的视线里。

“极小种群保护植物回归的研究与实践，不应仅仅发生在林技站、植物园和野外，更应通过市场化生产，增强公众的保护意识。”陈献志脑海里，正构思着海岛荚蒾市场化蓝图。今年，他计划一方面加大扦插力度，提升产量，另一方面在三门、玉环等周边海岛进行迁地保护种植，以适应更多不同的生长环境。

“只有产量跟适应性提高了，才能实现产业化。”陈献志立了个小目标，目前，已有 5000 多株海岛荚蒾迁地种植成功，希望在未来 5 年，海岛荚蒾能在城市绿化中种植，给更多的人增添视觉美感。

闲暇时光，他常坐在电脑前码字。滑动鼠标，文件成百上千，满屏的有关海岛荚蒾照片、论文、学术报告。10 年来，他如同记录孩子成长般记录了海岛荚蒾每个生长周期的变化。此外，他还成功申请海岛荚蒾相关实用新型专利 2 项。他主笔的《海岛荚蒾栽培技术规程》正在申请报批中，一旦批复，海岛荚蒾将拥有首个栽培标准。

“尽管扦插技术相对成熟，但播种育苗的出苗率还有很大的提升空间，未来还有很长的一段路要走。”陈献志坦言，产业化之路漫漫，但他相信，坚持在路上，就能无比接近胜利的曙光。

《浙江日报》2021 年 9 月 8 日人物版

（金　晨　卢靖愉　牟　再）

王光挣：匠心传承，带领团队做模具的守护者

全国五一劳动奖章获得者、国家高级技师、台州市首席技师，浙江工匠、全国机械工业“技能标兵”……这份荣耀的履历，属于王光挣——浙江豪情汽车制造有限公司模具班班长。

从初出茅庐的一线工人到如今的国家高级技师，王光挣认为自己这一路走来获得的一切，都离不开国家政策和公司的支持，让他可以不断学习和实践，可以有机会在舞台上尽情地发挥技能水平。他希望未来可以通过技术传承和人才培养，带领自己的团队一起当好民族汽车模具的守护者。

成功不是偶然，是一点一滴的积累

王光挣从事模具行业已经28年，2000年加入了浙江豪情汽车制造有限公司。刚进入公司的时候，模具基本都依靠人员的手工操作。那时候的他模具维修经验还不够，与别的老员工相比，返工更多。他觉得做汽车模具又苦又累，曾一度想过放弃，但在师傅的开导下，渐渐明白做模具是一门手艺、是个技术活，把技术学好了，自然不觉得辛苦了。

从那时起，王光挣开始加强对模具的学习和研究，多读书多实践是他的秘诀。只要遇到有关模具知识的书籍，他就如获至宝，下班后也总要去书店转一转。就这样，他将看书的习惯一直保持到了现在。

其次就是反复的实操练习。特别在2010年，为获得全国模具工技能大赛的参赛资格，王光挣利用一切时间进行学习训练，在实操训练时，为了又快又好地完成工件制作，他对自己提出更高的训练要求，手心多次练到起泡；理论上遇到不懂的问题，他晚上查找资料，研究到深夜。天道酬勤，全国模具工大赛中的工差要求是0.02毫米内，而他却以“0.01毫米”极高的精准度一举夺魁，并被授予全国机械工业技能标兵的称号。

“我在训练时提高难度，要求自己在0.01毫米内进行打磨，（这个）精度要求非常高，相当于人的头发丝的1/5，”王光挣解释说。

经过一段时间的工作和磨炼，他也慢慢由一名学徒工，逐渐成长为如今的国家一级高级技师。他不再觉得工作辛苦，反而更加喜欢钻研，并为自己手里有技术感到自豪。

传承技术，誓与团队共同守护民族汽车模具行业

人物名片：王光挣，临海人，中共党员，现任浙江豪情汽车制造有限公司班组长，跟模具打交道21年，他不断创新，帮助企业降低成本近6000万元，先后获得全国机械工业“技能标兵”、国家高级技师、浙江工匠、台州市首席技师等诸多荣誉。2021年4月27日，被中华全国总工会授予“2021年全国五一劳动奖章”。

在一切荣誉面前，王光挣并没有停止前进的脚步，而是多了份责任和担当，想着将技能和经验传授给他人。

车间里先后成立了“模具钳工技能大师工作室”“王光挣技能大师工作室”等班组，主要负责解决生产中的各种疑难问题，并通过师带徒技艺传授，为企业培养高技能人才。在王光挣的带动与指导下，多名班组成员成为行业中的佼佼者，有的还获得“集团技能能手”和“全国优胜奖”等荣誉称号。在王光挣的徒弟眼中，他简直就是模具能人，不但懂得

模具理论知识，更会应用于实践。

王光挣说，创建工作室的初衷是利用这个平台更好地组织和培养团队，为企业解决困难，同时通过不断地学习交流、技艺传授，来提高员工的自身素质和创新能力，影响并激发他们的敬业精神、工匠精神和学习热情。

他认为，个人能力再强也比不过一个团队，只有更多人团结在一起，共同努力，才能更好地守护民族汽车模具行业。他希望可以在今后工作中，继续发扬大师工作室这个平台的影响力，通过“师带徒”技艺传授，培养更多更优秀的高技能人才，为汽车模具行业的可持续发展添砖增瓦。

中国日报网 2021 年 12 月 10 日

（程尔凡　李海鹏）

2021 年临海市获台州市级以上先进集体名录

表 17

序号	单位名称	荣誉名称	颁奖部门
1	临海市	2020 年度信访工作“三无”市	国家信访局
2	临海市	2020 年度平安市、平安市和省级平安建设工作优秀单位	省委
3	临海市	2020 年度美丽浙江建设（生态文明示范创建行动计划）工作考核优秀单位	省委
4	临海市	2020 年度“五水共治”（河长制）工作“大禹鼎”的优秀市县	省委
5	临海市	2020 年度县党政领导科技进步目标责任制考核优秀单位	省委
6	临海市	第二批省全域旅游示范市	省政府
7	临海市	2020 年度平安市	省委
8	临海市	2020 年度美丽浙江建设（生态文明示范创建行动计划）考核优秀市	省委、省政府
9	临海市	“五水共治”（河长制）工作优秀县“大禹鼎”	省委、省政府
11	临海市	2020 年度制造业高质量发展示范市创建财政专项激励政策考核评价良好市	省经信厅、省财政厅
12	临海市	2017—2019 年度振兴实体经济（传统产业改造）财政专项激励政策综合考核优秀县	省财政厅、省经信厅
13	临海市	2020 年度省“粮食五优联动示范县”	省粮食局、省财政厅、省农业农村厅
14	临海市	省第一批农业“机器换人”高质量发展先行县	省农业农村厅
15	临海市	2021 年度省渔业健康养殖示范县	省农业农村厅
10	临海市	2020 年度“无信访积案市”	省信访工作领导小组
16	临海市	2021 年度全省农村生活垃圾分类处理工作优胜市	省“千村示范、万村整治”工作协调小组办公室
17	临海市	2020 年度“小微企业三年成长计划”工作优秀市	省“小微企业三年成长计划”工作领导小组

续表 17

序号	单位名称	荣誉名称	颁奖部门
18	临海市	2020 年度台州市乡村振兴工作成绩突出集体（台州市粮食生产工作成绩突出集体）	台州市委、市政府
19	人大、市政协、市纪委监委、市委组织部、市委宣传部、市委统战部、市委政法委、市委直属机关工委、市委市政府信访局、团市委、市妇联、市发改局、市经信局、市机关事务中心	节约型机关	国家机关事务管理局
20	大田街道妇联	全国妇联系统先进集体	人力资社会保障部、全国妇联
21	市“劳模匠心”志愿服务队	2020 年度全国学雷锋志愿服务“四个 100”先进典型最佳志愿服务组织	中央宣布部、中央文明办
22	市总工会	2020 年度工会财务会计（市、县和基层工会财务会计工作先进单位）	中华全国总工会办公厅
23	市农业农村局	全国农业综合行政执法示范单位	农业农村部
24	市市场监管局	国家总局扫黑除恶专项斗争工作成绩突出集体	市场监管总局
25	市工商联	2020—2021 年度全国五好县级工商联	全国工商联
26	市税务局	2016—2020 年全国普法工作先进集体	中央宣传部、司法部、全国普法办
27	市公安局	全国维护妇女儿童权益先进集体	全国妇联
28	临海农商银行杜桥支行	全国巾帼文明岗	全国妇联
29	古城街道	省实施妇女儿童发展规划成绩突出集体	省妇儿工委
30	古城街道、杜桥镇	省数字生活新服务特色街道	省商务厅
31	市司法局、市卫生健康局、古城街道、上盘镇	2020 年度部分重点工作推进突出贡献集体（争创全国双拥模范城）	台州市委、市政府
32	古城街道	2020 年度美丽台州建设突出贡献集体（生活垃圾分类工作）	台州市委

续表 17

序号	单位名称	荣誉名称	颁奖部门
33	大洋街道、沿江镇、汇溪镇、市水务集团	2020 年度美丽台州建设突出贡献集体（五水共治工作）	台州市委
34	大洋街道、邵家渡街道、汛桥镇、沿江镇	2020 年度台州市制造业高质量发展强镇竞赛优秀（优胜）乡镇（街道）	台州市委、市政府
35	江南街道、邵家渡街道、白水洋镇、汇溪镇、桃渚镇、括苍镇、永丰镇	全省新时代美丽城镇建设工作（基本达标镇）	省城乡环境整治工作领导小组
36	江南街道、邵家渡街道、白水洋镇、上盘镇、桃渚镇	2020 年度全市征兵工作成绩突出单位	台州市政府
37	江南街道、杜桥镇小芝镇、市财政局	2020 年度台州市乡村振兴工作成绩突出集体（台州市粮食生产工作成绩突出集体）	台州市委、市政府
38	江南街道、杜桥镇	2020 年度美丽台州建设突出贡献集体（退役军人工作）	台州市委
39	杜桥镇、桃渚镇	省商贸特色镇	省商务厅
40	东塍镇、市新闻传媒集团	台州市弘扬大陈岛垦荒精神（平安台州）先进集体（宣传工作先进集体）	台州市委、市政府
41	汛桥镇	省文明镇	省委、省政府
42	汛桥镇	2020 年度省生活垃圾分类工作成绩突出集体	省建设厅
43	汛桥镇	2020 年度美丽台州建设突出贡献集体（防治污染工作）	台州市委、市政府
44	市民政局、白水洋镇、汛桥镇、永丰镇、河头镇、市扶贫开发工作领导小组	2020 年度台州市乡村振兴工作成绩突出集体（扶贫开发工作）	台州市委、市政府
45	沿江镇、浙江头门港经济开发区、市投资促进中心	2020 年度民营经济高质量发展强市建设先进集体（开放接轨先进集体）	台州市委、市政府
46	上盘镇	省文化礼堂建设示范镇	省委宣传部
47	桃渚镇	2020 年度美丽台州建设突出贡献集体（无偿献血工作）	台州市委

续表 17

序号	单位名称	荣誉名称	颁奖部门
48	尤溪镇	2020 年度全省“五水共治”（河长制）工作考核优秀乡镇（街道）	省美丽浙江建设领导小组、“五水共治”（河长制）办公室
49	尤溪镇	全省新时代美丽城镇建设工作（省级样板镇）	省城乡环境整治工作领导小组
50	永丰镇	省粮食增产保供成绩突出集体	省政府办公厅
51	永丰镇	2021 年度“浙江省森林城镇”	省关注森林组织委员会
52	浙江头门港经济开发区	省制造业星级园区（三星级）	省制造业高质量发展领导小组
53	浙江头门港经济开发区	省 2020 年分领域分行业亩均论英雄领跑者省级经济开发区	省经信厅
54	市委办	2020 年度党委系统信息工作考核优秀单位	省委办公厅
55	市府办	2020 年度政务信息工作考核优秀单位	省政府办公厅
56	市府办	2020 年度台州市乡村振兴工作成绩突出集体	台州市委
57	市委组织部	全国组织系统 2020 年度信息报送先进单位	
58	市委组织部、尤溪镇、括苍镇、东塍镇	2020 年度台州市乡村振兴工作成绩突出集体（消除集体经济薄弱村工作）	台州市委、市政府
59	市委统战部	2021 年度全省统战信息工作成绩突出单位	省委统战部
60	民进临海市委会	民进全国反映社情民意信息工作先进集体	民进中央
61	民进临海市委会	2021 年度《民主》宣教工作优秀集体	民进中央
62	民革临海市总支委会	2020 年度民革全省祖统工作先进集体	民革省委
63	民盟临海市支部	脱贫攻坚先进集体	民盟省委
64	民建临海市支部	全面建成小康社会作贡献成绩突出集体	民建省委
65	市委政法委	2020 年度美丽台州建设突出贡献集体（退役军人工作）	台州市委
66	市委市政府信访局	人民满意窗口工作成绩突出集体	省信访局

续表 17

序号	单位名称	荣誉名称	颁奖部门
67	市关工委、杜桥镇关工委	弘扬大陈岛垦荒精神（平安台州）先进集体（关心下一代工作先进集体）	台州市委、市政府
68	市委党校	2020 年度全省党校（行政学院）系统成绩突出集体	省委党校
69	市委党校	2020—2021 年度全省党校（行政学院）系统科研工作优秀奖	省委党校
70	团市委	2021 年度省中学生暑期社会实践活动组织工作奖	团省委办公室、省教育厅办公室
71	市红十字会	2021 年度红十字工作进步单位	省红十字会
72	市发改局、市农业农村局	2020 年度民营经济高质量发展强市建设先进集体（全面小康建设先进集体）	台州市委、市政府
73	市经信局	2021 年度中小微企业培育工作成绩突出集体	省促进中小企业和民营企业发展工作领导小组办公室
74	市科技局	市县党政领导科技进步目标责任制考核优秀单位	省委办公厅
75	市科技局	2019—2020 年省科技特派员工作成绩突出单位	省委办公厅
76	市科技局	2020 年度民营经济高质量发展强市建设先进集体（台州市科技新长征先进集体）	台州市委、市政府
77	市财政局	2020 年度全省财政管理绩效考评优秀单位。	省财政厅
78	市财政局	2020 年度弘扬大陈岛垦荒精神（平安台州）先进集体（争创优先先进集体）	台州市委、市政府
79	市自然资源规划局	国家林草局森林资源保护发展目标责任制考核和森林督查工作优秀	国家林业和草原局驻上海专员办
80	市自然资源规划局	“森林浙江”建设工作突出贡献集体	省委
81	市自然资源规划局	省农房确权登记发证工作突出成绩突出集体	省自然资源厅
82	市自然资源规划局	省林业规划财务工作突出贡献集体	省林业局
83	市自然资源规划局	省生态文化建设突出贡献集体	省林业局
84	市水利局	2021 年小型水库系统治理和水利工程管理“三化”改革成绩突出集体	省水利厅

续表 17

序号	单位名称	荣誉名称	颁奖部门
85	市水利局	2021 年度水旱灾害防御工作成绩突出集体	省水利厅
86	市水利局	2020 年度部分重点工作推进突出贡献集体（防洪排涝补短板）	台州市委、市政府
87	市农业农村局、市城投集团	全省消除集体经济薄弱村工作成绩突出集体	省委、省政府
88	市农业农村局	2019—2020 年省农村工作指导员工作成绩突出单位	省委办公厅
89	市农业农村局	省生猪增产保供成绩突出集体	省政府
90	市农业农村局、市商务局、邵家渡街道、桃渚镇	2020 年度台州市乡村振兴工作成绩突出集体（台州市生猪增产保供工作成绩突出集体）	台州市委、市政府
91	市农业综合行政执法队	全省农业农村系统农业和渔业执法工作先进集体	省农业农村厅
92	市商务局	2020 年度省商务运行调查优秀监测点	省商务厅
93	市商务局	2020 年度民营经济高质量发展强市建设先进集体（服务业提升先进集体）	台州市委、市政府
94	市市场监管局	2018—2020 年省市场环境建设成绩突出集体	省“小微企业三年成长计划”工作领导小组
95	市市场监管局	省小微企业和个体工商户“两直”工作集体三等功	省市场监管局
96	市市场监管局	2020 年度全省市场监管系统政务信息工作先进单位	省市场监管局
97	市市场监管局	2020 年度全省市场监管系统新闻宣传工作先进单位	省市场监管局
98	市市场监管局	全省市场监管系统 2016—2020 年度法治宣传教育表现突出单位	省市场监管局
99	市市场监管局	2020 年度全省市场监管系统地方市场监管工作	省市场监管局党委
100	市市场监管局	全省市场监管系统“三比一讲”争先创优竞赛（一等奖）	省市场监管局党委
101	市市场监管局	2020 年度部分重点工作推进突出贡献集体（档案工作）	台州市委、市政府
102	市港航口岸和渔业局	2020 年度浙江渔场修复振兴暨“一打三整治”行动目标责任考核优秀单位	浙江渔场修复振兴暨“一打三整治”协调小组

续表 17

序号	单位名称	荣誉名称	颁奖部门
103	市检察院	2020 年度全省先进基层检察院	省检察院
104	市教育局	第 28 届全国青少年爱国主义读书教育活动先进集体	全国青少年爱国主义读书教育活动组委会
105	市教育局	省“百年光辉历程全面建成小康”读书教育活动组织特等奖	全国青少年爱国主义读书教育活动组委会
106	市司法局	2016—2020 年全省依法治理创建活动成绩突出单位	省委全面依法治省守法普法协调小组
107	市司法局	2020 年度台州市法治政府建设（依法行政）考核先进单位	台州市府办
108	市卫生健康局	2020 年度健康浙江考核优秀等次	省委省政府健康浙江建设领导小组办公室
109	市卫生健康局	2020 年度美丽台州建设突出贡献集体（无偿献血工作）	台州市委、市政府
110	市卫生健康局	2020 年度部分重点工作推进突出贡献集体	台州市委、市政府
111	市卫生健康局	2020 年度魅力台州建设突出贡献集体	台州市委
112	市退役军人事务局	省退役军人服与保障体系建设先进单位	省委退役军人工作领导小组
113	市应急管理局	2021 年度全省防汛防台工作先进集体	省委办公厅、省政府办公厅
114	市综合执法局	2020 年度基层社会治理工作中作出突出贡献集体	台州市委、市政府
115	市工商联	2021 年调查点工作先进基层单位	全国工商联办公厅
116	市工商联	2019—2020 年度省“五优”县级工商联	省工商联
117	市工商联	2021 年度全省工商联服务两个健康工作成绩突出集体	省工商联
118	市总工会、市工商联	2020 年度台州市乡村振兴工作成绩突出集体（台州市东西部扶贫协作成绩突出单位）	台州市委、市政府
119	市税务局	全省“建设清廉机关、创建模范机关”工作先进集体	省委直属机关工委
120	市税务局	2020 年度弘扬大陈岛垦荒精神（平安台州）先进集体（全面深化改革先进集体）	台州市委、市政府

续表 17

序号	单位名称	荣誉名称	颁奖部门
121	市五水共治办	全省“五水共治”工作先进集体	省委
122	市医保局	2020 年度先进县（市、区）医疗保障局	省医保局
123	永丰司法所	省“枫桥式”司法所	省司法厅

资料来源：市委市政府督查室　各承编单位

2021 年临海市获省级以上先进个人名录

表 18

序号	姓名	工作单位	荣誉名称	颁奖部门
1	王　琤	市税务局	全国税务系统百佳县税务局长（书记）	国家税务总局
2	柳巧盛	市一医院	2018—2019 年度全国无偿献血奉献奖铜奖	国家卫生健康委员会、中国红十字会总会
3	胡志平	市一医院	2018—2019 年度全国无偿献血奉献奖铜奖	国家卫生健康委员会、中国红十字会总会
4	王光挣	浙江豪情汽车制造有限公司	2021 年全国五一劳动奖章	中华全国总工会
5	谢娟娟	市中医院	首届省“仁心仁术奖”	省委、省政府
6	罗子华	市一医共体	县域医共体工作成绩突出个人	省委
7	罗　柠	市自规局	“森林浙江”建设工作突出贡献个人	省委、省政府
8	陈献志	市自规局	省农业科技工作先进个人	省委
9	刘　勇	市港航渔业局	省农产品质量安全卫士	省政府
10	尹龙华	市委组织部	省消除集体经济薄弱村工作成绩突出个人	省委、省政府
11	金华山	市农村合作经济总站	省消除集体经济薄弱村工作成绩突出个人	省委、省政府
12	程卫斌	括苍镇农业综合服务中心	“森林浙江”建设工作突出贡献个人	省委、省政府
13	罗　文	永丰镇党委	省扶贫开发工作成绩突出个人	省委、省政府
14	王　虬	建行临海支行	“优质服务”先进个人	中国建设银行总行

资料来源：各承编单位

中央媒体重点报道一览表

表 19

序号	报道日期	媒体（网络）	类别
1	2月6日	中新网	浙江临海护林人接力护绿记：一生将一件事做到极致
2	2月24日	澎湃新闻	巾帼红领·读党史①：浙江省女共产党员的先驱，战争年代的红色特工——吴先清
3	2月26日	新华网	“四学”模式助力国网临海市供电公司“双学周”提效
4	3月4日	澎湃新闻	巾帼学党史①丨读党史悟思想，知识竞赛别样红！
5	3月12日	中国法院网	浙江临海：开展“重读红色家书”系列活动
6	3月17日	澎湃新闻	巾帼红领丨学党史动员令开新局再出发
7	3月25日	中新网	浙江临海：传承百年红色基因弘扬林场垦荒精神
8		人民网客户端	
9	3月25日	中新网	浙江临海百堂党课学党史点燃机关学史潮
10	3月25日	人民网客户端	浙江临海市检察院：推动教育整顿走深走实
11	3月26日	澎湃网	巾帼红领·读党史⑤：中共临海县特别支部
12	3月26日	人民网	侨家小院学党史
13	3月28日	新华社	台州援疆教师为学生上党史主题班会
14	4月4日	学习强国	一场跨越70年的团圆：山东后人赴浙江接烈士“回家”
15		中新网	
16	4月6日	人民网客户端	从浙江临海到山东郯城，有一条曲折的回家路——跨越七十年的“团圆”
17	4月7日	中国妇女网	浙江省临海市妇联唱响党史学习教育“主旋律”发出妇字号工作“好声音”
18	4月8日	学习强国	庆祝建党百年·党史学习教育丨临海江南街道：小板凳课堂邀请老党员与少先队员结对共学党史
19	4月8日	学习强国	庆祝建党百年·党史学习教育丨台州临海：党员干部赴田间地头为群众办实事
20	4月8日	澎湃新闻	教育整顿丨专题测试齐参与，聆听讲座学党史
21	4月11日	中新网	浙江临海开展沉浸式党史教育：吸引年轻人实景体验

续表 19

序号	报道日期	媒体（网络）	类别
22	4月11日	新华网	浙江临海：创新开展“沉浸式”党史教育
23	4月11日	中新网	浙江临海少年体验红色研学：“愿与祖国共成长”
24	4月12日	澎湃新闻	镇街动态丨古城街道鹿城社区开展巾帼志愿服务暨党史学习教育
25	4月14日	澎湃网	镇街动态丨让党史学习教育接地气，有人气
26	4月16日	澎湃网	市委统战部机关党总支开展“学党史、践初心、担使命”主题党日活动
27	4月19日	中国农网	浙江临海：“头雁领航”学党史话振兴
28	4月19日	中华人民共和国财政部官网	浙江省台州市临海财政：召开党史学习教育部署会
29	4月20日	中新网	浙江临海“扫帚官”陈优林上榜浙江“最美公务员”
30	4月24日	人民网	“扫帚官”，天天扫马路
31	4月24日	人民网	台州临海：党史学习教育“研学干”合一
32	4月24日	人民网	台州临海：“红色助农”春茶飘香
33	4月25日	中新网	浙江台州新生代企业家学党史：从传承中接续奋斗征程
34	4月26日 2版	农民日报	浙江临海：“头雁领航”学党史话振兴
35	4月26日	人民网	浙江临海：“头雁领航”学党史话振兴
36	4月28日	新华网	浙江临海：发挥统战力量助推乡村振兴
37	5月3日	新华网	浙江临海：红色主题百公里毅行活动开幕
38	5月4日	人民网	台州临海白水洋：以百里毅行庆百年华诞
39	5月5日	中新网	浙江临海东溪单村10年之变：慈孝文化重塑乡村图景
40	5月6日	新华网	浙江临海：传承党史学习教育引领民族团结进步
41	5月9日	中新网	浙江临海统战社团举行庆祝建党百年文艺展演
42	5月11日	中新网	重温峥嵘岁月浙江临海烟草开展沉浸式红色党史学习教育
43	5月12日	中新网	浙江临海：上线台州首个协同助企一站式服务平台

续表 19

序号	报道日期	媒体（网络）	类别
44	5月14日	中国日报网	中建八局临海余温公路项目成立党建联盟凝心聚力推动项目建设
45	5月17日	新华网	浙江临海：开展党史知识竞赛，再掀学习教育热潮
46	5月18日	学习强国	庆祝建党百年·党史学习教育丨超燃快闪《在灿烂的阳光下》
47	5月19日	农民日报	浙江临海学史力行助年轻干部成长
48	5月21日	学习强国	庆祝建党百年·党史学习教育丨临海：红色宣讲走进田间地头
49	5月21日	学习强国	庆祝建党百年·党史学习教育丨临海大田：绘初心展未来
50	5月25日	中新网	光影致敬百年征程浙江省电影海报展启动
51	5月25日	中新网	浙江临海侨联开展“侨心向党·我在小院讲故事”
52	5月26日	新华网	光影致敬百年征程浙江省电影海报展启动
53	5月26日	中国报道网	百部电影进高校展映活动暨浙江省电影海报展启动
54	5月29日	中新网	浙江临海：“党员赶市”为民办事
55		人民网	
56	6月7日	农民日报	浙江临海沿江镇　人人争做文明使者
57	6月9日	中新网	浙江临海统战干部和统一战线成员赴上海培训
58	6月9日	中新网	浙江临海铸牢中华民族共同体意识争创民族团结进步特色市
59	6月17日	新华网	浙江临海市：党员“赶市”服务下沉
60	6月19日	中新网	浙江临海发挥统一战线独特优势科技力量助推党史学习
61	6月21日	人民网	临海市江南中心小学少先队：以行动献礼“100周年”
62	6月23日	新华网	浙江临海：志愿服务集市火热开市
63		中新网	
64	6月23日	人民网	浙江：头门港经济开发区升级为国家级
65	6月30日	中新网	浙江临海统战社团牵手方家岙村结对共建助推共同富裕
66	7月2日	中新网	浙江临海工商联系统助共同富裕赠缝纫机结对帮扶乡村

续表 19

序号	报道日期	媒体(网络)	类别
67	7月2日	新华网	浙江临海:工商联牵线搭桥,杨梅有了好销路
68	7月6日	中新网	12头海豚搁浅浙江临海头门港多部门和民众紧急救援
69	7月7日	新华网	浙江临海:12头领航鲸搁浅各部门迅速救援
70	7月7日	新华网	浙江临海:瓜头鲸滩涂搁浅现场紧急救援
71	7月7日	新华网	12头瓜头鲸搁浅浙江临海,救援情况如何?
72		中新网	
73	7月7日	中新网	浙江临海上演"鲸"险营救:搁浅瓜头鲸均已妥善安置
74	7月8日	新华网	浙江临海2头搁浅瓜头鲸已平安"回家"
75	7月8日	中新网	浙江临海救护瓜头鲸后续:5头死亡6头放生1头救治
76	7月8日	中新网	浙江临海:"万千宠爱"救护最后一头瓜头鲸
77	7月9日	中新网	全力救治浙江临海最后一头瓜头鲸:盼顺利"回家"
78	7月12日	人民网	浙江临海:全力救治搁浅瓜头鲸
79	7月12日	新华每日电讯	从村民到专家,一场接力"鲸"险大救援浙江12头"迷路"瓜头鲸生死营救始末
80	7月13日	中新网	6天16头!浙江沿海为何频现鲸类搁浅?专家解读
81	7月14日	中新网首页	浙江临海搁浅死亡的瓜头鲸去向:五家单位将用于科研
82	7月14日	中新网	特写:团宠"小瓜瓜"愿鲸早归家
83	7月14日	央视17套[中国三农报道]	浙江:6天16头!鲸豚频繁搁浅为哪般?
84	7月14日	央视新闻直播	探访救治中的瓜头鲸
85	7月21日	中新网	浙江临海农创客分享"共富密码":小小桔子做成大产业
86	7月21日	新华网	打造侨文化新亮点!浙江临海"蛤蟆博士"的故事,你知道吗?
87	7月23日	新华网	强台风"烟花"逼近东海,浙江台州严阵以待
88	7月23日	央视2套[天下财经]	台风"烟花"逼近浙江多地紧急转移危险区域人员

续表 19

序号	报道日期	媒体（网络）	类别
89	7月24日	人民日报	台风来时怕车被淹？台州临海一超市免费开放楼顶停车场
90	7月29日	农民日报	建立跨市域“飞地党建联盟”
91	8月1日 头版	经济日报	枝繁叶茂的共建共享
92	8月2日	新闻直播间	浙江东海开渔渔船扬帆出海
93	8月2日	人民资讯网	临海上盘：高水平建设宜居宜业现代化工贸港城
94	8月2日	央视2套 [正点财经]	浙江：休渔结束千帆竞发第一网海鲜上市
95	8月2日	央视2套 [第一时间]	浙江：东海开渔渔船扬帆出海
96	8月2日	央视13套 [新闻直播间]	浙江：东海开渔渔船扬帆出海
97	8月2日	央视2套 [正点财经]	浙江：东海开渔渔船扬帆出海
98	8月2日	央视2套 [天下财经]	浙江：东海开渔渔船扬帆出海
99	8月8日	中新网	青雁“归巢筑梦”浙江临海举办青雁暑期实践线上分享会
100	8月12日	中新网	半年完成63.9%年度投资计划浙江临海综合交通建设进展良好
101	8月13日	中国报道网	临海：发展大交通，促进大发展，大家一起来建言
102	8月16日	中新网	国家历史文化名城浙江临海：“修旧如故”延续历史文脉
103	8月16日	中新网	浙江临海七旬村支书：梦想让村民“在家门口赚大钱”
104	8月17日	中国侨网 百度客户端	国家历史文化名城浙江临海：“修旧如故”延续历史文脉
105	8月21日 头版	农民日报	只为青山着绿色——浙江临海林场三代护林党员的“红色接力”
106	8月24日	中新网	浙江临海：河头镇因地制宜书写“红绿”文章
107	8月27日 3版	农民日报	党员干部助农直播卖桃

续表 19

序号	报道日期	媒体（网络）	类别
108	8月30日	中国组织人事报	红色赶市日
109	9月4日	中新网	浙江共富新观察：山区镇撬动多方资源“抱团”迎发展
110	9月8日	新华社	浙江临海举行“秀希助教基金”发放仪式
111	9月9日	新华网	台州“拉链巨头”实现绿色转型
112	9月11日	新华网	浙江临海举行统一战线同心助力共同富裕启动仪式
113	9月14日	农民日报	浙江临海　农旅融合讲好旅游强镇桃渚故事
114	9月15日	新华网	浙江临海司法救助架起一座“民心桥”
115		新华每日电讯	
116	9月22日	中国新闻网	“浙江省侨务工作实践创新基地”于临海揭牌
117	9月22日	中国新闻网	浙江临海：首批党外知识分子思想教育基地授牌仪式举行
118	9月23日	中国新闻网	浙江临海工商联助民企发展：“来娘家谈家事”化纠纷为合力
119	9月26日	新华网客户端	浙江临海：以“球”为媒，架起政企连心桥
120	9月26日	中国新闻网	浙江临海上盘：象棋“沃土”育“精神共富”
121	9月27日	中国报道网	桃渚派出所凝聚群众力量，合力护港守岸
122	10月7日	央视新闻（13套）	说说咱心中的国
123	10月9日	新华网客户端	临海市林场三代党员开拓守护万亩林海那树·那林·那人
124	10月12日	凤凰网新闻客户端	享改革“红利”促共同富裕——浙里好家政场景应用正式上线
125	10月12日	中国报道网	浙里好家政场景应用正式上线
126	10月13日	橙柿互动	数字化改革开启家政服务新时代，浙里好家政场景应用正式上线
127	10月13日	中国新闻网	“浙里好家政”服务平台上线助民众享受数字化改革红利
128	10月13日	新华网客户端	台州临海：浙里好家政场景应用正式上线
129		新华网	

续表 19

序号	报道日期	媒体（网络）	类别
130	10 月 14 日	人民网	台州临海“浙里好家政”服务平台正式上线
131	10 月 16 日	中国新闻网	浙江临海：第三届国际高层次人才创业创新大赛落幕
132	10 月 19 日	中国旅游报	2021 台州府城吹响 5A 创建集结号
133	10 月 19 日 3 版	中国妇女报	浙江临海“浙里好家政”场景应用正式上线
134	10 月 23 日	新华网客户端	台州临海白水洋镇深挖历史脉络彰显美丽城镇人文底蕴
135	10 月 25 日	中国报道网	临海古城幸福驿站：为户外工作者打造温馨的家
136	10 月 25 日	人民日报	增强议事协商能力—— 用柔的方法，得好的效果（深阅读·加强基层政权治理能力建设）
137	11 月 2 日	中国报道网	临海市古城街道：形式多样学党史，干部党员受教育
138	11 月 8 日	农民日报	浙江临海：红树林里的“生态共富圈”
139	11 月 10 日	中国新闻网	浙江临海：将“服务指数”转化为民众“幸福指数”
140	11 月 11 日	中国新闻网	浙江临海汛桥：“垃圾分类”擦亮乡村靓丽底色
141	11 月 11 日	中国新闻网	浙江临海率先实现“证照并销”一件事改革全域覆盖
142	11 月 11 日	中国新闻网	浙江临海建设“沿海岛屿之战纪念馆”铭记历史传红色根脉
143	11 月 14 日	新华社	浙大博士生和蜜橘商家的聊天，会让你心情好！
144	11 月 14 日	新华网	博士生和蜜橘商家的对话火了！真的被感动到了……
145	11 月 14 日	中国新闻社	今天，这句话全网刷屏！
146	11 月 14 日	新华社客户端	为国家出点力！大学生和蜜橘商家的聊天记录火了
147	11 月 14 日	中国新闻网	今天，全网都在买橘子！
148	11 月 14 日	人民日报 官方微博	浙大博士生和蜜橘商家的聊天记录 # 好暖心！
149	11 月 14 日	新闻联播	这些“帮不了国家大忙”的“小事”，很有格“橘”！
150	11 月 15 日	新华网	“‘涌泉’相报”的故事持续引发关注陈凯获颁临海市新时代文明实践“周周正能量奖”

续表 19

序号	报道日期	媒体（网络）	类别
151	11 月 15 日	新华每日电讯客户端	热搜第一的橘子卖家和浙大学生，获奖！
152	11 月 15 日	人民日报微信公众号	浙大博士和蜜橘商家都找到了！后续曝光，网友：格局越来越大
153	11 月 15 日	中国新闻网	浙江临海：四重加码打造药品生产监管特色样板
154	11 月 15 日	中国新闻网	小事显格“橘”浙江临海为捐橘助科研小伙和浙大学生颁奖
155	11 月 15 日	国际在线	“橘子虽小，格橘很大”
156	11 月 15 日	中国报道网	临海团市委动员青春助力双减定制课后服务
157	11 月 16 日	人民网	科研橘何以火爆“出圈”？
158	11 月 17 日	中国环境网	执法人员亲身感受：当医化园区监管“上手段”以后……
159	11 月 18 日	中国新闻网	浙江临海：杭台高铁引“活水”千年古城焕新机
160	11 月 18 日	中国新闻网	浙江临海：今年首批 9.5 吨西兰花“保鲜”出口
161	11 月 19 日	新华网客户端	浙江临海：以杭台高铁引千年古城焕新机
162	11 月 20 日	农民日报	浙江临海：村村都有致富“领航雁”
163	11 月 21 日	中国新闻网	浙江临海开展义诊进台企：博爱同心健康同行
164	11 月 22 日头版	新华每日电讯	“你负责再创辉煌，我负责定心聚力”浙江台州民营经济发展见闻
165	11 月 24 日	人民日报	善良如火苗一灯燃百炬
166	11 月 25 日	人民网	台州临海：传统婚俗焕新生
167	11 月 25 日	中国新闻网	象棋沃土——上盘镇的精神共富路
168	11 月 25 日	中新浙里微博客户端	象棋沃土——上盘镇的精神共富路
169	11 月 26 日	农民日报	从“‘涌泉’相报”看创客回归
170	11 月 26 日	农民日报	浙江临海：党建引领小区“微治理”
171	11 月 27 日	央视新闻（13 套）	遇见你陈凯：小桔子大心意

续表 19

序号	报道日期	媒体(网络)	类别
172	11月30日	新华网	浙江临海市牛头山村党建引领乡村振兴
173		新华每日电讯	
174	12月1日	中国新闻网	一个乡村中学的“双减”实践
175	12月2日	农民日报	七旬村支书老骥伏枥带富一村
176	12月3日	中国新闻网	浙江临海千名青年流动讲：让宣讲接地气、聚人气
177	12月6日	农民日报	浙江临海市汇溪镇：名匠工作室促振兴带共富
178	12月7日3版	中国旅游报	台州府城打造“书香古城”与提升旅游文化品质的实践和思考
179	12月7日	中国旅游新闻网	台州府城打造“书香古城”与提升旅游文化品质的实践和思考
180	12月7日	人民网	台州临海：争当跨越发展的领跑者
181	12月11日	央视中国三农报道	台州临海：柑橘数字化分选精准又高效
182	12月13日	农民日报	浙江临海：以组织担当促干部有为
183	12月13日	新华社客户端	浙江上线官方家政服务应用“浙里好家政”
184	12月14日	农民日报	浙江临海市桃渚镇“党建＋好商量”建设美丽乡村
185	12月14日	中国新闻网	浙江临海力推“三项工程”擘画“乡贤带富”新图景
186	12月16日	经济日报	浙江临海牵手上海布局建设“科创飞地”——传统产业插上科技翅膀
187	12月18日	新华网客户端	浙江临海力推“三项工程”，绘就乡贤带富新篇章
188		新华网	
189	12月20日	新华网客户端	临海创新多元阵地建设，打造民族团结进步特色市
190		新华网	
191	12月21日3版	农民日报	浙江临海：党建引领释放“红色生产力”
192	12月21日首页	中国新闻网	浙江临海橘农送4000斤橘子给抗疫人员：让他们工作时带点甜

续表 19

序号	报道日期	媒体（网络）	类别
193	12 月 22 日	农民日报	浙江临海邵家渡街道党史学习教育让人才服务更暖心
194	12 月 22 日	人民网	台州临海“三项工程”擘画“乡贤带富”新图景
195	12 月 22 日	央视新闻客户端	这封“举报信”，“糖分”超标！
196	12 月 23 日	新华每日电讯客户端	这封“举报信”，“糖分”超标！
197	12 月 22 日置顶	人民日报客户端	跨越三座城市的“最甜蜜接力”！一封“举报信”神助攻

省级媒体重点报道一览表

表 20

序号	日期版面	媒体（网络）	标题
1	3 月 9 日	浙江在线	临海：快干实干争先进勠力同心开新局
2	3 月 11 日	浙江电视台《新闻深一度》	女护林员苏海英：35 年在林场行走 19000 多千米
3	3 月 12 日	浙江电视台《正午播报》	女护林员苏海英：35 年在林场行走 19000 多千米
4	3 月 15 日	搜狐	临海市召开党史学习教育动员部署会暨党建工作会议
5	3 月 15 日	浙江新闻	临海市政府党组（扩大）会议暨市政府党组党史学习教育动员部署会召开
6	3 月 22 日	浙江新闻客户端	临海打响“花”名片油菜花推动古城旅游多样化升级
7	3 月 23 日	浙江新闻客户端	从党史中汲取奋斗力量临海上盘“青盈”宣讲团集体备课
8	3 月 23 日	搜狐	“学党史、忆来路、悟思想、开新局”——临海市民政局党组书记开课啦
9	3 月 24 日	浙江新闻客户端	学党史明初心开新局丨看台州各地如何“走深走实、见行见效”
10	3 月 25 日	浙江新闻客户端	临海：传承百年红色基因弘扬林场垦荒精神
11	3 月 28 日	浙江在线	传承百年红色基因弘扬临海林场拓荒精神
12	3 月 29 日	腾讯网	人民日报：浙江临海传承百年红色基因弘扬林场拓荒精神

续表 20

序号	日期版面	媒体（网络）	标题
13	3 月 29 日	浙江新闻客户端	音乐课堂唱响红歌党史教育“声”入童心
14	3 月 31 日	浙江在线	薪火相传学党史
15	3 月 31 日	浙江新闻	红色足迹⑥丨中共临海县委迁来海门和“海门兵变”
16	4 月 1 日	浙江新闻	临海大田街道：寻访红色记忆为青少年培德铸魂
17	4 月 2 日	浙江新闻	临海括苍镇青年宣讲集市让党史教育飞入寻常百姓家
18	4 月 2 日	浙江在线	临海上盘镇上百干部群众接力打卡红色地标
19	4 月 4 日	腾讯网	一场跨越 70 年的团圆：山东后人赴浙江接烈士“回家”
20	4 月 4 日	浙江新闻	跨越七十年终得“团聚”从临海到山东郯城有一条曲折的回家路……
21	4 月 6 日	浙江在线	临海：“板凳学堂”强队伍拓荒课里担使命
22	4 月 6 日	浙江在线	临海上盘镇上百干部群众接力打卡红色地标
23	4 月 7 日	九派新闻	临海市开展“学百年党史话水利情怀”主题活动
24	4 月 8 日	网易新闻	“沉浸式”学习、“历史中”感悟，让党史学习教育持续升温
25	4 月 9 日	浙江在线	临海：白水洋镇用林场精神擦亮乡村教育“精神底色”
26	4 月 11 日	浙江在线	临海团市委：让广大青年沉浸式学习党的故事
27	4 月 13 日	浙江新闻	临海：茶旅融合振兴乡村
28	4 月 14 日	浙江在线	国网临海市供电公司：组织开展“青春向党星火燎原”情景式定向赛
29	4 月 15 日	浙江在线	临海市检察院教育整顿强党性真心为民办实事
30	4 月 16 日	网易新闻	知史爱党笃信笃行丨台州消防第一期党史学习教育读书班开班啦！
31	4 月 17 日	浙江在线	临海：村社“头雁”齐聚话振兴
32		浙江新闻	
33	4 月 19 日	和讯网	浙江临海：“头雁领航”学党史话振兴
34	4 月 19 日 头版头条	浙江日报	显公仆本色展“最美”风采

续表 20

序号	日期版面	媒体（网络）	标题
35	4月19日	浙江卫视新闻联播	浙江省“最美公务员”——临海市综合执法局陈优林先进事迹
36	4月20日	浙江新闻客户端	浙报头版头条｜临海陈优林为何成为浙江省“最美公务员”
37		浙江在线	
38	4月22日	浙江新闻	最好的礼物·丨六十载接力护山林看临海三代护林员的绿色坚守
39	4月22日	浙江新闻	破解一座难求临海“银景·丰收”驿站老年大学揭牌
40	4月22日	浙江之声	最美公务员：二十六年如一日！台州临海“扫帚官”用脚步丈量城市
41	4月22日2版	浙江日报	浙报集团大型融媒体新闻行动《最好的礼物》第12期《六十载接力护青山》
42	4月24日	浙江新闻	“扫帚官”天天扫马路记临海市市容环境卫生中心主任陈优林
43		浙江在线	
45	4月26日	澎湃网	学党史，开新局——新生代企业家党史学习教育引领企业高质量发展
46	4月27日	浙江新闻	临海统战团体与行政村“结对共建”助推乡村振兴
47	4月28日	腾讯网	临海消防救援大队“三个转变”助推党史学习教育走深走实
48	4月28日	潇湘晨报	临海：以考促学、以学促行丨开展“学党史．迎百年”党史知识测试活动
49	4月30日	今日浙江第8期	临海“全国优秀法官”林朝晖生前事迹
50			临海市以林场精神书写拓荒之旅
51	5月1日	浙江新闻	一表申请一小时办结临海：率先实现“证照并销”一件事全覆盖
52	5月2日	浙江新闻	打卡红色地标临海白水洋：以百里毅行庆百年华诞
53	5月3日	浙江在线	打卡红色地标临海白水洋：以百里毅行庆百年华诞
54	5月6日	澎湃网	浙江台州首家民主党派党史陈列馆于临海开馆
55	5月7日	浙江在线	浙报专版丨临海市总工会：打造“五个工会”建设“工匠之城”
56		浙江新闻	

续表 20

序号	日期版面	媒体（网络）	标题
57	5 月 8 日	浙江新闻	临海上盘：侨台一家亲用心学党史
58	5 月 9 日	浙江新闻	临海："沉浸式"党史学习教育告别留观时间"低头族"
59	5 月 9 日	浙江新闻	乡村振兴党建联盟来了临海上盘推动高质量发展又出新招
60	5 月 9 日	浙江新闻	政银合作服务为老临海银景丰收驿站亮相启用
61	5 月 10 日	中国蓝新闻	20210509《时代先锋》：牢记嘱托砥砺奋进：临海市大洋社区：党建引领共建和谐幸福家园
62	5 月 10 日	浙江在线	临海市行政审批许可事项"证照并销"一件事全域覆盖
63	5 月 11 日	浙江在线	临海市启动劳模工匠志愿服务月活动
64	5 月 12 日	澎湃网	浙江省临海市妇联唱响党史学习教育"主旋律"发出妇字号工作"好声音"
65	5 月 15 日	浙江新闻	临海"亲企通"上线：打造台州首个一站式多跨"协同助企"服务平台
66	5 月 20 日	浙江在线	向党说说心里话丨专访临海大田街道党工委书记叶剑
67		浙江新闻	
68	5 月 25 日	浙江机关党建系统网站	临海市建设局"三项至诚"推动党史学习教育走实走深
69	5 月 27 日	浙江日报	临海组织沉浸式体验学党史
70	5 月 27 日	浙江新闻	浙报关注丨青年干部带领村民拍摄微纪录片临海组织沉浸式体验学党史
71		浙江在线	
72	5 月 29 日	中新网浙江	浙江临海："党员赶市"为民办事
73	5 月 31 日	浙江新闻	临海农业：在希望的田野上，奋斗！
74	6 月 2 日	浙江在线	临海："建党百年颂华诞·不忘初心永向前"大型系列活动
75	6 月 3 日	浙江新闻	我为共同富裕献良策丨临海市中医院中药师胡宏威：实施"未病先防"力求"已病防变"
76	6 月 7 日	浙江在线	临海市综合行政执法局设便民服务点助"和合街区"创建
77	6 月 8 日	浙江新闻	国务院颁奖，周恩来总理签字，临海有一张奖状珍藏 63 年
78		浙江在线	

续表 20

序号	日期版面	媒体（网络）	标题
79	6月13日	浙江新闻	从高频事入手！千年古城临海绘出“数字化生活”新场景
80	6月14日2版	浙江日报	图片新闻（河头镇）
81	6月21日	浙江日报	临海尤溪镇党建联盟激活产业动能
82	6月21日	浙江在线	临海大田派出所“渗透式”实践破解流管难题
83	6月21日	浙江在线	浙报关注丨临海尤溪镇党建联盟激活产业动能
84		浙江新闻	
85	6月21日	浙江新闻	镇里来了大专家临海乡贤让家乡父老乡亲家门口就医
86	6月21日	浙江新闻	临海大田派出所“渗透式”实践破解流管难题
87	6月22日	浙江发布	千年古城临海，迈进！
88	6月22日	浙江新闻	千年古城临海向现代化先行市迈进
89	6月23日	浙江新闻	临海市启动新时代文明实践志愿服务集市日活动
90	6月23日	中国蓝新闻	搭建异地商会销售平台助农增收梅香四溢
91	6月24日	浙江日报	台州湾经济技术开发区入选“国家队”至此，我省11市都有了国家级开放平台
92	7月1日	浙江日报	临海大洋社区：党建促成大和谐
93	7月1日	浙江在线	浙报庆祝建党百年特刊｜临海大洋社区：党建促成大和谐
94		浙江新闻	
95	7月1日	浙江新闻	临海统战社团牵手方家岙村结对共建助推共同富裕
96	7月2日	浙江在线	临海助力口罩生产企业转型升级
97	7月7日	浙江在线	临海市综合行政执法局组织超燃快闪《在灿烂的阳光下唱支山歌给党听》
98	7月7日	浙江在线	台州市临海城管审批“窗口前移”服务企业“跑零次”
99	7月6日	浙江新闻	12头鲸搁浅台州临海头门港海域当地正在紧急施救
100	7月8日	浙江新闻	临海海域搁浅的瓜头鲸昨晚有4头放归大海

续表 20

序号	日期版面	媒体(网络)	标题
101	7月8日	浙江新闻	临海古城:长城脚下的红色印记
102	7月9日	浙江在线	临海:“绿水币”走进集市护水有了新姿势
103	7月13日	浙江新闻	浙报专版丨临海:续写古城新篇章品质生活款款来
104	7月13日	浙江在线	浙报专版丨临海:续写古城新篇章品质生活款款来
105	7月13日专版	浙江日报	临海:续写古城新篇章品质生活款款来
106	7月14日	浙江在线	浙江省茶庄园建设座谈会在临海市召开
107	7月14日	浙江新闻	和《失孤》原型同一天圆了寻亲梦的还有临海宋帮巧
108	7月14日	浙江在线	和《失孤》原型同一天圆了寻亲梦的还有临海宋帮巧
109	7月15日	浙江在线	临海市今年首批援派干部人才奔赴四川嘉陵
110	7月15日	浙江在线	李跃旗临海、三门调研:走好共建共治共享共同富裕之路
111	7月15日	浙江新闻	李跃旗临海、三门调研:走好共建共治共享共同富裕之路
112	7月15日	浙江在线	国网临海市供电公司:开展突发环境事件应急演练
113	7月15日	中国蓝新闻	临视界丨一份接力80年的党员鉴定表
114	7月18日	浙江在线	临海:挖掘“本土红”共述百年史
115	7月19日	浙江在线	国网临海市供电公司:谈心谈话提振纪检监察干部精气神
116	7月20日	浙江在线	临海:多措并举全力保障瓜头鲸安全
117	7月20日	浙江在线	临海:新《行政处罚法》施行“首违不罚”彰显执法温度
118	7月20日	浙江在线	临海市发挥妇联作用让巾帼力量助力垃圾分类
119	7月21日	浙江新闻	台州学院马克思主义学院与临海大田刘村共建“乡村振兴实践研究基地”
120	7月21日	浙江在线	台州学院马克思主义学院与临海大田刘村共建“乡村振兴实践研究基地”
121	7月22日	浙江在线	浙报专版丨临海大田:争创产城融合临海现代新城区
122	7月22日	浙江新闻	浙报专版丨临海大田:争创产城融合临海现代新城区

续表 20

序号	日期版面	媒体（网络）	标题
123	7月22日专版	浙江日报	临海大田：争创产城融合临海现代新城区
124	7月23日	浙江新闻联播	防御台风“烟花”：转移人员排除险情各地紧急行动
125	7月24日	中国蓝新闻客户端	封堵队已就位！这些“大家伙”24小时值守力保临海古城门不失
126	7月24日	浙江新闻联播	临海桃渚镇——三次大排查一个都不落下
127	7月29日	中国蓝新闻	我们一起共同富裕丨一群年轻人用鲜活的创造力为临海白水洋农业注入新鲜血液
128	7月29日2版	浙江日报	临海应急指挥系统数字平台助力防汛防台风险提示精准推送应急救援一键派单
129	7月29日	浙江在线	浙报关注丨应急救援一键派单临海应急指挥系统数字平台助力防汛防台
130		浙江新闻	
131	7月29日	浙江在线	临海：“智慧大脑”让供水变得更“聪明”
132	7月30日	浙江在线	临海设立新时代文明实践基金会保障活动常态化开展
133	7月30日	浙江在线	临海市举办中小学生暑期环保公益活动
134	7月30日	浙江新闻	临海设立新时代文明实践基金会保障活动常态化开展
135	8月2日专版	浙江日报	临海上盘：高水平建设宜居宜业现代化工贸港城
136	8月2日	浙江新闻	浙报关注丨临海上盘：高水平建设宜居宜业现代化工贸港城
137	8月2日	浙江新闻	临海市成立外卖配送领域实体化运行党支部
138		浙江在线	
139	8月2日	浙江在线	浙报关注丨临海上盘：高水平建设宜居宜业现代化工贸港城
140	8月2日	浙江在线	国网临海市供电公司：以协同监督为抓手力促工程管理规范有序
141	8月3日	浙江在线	蜜桃季，临海交警为“甜蜜经济”护航
142	8月5日	浙江新闻客户端	台州医院东院区年底开诊记者带你提前探营
143	8月5日	浙江新闻客户端	走进那片森林秘境临海市括苍山有了生态警务驿站记者跟着去巡山

续表 20

序号	日期版面	媒体（网络）	标题
144	8月7日头版	浙江日报	推动企业数字化转型攻克“卡脖子”难题临海制造业增“数”蝶变
145	8月7日	浙江新闻客户端	浙报头版丨推动企业数字化转型攻克“卡脖子”难题临海制造业增“数”蝶变
146	8月9日	浙江新闻客户端	《天天向上》“美食研学季”走进台州去了这些地方
147	8月9日	浙江新闻客户端	浙报关注丨台州首趟市郊列车“和合号”开行
148	8月9日	浙江日报	台州首趟市郊列车“和合号”开行
149	8月9日	湖南卫视	平民英雄 20210809 期《“鲸”险大营救》
150	8月11日	上观新闻	台州仅投资 3.2 亿元白用上百公里铁路线
151	8月12日	浙江新闻客户端	台州市郊铁路（临海南站至头门港）通车试乘体验活动举行
152	8月12日	钱江晚报－小时新闻	这条回家的路她走了半个多世纪，临海公安帮助失散 61 年姐妹团圆
153	8月12日	浙江在线	临海：大洋市场监督管理所“阳光厨房”护航“放心消费”
154	8月14日	浙江在线	临海“浙品码”打通企业数字化全环节
155	8月16日	浙江在线	临海以文物保护传承千年台州文脉
156	8月16日	浙江在线	临海“这个‘爱心翼站’很暖心”
157	8月17日	浙江在线	一个人改变一个村：临海牛头山七旬村支书徐国宝
158	8月18日	浙江在线	临海数字警务为第一口鲜“护航”
159	8月19日	浙江日报	临海：红色小镇做好红绿发展文章
160	8月19日	浙江新闻	传承红色基因、赓续红色血脉，临海上盘镇召开宣讲会
161	8月19日	浙江新闻	浙报关注丨临海红色小镇做好红绿发展文章
162	8月19日	浙江在线	
163	8月25日	浙江新闻	临海加强基层共同富裕研究创新校地共建乡村振兴实践研究基地
164		浙江日报	
165		浙江在线	

续表 20

序号	日期版面	媒体（网络）	标题
166	8月26日	浙江日报	记者走进临海括苍山生态警务驿站——跟着所长去巡山
167	8月26日	浙江新闻客户端	浙报关注丨记者走进临海括苍山生态警务驿站跟着所长去巡山
168	8月27日	浙江新闻客户端	浙报关注丨台州恩泽医疗中心推出新举措昨天挂的号，今天可续用
169	8月27日	浙江日报	台州恩泽医疗中心推出新举措——昨天挂的号，今天可续用
170	8月28日	浙江在线	浙报头版丨复兴传统艺术创新文化业态古城临海：让“在地艺术”更鲜更活
171		浙江新闻客户端	
172	8月28日头版	浙江日报	古城临海：让“在地艺术”更鲜更活
173	8月29日	浙江卫视	临海：“临”掌柜上线助残疾人就业
174	9月1日	浙江在线	临海尤溪镇：文旅融合绘就更美的“诗和远方”
175	9月4日头条	浙江新闻联播	临海：一条街带火一座城文旅融合激活千年古城
176	9月8日	浙江日报	临海市林技站站长陈献志30年呵护培育——海岛荚蒾：从31株到蔚然成林
177	9月8日	浙江新闻客户端	临海：“四个一”模式开新花结对共建结硕果
178	9月8日	浙江新闻客户端	浙报关注丨临海市林技站站长陈献志30年呵护培育海岛荚蒾：从31株到蔚然成林
179	9月9日3版	浙江日报	台州“拉链巨头”实现绿色转型再生拉链，让漂亮的衣服更环保
180	9月9日	浙江新闻客户端	
181	9月14日	浙江日报	临海党员干部劝返养殖户
182	9月16日	浙江新闻	临海市桃渚镇：乡贤助调促和谐
183	9月24日	浙江新闻客户端	浙江省侨务工作实践创新基地在临海市揭牌
184	9月26日	浙江新闻客户端	浙报关注丨临海：全力巩固提升全国文明城市创建成果
185	9月26日专版	浙江日报	精神引领固牢底色临海：全力巩固提升全国文明城市创建成果
186	9月27日	浙江新闻客户端	浙报关注丨临海：十大提升行动浇灌文明“常青树”
187	9月27日专版	浙江日报	临海：十大提升行动浇灌文明“常青树”

续表 20

序号	日期版面	媒体（网络）	标题
188	9月30日	浙江新闻客户端	临海：慈孝引领乡贤帮带助力乡村共同富裕
189	10月1日	浙江新闻	祖国颂：同升一面旗共庆新中国成立72周年
190	10月8日头版	浙江日报	临海市林场三代党员开拓守护万亩林海那树·那林·那人
191	10月8日	浙江新闻客户端	浙报头版丨临海市林场三代党员开拓守护万亩林海那树·那林·那人
192	10月11日	浙江新闻	奋斗百年路　启航新征程党史学习教育“三为”专题实践《三代护林员接力奋斗定让荒山展新颜》
193	10月12日第3条	浙江之声	以数字化破解传统家政服务痛点临海今天上线“浙里好家政”
194	10月12日	中国蓝新闻客户端	数字化改革看浙里！24小时5G智助警务亭、“浙里好家政”齐上线
195	10月12日	小时新闻	未来数字化家政会是什么模样？浙里好家政场景应用今日正式上线
196	10月12日	浙江新闻客户端	临海“浙里好家政”服务平台今日上线
197	10月13日	中国蓝新闻客户端	记者调查丨作业不回家难题不过夜“双减”成效显现
198	10月16日	小时新闻	中国·临海第三届高层次人才创业创新大赛落幕！这些获奖项目将获得政府千万元补贴
199	10月16日	橙柿互动	新材料领域会带来什么样的变革，临海第三届国际高层次人才创业创新大赛落幕，含氟纳米基膜技术产业化项目胜出
200	10月24日	北高峰App	临海有个“活着的景区”，力创5A级！一起感受千年府城的文旅“脉动”
201	11月2日	浙江新闻客户端	浙报头版｜联络听民声站点解民忧临海有条“人大河”
202	11月2日	浙江日报	我省5825个人大代表联络站（点）助推治理能力现代化联络听民声站点解民忧
203	11月2日	浙江新闻客户端	杭台高铁新建站房高清效果图出炉台州这些站房长这样
204	11月4日专版	浙江日报	临海：7万志愿者播种城市文明之花
205	11月4日	浙江新闻客户端	浙报关注丨临海：7万志愿者播种城市文明之花
206	11月10日	浙江日报	临海大田街道：文化惠民擦亮精神富裕底色
207	11月10日	浙江日报	农技专家下田“支招”防冻服务“一对一”送进果园

续表 20

序号	日期版面	媒体（网络）	标题
208	11 月 10 日	浙江新闻客户端	浙报关注丨临海农技专家下田“支招”防冻服务“一对一”送进果园
209	11 月 13 日	浙江新闻	为国家服务！浙大学生和蜜橘商家的聊天记录火了
210	11 月 13 日	中国蓝新闻	浙大研究生和蜜桔商家的一条聊天记录，让临海涌泉这家网店“火出圈”了！
211	11 月 14 日	中国蓝新闻	广电名嘴说丨从“95 后”橘农和浙大博士的对话读懂了中国人的平凡和伟大！
212	11 月 14 日头版	浙江日报	青年店主捐橘助科研，引发网友热情购橘“涌泉”相报背后的爱国情怀
213	11 月 14 日	浙江新闻客户端	浙报头版｜青年店主捐橘助科研，网友热情购橘！“涌泉”相报背后的爱国情怀
214	11 月 14 日	浙江在线	桔子界的鸿星尔克？与浙大学生的一段对话让这家网店订单暴涨 20 倍
215	11 月 14 日	浙江卫视	报道追踪：小橘农助力农业大科研
216	11 月 15 日	中国蓝新闻客户端	临海：95 后橘农捐橘助科研网友热情购橘“涌泉”相报
217	11 月 15 日	浙江新闻	浙报今日谈丨爱国心支农心，心心相印美美与共
218	11 月 15 日头版	浙江新闻	浙报头版头条丨“‘涌泉’相报”的故事持续引发关注陈凯获颁临海市新时代文明实践“周周正能量奖”
219	11 月 15 日头版头条	浙江日报	“‘涌泉’相报”的故事持续引发关注陈凯获颁临海市新时代文明实践“周周正能量奖”
220	11 月 16 日	浙江日报	收到临海市新时代文明实践“周周正能量奖”证书的浙大博士生肖小娥说——“我只是做了每个年轻人都会做的事”
221	11 月 16 日	浙江新闻	橘中情——“涌泉”相报的动人情怀
222	11 月 16 日	浙江新闻	有爱，更有甜！涌泉蜜橘的前世今生
223	11 月 17 日深读整版	浙江日报	小蜜橘大格局
224	11 月 17 日	浙江新闻	浙报深读丨浙江“涌泉”相报的故事引发大流量传播小蜜橘大格局
225	11 月 18 日	小时新闻	台州小学运动会上“航天员”太吸引眼球，网友：隔着屏幕都感受到骄傲和快乐

续表 20

序号	日期版面	媒体（网络）	标题
226	11月18日	北高峰	临海：高铁引来“活水”古城活力四射
227	11月23日	浙江日报	“古建之乡”破解传承之困
228	11月23日	浙江日报	匠人匠心，方能修旧如旧
229	11月24日	浙江日报	打造党群服务中心矩阵零距离为群众服务
230	11月24日	浙江新闻客户端	热学全会精神，涌泉橘园里的“板凳课堂”开讲啦！
231	11月24日	杭州新闻客户端	江海情深“双减”共进丨临海市江南中心小学与四川南充市海王实验小学携手开展“指向‘学教评一致’的命题能力”网络研修活动
232	11月24日	浙江卫视《新闻深一度》	特别策划·村村有“青牛”：林东东——为涌泉蜜橘插上“科技翅膀”
233	11月24日	浙江日报	打造党群服务中心矩阵零距离为群众服务
234	11月24日	浙江新闻客户端	热学全会精神，涌泉橘园里的“板凳课堂”开讲啦！
235	11月24日	杭州新闻客户端	江海情深“双减”共进丨临海市江南中心小学与四川南充市海王实验小学携手开展“指向‘学教评一致’的命题能力”网络研修活动
236	11月24日	浙江卫视《新闻深一度》	特别策划·村村有“青牛”：林东东——为涌泉蜜橘插上“科技翅膀”
237	11月24日	新民晚报	寻梦千年台州府悠游自在临海城
238	11月27日	中国蓝新闻	凌晨的临海蔬菜批发市场什么样？我们告诉你！
239	11月27日	浙江新闻客户端	临海大田：“田间课堂”大宣讲全会精神入人心
240	11月30日专版	浙江日报	临海上盘：办好民生实事工程点亮村民幸福生活
241	11月30日	浙江新闻客户端	浙报关注丨临海上盘：办好民生实事工程点亮村民幸福生活
242	12月1日	浙江法制报	数字化项目多点开花助力法治台州建设
243	12月1日	浙江法制报	蜜桔采摘时交警来“开道”
244	12月1日2版	浙江法制报	快速“排雷”
245	12月1日	浙江日报	临海：古城有老底子还有年轻态
246	12月1日	浙江在线	临海：一个乡村中学的“双减”实践

续表 20

序号	日期版面	媒体（网络）	标题
247	12 月 1 日	浙江新闻客户端	一个乡村中学的“双减”实践
248	12 月 3 日	钱江晚报	手指点点坐等靠谱阿姨上门找家政更省心安心舒心
249	12 月 7 日	浙江在线	临海争当跨越发展的领跑者早日实现高品质安居梦
250	12 月 8 日头版	浙江日报	“浙里好家政”应用破解行业发展难题找放心阿姨不再凭“缘分”
251	12 月 9 日	浙江日报	弘扬慈孝乐享共富——第十届“浙江孝贤”风采录
252	12 月 20 日	浙江新闻客户端	爱心求助掀起爱的接力 4000 斤涌泉蜜橘送一线抗疫人员
253	12 月 21 日	浙江新闻客户端	赠送蜜橘助力战“疫”
254		浙江日报	
255	12 月 21 日	浙江在线	“剧透”美好未来临海项目谋划擂台赛“烽火”燃爆
256	12 月 21 日 2 版	浙江日报	“小火车”上山下田开出好收益
257	12 月 21 日头条	中国蓝新闻客户端	爱心求助掀起爱的接力临海 95 后橘农送 4000 斤橘子给抗疫人员
258	12 月 23 日	中国蓝新闻	临海：上线“浙里好家政”让传统服务业走上快车道
259	12 月 23 日	浙江新闻客户端	临海汛桥打造“汛贤协治”品牌助力镇域安治共富

资料来源：市委宣传部

索　引

Index

说　明

1. 本鉴索引分为主题索引和图照索引、表格索引，采用主题分析法编制；

2. 主题索引按首字的汉语拼音音序排列，首字相同的按第二个音序排序，以此类推。标引词后的阿拉伯数字表示内容所在的页码；图照索引按页码先后排序。

3. 临海市的党政机关、企事业单位、社会团体以及在临海市发生的事件名称，除容易产生歧义外，均省略“临海市”或“临海”。

4. 编辑说明、特载、专辑、大事记、临海概览、附录等均不选人主题索引。

主题索引

0~9

A

B

E

F

G

H

J

K

L

M

N

P

Q

R

S

T

W

X

Y

Z

非音序

图照索引

表格索引